도서
출판 **밀알서원** 〈Wheat Berry Books〉은 CLC가 공동으로 운영하는
복음주의 출판사로서 신앙생활과 기독교문화를 위한
설교, 시, 수필, 간증, 선교·경건서적 등을 출판하고 있습니다

사랑의 원형

에마누엘 스베덴보리가 전해 주는 사랑의 원래 모습
(아름답고 신비한 천국 남녀의 사랑 이야기)

The Archetype of Love
Written by Kim, Jee woo
All rights reserved.
Korean Edition Copyright © 2025 by Wheat Berry Books, Seoul, Korea.

사랑의 원형

2025년 7월 30일 초판 발행

지 은 이 | 김지우

편　　집 | 추미현
디 자 인 | 소신애
펴 낸 곳 | 도서출판 밀알서원
등　　록 | 제21-44호(1988. 8. 12.)
주　　소 | 서울특별시 서초구 방배로 68
전　　화 | 02-586-8761~3(본사) 031-942-8761(영업부)
팩　　스 | 02-523-0131(본사) 031-942-8763(영업부)
이 메 일 | clckor@gmail.com
홈페이지 | www.clcbook.com
송금계좌 | 기업은행 073-085404-01-017 예금주: 밀알서원
일련번호 | 2025-51

ISBN 978-89-7135-162-8 (03230)

이 책의 저작권은 저자와 도서출판 밀알서원이 소유합니다. 신저작권법에 의하여 한국 내에서 보호받는 저작물이므로 무단 전재와 무단 복제를 금합니다.

Emanuel Swedenborg's
Conjugial Love ...

스베덴보리가 전하는
아름답고도 신비한
천국 남녀의 사랑 이야기

사랑의 원형

馬太恩 저

목차

제1부 혼인애   19

제1장 혼인애의 뜻   20
1. 결혼과 행복의 더 깊은 의미   20
2. 궁극의 목적   32
3. 혼인애의 소망   34

제2장 혼인애의 근원과 나타남   39
1. 근원   39
2. 나타나는 모습   49

제3장 혼인애의 실상   56

제4장 사랑의 성숙과 지혜   83
1. 사랑의 성숙 단계   83
2. 성숙으로 깨닫는 지혜   96

제5장 성애, 혼인애의 입구   99
1. 성애의 본래 모습   99

제6장 성에 대한 오염과 편견   118
1. 신데렐라 이야기   118
2. 왕궁 이야기   120
3. 어떤 우화   124
4. 사람과 나무의 비유   126

제7장 사랑에 관한 착각   129
    1. 사랑의 특성에 관한 착각   130
    2. 사랑의 근원에 관한 착각   134

제8장 나의 소중한 분신(分身)   149
    1. 훌륭한 짝   149
    2. 사랑의 학습   151
    3. 사람이 남자와 여자로 창조된 목적   160
    4. 천국에서 남녀의 만남   165

제9장 부부의 하나 됨   170
    1. 아내의 능력을 통하여   170
    2. 아내의 모성을 통하여   172
    3. 아내의 지혜를 통하여   174
    4. 아내의 영기를 통해서   176

제10장 혼인애의 기본자세   178
    1. 초심(初心) 지키기   178
    2. 순수의 깨달음   182
    3. 순수 지키기: 정화요법   197
    4. 문제의 해결   201

제11장 천국에 가지고 가는 혼인애   223
    1. 저세상의 삶   223
    2. 사람이 품었던 사랑은 사후에도 남는다   227
    3. 성애(性愛)도 그 수준과 자질대로 남는다   233
    4. 혼인애도 사후에 남는다   235
    5. 배우자들의 사후 상태   239

제12장 남녀의 순결   262
    1. 혼인애 안에서만 순결이 가능   262
    2. 경건한 마음으로 불순을 차단하는 것   263
    3. 부부 사이에만 해당   264
    4. 잃어버린 순결의 회복   265
    5. 순결이 해당되지 않는 경우   269

제2부 | 간통애   276

제1장 간통   277
    1. 간통애의 정의   277
    2. 간통의 종류와 경중(輕重)   280
    3. 애욕(愛欲)과 음욕(淫慾)   282
    4. 불결한 욕망의 실체   287

제2장 사통(私通, fornication)   292
    1. 사통과 간통의 차이   292
    2. 동거(pellicacy)   295

제3장 간통애의 귀결(歸結), 또는 전가(轉嫁, imputation)   298

부록 | 천국의 연인들　　　　　　　　　　　313

1. 천국의 문턱에서　　　　　　　　314
2. 영과 육의 순서　　　　　　　　318
3. 참 자아로 산 시간　　　　　　　321
4. 자아의 죽음　　　　　　　　　　324
5. 주님이 촉구하시는 것　　　　　326
6. 천국의 삶　　　　　　　　　　　329
7. 천국에서 만난 그녀　　　　　　334
8. 나의 천국 여정　　　　　　　　341
9. 그녀에게 가는 길　　　　　　　352
10. 정화 과정　　　　　　　　　　362
11. 드디어 천국에　　　　　　　　369
12. 그녀가 기다리는 집　　　　　　375

서문

저세상이라고 하는 곳.
그곳은 영적인 이상(異象, vision)을 통해서만 알 수 있다.
그렇게 잠깐씩 저세상을 체험한 사람은 매우 많으며
그 방면에 관심있는 사람은 다 아는 사실이다.

근세에 들어 그런 체험을 가장 많이 한 사람은
스웨덴의 과학자, 스베덴보리(Emanuel Swedenborg)이다.
그는 그런 체험을 모두 기록으로 남겼다.
그의 방대한 저서는 그 기록이다.

그중에 『혼인애』(Conjugial Love)라는 책은
천국 남녀들이 누리는 아름답고 신기한 사랑과
사랑의 원래 모습에 관한 이야기이다.
그 이야기를 젊은이들이 읽기 쉽게 풀어서 내놓는다.

그 이야기가 얼마나 신기한지는 미리 말하지 않겠다.
독자들이 직접 읽으면서,
보고 느낀만큼 감동하기 바란다.
각자 영혼의 깊이, 사랑의 깊이만큼 감동할 것이다.

진정 순수하고 아름다운 사랑,
그래서 이 세상에서도 천국을 느끼는 사랑.

그런 사랑을 동경하는 모든 사람에게
희망과 도움이 되기를 바란다.

〈에마누엘 스베덴보리〉

- 스웨덴의 신학자이자 과학자(1688-1772).
- 웁살라(Upsala)대학교에서 수학과 철학 연구로 박사학위 취득함.
- 물리학, 화학, 생물학, 인체 생리학, 지질학 분야에서 해박한 연구 업적을 남김.
- 지질학과 광산공학 분야에서 당대 최고의 권위자.
- 28세 때부터 스웨덴 왕의 특명으로 왕립 광산대학에서 광산공학의 연구와 광산 산업 현장의 모든 일을 책임지고 관리하는 직책인 광산대학교 사정관으로 봉직함.
- 57세 되던 해, 저세상에 관한 이상을 보기 시작함.
- 그 이듬해 모든 공직에서 물러나 그가 보는 이상들을 체계적으로 기록하기 시작함.
- 그가 남긴 대부분의 기록은 그가 본 이상을 근거로 한 성경의 영적 해설이므로 영성 신학자라는 평을 받음.
- 대표적인 저서로는 『천계비의(天界祕意)』, 『계시록 해설』, 『하나님의 사랑과 지혜』, 『하나님의 섭리』, 『사대 교리』, 『혼인애』, 『참된 기독교 1』, 『천국과 지옥』 등이 있음.

시작하는 말

"지금부터 내가 하려는 이야기는 지순한 남녀의 사랑과 또 그들이 천국에 와서 누리는 천국 사랑 이야기이다. 주로 저세상에서 듣고 본 이야기이기에 환상처럼 들리거나 이해하기 어려운 것도 많을 것이다. 그러나 이 이야기는 꿈이나 환상에 빠진 상태가 아니라 생생한 정신으로 깨어 있는 상태(in a state of full wakefulness)에서 직접 보고 들은 이야기라는 것을 독자들에게 분명히 밝혀 둔다."

에마누엘 스베덴보리는 『혼인애』라는 책의 서두를 이렇게 시작한다. 그는 이 책의 이야기가 환상처럼 들리기 때문에 독자들에게 나타날지도 모르는 거부 반응을 미리 염려한 듯하다. 그러나 그는 독자들의 이해 여부를 초월해서 보고 들은 것을 그대로 전하는 것이 자기의 책임이라고 담담하게 밝히고 있다. 그 뒤로 이어지는 이야기의 경위는 다음과 같다.

그가 57세 되던 어느 날, 저녁 늦게까지 그날의 일과에 매달려 있다가 시장기를 느끼고 단골 식당에 갔다. 저녁을 배불리 먹고 나서, 느긋한 포만감으로 의자에 앉아 있었다. 손님들이 다 돌아갈 때까지 식당 한구석에 홀로 앉아서 종일 쌓인 노곤함을 풀고 있었다.
그런데 그때 어떤 목소리가 들렸다.
"너는 과식을 하지 말라. 그리고 지금까지 하던 일을 다 내려놓아라. 지금부터 너는 다른 일을 할 것이다."
'이게 무슨 소리인가?'
그는 조금 놀라 주변을 둘러보았다. 분명히 아무도 없었다.

그런데 소리가 들리다니 이 말을 하는 사람은 누구이고, 또 그 말은 무슨 뜻인가?

도무지 모를 일이었다. 소리가 또 들릴까 기다렸다. 그러나 더 들리지 않았다. 한참 동안 궁금해하다가 알 도리가 없어서, 집으로 돌아가 잠을 청했다. 그날 밤부터 그에게 이상한 일이 닥치기 시작했다. 그가 누군가의 손에 이끌려서 전혀 모르던 세상에 올라가 거기의 일들을 낱낱이 보고 듣는 일이었다. 그때 그의 몸은 그의 방에서 잠든 상태로 누워 있었고, 그의 영은 몸을 빠져나와 저세상을 돌아다니며 거기의 일들을 한참 보고 듣다가 다시 몸으로 돌아왔다.

그는 신약성경 고린도후서에서도 바울이 겪었던 신기한 일, 즉 몸은 이 세상에 있으면서 영은 저세상에 올라가서 '말로 표현할 수 없는' 놀라운 일들을 생생하게 체험하게 된다. 그런 일들은 그가 세상을 떠나기 직전까지 거의 27년 동안이나 계속되었다. 그동안 그 세상의 무수한 일을 보고 들었다. 그가 쓴 방대한 양의 책은 모두 그 기록이다.

그중에서 가장 특이한 것은 천국의 남녀들이 환상처럼 누리는 사랑 이야기 『혼인애』라는 책이다. 그 사랑이 얼마나 아름답고 즐거운지, 또 얼마나 놀랍고 신기한지 바울의 말대로 세상 말로는 표현할 수 없다. 세상에서 남녀가 서로에게 품을 수 있는 가장 아름다운 사랑, 그 사랑에서 또 가장 순수한 것을 추려서 그것을 천국의 아름다움으로 정화시키고, 천국의 완전함으로 덧입힌 것, 천국 남녀의 사랑을 그런 모습으로 이해하면 될 것이다. 이 책은 바로 그런 사랑에 관한 이야기이다.

이 세상과 천국, 거기에서 남녀가 누리는 사랑을 비교하면 그 아름다움이나 즐거움은 말 그대로 하늘과 땅 차이지만, 근원은 같다. 모든 사랑의 근원은 천국이기 때문이다. 누구나 진정한 사랑을 품으면 마음도 지극히 순수해진다. 이제까지 그렇게 순수해 본 적이 없다. 사람의 마음이 그만큼 순수해질 수 있다는 것이 신기해 보인다. 영혼 깊이에 참사랑을 품으면 누구나 그렇게 된다. 그것은 그 사랑이 천국에서 오기 때문이다. 근원이 순수하기 때문에 나타나는 모습도 순수하다.

그래서 사람이 지순(至純)한 마음에 또 그런 사랑을 품었다면, 그 마음은 천국을 향해 열려 있을 것이다. 그렇게 열린 마음의 창가, 거기에는 이제까지 몰랐던 사랑의 모습이 끊임없이 비친다. 저 높이에서만 보이던 무지개가 바로 창문 앞에 다가온 느낌이다. 천국의 사랑이 바로 그런 모습으로 다가오는 것이다. 마음을 지극히 맑게 하면서 설레게 하는 모습, 또 신비하면서 경건한 모습이다. 영혼까지 울리는 사랑으로 누군가를 마음에 품어본 적이 있는 사람은 잠 못 이루는 번민 속에서도 그런 것을 분명히 느꼈을 것이다. 그것이 바로 천국의 아름다움이 비치는 참사랑의 모습이다. 그 사랑의 근원이 천국이기 때문이다.

그런 것을 느껴보지 못한 사람은 아직 남녀의 참사랑을 모른다. 왕궁에 들어가 보지 못한 사람은 그 장려함이 어떤지 모르는 것과 같다. 왕궁에 대해서 제대로 알고 싶다면 자기 멋대로 상상할 것이 아니라 왕궁에 실제로 들어가 보든지 아니면 보고 온 사람의 말을 들어보아야 한다. 아름다운 왕궁을 동경하는 마음이 간절하다면 그 말을 경청할 것이고, 또 언젠가는 거기에 들어갈 날도 있을 것이다.

지금 이 책을 읽고 있는 사람 중에도 남녀의 참사랑을 제대로 깨달은 사람은 극히 드물 것이다. 그 사랑에 대해서 혼자 상상했거나, 품고 있던 관념을 다 내려놓기를 바란다. 그리고 이 책이 전하는 사랑 이야기, 그 앞으로 다가와 앉기를 바란다. 참사랑을 실제로 보고 온 사람이 생생하게 전하는 말이기 때문이다. 그런 사랑을 간절하게 동경하는 마음이 있다면 그 마음은 지금부터 전하는 이야기를 깨닫는 데 귀한 도움이 될 것이다.

참사랑의 근원은 천국이다. 그래서 순결한 남녀가 지순한 마음에 또 그런 사랑을 품고 있다면 그들은 천국의 사랑을 품고 있는 것이다. 타락 이전의 옛날에는 지상의 모든 남녀도 하늘의 천사들처럼 천국의 사랑을 품고 그 기쁨도 온전히 누리며 살았다. 누리는 장소와 상태만 아래위로 달랐다. 그때는 지상과 천국이 하나로 통했고, 아래위 동네처럼 가까웠다. 사람들은 아랫동네를 방문한 천사들과 친하게 어울리기도 하고, 또 장차 가게 될 천국 이야기를 윗동네 이야기처럼 듣기도 했다. 거기에 가서 더 풍요하게 누릴 천국 사랑 이야기도 천사들에게서 흥미진진하게 들었다.

지금 이런 이야기가 몽상처럼 들릴 수도 있다. 그것은 이 세상과 천국이 너무나 멀어졌기 때문이다. 그래서 원래 한 근원인 천국과 세상의 사랑도 하늘과 땅 차이로 멀어지고 말았다. 옛날 낙원에서 우리 조상들이 누렸던 참사랑, 천국과 막힘없이 연결되었던 그 사랑이 지금은 거의 망각 속에 묻히고 만 것이다. 그 사랑에 향수(鄕愁)를 느끼는 사람들에게 지금은 희미한 추억 속에만 남아 있다. 그래서 요즈음은 누구나 사랑을 떠들어도, 참사랑은 제대로 알지 못한다.

남녀의 사랑에 대해 제대로 알지 못하면, 남녀의 결혼에 대해서는 더욱 그렇다. 대부분의 남녀가 결혼을 하고, 또 지금 결혼생활을 하면서도, 정작 결혼의 참 의미가 무엇인지 제대로 아는 사람은 극히 드물다. 평생 함께 살아온 대부분의 부부도 결혼의 참모습을 보여 주지는 못하는데, 생각해 보면 어이없는 몽매의 현실이다.

그것을 조금 더 실감하기 위해서 잠깐 빙산(氷山)을 생각해 보자. 극지방의 바다에 떠다니는 커다란 얼음덩어리, 그것은 아주 작은 부분만 수면 위로 솟아 있다. 그런 겉모습만 보고 빙산이 그런 모습이라 생각하면 큰 착각이다. 보이지 않는 수면 밑에 엄청나게 큰 부분이 숨어 있기 때문이다.

남녀의 결혼도 그렇다. 남녀가 서로 좋아하다가 부부의 연을 맺고, 자식들을 낳아 기르면서 함께 사는 것, 결혼이라는 것을 모두 그런 겉모습 정도로만 알고 있는데, 그것은 큰 착각이다. 우리의 시각이 닿지 않는 물밑에 빙산의 본모습이 있는 것처럼 우리의 지각이 닿지 않는 이면에 결혼의 본모습이 있기 때문이다. 그것도 우리가 헤아릴 수 없이 깊은 의미로 숨어 있기 때문이다.

그 사실의 이해를 돕기 위해 소박한 예를 하나 더 들겠다. 바로 전기(電氣)이다. 전기는 누구나 쉽게 사용하며 무심하게 취급하고 있다. 그러나 전기라는 것이 알고 보면 매우 신기하다. 특히, 그 흐름이 인간의 감정 흐름과 유사하기 때문이다. 그렇다. 관찰력이 예리한 사람은 이미 그 사실을 알고 있을 것이다.

뜨겁게 흐르는 기운이나 짜릿한 느낌이나 엄청난 역할이 그렇다. 좀 더 자세히 이야기하면, 전기는 음양의 전류로 흐르고, 사랑은 남녀의 감정으로 흐른다. 전기는 음양이 만나서 온전해지고, 사랑은 남녀가 만나서 온전해진다. 음양의 전류가 만나면 전기의 불꽃이 튀고, 남녀의 사랑이 만나면 열정의 불꽃이 튄다. 전기의 불꽃은 눈부시게 밝고, 사랑의 불꽃은 눈부시게 아름답다. 음양의 전류가 만나면 엄청난 힘이 발휘되고, 남녀의 사랑이 만나면 엄청난 역사가 시작된다. 전기는 거대한 발전소에서 흘러오고, 사랑은 더 거대한 천국에서 흘러온다.

이렇게 전기의 흐름과 사랑의 흐름은 여러 면에서 흡사하다. 그래서 전기가 가정으로 흘러오는 과정과 사랑이 남녀에게 흘러오는 과정을 함께 살펴보면, 그 사랑의 결실인 결혼의 의미와 그 깨달음에 좀 더 가까이 접근할 수 있을 것이다.

우리 생활에 불가결한 전기 그것은 발전소에서 흘러와 가정집에 연결된다. 그것을 사용하는 것은 아주 간단하다. 스위치를 올리거나 코드를 꽂으면 된다. 그러나 그것이 그렇게 간단한 것이라고 생각하면 큰 착각이다. 전기로 방안을 아늑하게 밝히기 위해서는 이미 오래전에 발전소를 세울 치밀한 계획이 있었고, 그 계획을 실행하는 거대한 공사가 있었고, 발전소가 다 준공된 뒤에는 또, 거기에서 가정집까지 연결시키는 엄청난 구조의 설비가 있었기 때문이다.

사랑도 마찬가지다. 남녀 관계에서 불가결한 사랑, 그것은 천국에서 흘러와 남녀의 마음에 연결된다. 그들이 사랑을 누리는 것은 간단해 보인다. 서로를 품어 주면서 마음의 코드만 연결하면 된다. 그러나 사랑을 누리는 것이 그렇게 간단하다고 생각하면 그것도 큰 착각이다. 사랑으로 남녀의 마음을 아늑하게 채우기 위해서는 이미 창세 전에 천국이라는 사랑의 발전소를 세울 원대한 계획이 있었고, 그 계획을 실행하는 유구한 역사가 있었고, 그렇게 천국이 이루어진 뒤에는 또, 천국과 세상 남녀의 마음을 연결시키는 구원의 섭리가 치밀하고도 오묘하게 역사하기 때문이다.

그 섭리의 손안에서 장차 부부로 맺어질 남녀가 비슷한 시기에 태어난다. 그들이 장성하여 결혼할 준비가 되면, 둘이 만나는 기회가 극적으로 만들어진다. 그 만남에서 그들은 가슴 설레는 곡절을 통과하면서 사랑의 싹을 키운다. 그 싹이 결혼이라는 꽃으로 피어나고, 그렇게 둘이 부부가 되어 사랑을 실질적으로 깨달아간다. 결혼 속에 깊이 담겨 있는 의미로 한 발 한발 다가가는 데, 섭리의 손이 그 모든 일을 그렇게 인도하신다.

그런데 요즈음 남녀의 대부분 그런 섭리에 대해서는 까맣게 모른다. 빙산의 일각으로 드러난 겉모습만 볼 뿐, 그 속에 있는 참모습까지는 보지 못하는 것이다. 결혼의 당사자이면서도 결혼에 대한 깨달음이 그런 상황이다.

결혼에 숨어 있는 하나님의 깊은 섭리를 우리의 이해력으로 모두 깨닫는 것은 불가능하지만, 적어도 결혼생활에 필요한 기본만큼은 깨달아야 하는데, 대부분 그것조차 모른다. 남녀가 평생 부부로 함께 살면서도 남녀의 참사랑도, 결혼의 참모습도, 그 진정한 의미도, 거의 깨닫지 못한 채 삶을 끝내는 것이다. 과거에도 그랬고 지금도 대부분 그렇게 살다가 끝낸다. 결혼에 대한 몽매 현상이 그렇게 심각하다. 결혼의 겉모습 뒤에는 수면 밑의 빙산처럼, 또는 보이지 않는 전기 시설처럼, 하나님의 섭리가 측량 못할 깊이로 숨어 있는데, 지금부터라도 그 사실 앞으로, 옷깃을 여미는 자세로 다가올 필요가 있다.

참된 결혼과 그 의미를 깨닫는 가장 좋은 방법은 그 모습을 직접 보는 것이다. 그러나 그 모습이 세상에서는 거의 다 사라졌고, 천국에만 있다. 그래서 누군가 천국에 와서 천국의 결혼생활을 직접 보고 들은 뒤에 그 모습을 전해 주어야 했는데, 그 일을 위해서 특별히 선택된 사람이 바로 에마누엘 스베덴보리였다.

그는 천국의 결혼생활이 어떤 것인지를 여러 방면으로 보고 와서, 그 모습을 생생하게 전해 준다. 거기의 사랑이 얼마나 아름답고, 얼마나 즐겁고 환상적인지, 그 결혼이 천국의 삶에서 얼마나 중요한 역할을 하는지를 상세하게 알려 준다. 그런 사실을 세상 말로 전하는 것이 지난한 일이지만, 그는 세상 떠나는 날까지 그 환상적인 사실을 우리의 이해 범위 안으로 전해 주기 위해 노력했다.

따라서 하나님이 그를 통해서 알려 주시는 결혼의 참모습과 그 참된 의미를 겸허한 마음으로 듣고 받아들이는 것은 우리의 몫이다. 하나님께서 남녀 사이에 막중한 의미로 설정해 놓으신 결혼을 제대로 깨닫고 그 뜻대로 살아 내는 것은 우리의 할 일인 것이다. 그 일이 우리에게는 물론 하나님에게도 막중한 일이지만, 그 결실은 우리에게 달려 있다.

사람의 평생에 태어나는 것 이외에 가장 큰 일은 결혼이다. 대부분 보람 있는 삶의 여부는 결혼으로 좌우된다. 스베덴보리가 알려 주는 더 중요한 사실이 있다. 천국에서 삶의 모든 것은 이 세상의 결혼생활로 결정된다는 것이다. 거기는 오로지 사랑만 충만한 나라인데, 그 사랑은 세상의 결혼생활에서 가장 실질적으로 깨닫기 때문이다.

그 중요한 결혼을 커다란 착각으로 시작하여 어이없는 오류 속에서 끌고 가다가 황량한 실패로 끝난다면 그 결과가 어떻겠는가?

지금도 그런 남녀들에게서 끊임없이 드러나는 어리석은 작태들이 그 결과의 어떠함을 미리 말해 준다. 그래서 이 책은 세상 남녀들이 사랑과 결혼에 대한 무지와 착각에서 벗어나도록 그 참모습과 진정한 의미를 알려주기 위한 것이다. 결혼을 앞둔 사람에게는 참된 결혼의 지침을 알려 주고, 이미 결혼생활을 하는 부부에게는 혼인애를 지향하는 사랑의 지혜를 알려 주고, 또 결혼생활에 실패를 겪고 있는 사람에게는 그 실패를 딛고 일어서는 깨달음과 회복의 길을 알려 준다.

사람은 누구나 자기 나름의 고정관념이 있다. 그중에서도 가장 완고한 것은 아무래도 종교 관념이라고 할 수 있다. 그런데 문제는 그것이 정중지와(井中之蛙)의 시각으로 굳어진 관념이라는 것이다. 그것이 하나님이나 성경에 대한 깨달음에 심각한 방해가 되는데도 불구하고, 거기에서 벗어나는 것은 매우 어려운 것으로 보인다.

그러나 정중지와의 답답한 관념을 벗어나서 드넓은 하늘에게는 시원하게 열린 마음, 사람에게는 너그럽게 열린 마음, 그런 본래의 마음으로 돌아와서 이 책을 읽는 사람은 천국에서 누리는 혼인애의 참모습을 경이와 감탄으로 볼 것이다. 그래서 결혼의 의미도 제대로 깨달을 것이다.

그렇게 제대로 깨달은 남녀들은 그런 결혼생활을 지향하면서 지상에서도 천국을 누릴 것이다. 그렇게 세상에서도 천국과 통하며 살다가, 천국에 올라와서 하나님의 영원한 목적에 합류할 것이다. 이런 사실들을 알려 주기 위해서 스베덴보리는 간절한 마음으로 혼인애라는 책을 썼다.

그러나 이 책은 아름답고 신비한 내용과는 달리 읽는데 꽤 골치가 아프다. 그래서 일반 독자들이 읽기 쉽도록, 익숙한 우리 이야기로 바꾸고 또 첨삭해서 내놓는다. 남녀의 참사랑과 결혼의 참된 의미와 또 진정한 혼인애가 무엇인지 깨닫는 데 도움이 되기를 바란다.

그리고 부록으로 시화(詩話) 하나를 소개한다. 단테의 신곡처럼, 영적인 상상력으로 창작된 문학 소품이지만, 독자는 그 이야기로 이 책의 내용을 좀 더 깊이 이해하는 데 도움이 될 것이다.

지금부터 에마누엘 스베덴보리가 전하는 참사랑, 혼인애, 천국의 사랑 이야기를 우리 이야기로 차근차근 시작하겠다.

제1부 | 혼인애

제1장

혼인애의 뜻

1. 결혼과 행복의 더 깊은 의미

1) 결혼의 문

 봄이 한창 무르익는 대지, 파릇파릇 돋아나는 연한 잎들, 그렇게 산과 들을 온통 뒤덮는 연초록 녹음, 참 신선하다. 화창한 봄볕을 받으며 하루하루 새롭게 자라는 그 여린 잎 속에는 앞으로 점점 더 푸르고 무성해질 약속이 생생하게 담겨 있다.

 인생의 봄을 맞이하는 젊은이들의 모습이 바로 그렇다. 특히, 성인의 문턱을 막 넘어선 청년들의 모습은 막 피어나는 녹음처럼 생기가 넘친다. 연한 잎이 짙은 녹음으로 피어나듯, 그들의 젊음도 그렇게 싱싱하게 피어날 것이다.

 이제 그들 앞에는 온 세상만큼이나 넓고 진진한 삶이 펼쳐질 것이다. 꿈과 희망으로 품고 있던 멋진 일도 앞에 줄줄이 기다리고 있다. 그런데 그 중에서 가장 마음이 끌리는 것, 그것은 이성에 대한 꿈이다. 사춘기가 되고부터 야릇하게 들뜨는 마음이 차츰 이성에게 쏠린다. 막연한 그리움이 아지랑이처럼 타오르기도 한다. 점점 더 성숙해 가면서 그런 갈망이 더욱 간절해진다. 아름답고 멋진 어떤 사람의 모습이 꿈이나 상상 속에서 안개처럼 뽀얗게 떠오를 때도 있을 것이다.

언젠가는 찡한 감동과 매력으로 나타날 그 사람, 어쩌면 나와 꿈결처럼 행복한 삶으로 엮어질 그 사람, 과연 누구일까?
어떻게 생긴 사람일까?
지금 어디에서 무엇을 할까?

그 사람과 만나는 상상에 가슴 설렌 적이 한두 번이 아니다. 그렇게 성년이 되어가면서 가장 마음을 사로잡는 것은 뭐니 뭐니 해도 내 사람을 만나는 꿈이었다.
　그런 꿈을 간직한 채 드디어 어엿한 성년이 되었다. 그렇게 동경하던 어른들의 세계에 첫발을 들여놓고, 이제는 의연한 인격의 자세로 자리 잡아가면서, 활기찬 삶을 구가(謳歌)하고 있다. 그런데 저 앞에 어떤 문이 하나 보인다. 환상처럼 아름다운 문이다. 멀리에 있지만, 볼 때마다 가슴이 설렌다. 그리움과 갈망이 끝없이 쏠린다. 아직 들어가 보지는 못했지만, 그 안에는 분명히 즐겁고 행복한 것이 넘칠 것 같다. 이제까지 갈망하고 동경하던 모든 것이 그 안에 다 있을 것 같다. 그러나 그 문은 혼자서는 들어갈 수 없다. 결혼 예복을 입고 주변의 축복 속에 사랑하는 사람과 함께 들어가는 문이다.
　결혼이라는 아름다운 문, 그 안에 들어서면 많은 것이 달라진다. 오랫동안 그리워했던 내 사람과 모든 것을 함께하는 새로운 삶이 시작된다. 멀리 있어서 아쉬웠던 사람, 이제는 내 곁에 있다. 길고 외로웠던 방황, 이제는 끝났다. 아늑한 신혼의 보금자리에는 사랑의 기쁨이 신선하게 넘친다. 거기에서 행복의 꿈을 하나하나 펼쳐 나간다.
　이제까지 혼자 살아온 것은 반쪽의 삶이었지만, 지금부터는 온전한 삶이다. 그 문으로 들어선 사람도 있고, 아직 앞에 두고 있는 사람도 있지만, 어쨌든 결혼이란 삶의 보람과 행복으로 들어서는 첫 관문이다.

2) 행복의 차원

결혼의 일차 목적은 한마디로 행복하게 사는 것이다. 한 번밖에 못 사는 인생, 행복하게 살고 싶은 꿈은 누구나 가지고 있다. 그러나 그것이 혼자서는 아무래도 어렵다. 외롭고 허전할 때가 많고, 그리움과 아쉬움이 채워지지 않는다. 또 여러 가지 불편한 것도 많고, 행복하기에는 많이 부족하다. 옆에서 따뜻하고 부드러운 손길이나 넉넉하고 믿음직한 가슴으로, 돕는 짝이 필요하다.

우리의 삶이란 어쩌면 세상이라는 바다를 헤쳐가야 하는 힘겨운 항해라고 할 수 있는데, 밀려오는 풍랑도 녹녹지 않다. 그럴 때 서로 잡아주고 품어 주면서, 밀려오는 파도를 함께 헤쳐나갈 사람이 누구에게나 필요하다. 바로 여기에 결혼의 의미가 있다. 남녀가 부부가 되어 힘을 합쳐서 인생이라는 바다를 함께 저어가는 것이다.

그래서 남녀가 가연을 맺고, 기쁜 일이나 힘든 일이나 모든 것을 함께 하면서 저 앞에 보이는 행복이라는 목표를 향하여 함께 가는 것, 그것이 바로 결혼이며, 거기에서 꿈과 희망은 자란다. 부부가 한마음으로 그 꿈을 키워가다가 드디어 그 꿈이 이루어져서 바라던 행복을 누리고 산다면 결혼의 일차 목적은 훌륭하게 달성된 것이다.

그런 목적을 세우고 부부가 한마음으로 노력하며 열심히 사는 모습은 보기에도 좋다. 사랑으로 모든 것을 함께 하며, 그 목적을 향해 손잡고 간다. 가는 길이 힘들다 해도 서로 잡아주고 끌어주면서 함께 가다가 드디어 그 아름다운 목적지에 닿는다면, 그것은 둘이 함께 이루어내는 가장 큰 보람이다.

그래서 막 결혼한 젊은 부부들은 그런 꿈에 부풀어서 훌륭한 목표를 세우고 온 마음을 기울여서 열심히 산다. 지금은 힘들고 어렵더라도 장차 언게 될 행복, 그것을 위해서 단단한 각오가 흔들리지 않는다. 마침내 목표에 도달해서 힘겹게 올라왔던 삶을 아래로 내려다보며 느긋한 여유로 행복을 누리며 사는 것, 생각만 해도 멋진 일이다. 그렇게 '성공을 구가하며 행복하게 살아보리라'라는 마음 자세가 단호하다.

그래서 오랜 각고의 노력 끝에 드디어 목표에 도달했다. 아무나 이룰 수 없는 어려운 일을 드디어 해낸 것이다. 이제는 힘겹게 허덕이던 일에서 벗어나 이루어 놓은 행복을 느긋하게 즐기며 성공한 인생을 보람 있게 산다. 스스로 생각해도 대견한 일이다. 다른 사람들도 존경과 선망의 시선을 보낸다. 그럴 때마다 자신의 존재감이 돋보이고, 삶의 긍지가 느껴진다. 그런 흐뭇한 보람 속에 앞날도 저 맑은 하늘처럼 푸르러 보인다.

그러나 좀 더 생각해 보자. 그것으로 다 된 것일까?

일차 목표로 삼았던 높은 봉우리, 마침내 거기까지 올라와서 귀하게 얻은 지금의 행복, 값진 것은 틀림없다.

그러나 그것으로 결혼의 목적은 다 이루어진 것일까?
한발 더 나아가서 삶 전체의 목적도?
그것이면 인생에서 더 바랄 것이 없을까?
결혼을 포함한 우리의 삶 전체에서 그것이면 충분할까?
삶의 최종 목표가 지금 누리고 있는 이 행복인가 아니면 그 위로 더 높은 것이 있는가?

힘겹게 얻은 지금의 행복, 사는 날까지 유감없이 누리기를 바라는 것은 당연하다. 그러나 그다음도 생각해 보자.
이 세상의 삶이 끝난 뒤 그때에도 지금의 행복이 계속될까?

많은 사람이 거기까지는 생각하지 않는다. 세상 사는 동안 즐겁고 행복하면 그것으로 충분하다고 생각한다. 그러나 그것만으로는 충분하지 않다. 여기의 삶이 끝나면 저세상 삶이 기다린다. 그리고 그 삶이 더 중요하다. 지금의 행복을 저세상까지 가지고 갈 수 있는지 깊이 살펴봐야 한다. 없다면, 가지고 갈 수 있는 더 높은 차원의 행복도 찾아봐야 한다.

산은 그 정상에서부터 아래에 걸쳐서 높고 낮은 봉우리가 무수한데, 행복이라는 산도 그렇다. 결혼에서는 물론이고 우리의 평생에서 누구나 지상 목표로 추구하는 소위 행복이라고 하는 것, 실은 거기에도 고결한 높이에서 범속한 데까지 여러 차원과 수준이 있다.

지금 내가 추구하는 행복은 그중 어디쯤 있을까?
거기에서 내가 실제로 누리는 것은 무엇이며 그것이 나의 삶 전체에 어떤 의미가 있을까?
그 행복으로 이 세상에서는 즐겁게 살았다 해도, 저세상에 가서는 어떻게 될까?

이런 질문 앞에서 내가 지향하는 행복의 수준과 차원이 드러난다. 가장 높은 것이 가장 큰 가치 있는 것은 당연하다. 그래서 그런 것 따위는 염두에 두지도 않고, 다른 이들이 행복이라고 떠드는 것에 우르르 몰려가서 그것만 무조건 움켜쥐려는 태도는 별로 고상하지 못하다. 그런 태도는 지양하면서, 우선 전술한 질문에 스스로 답해 보는 것이 좋다.

내 삶의 보람과 가치를 생각하면서 내가 진정 바라야 하는 것은 어떤 행복인지, 한발 더 나아가 저세상까지 염두에 두면서 내 삶 전체에서 궁극적으로 추구해야 하는 행복은 어떤 것인지, 그런 것들을 차분하게 살펴보는 것이 더 바람직하다. 그런 의미에서 행복에 관해 좀 더 살펴보기로 하자.

3) 진정한 행복

세상의 모든 것은 겉과 속이 있다. 보이는 면과 보이지 않는 면이 있는 것이다. 그리고 겉으로 보이는 것이 실상과는 다른 경우도 많은데, 행복도 그렇다. 물질의 풍요와 육체의 안락에서 오는 기쁨, 이것을 외적 행복이라 하면, 정신의 풍요와 마음의 안락에서 오는 기쁨, 이것은 내적 행복이다. 겉으로 보이는 조건만 달성되면 행복이 온다고 생각하는 사람이 많다.

그러나 보이지 않는 조건도 갖추어지지 않으면 만족스럽지 못하다. 겉으로는 행복해 보여도 실상은 그렇지 못한 것이다. 육체의 안락뿐만 아니라 마음에서도 평안을 누리는 것, 그것이 제대로 갖추어진 행복이다. 실은 이런 보이지 않는 행복이 더 중요하다. 외적 조건이 여하간에 마음의 기쁨에서 더 큰 행복을 느끼기 때문이다.

그러나 거기에서 그친다면 그것도 한 단계 모자란다. 우리에게는 마음보다 더 깊은 영이 있는데, 거기에서도 기쁨을 느끼는 것이 진정한 행복이다. 세상만사는 삼차원에 걸쳐 있는데, 행복도 그렇게 차원별로 분류해 본다면, 육신의 안락은 일차원, 마음의 행복은 이차원 그리고 영의 행복이 바로 삼차원이다. 진정한 행복은 거기까지 올라와야 한다. 누구에게나 육신과 마음의 안락은 중요하지만, 가장 깊은 내면에서 누리는 영의 기쁨도 있어야만 진정한 행복이다.

많은 사람이 겉의 물질세계에서 행복을 찾는다. 파랑새를 찾으려고 세상을 헤매고 다녔다는 오누이의 이야기와 같다.[1] 높은 산과 깊은 골짜기로 세상 구석구석까지 힘겹게 찾아다녔지만, 결국 찾지 못하고 지쳐서 집으로

---

[1] 모리스 마테를링크의 『파랑새』.

돌아온 그 오누이, 다른 사람의 이야기가 아니다. 행복이라는 파랑새, 그것을 찾으려고 지금도 헛된 곳에서 수고하며 애를 쓰는 우리의 이야기이다.

세상을 방황하면서도 파랑새를 찾지 못한 오누이가 지쳐서 집에 돌아왔을 때, 그 파랑새는 자기 집에 있었다. 집 안에 있는 것을 까맣게 모르고, 밖에서만 고생하며 찾은 것이다. 행복이란 밖에 있는 것이 아니라 안에 있다. 겉의 물질세계에 있는 것이 아니라 마음속에 있다. 좀 더 깊이 말하면, 마음속 깊은 곳, 영 안에 있다. 사람들이 그것을 모르고 엉뚱한 곳에서만 찾고 있는 것이다. 헛된 방황 속에서 정작 영이 방치되고 망각 되었을 때, 행복은 결코 보이지 않는다. 많은 사람이 수고하고 애를 쓰면서도 진정한 행복을 찾지 못하는 이유는 바로 이것이다.

4) 행복의 당위성

걱정 근심 없이, 진정한 행복을 누리며 살고 싶은 소망은 누구에게나 당연하다. 그래서 그 소망을 이루기 위해서 대부분 평생 애를 쓴다. 그렇게 애를 써서 육신의 안락과 마음의 기쁨과 영혼의 행복까지 모두 누리고 산다면, 행복의 삼차원까지 제대로 누리며 사는 것이고, 그것이 바로 진정한 행복이며, 거기에서는 더 바랄 것이 없으리라.

그런데 행복의 당위성을 조금 더 생각해 보자.

우리는 왜 행복해야 하는가?
그것도 육신만이 아니라 영혼까지 행복해야 하는 이유가 무엇인가?
물어볼 것도 없이 당연한 사실이지만, 그 당위성 너머에 더 중요한 이유가 있는 것은 아닐까?

어린아이는 잘 먹고 잘 놀고, 언제나 즐거워야 한다. 한마디로 행복해야 한다. 왜 행복해야 하는지는 물어볼 것도 없이 당연하다. 그러나 더 중요한 이유가 있는데, 그것은 아이가 제대로 자라는 것이다. 불행한 아이는 제대로 자라지 못한다. 병들고 일그러지고 불구가 될 수도 있다. 엄마 아빠의 사랑이 넘치는 행복 속에서만 아이는 제대로 자란다. 행복해야 하는 더 중요한 이유는 바로 그것이다.

자라는 것은 몸만이 아니다. 영혼도 자라야 한다. 몸이 다 자랐어도 영혼은 아직 미숙하다. 정신과 육체, 영과 육이 아직 조화가 안 된다. 그 둘이 건전한 조화를 이루도록 몸이 다 자란 뒤에도 영혼은 계속 더 자라야 한다. 그런데 그 영혼도 행복해야만 제대로 자란다. 불행에 짓눌려서 슬픔과 고통에 시달릴 때, 사람의 영혼이 얼마나 일그러지는지, 겪어본 사람은 잘 안다. 행복 속에서만 몸도 영혼도 아름답고 건강하게 자란다.

어린아이나 어른이나 육신이나 영혼이나 모두가 행복해야 하는 이유는 바로 이것이다. 우리의 영과 혼과 몸은 주어진 생명의 모습 그대로 성숙해서 온전한 조화를 이루어야 하는데, 진정한 행복 속에서만 그렇게 된다. 행복의 의미, 행복의 더 깊은 당위성은 바로 이것이다.

그런데 많은 사람이 이 사실을 간과한다. 외면적인 행복만으로 편하고 즐겁게 살면 그것으로 족하고, 영혼의 성숙에 대해서는 거의 관심이 없다. 행복에서 얻는 즐거움에만 관심을 두고, 그 본래 의미는 망각하는 것이다. 그래서 행복의 소중함이 세속적이고 육적인 쾌락으로 일그러져서 심신을 오염시키고, 영혼의 성숙을 방해하는 경우도 많다.

음식을 예로 들어 보자. 음식이란, 몸의 성장과 활동을 위해서 필요한 것이다. 먹고 마시는 데서 오는 즐거움은 필수가 아니다. 그래서 그런 것을 더 중시하는 경우, 식도락이나 폭음, 폭식에 빠지기도 하고, 그것이 건강을 해치고 몸을 망치는 경우도 있다.

행복도 마찬가지다. 행복은 영혼의 성숙과 건강을 위해서 필요하다. 행복에서 오는 세속적 쾌락은 필수가 아니다. 그래서 그런 것을 더 중시하는 경우, 삶이 세속으로 빠져서 영혼의 건강과 성숙에 해로운 경우도 많다. 행복을 추구하는 것은 지극히 당연하지만, 그 진정한 의미와 목적은 결코 그런 것이 아니다. 많은 사람이 그 사실을 간과하고 있다.

몸과 영혼의 아름다운 성숙은 우리 삶에서 가장 소중하게 추구해야 하는 것인데, 그것은 모두 진정한 행복 속에서만 가능하다. 행복을 지혜롭게 누릴 때 그 성숙이 제대로 이루어지는 것이다. 행복 추구의 당위성은 거기에 있다.

5) 행복을 얻는 길

그러면 지금 내 영혼은 어떤가, 행복한가?
그렇지 않다면, 그 이유가 무엇인가?
뭔가 채워지지 않은 것이 있기 때문일 것이다. 그것이 무엇인가?

그것은 분명, 물질의 차원이 아닐 것이다. 영혼 깊이에서 목말라하는 어떤 것이다. 그것이 흡족하게 채워질 때 영혼의 목마름은 해갈되고, 내면의 기쁨이 있고, 그때 비로소 참 행복이라는 파랑새가 보인다.

그렇다면 그것이 무엇일까?
우리 주변에는 헐벗고 굶주린 영혼이 많다. 그들에게 시선을 돌려보자.
그들이 탄식하면서 갈망하는 것은 무엇인가?
어쩌면 지금 당신의 영혼도 외로움과 굶주림에 시달리며 울고 있는지 모른다.

그 영혼이 갈망하는 것이 무엇인가?

당신도 알고 있을 것이다. 영혼의 굶주림, 그 외로움과 공허를 따뜻하게 채워 주는 것, 사랑, 바로 그것이다. 울고 있는 영혼에 따뜻한 사랑이 채워질 때, 그들의 탄식은 미소로 변하고, 굶주린 모습은 활기를 찾는다. 영혼의 음식은 바로 사랑이며, 그 사랑이 풍족할 때 영혼의 기쁨이 있다.

굶주린 육신이 기쁘지 못한 것처럼 굶주린 영혼도 기쁘지 못하다. 영혼도 음식이 필요하기 때문인데, 그 음식이 바로 사랑이다. 그래서, 물질의 풍요가 아니라, 사랑의 풍요가 영혼에 기쁨을 준다. 영혼의 굶주림과 외로움에 시달려 본 사람은 그 사실을 잘 안다. 순수한 마음에 따뜻하게 담긴 사랑, 그것이 이웃 사랑이 되어 굶주린 영혼을 채워 주고 남녀의 사랑이 되어 외로운 영혼을 채워 줄 때 그 영혼은 기뻐한다. 참사랑을 주고받으며 영혼이 그 사랑을 흡족하게 누릴 때, 그럴 때만 진정한 행복이 있는 것이다.

그렇게 참사랑을 풍족하게 누리는 방법, 진정한 행복을 얻는 길, 그것이 바로 참된 결혼이다. 사랑하는 남녀가 부부가 되어 서로에게 참사랑을 아낌없이 베풀 때 그 행복을 누리며 그 속에서 그들의 영혼은 건강하게 자란다. 참된 결혼이란 바로 그런 것이다.

6) 영혼의 성숙

결혼생활이 언제나 즐거운 것은 아니다. 눈물도 있고 고통도 있다. 그럴 때 부부는 사랑의 힘으로 함께 헤쳐나간다. 그렇게 이겨내고, 흔들리지 않는 사랑이 확인되었을 때, 그들의 영혼은 행복을 느낀다. 그리고 또 그만큼 성숙한다. 그렇게 지혜로운 부부는 힘들 때나 기쁠 때나 가리지 않고, 그들의 사랑을 다져서, 그 사랑으로 영혼을 키워간다. 아름다운 결혼이란 바로 이런 것이다.

 우리가 결혼을 하고, 또 행복하게 살아야 하는 진정한 이유는 바로 이것이다. 육신은 물론 영혼도 함께 기쁨을 누리는 행복, 그것을 바라는 것은 누구에게나 당연하지만, 그 깊은 당위성은 바로 여기에 있다. 결혼의 일차 목표는 행복이지만, 영혼의 성숙이라는 더 깊은 목적이 숨어 있는 것이다. 다른 면에서도 결혼의 의미를 찾을 수 있지만, 영의 차원에서 보는 결혼과 행복의 더 깊은 의미는 바로 이것이다.

 행복의 당위성도, 결혼의 의미도, 모두 영혼의 성숙에 있다고 할 때, 그것은 어떤 높고 거창한 것이 결코 아니다. 막연하게 추상적인 것도 아니고, 딱딱한 종교생활로 되는 것은 더구나 아니다. 그런 것은 사람을 경직되고 답답한 종교인으로 만들 뿐, 영혼의 성숙에 오히려 방해만 된다. 또 요즈음 종교계, 특히 기독교계에는 사악한 의도로 어수룩한 신도들을 미혹하는 자가 많다. 영혼의 성숙을 지향하는 분별 있는 사람은 그런 자들에게 속지 말아야 한다.

 전혀 모르던 남녀를 평생 함께할 부부로 맺어준 사랑의 인연, 그것은 하나의 신앙으로 받들어야 할 만큼 소중한 것이다. 하나님의 손안에서 맺어진 것이기 때문이다. 그 인연 속에서 진솔하게 가꾸는 사랑으로 영혼의 성숙을 지향하고, 그렇게 성숙된 영혼으로 저세상에 가기 때문에 더욱 그렇다.

 그래서 그 소중함을 아는 부부는, 그들의 사랑을 매 순간 깨닫고 실감하며 산다. 뜨거운 열정을 나눌 때만 아니라, 평상시에도 그렇다. 부드럽게 건네는 말 한마디, 섬세하게 살펴주는 손길, 서로 주고받는 자상한 마음씨, 거기에도 따뜻한 사랑이 담겨 있다. 그런 것들이 서로의 가슴에 와닿을 때, 그들은 소박하지만 서로의 사랑을 실감한다. 그리고 그럴 때마다 그들은 잔잔한 감동을 받는다. 그런 감동 속에서 그들은, 함께 품고 있는 사랑의 소중함을 깨닫는데, 애정이 깊을수록 그런 순간이 많다. 그래서 서로에게 한결같이 감사하는 마음이 들고 사랑도 깊어진다.

  부부가 함께 살면서 크고 작은 일로 그렇게 서로의 사랑을 실감하는 순간들 그래서 서로의 마음에 조용하게 울리는 감동, 그것은 금싸라기처럼 귀하다. 그런 소중한 것들이 평생 쌓여 가면서 부부애가 아름답게 빚어지는데, 부부애가 깊어지는 만큼 그들의 영혼도 함께 성숙한다. 영혼의 성숙이란 바로 그런 모습이다. 거창하고 대단한 모습이 결코 아니다. 사랑하는 마음으로 오순도순 살아가는 부부 사이에 잔잔하면서도 소박한 모습으로 성숙해 간다.

  결혼생활이 어떤 때는 기대만큼 아늑하지 못할 수도 있다. 세상의 파도가 끊임없이 밀려오는데, 그것이 힘겨울 때도 많은 것이다. 그러나 진정 사랑하는 부부는 그 파도에 휩쓸리지 않고, 파도 위를 걷는다. 높은 파도가 밀려오면 부부는 함께 잡은 손을 더 단단히 잡는다. 그러면 그 파도가 지나간 뒤에 그들의 사랑이 더 깊어진다. 그렇게 역경에 시달릴 때 오히려 더 깊어지는 사랑이 진정 아름다운 사랑이며, 그런 사랑으로 그들의 영혼도 함께 성숙해 간다.

  결혼과 행복에 대해서 많은 사람이 착각하는 것은, 결혼의 외적 조건들로 행복을 잡으려고 애를 쓰는 것이다. 상대방이 가져오는 재물과 능력으로 그럴듯한 그물을 짜서 그것으로 행복이라는 파랑새를 잡으려는 것과 같다. 그러나 진정한 행복은 그렇게 잡히는 것이 아니다. 부부의 영혼이 아름답게 성숙할 때, 행복도 함께 익어간다. 과일이 예쁘게 익어갈 때 단맛도 함께 드는 것과 같다. 행복과 성숙은 그렇게 함께 이루어지는 것이다. 영혼이 성숙하면서 함께 따라오는 행복, 그렇게 오는 것이 진정한 행복이다.

어떤 일이든지 그 목적이 이루어지면 성공한 것인데, 결혼도 마찬가지다. 결혼생활이 편했거나 힘들었거나 그 목적이 이루어졌을 때 그 결혼은 성공한 것이다. 영혼의 성숙이라는 것에 그 목적을 두었을 때는 더더욱 그렇다. 실은 거기에 있는 영적 차원의 기쁨을 누리는 것이 진정한 행복이고, 삶의 진정한 성공 여부도 거기에 달려 있다.

결혼의 목적을 영혼의 성숙이라는 것에 두었을 때, 부부에게 닥쳤던 온갖 어려움들도 실은 그 목적을 위한 시련이었을 것이다. 그들이 함께 사는 동안 그들에게 닥쳤던 무수한 고통과 슬픔, 지나고 보면 그런 것들도 고결한 목적을 더 다지는 계기가 되었을 것이다. 그런 어려움도 지혜로운 사랑으로 무사히 넘기면, 부부의 영혼은 한 단계 더 성숙한다. 부부가 서로에게서 그런 성숙의 모습을 볼 때, 아픔을 넘어선 기쁨이 있다. 결혼의 진정한 의미와 보람은 바로 이런 것이다.

2. 궁극의 목적

결혼생활이 순탄하지만은 않다는 것을 사람들은 알고 있다. 결혼을 행복의 입구라 생각하고 꿈에 부풀어 설레는 마음으로 들어왔는데, 막상 들어와 보니 그 안에는 험한 가시밭길도 많고 행복으로 가는 길은 요원하다.

그 어려운 길을 왜 가야 하는가?

우리는 왜 결혼이라는 것을 해야 하고, 또 영혼의 성숙이라는 거창한 것까지 바라야 하는가?

이 질문의 대답에서 우리는 결혼을 포함하는 삶 전체의 궁극적인 의미를 찾을 수 있다.

우리 삶의 대소사가 다 그렇지만, 결혼이라는 것도 궁극의 목적은 이 세상에 있는 것이 아니다. 결혼을 포함한 우리의 모든 삶 자체가 우리의 영원한 고향, 저세상에 목적을 두고 있다.[2] 이 세상 삶이란 그 고향으로 가는 여정이며, 우리 삶에 닥치는 일도 모두 다 거기로 수렴한다. 이 세상의 삶이란 실은, 저세상의 준비 과정인 것이다. 그래서 부부가 추구하는 영혼의 성숙도 그 목적은 저세상을 위한 것이다. 이 세상에서 이루어진 성숙의 정도만큼 저세상의 삶이 결정되기 때문이다.

이 세상에서는 슬픔과 고통에 시달릴 때도 있지만, 그것은 우리의 영혼을 성숙의 모습으로 다듬는 도구이다. 한참 시달릴 때 그 고통은 참기 어렵다. 그러나 지나고 보면 잠깐이었다. 그 잠깐이라는 시간에 영원히 누릴 저세상의 삶이 그만큼 귀하게 준비된다.

잘 다듬어진 영혼에는 저세상에서 영원한 보람과 기쁨의 보상이 있다. 성숙의 정도가 장차 저세상에서 누리게 될 모든 것의 바탕이 되는 것이다. 이 세상에서 괴로우나 즐거우나 영혼의 성숙을 지향해야 하는 이유가 바로 이것이다.

저세상 나라, 천국, 그 나라의 왕은 하나님이다. 그 나라에서는 왕이 백성을 자식처럼 사랑하고, 백성은 왕을 어버이처럼 존경한다. 그래서 왕과 백성이 영원히 즐겁게 산다. 그래서 천국이라고 한다. 하나님께서 세상을 창조하신 목적은 바로 그 천국을 세우기 위해서였다.

그런데 그 나라는 상상할 수도 없을 만큼 광대하기 때문에 그만큼 많은 백성이 필요하다. 그래서 하나님께서는 사람을 남자와 여자로 창조하시고, '생육하고 번성'하도록 분부하셨다. 모든 남녀가 결혼하여 성숙해진 영혼으로 천국의 자질을 키우고, 또 자식들을 낳아 아름답게 키워서 천국 백성이 되도록 섭리하신다. 그렇게 해서 천국 백성이 채워지는데, 그 막중한 일이 결혼을 통해서 이루어지는 것이다.

---

[2] [히 11:16] "그들이 더 나은 본향을 사모하나니, 곧 하늘에 있는 것이라."

물론, 독신으로 살았어도 천국에 오는 사람은 많다. 그러나 결혼을 통해서 사랑을 깊이 깨닫고, 그 사랑으로 영혼을 아름답게 성숙시킨 사람들이 더 훌륭한 백성이 된다. 또 자식을 낳아 그런 백성이 되도록 키우면, 그것도 천국 건설에 커다란 공헌이 되는 것이다.

이런 의미에서 결혼과 그 결혼을 통한 영혼의 성숙이라는 것이 하나님에게나 사람에게 얼마나 중요한가를 깨달을 수 있을 것이다. 결혼이란, 사람의 일생에서 태어나는 일 빼고는 가장 중요한 일이지만, 우리가 생각하는 의미 말고도 하나님의 섭리로 설정해 놓은 깊은 의미가 또 있다는 것, 우리는 그것도 깨달아야 한다.

3. 혼인애의 소망

그래서 하나님께서는 모든 처녀와 총각의 마음에 한결같은 소망 하나를 심어 놓으셨다. 그것은 정말 사랑하는 사람을 만나서 멋진 결혼을 하는 것이다. 그 소망은 사춘기가 되면서 이성에 대한 막연한 그리움으로 싹트다가 몸과 마음이 성숙하면서 그 대상도 구체화 된다. 마음속에 그 사람의 아련한 모습을 실제로 그려보며 그 사람과 함께하게 될 꿈같은 일들에 설레는 것이다.

'누구인지는 몰라도 언젠가 만나리라는 생각에 간절히 기다려지는 그 사람, 어느 날 어떤 모습으로 나타날까. 훌륭한 왕자님이나 눈부시게 아름다운 공주님은 아니더라도 가슴이 찡할 만큼 멋진 사람이겠지. 그런 사람을 만나, 두근거리는 서로의 마음이 열리고, 아름다운 사랑을 느끼고, 그 사랑이 소중한 인연으로 맺어진다면, 그래서 그 사람과 결혼을 하고, 행복한 가정을 꾸미고 즐겁게 산다면 얼마나 좋을까!'

이런 아름다운 소망을 품고, 그 소망이 이루어지기를 간절히 기다리다 보면, 드디어 행운이 다가온다. 평생 함께할 인연으로 맺어질 사람이 드디어 나타나는 것이다. 그렇게 되어 둘 사이에 만리장성같이 진진한 사연이 이어지면서 사랑도 소담스럽게 익어가다가 마침내 가연으로 맺어진다.

그렇게 해서 주변의 축복을 받으며 혼례식을 올리면, 첫날밤부터 함께 누리는 사랑의 기쁨은 그 끝을 모른다. 이제까지 홀로 갈망해 왔던 모든 기쁨이 한꺼번에 밀려오는 듯, 꿈같은 하루하루가 어떻게 지나는지 모른다. 신선하게 타오르는 사랑의 열정, 또 그만큼 뜨겁게 타오르는 사랑의 희열, 그 속에서 아름다운 몸을 서로 탐하며, 샘솟는 기쁨에 탐닉하며 사랑의 갈망을 맘껏 채우는 신혼 시절, 삶의 즐거움이 넘치는 인생의 한때이다. 사랑의 기쁨에 흠뻑 도취되어 세상이 그저 무지개처럼 아름답고 즐겁게만 보이는 그때, 신혼부부에게 주어진 특권을 맘껏 누린다.

그런데 사랑의 즐거움은 알고 보니 뜨거운 열정 속에만 있는 것이 아니었다. 사랑의 희열을 맘껏 탐닉하고 나서 달아올랐던 열정을 차분하게 가라앉힌 뒤에 서로의 품에 안겨서 다시 느끼는 포근함, 그때 그들의 마음은 뭐라 말할 수 없이 평화롭다. 엄마의 젖가슴에서 멀어진 뒤부터 조금씩 커지던 외로움, 그것이 나이를 먹어가면서 점점 더 깊어지다가 성년이 되고 나서는 견디기 힘들 때도 많았다. 누군가 그리운 사람을 만나서 그 품에 안기기 전에는 도저히 풀릴 것 같지가 않았다. 그런데 당신을 만나고 나서 그 외로움이 봄눈 녹듯 사라졌다. 서로의 품에 안겨서 꿈결처럼 누리는 아늑한 평화로움, 그것이 끝이 없을 것 같은데, 그것도 사랑하는 남녀가 함께 누리는 또 다른 기쁨이다.

그 평화로운 느낌 속에 좀 전에 뜨겁게 타올랐던 희열이 꿈만 같다. 그런 희열로 아낌없이 이끌어 준 나의 사람, 진정으로 고마운 생각이 들고, 그래서 더 사랑스럽다. 다시 서로를 꼬옥 끌어안는다. 꿈결 같은 품속이 여전히 아늑하다. 그 평화로움 속에 언제까지나 잠겨 있고 싶다.

그런데 신기한 것이 하나 있다. 좀 전에 적나라하게 한 몸이 되어서 뜨거운 불꽃으로 타오르던 사랑의 희열, 그것은 정말 대단했는데 그 끝에 어떤 묘한 여운이 있다. 아직도 깊은 내면에 섬세하면서도 또렷하게 울리는 그 정체불명의 느낌, 결혼 전의 간절하던 애욕과 갈망 속에서도 전혀 예상하지 못했던 느낌이다.

신기하면서도 어쩐지 조금 슬프기도 한, 그 느낌은 무엇일까?
육체의 감각 너머, 깊은 영혼에서 울리는 느낌이 아닐까?
육체에서 신선하게 타오르던 희열이 영혼까지 닿아서, 거기에서 조용히 울리는 감동이 아닐까?

진정 사랑하는 남녀가 한 몸이 되어서 지순한 사랑의 열정을 나눌 때, 뜨겁게 하나가 되는 것은 그들의 몸만이 아니다. 순수한 사랑 속에서 그들의 영혼은 더 깊이 하나가 된다. 사랑의 열정도 하나 된 육체에서만 타오르는 것이 아니라 하나 된 영혼에서 더 고결하게 타오른다. 그때 그들의 영혼도 깊이 감동하고 있으며, 그 정체불명의 느낌은 바로 거기에서 오는 것이다.

진정 사랑하는 남녀는 그런 느낌을 안다. 그들이 뜨거운 사랑의 갈망으로 서로를 포옹할 때, 그들의 적나라한 몸이 빈틈없이 하나 되는 느낌은 뭐라 말할 수 없는 감동이지만, 그때 그들이 느끼는 것은 서로의 몸만이 아니다. 그 몸보다 더 깊은 곳에서 서로의 영혼도 같이 느낀다. 영혼이 아름다울수록 그 감동도 더 깊다. 사랑의 희열도, 함께하는 감동도, 영혼의 깊이와 아름다움에 비례하는 것이다. 그렇게 영혼에서 느껴진 감동은 몸에서 느꼈던 열정과 희열이 끝나도 여전히 살아있다. 그것이 아름답고도 신기한 여운으로 울리는 것이다.

진정 순수한 남녀의 사랑에는 그 느낌이 분명히 있다. 그들의 사랑은 영혼에서부터 시작되었기 때문이다. 육체만의 사랑에 빠진 남녀들은 그런 느낌을 모른다. 그 느낌은 영혼의 감동이기 때문이다. 그것이 신혼 초에는 신기하고 섬세하게 느껴지다가 함께 사는 동안 편안한 애정과 함께 친숙하게 자리 잡는다. 부부가 서로의 품 안에 아늑하게 잠겨 있을 때, 그 평화로움 속에서의 그 느낌은 맑은 향기처럼 계속 울린다. 부부의 영혼에 깊은 사랑을 담는 만큼 그 느낌이 분명한데, 그것은 육체의 희열과는 또 다른 영에서 느끼는 감동이다. 그때 부부는 그들의 사랑이 진정 순수하고 아름답다는 것을 더 깊이 실감한다.

그런 감동으로 부부는 몸이 하나 되는 것보다 두 영혼이 하나 되는 것이 더 아름답게 느껴진다. 사랑이 영적인 차원으로 올라가는 것이다. 부부의 사랑이 그렇게 되면, 그들은 자연스럽게 그 영이 지향하는 곳, 천국을 의식하게 된다. 그렇게 그들의 내면이 천국을 향해 제대로 열리는 것이다.

그리고 서로의 품에 안겨서 깊은 영혼에서 느껴지는 그 평화와 기쁨은 이제까지 몰랐던 경이로운 느낌인데, 그런 감동 속에서 부부는 그것이 바로 천국의 기쁨인 것을 깨닫는다. 서로의 아늑한 품에 안겨서 천국을 느끼는 것이다.

진정 사랑하는 부부들은 이렇게 그들의 사랑이 천국과 소통되는 사실을 알고 있다. 그때 그들의 사랑은 천사들의 사랑과 본질이 같다. 사람과 천사라는 등급의 차이만 있다. 그렇게 부부가 천국을 지향하면서 타락 이전 에덴의 남녀가 누렸던 그 지순한 사랑으로 접근하는 것이다. 이렇게 부부가 지상에서도 천국을 누리며 함께 가꾸는 지순한 사랑, 스베덴보리는 그것을 바로 '혼인애'라고 정의한다. 한마디로 지상에서 누리는 천국애이다.

혼인애는 원래 천사들이 누리는 부부애이다. 온전히 아름답고 희열도 무궁무진한 천국 남녀의 사랑, 바로 '사랑의 원형'이다. 그러나 지상의 부부도 그들의 사랑이 순수하면, 불완전한 대로 천국의 사랑을 누리는데, 그런 부부애도 혼인애이다. 둘 다 근원과 본질은 같기 때문이다. 지상의 부부가 육신의 한계 때문에 불완전하게 누리는 것이지만, 육신을 벗은 후 천국에 가서 완전해지기 때문이다.

좋아하는 사람과 멋진 결혼을 하고, 꿈같이 포근한 가정을 꾸며놓고, 아름다운 사랑을 가꾸면서 언제까지나 행복하게 살고 싶은 것, 그것은 모든 남녀의 한결같은 소망이지만, 그것은 다름 아닌 혼인애의 소망이다. 그들이 품고 있던 사랑의 소망이 바라던 그대로 남김없이 다 이루어진다면, 그것이 바로 혼인애이기 때문이다.

그래서 혼인애는 남녀의 사랑에서 마지막 목표이고 결혼의 섭리에서 마지막 단계이다. 혼인애를 깊이 깨닫고 그 사랑 안에서 천국을 누리며 사는 부부는 결국 그 사랑으로 세상에서도 천국에 닿고, 세상을 떠나서는 그 천국에 안착한다. 훌륭한 천국 백성이 되는 것이다.

위대한 천국 건설은 그렇게 이루어진다. 이것이 바로 결혼의 영적 의미이고, 하나님이 남녀의 결혼 속에 설정해 놓으신 혼인애의 뜻이다. 그리고 사랑의 지혜로 눈이 열린 남녀는 그 오묘하고도 아름다운 뜻을 경이와 감동으로 깨닫는다.

제2장

혼인애의 근원과 나타남

1. 근원

1) 천국

　당신이 지금 누군가에게 진정한 사랑을 느끼고 있다면, 당신은 그 영혼의 아름다움에 끌리고 있는 것이다. 그 모습이 당신 앞에 무지개처럼 나타났기 때문이고, 그 눈부신 모습에 당신의 마음이 떨고 있는 것이다. 그래서 바로 당신의 영혼이 그에게 간절히 손을 뻗는 것이고, 조심스럽게 다가가는 것이다.
　처음에는 눈부신 모습으로 나타났다가 이제는 맑고 고아한 모습으로 눈앞에 보이는 그 사람의 영혼, 그 모습은 얼마나 아름다운가!
　먼발치에서 뽀얗게 보일 때에도 그 아름다움은 진한 향기처럼 마음을 울린다. 그래서 당신의 마음속에서 간절히 원하는 것도 당신의 영혼이 그 영혼과 만나는 것이고 순수한 영혼과 영혼의 결합이 갈망 되는 것이다.
　그래서 사랑이 이루어진다는 것은 두 영혼이 감동으로 만난다는 것이다. 영혼이 하나가 되어 마음도 하나가 되고, 그 마음에 서로의 사랑을 같이 담는 것이다. 그렇게 한마음이 되어 사랑이 함께 넘칠 때 그들의 기쁨은 무지개처럼 화사하다. 둘이 손에 손잡고 하늬바람처럼 춤을 춘다. 눈으로는 세상을 내려다보며 마음으로는 하늘을 난다. 더 높이 날아올라 천국을 방문한다. 거기의 신비로운 사랑이 영혼 깊이에서 깨달아지고 생생하게 느껴진다.

　사랑이 그 수준까지 올라갔을 때, 당신의 마음은 이미 하늘과 소통하고 있다. 당신이 종교인이든 아니든 상관없다. 누구든지 그의 영에서 지순한 사랑을 느낄 때 그는 이미 하늘과 연결되어 있다. 그 사랑의 근원이 바로 거기이기 때문이다. 사랑은 본래 천국에 있는 것이며, 당신이 사랑을 느끼는 것은 천국의 사랑이 당신의 마음으로 흘러들기 때문이다.

　당신이 종교인이 아닐 수도 있다. 하나님과 천국에 대한 종교적 교리는 잘 모를 수도 있다. 그러나 당신 내면의 바탕이 맑고 순수하다면, 그래서 살아계신 하나님의 존재를 양심에서 인식한다면, 당신의 마음은 이미 하늘을 향해 열려 있다. 당신도 모르게 거기에서 오는 영기의 흐름을 받고 있다. 그 흐름은 모든 사람에게 닿기 때문이다.

　그래서 당신이 진정한 사랑을 느낄 때, 그것은 천국 사랑의 유입을 받는 것이다. 당신은 그 사실을 잘 모를 수도 있다. 그러나 그 사랑이 너무나 아름다워서 나에게 있던 것이 아님은 분명하다. 어딘가 알 수 없는 곳, 어떤 높고 신비한 곳에서 온 것이 분명하다고, 당신의 깊은 양심에서 깨달아진다. 거기가 그 사랑의 근원, 바로 천국이다.

　당신이 하나님을 올바로 깨닫고 섬기는 사람이라면, 이 사실은 더 깊이 실감하게 된다. 그 사랑의 근원이 바로 천국이요 거기에 계시는 하나님이기 때문이다. 그 사랑이 당신의 내면을 가득 채울 때, 당신은 이제까지 알지 못하던 경이로 그것을 느낀다.

　세상에 이런 사랑도 있었는가!
　지금 내가 이런 사랑을 품고 있는가!
　그 아름다움과 신비에서 오는 경이와 감동은 진정 놀랍다. 당신의 모든 생각과 관념, 당신의 자아에 속한 모든 것을 침묵시킨다. 오로지 당신 앞에 지순한 사랑만 보이고, 그 뒤에 천국이 보인다. 당신은 그렇게 사랑의 근원인 천국과 연결되는 것이다.

2) 하나님의 영기(靈氣)

주님에게서는 어떤 기운이 끊임없이 흘러나온다. 그것은 영적 기운(spiritual energy, sphere)인데 간단히 영기(靈氣)라고 하자. 주님의 모든 것이 그 영기를 통해서 나타난다. 태양의 모든 것이 양기(陽氣)를 통해서 나타나는 것과 같다. 태양의 양기에서 열과 빛과 에너지가 나오는 것과 같이, 주님의 영기에서 사랑과 지혜와 활동이 나온다.

사람에게서도 어떤 기운이 풍기는 사실을 우리는 알고 있다. 누구에게서나 그의 독특한 분위기를 만드는 기운이 풍기는데, 그 기운은 보이지는 않지만, 그의 주변에서 분명히 느껴진다. 예를 들면, 어머니에게서 풍기는 포근함, 아버지에게서 풍기는 너그러움, 연인에게서 풍기는 달콤함, 친구에게서 풍기는 다정함 같은 것이다. 그 사람의 특성에서 풍겨 나오는 기운이다.

그중에서 누구나 가장 뚜렷하게 느끼는 것은 어머니의 기운이다. 그 기운이 온 집안을 따뜻하고 포근한 분위기로 만든다. 밖에서 피곤한 몸으로 집에 돌아올 때 반기는 얼굴로 맞아 주는 어머니의 모습을 보면 쌓였던 피곤이 다 풀린다. 역시 우리 집이 제일 좋다는 생각이 든다. 그것은 어머니의 기운이 집안을 그렇게 만들기 때문이다. 그래서 어머니가 안 보이면 온 집안이 썰렁하다. 마치 해가 안 보이면 온 하늘이 썰렁한 것과 같다. 온 나라가 존경하는 큰 인물이 간혹 있는데, 그런 인물이 풍기는 기운은 온 나라를 덮는 경우도 있다. 이런 것을 생각하면 주님에게서 풍겨 나오는 기운도 이해가 될 것이다.

천국에는 주님의 기운, 영기가 충만하다. 태양의 기운이 대지에 충만한 것과 같다. 천국의 모든 생명은 주님의 영기를 호흡하고 산다. 지상의 모든 생명이 대기를 호흡하고 사는 것과 같다. 즉, 영기가 천국의 모든 생명체 속으로 흘러드는데, 마치 대기가 동물의 폐 속으로 흘러드는 것과 같고, 햇빛이 나뭇잎 속으로 흘러드는 것과 같다. 이것을 영기의 유입(流入, influx)이라고 하며, 저세상의 모든 것은 그 유입을 받아서 존속한다.

그리고 그 영기는 저세상을 가득 채울 뿐만 아니라, 이 세상으로도 흘러와 지상의 모든 생명체 속으로도 유입된다. 그래서 영기의 유입이 없이는 이 세상의 자연계에서도 생물의 존속과 활동이 불가능하다. 모든 생물은 지상의 대기를 호흡하지만, 실은 하늘의 영기도 호흡하고 있다. 살아가는 기운을 영기의 호흡으로 받는 것이다.[1] 그래서 영기는 바로 모든 생명체를 살리시는 '전능자의 기운'(the breath of Almighty)이다.[2] 그 기운이 우주 만상으로 유입되어, 영계는 물론 자연계의 모든 생물에게도 생기를 주어 존속시키는데, 우리가 미처 몰랐던 사실이지만, 영적 인식이 열린 사람은 이런 사실을 분명히 깨닫는다.

주님의 영기, 즉 '전능자의 기운'이 삼라만상으로 유입되는 사실은 어떤 자연 현상을 통해 정확한 상징으로 보여 주는데, 우리가 잘 아는 광합성(光合成) 현상이다.

따사로운 봄날, 태양 빛이 대지 위로 가득 쏟아지면, 새로 돋아난 풀과 나뭇잎은 그 빛을 힘차게 빨아들인다. 엽록소(葉綠素) 안으로 태양 빛이 힘차게 유입되는 것이다. 그렇게 유입되는 빛 속에는 태양의 기운(energy)이

---

1 [욥 32:8] "전능자의 숨결"
2 [욥 33:4] "전능자의 기운이 나를 살리시느니라."

무진장으로 포함되어 있다. 엽록소에서는 그 기운을 받아서 탄산가스와 수분과 합성시켜 탄수화물이라는 영양분을 만든다. 이른바 광합성 작용이라는 것이다. 그 영양분으로 성장하기도 하고, 또 남는 것은 잎과 열매에 저장해 놓는다. 그러면 동물들이 그 잎과 열매를 먹고 활동하는 힘을 얻는다. 실은 거기에 저장해 놓은 태양의 기운을 먹는 것이다.

그렇게 지상 모든 생물은 태양 빛 속에 있는 기운을 받아서 생존하고 활동한다. 모든 생물은 태양 빛의 유입으로 존속하는 것이다. 마찬가지로, 영적인 시각으로 보면 삼라만상도 영기의 유입으로 존속하는데, 광합성이라는 자연 현상이 그 사실을 정확한 상징으로 보여 준다.

온 우주에는 생물과 무생물의 모든 현상을 지배하는 자연법칙들이 있는데, 광합성 현상도 그중의 하나이다. 그것은 세상이 창조될 때 세워진 법칙이며, 그런 법칙들이 자연계의 여러 부분과 여러 모양에서 질서 있게 적용되도록, 실질적으로 이끌어 가는 것이 바로 주님의 영기이다. 자연계에서 영기의 유입은 그런 모습이다.

그 모습을 구체적으로 살펴보자. 주님의 영기 안에는 사랑과 지혜가 있다. 태양의 양기 안에 열과 빛이 있는 것과 같다. 양기의 열과 빛이 모든 생물을 존속시키는 것처럼 영기에 있는 사랑과 지혜가 삼라만상을 존속시킨다.

그 생생한 예를 들면 이렇다. 먼저, 영기에 있는 사랑이 생물을 존속시키는 구체적인 예를 들어보자. 가장 뚜렷한 예는 사람뿐만 아니라 새나 짐승까지도 모든 어미가 가지고 있는 모성애이다. 그 사랑은 새끼를 위해서는 자기 목숨도 돌보지 않을 만큼 지극하다. 새끼들은 어미의 그런 본능적인 사랑의 보살핌으로 살아남아서 존속한다. 사람은 물론이고 짐승들까지도 완벽하게 갖추고 있는 모성애, 그 근원이 바로 영기에 포함되어 있는 사랑이다. 사람이나 짐승의 본능 속에 영기가 심어지고, 그 영기가 뜨거운 모성애로 나타나 그들을 존속시키는 것이다.

주님의 영기 안에 있는 지혜가 생물들에게 유입되는 예도 무수하다. 그중의 하나는 바로 꿀벌의 생태이다. 생물들의 다양한 생존 모습이 모두 그렇지만, 꿀벌이 살아가는 모습도 신기하기 짝이 없다. 공간을 최대로 사용할 수 있도록 육각형의 집을 짓는다. 꿀이 어디에 얼마나 있는지 정확하게 파악한다. 집으로 돌아와 그 정보를 동료들에게 알린다. 그리고 함께 날아가 꿀을 따고, 아무리 먼 곳에서도 정확하게 집을 찾아온다. 또 여왕벌과 새끼들을 빈틈없이 보살피고 일벌과 수벌의 역할을 분담하여 일사불란한 질서로 사는 모습은 감탄스러울 만큼 지혜롭다.

동물에게서 그런 지혜의 모습을 하나 더 예를 들면, 하루도 빠지지 않고 새벽을 알리는 수탉이다. 태양보다 더 앞서 매일 정확한 시간에 새벽을 알린다. 주님은 그 지혜를 누가 주었는지 묻고 계신다.[3] 그 지혜도 다름 아니라, 바로 영기의 유입으로 그들의 본능에 심어진 것이다. 영기는 이렇게 모든 동물에게 지혜의 모습으로 유입되어 나타난다.

그 지혜가 사람에게 유입되는 모습은 어떤가?

사람이 개발해 내는 과학 문명의 도구들은 참 대단한 것이 있다. 사람의 두뇌와 매우 흡사한 역할을 하는 기계, 컴퓨터라는 것까지 만들어서, 지구 밖의 우주로까지 뻗치고 있는 인간의 능력, 그것이 어디까지 뻗어 나갈지는 예측불허이다.

그런데 그 모든 능력도 실은 영기 안에 있는 지혜의 유입을 받아서 발휘되는 것이다. 사람과 자연계를 통틀어 주님의 영기 안에 있는 지혜의 유입은 이런 모습이다.

---

[3] [욥 38:3] "가슴속의 지혜는 누가 준 것이냐? 수탉에게 슬기를 준 자가 누구냐"(대한성서공회 개역개정판).

주님의 영기는 이렇게 사랑과 지혜의 모습으로 모든 생명체 속으로 유입된다. 그 생명체들의 크고 작은 분량과 높고 낮은 수준대로 유입되어, 주어진 생명을 활기차게 살아가도록 이끌어 주는 것이다. 모든 생물과 무생물의 세계를 빈틈없는 질서로 이끌어 가는 거대한 원동력, 주님의 영기, 알고 보면 참 신기하다. 그것은 한마디로 지상 만물을 덮고 있는 대기와 같고 또 그 운동의 기본 질서가 되는 중력과도 같다.

이렇게 보면 우주 만물을 존속하게 하시는 주님과 세상 만물을 존속하게 하는 태양은 역할이 같다. 영적, 물질적 차원만 다를 뿐이다. 이렇게 구조와 역할이 같고 그 차원만 다른 관계를 스베덴보리는 상응(相應, correspondence)이라는 말로 표현한다. 둘의 관계가 상징보다 좀 더 긴밀한 경우이다

그런데 영기의 유입은 두 가지 양상으로 나타난다. 하나는 보편적 유입이고, 또 하나는 개별적 유입이다. 주님의 영기는 마치 햇빛처럼 모든 삼라만상에 보편적으로 유입된다. 그러나 사람의 경우, 보편적 유입은 모든 사람에게 해당하지만, 개별적 유입은 특별한 사람에게만 해당한다. 즉, 하나님에 대해 별로 관심도 없고 알지도 못하는 사람들에게는 영기가 보편적 양상으로만 유입된다. 그러나 하나님을 깨달은 사람에게는 개별적으로 더 강하고 친밀하게 유입된다. 그렇게 특별한 사람에게 더 강하게 유입되는 주님의 영기, 그것을 다른 말로 성령의 기운 또는 성령이라고 한다.[4]

주님의 영기가 사람에게 개별적으로 유입되는 모습을 우리는 제대로 알 필요가 있다. 그 유입을 받으려면 먼저 자기 내면에 있는 영을 깨달아야 한다. 사람의 마음속 가장 깊은 곳에는 양심이 있으며 그 속에 영이 있다. 그래서 양심은 영이 거하는 깨끗한 방과 같다. 주님의 영기는 그리로 유

---

4 [행 2:1-4] "급하고 강한 바람같은" 기운.

입된다.

  그러나 영기를 받으려면 양심이 깨끗할 뿐만 아니라 그 창이 하늘을 향해서 열려 있어야 한다. 깨끗한 그릇에 뚜껑도 열려 있어야 음식을 담는 것과 같다. 양심이 하늘을 향해 겸허하게 열려 있을 때, 영기가 알게 모르게 흘러들어온다. 사람의 영은 그 영기를 호흡하는 순간 깨어난다. 신선한 공기가 방안으로 흘러들어와 그 안에 있는 사람을 활기차게 만드는 것과 같다.

  영이 그렇게 깨어나면, 주님의 영기를 더 생생하게 느낀다. 그러면서 양심의 창문이 더 활짝 열린다. 그리고 영기가 더 강렬하게 유입된다. 넓게 열린 창문으로 햇빛과 공기가 쏟아져 들어오는 것과 같다. 마음이 저절로 맑고 투명해진다. 영기 안에 있는 사랑과 지혜를 깊이 깨닫는다. 그의 내면이 주님과 친밀하게 연결되는 것이다. 주님을 영접하여 제대로 모셔 들이는 것과 같다. 그러면 삶 자체가 달라진다. 사람다운 삶이 되어간다. 그래서 사람은 하늘의 영기를 계속 받아서 주님과 연결될 때, 그럴 때만 사람다운 삶이 영위된다. 주님의 영기가 개별적으로 유입되는 모습은 이렇다.

  하늘에 관한 것에는 관심도 없는 사람이 많다. 하나님도 자기의 영도 모르고, 오로지 육체의 본능으로만 사는 사람들이다. 그런 사람들에게 영기는 보편적 유입만 열려 있을 뿐, 개별적 유입은 막혀 있다. 영이 호흡을 못하는 것이다. 그래서 겉은 살아있지만, 내면은 죽은 상태이다. 겉모양은 사람이지만, 속은 짐승과 차이가 없다. 사람이 폐로 공기를 마셔야 사는 것처럼 사람의 영도 주님의 영기를 호흡해야 제대로 사람답게 산다.[5]

  이렇게 주님의 영기는 만물에 보편적으로 유입되어 생존의 원동력이 되고, 사람에게는 개별적으로도 유입되어 참된 삶으로 이끌어 간다. 그중에

---

[5] [욥 32:8] "사람의 속에는 영이 있고, 전능자의 숨결이 사람에게 깨달음을 주시느니라."

서 가장 오묘한 것은 남녀의 사랑도 그 유입으로 깨달아진다는 것이다. 즉, 모든 생명체의 생성과 성장과 활동의 근원이 모두 주님의 영기인 것처럼 남녀의 사랑도 그 근원은 주님의 영기이다. 영기의 유입으로 사랑도 제대로 깨닫고 성숙한다. 천국에 충만한 주님의 영기가 남녀의 영혼으로 유입되어, 그들이 참사랑을 깨닫고, 성숙하도록 이끌어 주는 것이다.

진정 사랑하는 남녀가 서로의 아늑한 품에 안겨서 사랑의 감동에 잠겨 있을 때, 그 기쁨은 뭐라고 표현할 수가 없다. 사랑이 아름답다는 것은 막연히나마 알고 있었지만, 막상 그 사랑이 두근거리는 가슴에서 생생하게 실감될 때 그 느낌은 그저 황홀하고 신기할 뿐이다. 품고 있는 연인에게서 진하게 풍기는 사랑의 향기는 그 감동을 더 깊게 만든다. 거기에 취해서 언제까지나 그렇게 잠겨 있고 싶다. 그러면서 그들은 이렇게 느낀다.

천국의 기쁨이란 바로 이런 것이겠구나!

이렇게 남녀가 진정 순수한 마음에 또 그런 사랑을 담고 있을 때, 그 감동 속에서 그들은 천국을 생생하게 느낀다. 그 이유는 그 사랑이 천국에서 오기 때문이다. 다시 말하면, 사랑의 근원은 천국이기 때문이다.

사랑의 근원은 천국이지만, 정확하게 말하면 거기에 계시는 하나님이다. 다음 구절들로 알 수 있다.

> 하나님은 사랑이십니다. 그래서 사랑 안에 있는 사람은 하나님 안에 있고, 하나님도 그 사람 안에 계십니다. 사랑하지 않는 사람은 하나님을 모릅니다. 하나님은 사랑 자체이기 때문입니다. 지금까지 하나님을 본 사람이 없으나, 우리가 서로 사랑하면 하나님이 우리 안에 계시는 것이 느껴집니다. 그리고 그분의 사랑이 우리의 사랑을 온전하게 하십니다(요일 4: 8-16).

이 구절들은 사랑의 근원이 바로 하나님이라는 사실을 말하고 있다. 물론, 남녀의 사랑만이 아니라 모든 사랑의 근원을 말한다. 그렇게 하나님은 모든 사랑의 근원이 되시는데 그분을 좀 더 친밀한 이름으로 '주님'이라고 한다.[6] 주님이 모든 사랑의 근원이 되시는 것이다.

그래서 우리가 참사랑을 제대로 깨달으려면 사랑의 근원은 나 자신이 아니라 주님이라는 사실을 분명히 알아야 한다. 젊은 남녀가 사랑의 감정에 한참 달아올라 있을 때, 그 사랑은 자기들의 가슴에서 솟아나는 것으로 생각한다. 사랑의 근원이 자기라고 생각하는 것이다. 그러나 그것은 이중으로 큰 착각이다. 그들이 일시적으로 좋아하는 감정은 결코 참사랑이 아니며, 참사랑의 근원도 그들의 가슴이 아니기 때문이다(제8장. 사랑의 특성에 관한 착각, 참조).

우리 인간에게서 비롯되는 것은 변하지 않는 것이 없다. 남녀가 서로 좋아하는 감정이 아무리 뜨겁다 해도 잠깐 후에는 변한다. 사람의 마음이란 어쩔 수 없이 얄팍하고 변덕스러워서 흔들리는 기분과 감정에 너무도 쉽게 변하기 때문이다. 그래서 지금 어떤 남녀가 서로 사랑한다고 한창 달아올라 있어도 변하는 것은 시간문제이다.

참사랑이란 그렇게 변덕스러운 것이 아니다. 사람의 육신은 죽어 없어져도 그 영혼은 살아서 저세상에 가는 것처럼 참사랑도 그렇다. 영혼과 함께 저세상에 올라가서 아름답고 온전한 모습으로 피어난다.

그래서 그 사랑은 우리 얄팍한 가슴에서 저절로 생기는 것이 아니라, 주님의 영기를 통해서 우리의 깊은 영혼에 심어지는 것이다. 다시 말하면, 영혼의 가장 깊은 곳, 영혼의 지성소, 거기에 영기가 유입되어 천국 사랑이 심어지고, 또 그 모습으로 성숙하는 것이다. 참사랑이란 바로 이런 것이다.

---

6 [시 90:2] "주는 하나님", [시 90:17] "주, 우리 하나님", [시 143:10] "주는 나의 하나님"

그렇게 영기가 영혼에 유입되어 참사랑으로 이끌어 가는데 남녀가 사랑을 키울 만큼 영혼이 깊어지면, 사랑의 영기가 때를 맞추어 그들에게 유입된다. 그들의 마음 밭에 사랑의 씨가 심어지는 것과 같다. 그 씨가 어떤 때는 소리 없이 들어오는 경우도 있고 또는 경이와 충격으로 다가오는 경우도 있다. 어떻게 심어졌거나 그 감동은 점점 깊어져서 영혼에까지 닿는다. 그리고 영혼 깊이, 영혼의 지성소에까지 뿌리를 내린다. 그 사랑이 싹이 나고 자라서 꽃이 피고 열매를 맺고 아름답게 익는 모든 과정도 영기가 섬세하게 이끌어 간다.

그렇게 영기의 유입으로 사랑을 깨달은 남녀가 그 사랑으로 한마음이 되고, 가연을 맺고, 부부가 되는 것이다. 그들이 겸허한 마음으로 주님의 영기를 계속 받아서, 진솔한 사랑을 가꾸며 살 때, 부부애가 더욱 깊어진다. 그렇게 지혜로운 사랑으로 성숙해 가면서 천국의 사랑, 혼인애를 깨달아간다. 그들의 사랑이 천국에서 더 아름답게 피어나리라는 소망을 품고, 더욱 정성으로 가꾼다. 사랑의 영기 안에서 천국의 사랑을 지향하며 사는 것이다. 주님의 영기가 혼인애의 근원이 되는 모습은 이렇다.

2. 나타나는 모습

1) 사랑과 지혜의 결합

진정한 사랑은 '지혜로운 사랑'이다. 맹목적이고 무분별한 것이 아니라, 지혜가 갖추어져 있다. 즉, 사랑과 지혜가 결합되어 나타난다. 사랑과 지혜의 결합, 이 말을 이해하고 넘어가야 한다. 예를 들어, 자식이 원하는 것은 뭐든지 다 주고 싶은 것, 이것이 엄마의 사랑이다.

그런데 어린 자식이 사탕과 단 과자를 무척 좋아한다. 그럴 때 그런 것을 맘껏 먹게 해 준다면, 그런 엄마에게는 사랑만 있고 지혜는 없다. 맹목적이고 무분별한 사랑이다. 단것을 많이 먹으면 건강을 해치기 때문이다. 어린아이가 아무리 떼를 써도 아이의 건강을 생각해서 분별 있게 주어야 한다. 그것이 엄마의 지혜이다. 사랑을 하되 지혜롭게 하는 것이다. 이것이 사랑과 지혜의 결합이다. 혼인애는 이런 사랑으로 나타난다.

사랑과 지혜의 결합, 이것은 간단한 말이지만 그것이 바로 우주 창조의 기본 원리이다. 하나님은 천지 만물을 창조하실 때, 사랑과 지혜의 결합을 원칙으로 하셨기 때문이다. 즉, 사랑하는 마음과 지혜로운 손으로 창조하셨다. 목적은 사랑이고 방법은 지혜였다. 그래서 어떤 일에서든지 사랑과 지혜는 결합되어 있는 것이 원칙이며, 그것이 모든 생물의 생존 원칙이고, 삼라만상의 존재 원칙이다.

그 원칙을 우리는 자연 현상에서도 깨달을 수 있는데, 태양 빛이 그것을 정확한 상징으로 보여 준다. 태양 빛에는 밝고 따뜻한 것, 빛과 열이 있는데, 그 둘은 하나로 결합 되어 있고, 그 안에서 모든 생물이 존속한다. 그 둘이 분리되어 빛만 있거나 또는 열만 있는 곳에서는 생물들이 살 수가 없다. 그 둘의 결합이 온전하지 않고 불균형인 경우에도 마찬가지다. 빛만 있고 열은 거의 없는 극지방에서 생물이 거의 살 수 없는 것과 같다.

한마디로 빛과 열의 균형적 결합은 생물 존속의 기본 원칙이다. 그런데 빛은 지혜를, 열은 사랑을 상징한다. 사랑과 지혜도 같은 원칙이라는 뜻이다. 사랑과 지혜도 하나로 결합되어야 하며, 그 결합이 모든 사물의 존재 원칙이라는 뜻이다.

사랑과 지혜의 결합은 부부생활에서 가장 아름답게 이루어진다. 남자와 여자는 신체의 어떤 부분, 생각과 감정 또 인격과 기능 면에서 차이가 있다. 남자의 몸은 단단하고 억세고 우람한데, 여자의 몸은 보드랍고 연하고 섬세하다. 언행에서도 남자는 직선적이고 딱딱하지만, 여자는 완곡하고 부드럽다. 또 남자는 냉철한 이성에 더 가깝고, 여자는 따스한 감정에 더 가깝다. 사랑과 지혜를 관련시켜 본다면, 남자는 지혜의 모습이고 여자는 사랑의 모습이다.

남자와 여자는 그런 모습으로 창조되었기 때문에 남녀의 결합도 내면적으로는 지혜와 사랑의 결합인데, 부부생활에서 그것이 구체적으로 나타난다. 사랑은 포근하게 감싸 주는 모습이고, 지혜는 깊이 깨닫는 모습인데, 그것이 아내와 남편의 결합에서 그대로 나타나는 것이다.

즉, 아내는 언제나 여자의 부드러움으로 남편을 포근하게 감싸 준다. 특히, 남편이 피곤하거나 힘들어할 때 따뜻하게 품어 주고 감싸 준다. 이것은 사랑의 모습이다. 남편은 그런 아내의 포근함 속에 안식한다. 심신이 지칠 때는 더욱 그렇다. 그리고 그 포근함 속에서 아내의 사랑을 깨닫는다. 이것은 지혜의 모습이다. 이렇게 사랑은 감싸줌으로 지혜는 깨달음으로 나타난다. 부부가 함께 살면서 그들의 사랑과 지혜는 이렇게 조화되어 결합된다.

그 조화는 부부가 한 몸이 되어 사랑을 나눌 때 더 분명하다. 아내는 자기 몸속에 남편을 깊이 받아들인다. 그리고 포근하고 부드럽고 달콤한 것과 여자의 아름다운 모든 것을 그 속살에 담아서 한없이 깊고 따뜻하게 남편을 감싸 준다. 이것은 바로 사랑의 모습이다. 남편은 아내의 몸속에 깊이 잠겨서 아내가 그렇게 베풀어 주는 여자의 모든 것을 온몸과 마음의 감동으로 느낀다. 그 포근하고 달콤한 느낌 속에서 아내의 사랑이 얼마나 소중한가를 깨닫는다. 이것은 지혜의 모습이다. 이렇게 아내는 감싸 주고 남편은 깨달음으로 사랑과 지혜의 조화가 아름답게 이루어지는 것이다.

부부의 조화는 그런 경우만이 아니다. 아내가 마음에 사랑을 가득 담고 남편을 대할 때, 그녀의 사랑은 모든 행동에서 풍겨 나온다.

온화한 눈빛, 조용한 미소, 부드러운 손길에서도 풍겨 나와 남편을 따뜻하게 감싸 준다. 이런 은은하고 섬세한 모습에서 남편은 아내의 사랑에 조용히 감동한다. 그리고 사랑을 더 깊이 깨닫는다. 아내의 사랑에서 남편은 그만큼의 지혜를 깨닫는 것이다. 그렇게 일상에서도 아내는 감싸 주고, 남편은 깨달으며, 사랑과 지혜가 아름답게 조화를 이룬다.

남편이 아내의 사랑을 깨닫고 지혜로워질 때, 아내도 남편에게서 그 지혜를 받는다. 그렇게 지혜로워진 사랑으로 남편을 더 깊이 감싸 준다. 그러면 남편은 또 그 사랑을 더 깊이 깨닫는다. 그렇게 해서 사랑과 지혜가 부부 사이를 아름답게 순환하는 것이다. 그럴 때 그들은 안팎으로 사랑과 지혜의 모습이 된다. 서로에게서 그런 변화의 모습을 보면서 그들은 뜨거운 열정과는 또 다른 조용하고도 평화로운 기쁨을 느낀다.

남편을 감싸 주는 아내의 사랑도 아름답지만, 그 사랑을 깨닫는 남편의 지혜도 아름답다. 그렇게 사랑과 지혜가 아름답게 결합된 부부는 누리는 사랑의 차원도 달라진다. 육체를 통과해서 영을 보고, 세상을 초월해서 천국을 보고, 부부애의 순수에서 천국애를 누린다. 지상에서 누리는 혼인애란 바로 이런 것이다. 그런 사랑과 감동을 느끼며 사는 부부의 삶은 그대로 천국까지 이어지는 소중한 삶이다.

부부가 아무리 아름다운 사랑을 품고 살아도 세상살이에는 힘든 일이 닥칠 때가 많다. 그중에 어떤 것은 끈질겨서 좀처럼 물러가지 않는다. 그럴 때는 아내가 더 힘들지도 모른다. 어려운 살림을 직접 맡아 해야 하기 때문이다. 그래도 남편을 향한 사랑만 소중하게 붙들고, 불평 없이 어려운 살림을 묵묵히 꾸려가는 아내의 모습은 진정 아름답다. 화사하거나 눈부신 모습은 아닐 것이다. 신혼 초의 발그레했던 젊음도 사라지고, 어려운 살림에 수척한 모습일지도 모른다.

그러나 그렇게 힘든 세월을 보내면서도 남편에 대한 사랑과 정성만은 변함이 없다. 그런 아내에게서는 일상의 겉모습 너머에 깊은 내면에서 우러나오는 아름다움이 보인다. 실은 주님의 영기를 받아서, 그 사랑으로 풍기는 아름다움이다.

아내의 그런 모습이 문득 눈에 띌 때, 남편은 감동할 수밖에 없다. 기쁠 때나 슬플 때나 아내의 모습에서 한결같이 보이는 사랑, 겉으로는 소박하게 보이지만, 깊은 영혼에서 풍기는 그 사랑은 한 여자가 남편에게 품고 있는 세상의 사랑만이 아니다. 오랜 세월 마음에 품고 영기로 다듬어지다가 어느덧 천국의 모습으로 나타나는 사랑이다. 아내의 얼굴 표정, 태도, 손길에서까지 그 아름다움이 풍겨 나올 때, 남편은 천국 사랑의 어떠함을 실감한다. 그리고 그런 아내의 모습이 문득 천사처럼 보인다.

그럴 때 남편은 조용하지만, 뜨거운 애정이 아내에게 쏠린다. 자기도 모르게 다가간다. 말없이 끌어안는다. 수고한다고, 힘들겠다고, 그저 그 말밖에 안 나오지만, 온 마음의 감동을 그 말에 담아 전한다. 아내의 사랑과 정성이, 천국의 영기를 받아 더 아름다워지는 것을 생생하게 보고 느끼는 감동이다.

그 감동으로 남편은 아내의 사랑을 더 깊이 깨닫고, 더 깊은 지혜로 다가간다. 그렇게 남편이 아내의 사랑으로 지혜로워질 때, 남편도 천사처럼 고결한 모습이 된다. 부부가 함께 천사의 모습을 띠게 되는 것이다.

이렇게 아내는 천국의 사랑을 나타내고, 남편은 그 사랑에서 지혜를 깨닫는다. 아내에게서는 사랑이, 남편에게서는 지혜가 넘치고, 그들은 서로에게서 천사의 모습을 본다. 주님의 영기를 받아 혼인애로 사는 부부는 종종 그렇다. 서로에게서 사랑과 지혜, 선과 진리가 아름답게 결합되어 나타나는 모습을 보는 것이다. 그럴 때 부부의 마음에는 조용하면서도 깊은 감동이 있다. 그 감동 속에서 지순한 사랑이 새롭게 솟는 것을 느낀다. 그것은 천국의 사랑이 새롭게 유입되는 현상이다. 그 유입을 받아서 더 아름답고 순수하게 피어나는 사랑의 감동을, 느껴본 사람은 알고 있다.

그렇게 부부의 내면뿐만 아니라 겉모습에서도 사랑과 지혜의 결합이 아름답게 나타날 때, 그들은 사람이면서도 천사의 모습을 띠고, 세상에서도 천국의 기쁨을 누린다. 이것이 바로 사랑과 지혜의 결합으로 나타나는 혼인애의 모습이다.

2) 천국의 기쁨

천국이란 어떤 곳일까?

아름다운 꽃들이 만발하고, 귀여운 새들이 지저귀는 낙원. 그림같이 예쁜 집들이 정답게 모여 있고, 착한 이웃들과 사이좋게 사는 곳. 고통과 슬픔도 없고, 강자의 횡포와 약자의 억울함도 없으며, 그저 자유롭고 평화롭고 즐겁기만 한 곳, 이렇게 상상할 수도 있다.

이렇게 천국은 한마디로 기쁨만 넘치는 곳으로 알고 있는데, 그것은 사실이다. 그러나 천국의 기쁨은 우리가 생각하는 것과는 차원이 다르다. 우리의 기쁨은 언제나 나 위주이다. 다른 사람이 아무리 기뻐해도 내가 기쁘지 않으면 소용이 없다. 다른 사람의 기쁨이 어떤 때는 오히려 못마땅할 때도 많다. 그것은 우리의 생각과 느낌, 의식 자체가 철저하게 이기적이기 때문이다.

그러나 천국에는 이기적인 것이 없다. 천국에 들어올 때 육신과 더불어, 이기적인 자아는 다 버리고 온다. 그래서 천국에서는 누구나 무아(無我)의 사랑만 품고 산다. 나보다는 남이 더 중요하다. 남이 기뻐야 나도 기쁘다. 그래서 천국의 기쁨은 남을 기쁘게 해 줄 때 느끼는 보람이다. 세상에서도 순수한 마음으로 남에게 베풀어 본 사람은 그 기쁨을 안다. 내가 다른 사람에게 쓸모 있는 도움을 줄 때, 내 속에 순수한 기쁨이 있다. 이런 것이 천국의 기쁨이다.

  내가 다른 사람을 위해서 쓸모가 있다는 보람, 거기에서 오는 기쁨, 이것을 스베덴보리는 선용(善用)의 기쁨이라고 정의한다. 천국의 기쁨은 바로 이것이며, 그 본질은 주님의 사랑이다. 즉, 주님의 사랑으로 남에게 쓸모 있는 일을 할 때, 거기에 천국의 아름다움이 나타나고, 그 아름다움에서 천국의 기쁨을 느낀다. 이렇게 천국의 기쁨은 순수한 사랑에서 비롯되는 것이고, 거기에 이기적인 것은 전혀 없다.

  사람은 애초부터 이기적인 본성으로 태어나서, 의식 자체가 철저하게 자기 위주이다. 그래서 천국을 지향하는 삶에서는 이기적 본성을 벗어나는 것이 가장 큰 과제이다. 그것을 벗어나는 정도만큼 내면이 천국의 모습으로 빚어지고, 천국에 합당한 사람이 되기 때문이다.

  남을 먼저 생각하는 무아의 사랑을 실천하는 사람들이 우리 주변에 간혹 있다. 드러나지 않게 숨은 손으로 사랑을 실천하는 사람도 많을 것이다. 크든지 작든지 그들의 행동은 숭고하다. 꽃이 크든지 작든지 아름다운 것과 같다. 천국은 그런 사람들이 사는 곳이며 그런 사랑에 천국의 기쁨이 있다.

  그런데 그 모든 사랑과 기쁨의 바탕은 혼인애이다. 천국의 온갖 기쁨들이 크고 작은 꽃이라고 한다면, 그 꽃을 키워서 피어나게 하는 것이 혼인애이다. 혼인애는 이렇게 천국의 온갖 기쁨으로 나타나는데, 그것은 이 세상에서도 마찬가지다. 이 세상에서도 천국의 기쁨을 누리게 해 준다.

제3장

혼인애의 실상

혼인애, 그 실상이 어떤 것인지 우리 인간의 헤아림으로는 다 알지 못한다. 깨달음의 한계, 배타적인 독선, 또는 몽매한 편견들 때문에 혼인애를 제대로 알려 주려는 하늘의 음성은 끊임없이 막힌다. 저세상에 가서 천국의 지각이 열리면, 그때 우리는 참된 혼인애를 제대로 알고, 또 제대로 누릴 것이다. 지금은 우리가 깨닫고 받아들이는 한도 내에서 이야기할 수밖에 없겠다.

바람 한 점 없이 잔잔한 호수, 그 거울 같은 수면에는 하늘이 조용히 비친다. 호수가 하늘을 품고 있는 모습이다. 땅보다 낮은 호면이 저 높은 하늘을 그대로 품고 있다. 그러면 낮은 호면이 높은 하늘과 하나가 된다. 가장 낮은 것이 가장 높은 것과 하나가 되는 것이다. 혼인애는 그런 마음으로만 깨달을 수 있다. 호수처럼 잔잔한 마음, 가장 낮은 곳에서도 가장 높은 것을 품는 마음, 비천한 육신을 입고도 고결한 영을 지향하는 마음, 그리고 세상에서도 천국을 품는 마음이다.

그래서 혼인애의 실상을 제대로 보려면, 먼저 마음을 저 호수처럼 조용히 가라앉힐 필요가 있다. 복잡한 세상일 잠깐 내려놓고, 조용한 호숫가로 가보자. 혼자서 조금 호젓한 마음으로 가는 것이 좋다. 언덕에 앉아서 고요한 수면을 내려다보면 마음이 무척 차분해진다. 그런 눈으로 호수를 다시 바라보자.

하늘이 그대로 비치는 거울 같은 수면, 거기에는 구름도 유유히 떠다니고, 푸른 하늘을 그대로 품고 있다. 한참 들여다보면 그 푸른색이 한없이 깊다. 뭔가 신비한 것이 그윽하게 비치는 것 같고, 그것이 우리에게 뭔가를 끊임없이 말해 주는 것 같다.

호수 속에서 한없이 깊어 보이는 저 하늘, 눈을 들면 머리 위에도 똑같은 하늘이 있다. 두 하늘이 같은 모습으로 세상의 아래위를 감싸고 있다. 그리고 똑같이 그윽한 빛으로 무언가를 말해 주고 있다. 한낮에는 깊고 푸른 빛을 띠고 있다가 해가 질 무렵에는 붉은 노을로 타오르고, 그 노을이 사라지면 거기에 또 수없이 반짝이는 별들, 생각해 보면 참 신기하다. 저 하늘에는 분명히 신기한 것이 가득한 것 같다.

그런 것들이 단지 일상의 자연 현상에 불과한 것일까?
그런 자연의 모습으로 하늘에서 뭔가 은밀한 이야기를 속삭여 주는 것은 아닐까?
저렇게 간절한 모습으로 한결같이 나타나는 것을 보면, 아마도 그만큼 깊은 사연일 것 같다.
정말 그런 이야기들을 저 위에서 누군가가 끊임없이 보내 주는 것은 아닐까?
아무래도 저 하늘에서는 우리가 알든지 모르든지, 어떤 신호를 끊임없이 전해 주는 것만 같다.

사람의 마음도 저 호수와 같아서 잔잔할 때는 거기에도 비치는 하늘이 있다. 마음이 잔잔할수록 더 선명하게 비친다. 그리고 그 하늘에서는 노을이나 별빛보다 더 분명한 신호가 온다. 하늘 위의 세상, 거기의 모습이 마음의 눈앞에 나타나고, 거기의 음성이 마음의 귀로 들린다. 실은 마음 깊은 곳에 있는 영의 눈과 귀로, 그런 것들이 감지되는 것이다.

 잔잔한 호수에 비치는 것은 이 세상 하늘이고, 잔잔한 마음에 비치는 것은 저세상 하늘이다. 이 세상 하늘은 육신의 눈으로 보지만, 저세상 하늘은 마음의 눈으로 본다. 마음의 눈이 열리면 영의 지각이 살아나서, 저세상에서 오는 신호가 감지되는 것이다. 그것이 처음에는 희미하다가 차츰 또렷해진다. 뭔가 맑고 온화한 기운이, 은은한 빛처럼 내면으로 스며든다.

 그러면 우리 마음의 눈이 점점 더 밝아져서 하늘 위의 모습이 비친다. 거기의 지순하고 아름다운 것들이 노을이나 별빛보다 더 뚜렷한 감동으로 느껴지는 것이다. 또 마음의 귀가 열려서 거기의 음성이 들린다. 처음에는 아주 세미하다가 점점 또렷해진다. 우리의 깊은 내면이 저 하늘과 조용히 공명(共鳴)하는 소리이다. 그럴 때 우리의 열린 마음은 하늘과 소통하는 창이 된다.

 그 창으로 보이는 저세상, 별빛보다 더 아득해 보이지만, 반짝이는 빛으로 우리에게 다가온다. 노을빛처럼 멀리에서 비치지만 손에 잡힐 듯 가깝게 보인다. 그리고 우리 마음이 잔잔해지면, 그 세상의 이야기가 별들의 속삭임처럼 들려온다. 실은 저 호수에 비치는 하늘도, 거기에 나타나는 자연 현상들도, 저세상 이야기들을 그런 모습으로 우리에게 끊임없이 전해 주는 것이다.[1]

 그 이야기들이 저 하늘에서 별빛보다 더 또렷한 전파를 타고 지금도 끊임없이 들려온다. 당신도 마음의 주파수를 하늘에다 맞추어 보라. 마음을 저 고요한 호수처럼 차분히 가라앉히고, 또 그 수면처럼 겸허하게 낮추고, 하늘을 향해서 그 마음을 조용히 열면, 당신의 내면도 하늘과 주파수가 맞

---

1 [시 19:1] "하늘이 그의 놀라운 솜씨를 나타내는도다", [롬 1:19] 자연 속에서 하나님을 알만한 것들.

는다. 그리고 하늘의 이야기가 들린다. 당신의 내면 깊이에 있는 영이, 하늘의 소리를 듣는 것이다.

그렇게 영으로 감지되는 저 하늘의 이야기, 그것은 바로 저세상, 사랑으로 충만한 천국에서 오는 이야기들이다. 그 무수한 이야기가 지금도 하늘의 전파를 타고 세상으로 끊임없이 흘러온다. 마치 햇살이 지상에 퍼지는 것과 같고, 달빛이 만강에 비치는 것과 같다. 실은 천국의 사랑 이야기가 그렇게 끊임없이 날아오는 것이다. 그 사랑의 한결같음은 저 하늘빛과 같고, 그 다정함은 저 별들의 속삭임과 같으며, 그 간절함은 저 붉은 노을과 같다는 뜻이다. 그래서 푸른 하늘과 잔잔한 호면에 나타나는 신기한 자연 현상도 실은 그것을 깨달으라는 간절한 신호와 상징이다.

이런 이야기, 몽상처럼 들리는가?

그렇게 듣는 사람도 있을 것이다. 앞으로 그런 이야기가 계속 있을 것이지만, 그 모든 이야기는 저세상의 이야기이기에 이 세상에서는 몽상이나 환상으로 들릴 수밖에 없다. 그러나 그 환상은 바로 천국의 실상이며, 천국에는 오히려 그런 것들과 비교도 안 될 만큼 환상적인 실상의 연속이다. 하늘에 대해서 마음이 순수하고 겸허한 사람들에게는 그런 환상들을 보고 깨닫도록 이상과 계시가 종종 허락된다.[2] 또는 자연 앞에서 겸허하고 지혜로운 사람들에게는 그런 이야기들이 자연 현상의 신호와 상징으로 우리에게 끊임없이 전달되는 것이다.

---

[2] [고후 12장] 바울이 보고 온 '환상과 계시', 그 외에 많은 사람이 단편적으로 본 이상과 환상들.

이 세상과 저세상은 그림자와 실체의 관계이다.[3] 그래서 이 세상의 모든 현상은 저세상의 그림자이다.[4] 그림자를 보면 그 실체를 어느 정도는 알 수 있다. 마찬가지로 이 세상의 자연 현상을 보면, 저세상의 영적 현상도 어느 만큼은 깨닫는다. 그래서 주님께서도 자연 현상을 깊이 응시하고 그 뜻을 살펴보라고 이렇게 말씀하신다.

"들에 핀 백합화를 생각해 보아라"(consider).[5]

우리가 대자연의 오묘한 현상들을 깊이 살펴볼 때, 조그마한 꽃 한 송이에서도 하늘이 알려 주는 영적인 뜻이나 그 나라의 모습을 깨달을 수 있다는 것이다. 이 세상과 저세상은 실체와 그림자의 관계이기 때문이다.

다른 말로 하면, 이 세상의 모든 자연 현상은 저세상의 영적 현상을 상징하고 있다. 이 세상 하늘에 뜨는 태양은 저세상의 태양인 주님을 상징하고, 태양의 열과 빛은 주님에게서 발원하는 사랑과 지혜를 상징한다. 들에 핀 백합꽃 한 송이도, 저세상에서 피어나는 아름다움이 어떤가를 섬세한 상징으로 보여 준다. 한마디로, 이 세상의 자연 현상은 저세상에 대한 정확한 영적 상징인 것이다.[6]

그래서 자연을 제대로 보는 사람은 조그만 꽃 한 송이에서도 소박한 향기로 드러나는 천국의 모습을 본다. 그 순수한 아름다움에 감탄하며 천국을 향해 마음이 열린다. 천국과 소통하는 마음이 되는 것이다. 참된 혼인

---

3 [욥 8:9] "세상에 있는 날이 그림자와 같으니라", [전 6:12] "그림 자같이 보내는 사람의 일평생" [시 39:6] "진실로 사람은 그림자같이 다니며 헛된 일로 소란하며 … ", [골 2:17] "이 모든 것은 장래 일의 그림자 … " [히 8:5; 9:24] 등.

4 이 세상과 저세상은 그림자와 실체의 관계라는 명제는 철학자들의 실재(Reality) 탐구에서도 빈번히 나타난다. 그 극명한 예로 플라톤(Platon)의 동굴 설화가 있으니 참조할 것.

5 [눅 12:27] "백합화를 생각하여 보라 실도 만들지 않고 짜지도 아니하느니라 그러나 내가 너희에게 말하노니 솔로몬의 모든 영광으로도 입은 것이 이 꽃 하나만큼 훌륭하지 못하였느니라."

6 [욥 37:13-14; 40:6, 9] 폭풍우, 천둥소리, [왕상 19:12] 세미한 소리, 괴테의 『파우스트』(Faust) "마지막 합창" 참조.

애는 그런 마음으로만 깨닫는다. 잔잔하고 겸허한 마음, 지혜로 조용히 열린 마음으로만 깨달을 수 있는 것이다.

그렇게 깨달아지는 혼인애의 실상을 좀 더 구체적으로 살펴보자. 우리 마음이 천국을 향해 열려 있을 때, 그 마음으로 주님의 영기가 유입된다는 것, 참된 혼인애는 그렇게 주님의 영기를 받으면서 깨닫기 시작한다는 것은 이미 언급했다.

그렇게 유입되는 영기의 모습은 조용하면서도 신비하다. 신선한 공기처럼 알게 모르게 유입된다. 신선한 호흡으로 우리의 심신이 맑아지듯이, 우리 마음도 그렇게 된다. 지극히 순수해지고, 온유해지고, 또 겸손해진다. 바로 주님의 마음이 된다.[7]

그런 마음으로 맨 먼저 실감하게 되는 것은 아내나 남편을 향해서 솟아나는 뭐라 말할 수 없이 순수한 애정이다. 당신은 세상에서 가장 소중한 내 사람이라는 것이 영과 혼에서 사무치게 실감하게 된다. 하늘로 열린 겸허한 마음, 그리로 온전히 유입되는 사랑의 영기가 서로의 귀함을 제대로 깨우쳐 주는 것이다. 그럴 때 그들은 문득 영롱하게 빛나는 별 하나를 본다. 그들 마음의 하늘에 나타나는 별이다. 세상의 하늘에는 별이 무수하지만, 그 하늘에는 별이 하나뿐이다. 그 별은 바로 주님의 현현(epiphany)이기 때문이다.[8]

당신은 새벽 별을 본 적이 있는가?

환하게 밝아오는 새벽에도 오히려 영롱하게 반짝이는 그 별, 주님을 섬기며 사는 부부들에게 영기는 바로 그 별빛처럼 다가온다. 부부가 서로의 품에 안겨서 지순한 사랑의 감동에 잠겨 있을 때, 그 별빛은 더욱 또렷하

---

7 [마 11:29] "나는 마음이 온유하고 겸손하니 … ."
8 [계 22:16] "나는 새벽 별이라."

게 나타난다. 마치 성탄의 밤, 주님을 찾던 현자들 위에 문득 나타난 새벽별처럼[9] 그들 마음의 하늘에도 별이 그렇게 나타난다.

그 별빛은 가느다랗고 섬세하지만, 마음의 눈으로 선명하게 보인다. 그 맑은 빛이 부부의 내면으로 흘러든다. 그럴 때 그들의 마음은 주님 앞에 엎드린 현자들처럼 기쁨과 감동으로 떨린다. 그리고 지극히 온유하고 겸허한 주님의 마음, 그 마음과 더 가까워진다.

그 마음의 하늘에 조용한 별빛으로 떠 있는 주님, 거기에서 또렷한 빛으로 흘러드는 주님의 영기, 그것을 감동으로 실감하면서, 그들의 마음은 에덴에서 살던 때처럼, 본래의 순수로 돌아온다. 육에 속한 것, 이기적인 것, 내 자아에 속한 모든 것이 자취를 감춘다. 지극히 맑게 흘러드는 영기 속에서 몸과 마음도 그렇게 지순해지고 거기에 넘치는 사랑만 생생하게 느껴진다.

그때 조용히 놀라는 것이 있다. 마음에 넘치게 유입되는 영기를 느끼면서, 그들은 이제까지 인식하지 못했던, 전혀 새로운 사랑이 깨달아지는 것이다.

세상에, 이렇게 아름다운 사랑이 있었는가!

눈부신 경이로 다가오는 그 사랑의 모습, 범속한 인간의 마음에서는 도저히 상상할 수도 없는 지극히 고결하고 아름다운 사랑, 육신의 한계에 막히는 사랑이 아니라 영의 무한한 깊이로 느껴지는 사랑, 바로 천국의 사랑이 그들의 내면으로 경이롭게 유입되고 있는 것이다.

그 사랑이 계속 유입되어 넘친다. 그리고 서로에게 간절히 쏠린다. 그 사랑에 함께 감동하며 서로를 바라볼 때 그들은 또다시 놀란다. 그 감동

---

[9] [마 2:9-10] "박사들이 왕의 말을 듣고 갈새 동방에서 보던 그 별이 문득 앞서 인도하여 가다가 아기 있는 곳 위에 머물러 서 있는지라 그들이 별을 보고 매우 크게 기뻐하고 기뻐하더라".

속에서 보이는 아내나 남편이 이제까지 보던 사람이 아니다. 매일 보던 모습인데 전혀 다르게 보인다. 감탄이 절로 나온다.

　세상에, 내 사람이 이렇게 아름다웠던가!

　서로 바라보며, 서로 놀란다. 천국 사랑의 영기가 그들의 겉모습까지 그렇게 변화시키는 것을 감동의 눈으로 목격하는 것이다.

　그럴 때 그들은 생생하게 깨닫는다.

　이런 사랑의 근원이 바로 천국이겠구나!

　천국의 사랑이 주님의 영기로 내려와 그들의 가슴을 넘치게 채우고, 그들의 사랑도 천국의 사랑으로 변화시키고, 그들이 겉모습까지 아름답게 변화시키는 것이 분명히 보이고 깨달아지는 것이다. 가슴에 그렇게 울리는 감동으로 사랑한다는 말이 절로 나온다. 꽃 속에 넘치는 향기가 밖으로 절로 풍기는 것과 같다.

　사랑의 영기가 넘칠 때 부부는 이렇게 변화된다. 그들의 사랑이 천국 사랑으로 변화되고, 서로에게서 천사의 모습을 보고, 세상에서도 천국을 느낀다. 사랑의 영기로 부부가 받는 감동은 이렇다. 물론, 그전부터 영기의 유입은 계속되고 있었다. 그러나 부부가 서로의 품에 안겨서 그들의 마음이 하늘을 향해 간절히 열려 있을 때 그렇게 열린 만큼 영기의 유입도 강렬해진다. 그때 그들의 사랑은 육체에서 영으로 세상에서 천국으로 자리잡으며, 그런 감동의 끝에는 천국 사랑의 모습이 말 그대로 신비 속에 보인다. 혼인애의 실상은 바로 이렇다.

　이것은 혼인애를 지향하며 사는 부부들만 아는 비밀이다. 주님을 향해 순수하게 열린 마음으로 사랑의 영기가 넘치게 유입될 때, 그들은 이런 사실을 생생하게 보고, 느끼고, 또 누리며 산다. 그들의 지순한 마음에 주님의 사랑을 품고, 그 사랑을 나눌 때마다 어김없이 내려오는 하늘의 축복임을 겪어본 사람은 알고 있다.

이렇게 부부가 그들의 내면에 정성으로 받들고 키워가는 혼인애, 결혼생활이나 우리의 모든 삶에서 그보다 더 귀한 것은 없다. 그들의 사랑을 천국애로 키우고, 그들의 내면을 천국에 맞도록 다듬어 훌륭한 천국 백성의 자질을 갖추고 결국에는 천국 건설에 주님과 동참하는 것이기 때문이다. 한마디로 혼인애는 천국생활의 근간이기 때문이다. 그래서 주님께서도 혼인애를 그 무엇보다 귀하게 생각하신다.

그 귀한 사랑을 한 번 깨달은 부부는 그 감동과 또 그 사랑에 깊이 포함된 하늘의 뜻을 결코 놓치지 않는다. 그 사랑을 소중하게 품고 정성으로 가꾼다. 세상의 파도에 휩쓸리지 않는 잔잔한 마음, 온유하고 겸손한 주님의 마음, 순수하고 고결한 영으로 천국의 사랑을 끊임없이 사모하며 천국의 영기를 끊임없이 받아들인다. 그럴 때 그들에게서는 어지러운 육의 모습이 저절로 사라지고 겉모습까지도 아름답게 다듬어진다. 어린아이가 어머니의 품에 안겨 있을 때 지극히 평화로운 모습이 되는 것처럼 그들은 주님의 품 안에서 그런 모습이 되는 것이다. 그렇게 성숙해 가는 부부애, 그것이 세상에서 가장 아름다운 사랑, 혼인애이다.

이렇게 주님의 영기가 부부애를 참된 혼인애로 이끌어 간다. 그 영기는 주님과 돈독하게 연결되어 있는 특별한 사람들, 즉 주님의 제자들 또는 주님을 신실하게 따르는 성도들에게 좀 더 뚜렷하고 강렬한 모습으로 유입된다. 그렇게 유입되는 영기, 주님의 영적 기운, 그것이 다른 말로 성령이다.[10] 성경의 가르침을 통해서 주님에 대해서 좀 더 깊이 깨닫고, 올바른 믿음생활을 하려고 특별히 마음을 기울이는 사람들에게 주님의 영기는 뚜

---

10 [행 2:1-4] "오순절 날이 이미 이르매 그들이 다같이 한 곳에 모였더니 홀연히 하늘로부터 급하고 강한 바람 같은 소리가 있어 그들이 앉은 온 집에 가득하며 마치 불의 혀처럼 갈라지는 것들이 그들에게 보여 각 사람 위에 하나씩 임하여 있더니 그들이 다 성령의 충만함을 받고 성령이 말하게 하심을 따라 다른 언어들로 말하기를 시작하니라."

렷한 성령의 모습으로 좀 더 분명하고 강력하게 유입되는 것이다.

그런 사람들에게 성령으로 나타나는 주님의 영기는 '바람'의 모습으로, '주님의 숨결'로 또는 사람을 통해 직접 인도하시는 모습일 때도 있다.[11] 그렇게 주님의 영기가 성령의 모습으로 특별한 사람들에게 유입되어 그들을 감동시키면, 그들은 주님과 특별히 가까운 사람, 즉 주님의 제자가 된다. 그래서 주님을 특별히 섬기는 삶을 살게 된다. 그런 사람들의 모임이 교회이고, 그런 삶이 바로 참된 교회생활이다.

저세상 이야기(1): 천국의 결혼생활

스베덴보리는 저세상에서 자신이 직접 본 사실과 천사들에게서 들은 이야기를 생생한 체험담으로 전해 주는데, 그중의 하나를 소개하고자 한다. 그리고 앞으로 진행되는 이야기 사이사이에서도 그런 체험담을 몇 가지 더 소개하려고 한다.

이 세상은 물질적 세계이지만, 저세상은 영적 세계이다. 간단히 영계(靈界)라고 하자. 나의 영이 육체를 한참씩 벗어나서 영계에 들어가, 거기에서 듣고 보며 겪은 일 중에 전술한 내용과 관련된 이야기를 하나 전하겠다.

사람이 임종(臨終)을 당할 때는 육체에서 영이 분리되어 육체는 흙으로 돌아가고 영은 영계로 간다. 우리는 그곳을 저세상이라고 부르는데 성경에서는 그곳을 '낙원'이라고 부른다. 신약성서 누가복음에 보면, 예수님께서 십자가에 처형당하실 때, 두 강도도 함께 십자가에 못 박혀서, 죽음을 기다리고 있었다. 그중의 하나는 예수님을 제대로 알아보고, 자기 잘못을

---

11 [요 3:8; 20:22; 행 2:1-4; 10] 고넬료 이야기 참조.

깨달아 회개하고, 예수님을 마음에 받아들인다. 그리고 이렇게 말한다.

"주여, 당신의 나라에 들어가실 때 저를 기억해 주소서."

그때 예수님은 이렇게 대답하신다.

"네가 오늘 나와 함께 낙원에 있으리라."[12]

흉악한 강도도 회개하고 예수님을 받아들이면 즉시 구원을 얻어서 지옥에 떨어지지 않는다는 것이다. 그런데 그가 가는 곳은 천국이 아니라 '낙원'이다. 예수님은 그때까지 천국에 대해서만 계속 말씀하셨고 낙원에 대한 언급은 일절 없었는데, 여기에서는 천국과 구별해서 '낙원'이라고 말씀하신다.

사도 바울도 환상 속에, 저세상에 이끌려가서 '말로 표현할 수 없는' 놀라운 일들을 보았을 때, 그곳을 천국이라 하지 않고, '낙원'이라고 불렀다.[13] 이런 사실들로 천국과 낙원이 따로 있다는 것과 구원을 받은 사람이 세상을 떠나면 즉시 천국으로 가는 것이 아니라 일단 그리로 먼저 간다는 것을 알 수 있다.[14]

사람은 선하든지 악하든지 이 세상을 떠나면 일단 저세상으로 가는데, 거기는 물질계를 벗어난 영적 세계이기 때문에 영계(靈界)라 하고, 거기에 머물고 있는 사람들을 통틀어 영인(靈人)이라 한다면, 그 영인 중 구원을 받은 사람과 받지 못한 사람은 당연히 구별된다. 거기에서 구원받은 사람

---

12 [눅 23:42-43] "이르되 예수여 당신의 나라에 임하실 때에 나를 기억하소서 하니 예수께서 이르시되 내가 진실로 네게 이르노니 오늘 네가 나와 함께 낙원에 있으리라 하시니라."
13 [고후 12:1-4] 참조.
14 여기에서 말하는 "낙원"은 가톨릭에서 말하는 "연옥"과는 전혀 다르다. 그 한 가지로, 가톨릭의 연옥에 있는 사람들은 천국과 지옥행이 아직 결정되지 않은 상태라고 하는데, 성경에서 말하는 낙원에 있는 사람들은 천국과 지옥행이 이미 결정된 상태이다. 사람이 잘못을 회개하고, 내면을 천국에 맞도록 변화시키며 구원을 이루는 기회, 즉 천국행을 결정할 기회는 이 세상에 사는 동안에만 있다. 그 사실은 누가복음 16장, 부자와 나사로의 이야기에서도 분명하다. 레이먼드 무디(Raymond Moody)의 명저 *Life after Life* 참조.

들이 있는 곳, 주님과 강도의 대화에서 보다시피 그곳이 바로 '낙원'임을 알 수 있다.[15]

사람이 세상을 떠나 영계에 막 들어올 때, 그들의 상태는 세상에 있을 때와 비슷하다. 또 거기는 이 세상과 매우 흡사하여 여기에 있는 것은 거기에도 다 있다. 물질과 영의 차원만 다를 뿐이다. 그래서 거기에 금방 올라온 사람은 자기가 아직 세상에 살아있다고 착각하는 경우도 많다.

거기에 머무는 동안 영인들은 세상에서는 보이지 않았던 그의 속 모습이 차츰 드러난다. 선악 간에 어떤 쪽으로 마음이 끌리며 살았는지, 그 여부가 속 모습에 그대로 나타나는 것이다. 그래서 세상에서 감추고 살았거나 또는 드러나지 않았던 것도 낱낱이 드러난다. 세상에서 오른손이 하는 것을 왼손이 모를 만큼 남모르게 선행을 하며 산 사람도 그 선한 내면이 그대로 드러난다. 또 선한 척 가면을 쓰고 남모르게 악을 행한 사람도 마찬가지다. 하여간 사람의 내면이 선악 간에 그대로 드러난다.

다시 말하면, 세상에서 타고난 옛 생명대로 살았는지, 아니면 주님을 받아들여 주님의 생명으로 살았는지가 선과 악의 모습으로 드러난다. 우리의 옛 생명으로 살면 어쩔 수 없이 악에 끌린다. 주님의 생명을 받아서 그 생명으로 살 때만 선한 삶이 된다. 선악 간에 그렇게 살아온 우리의 삶이 그 모습대로 내면에 새겨지고, 그 모습이 저세상에서 낱낱이 드러나는 것이다. 그래서 그곳 영계에서는 아무것도 감출 수가 없으며, 누가 선하고 악한지도 그대로 보인다.

천국이나 지옥에 가는 것은 그렇게 드러난 내면이 결정한다. 누가 억지로 보내는 것이 아니라 자기 내면과 맞는 곳으로 마음이 끌려서 스스로 가게 된다. 즉, 사람의 내면이 천국이나 지옥 중 어디에 맞는가, 어느 쪽으로 끌리는가, 그것이 그의 사후, 천국이나 지옥행을 결정한다. 사람의 내세가

---

15 [눅 16:19] 이하. 부자와 나사로 이야기 참조.

천국이나 지옥으로 갈라지는 원칙은 바로 이것이다.

　내가 세상을 떠나면 과연 천국에 갈 수 있을까?

　내세에 관심을 둔 사람은 이것이 가장 심각한 문제일 것이다. 그러나 일부 종교 지도자가 겁주며 하는 말처럼 천국에 들어가는 것이 그렇게 복잡한 것은 결코 아니다.

　주님을 받아들여서 주님의 생명을 가지고 있는가?
　그 생명으로 살려고 마음을 쓰고 있는가?
　그래서 내면이 조금씩이나마 천국의 모습으로 빚어지고 있는가?
　한마디로, 내면이 천국으로 끌리는가?

　그 여부로 천국행이 결정된다.[16]

　이 말은 엄숙하게 들어야 한다. 당신이 하나님을 믿는 사람으로, 마땅히 천국에 가고 싶다 하면, 지금 당신의 마음을 깊이 들여다보라. 그 어떤 평계도 대지 말고, 지극히 공평하고 정직한 눈으로 조용히 들여다보라.

　어떤 모습인가?
　평화와 감사와 사랑의 모습인가, 아니면 불평과 원망과 증오의 모습인가?
　세월이 가면서 내면이 영적으로 점점 맑아지는 모습인가, 아니면 여전히 육적인 것들 속에 허우적거리면서 점점 더 탁해지는 모습인가?
　천국과 지옥, 어느 쪽으로 기울어진 모습인가?

16　[눅 17:21] "하나님의 나라는 너희 안에 있느니라."

사람 마음속에는 세상일로 가득 차 있다. 그런 것들이 때로 흙먼지처럼 난무하면서 양심이나 영의 모습을 뿌옇게 가리는 경우도 많다. 종교생활을 열심히 하는 사람들도 예외가 아니다. 마음이 세상일로 분주하여 그런 모습으로 사는 종교인도 많다. 지금 그런 마음이 천국과 지옥 중 어디에 맞는지 살펴볼 필요가 있다.

매달리는 세상일 잠깐 내려놓고 마음을 조용히 가라앉혀 보라. 뿌연 세상 먼지가 가라앉을 때까지 기다려 보라. 그리고 자기 내면을 조용히 들여다보라.

거기에 양심이 살아 있는가?

영의 모습이 보이고 하나님도 느껴지는가, 아니면 세상일들만 쓰레기처럼 쌓여 있고, 양심이나 영 같은 것은 아예 캄캄한가?

한마디로, 천국과 지옥, 둘 중에 어느 쪽이 맞는가?

당신이 세상을 떠나면, 그 맞는 쪽으로 간다. 또는 당신의 양심은 죽지 않았지만, 분주한 세상일에 거의 마비되어 있을지도 모른다. 내면에서도 영이나 하나님의 모습이 희미할지 모른다. 하나님을 믿는다고 하면서도, 그 믿음이 실생활에서는 거의 나타나지 않는 것이다. 그러면 당신은 덥지도 차지도 않은 라오디게아 사람이다.[17] 그런 사람은 주님과 함께 누리는 천국의 잔칫상에 참여하지 못한다.

당신에게 잘못이나 허물은 많을 것이다. 평생 저지른 잘못이 하나둘이 아니다. 그러나 그런 것은 상관없다. 진심의 회개로 모두 다 용서되고, 주님은 그런 것 기억도 안 하신다.[18] 근본 문제는 이것이다.

---

17 [계 3:14] 참조.
18 [히 8:12] "내가 그들의 불의를 긍휼히 여기고 그들의 죄를 다시 기억하지 아니하리라."

지금 여기에서 당신의 마음을 사로잡고 있는 것은 무엇인가?

천국과 이 세상, 그중에 어떤 것인가?

'카르페 디엠'(*Carpe diem*, enjoy here and now), 세상일에만 관심 두는 사람들은 이 말을 금과옥조로 생각한다. '지금 여기'에서 즐겁게 누리는 것이 가장 중요하다는 뜻이다. 그러나 이 말은 그렇게만 받아들일 것이 아니다. 지금 당신이 여기에서 추구하고 누리는 것들이 저세상에서 당신의 미래를 결정한다는 것도 알아야 한다. 그것들이 당신 내면의 모습을 천국과 지옥 중의 하나로 매 순간 새기고 있기 때문이다. 당신의 내면은 그렇게 선과 악, 천국과 지옥의 모습으로 지금도 새겨지고 있다. 사후의 모든 것은 그렇게 새겨진 모습으로 결정된다.

세상에 있을 때 양심이나 하나님에 대해서는 아예 관심도 없이 함부로 살았던 사람이나, 하나님을 잘 믿는다고 떠들면서도 은밀하게 사악한 작태를 벌이며 살았던 사람들은 그들의 내면도 악한 모습으로 새겨져서 굳어지는데, 그런 내면이 맞는 곳은 어디이겠는가?

그렇게 맞는 곳으로 가게 된다. 진노한 하나님이 지옥으로 가기 싫어하는 사람을 억지로 지옥에 던지는 것이 아니다. 사람의 악한 마음이 그쪽에 맞아서 스스로 끌려가는 것이다.

성경에는 하나님을 무서운 모습으로 묘사하는 구절이 있다. 인간의 죄악에 진노하시고, 악한 자를 지옥 불에 던지는 하나님이다.[19] 그러나 그것은 하나님의 겉모습을 사람의 언어로 그렇게 표현한 것이다. 가상적(假象的) 표현이라는 것이다. 어린아이의 위험한 장난에 아빠가 엄한 얼굴을 가장하여 저지하는 것과 비슷하다.

---

19 [막 9:45; 계 20:15] 참조.

사람들에게 두려움을 주어서 죄를 멀리하도록 경고의 뜻으로 그런 표현을 쓸 수도 있겠지만, 그것은 겉모습이고, 사실은 사람의 악한 내면이 지옥에 스스로 끌려서 그렇게 던져지듯 뛰어드는 것이다. 극악한 사람은 그의 내면이 지옥과 너무도 잘 맞아서 영계에 오자마자 머리를 아래로 향하고 그대로 지옥에 뛰어든다. 그 모습을 겉으로 보면 마치 지옥으로 던져지는 것처럼 보인다. 그래서 지옥에 던져진다는 표현이 있는 것이다.

이와 반대로 세상에서 남달리 신실하고 경건하게 믿음생활을 하는 사람들이 있다. 종교생활을 열심히 한다고 수선을 피는 사람들이 아니다. 오히려 드러나지 않게 골방에 숨어서 기도하는 자세로 하나님을 섬기는 사람들이다. 그들은 세상의 어둠 속에서 등불 같은 신앙을 지키는 사람들인데 성경에서 이런 사람들은 세상의 빛과 소금, 또는 세상을 밝히는 등불로 비유된다.[20]

그런 사람들은 매우 드물다. 그러나 참 교회는 그런 사람들의 모임이다. 그들은 영적인 지혜를 받아서 하나님과 교회에 대한 깨달음이 깊다. 주님이 세상을 떠나시기 전, 손수 제자들의 발을 씻겨 주시며 간곡하게 당부하신 새 계명, 사랑의 실천을 순수하게 받드는 사람들이고, 주님과 특별하게 가까운 사람들인데, 그런 사람들은 세상에서 빛과 소금의 귀한 역할을 하지만, 천국에 와서도 특별한 역할을 맡게 된다.[21]

또 한 가지 알아야 할 것은 천국에 들어올 때는 누구나 정화 과정을 겪는다는 것이다. 구원을 얻은 사람, 내면이 천국과 맞는 사람도 세상에 살면서 평생 저지른 잘못이 많다. 마치 흰옷에 때를 묻힌 것과 같다. 잘못이 많을수록 그만큼 더러워지는데, 그것이 심각한 문제가 된다. 천국에는 더

---

20 [마 5:15-16; 6:6] 참조.
21 [벧전 2:9] "너희는 왕 같은 제사장들"

러움이 추호도 용납이 안 되기 때문이다. 그래서 그 더러운 때를 '일점일획'까지 온전히 씻은 다음에야 천국에 용납이 된다.[22] 그렇게 씻어 내는 과정을 정화 과정(vastation)이라고 한다.

  그 과정을 통과할 때 내면에 때가 많이 낀 사람들은 그것을 씻어 내는 혹심한 고통을 겪기도 한다. 흰옷에 기름때가 많이 찌들어 있을 때 그것을 본래 모습대로 깨끗하게 씻는 것이 그만큼 더 어려운 것과 같다. 그 고통을 겪는 모습이 "슬피 울며 이를 가는" 것이다.[23] 사탄의 악랄한 수법에 넘어가서 그런 때를 묻힌 것이 그렇게 통탄스러운 것이다. 세상에 살면서 사탄에게 속아서 저질렀던 잘못이 그런 오점으로 남기 때문에 정화 과정의 고통을 염두에 두고서라도 그런 것들을 멀리하는 것이 상책이다.

  그 과정을 지나고 내면에 흠과 티가 전혀 없이 온전히 정화되면 마침내 고대하던 천국에 들어온다. 그러면 세상에서 시달렸던 고통과 슬픔의 기억들 육신과 얽혀 있던 모든 것이 깨끗이 사라진다. 거기는 전혀 다른 차원의 세계이기 때문이다. 모든 감관이 영적 지각으로 새롭게 열려서 그 영적 감각으로 천국의 사물을 새롭게 인식한다. 그리고 거기에서 온전히 다른 몸, 영체(靈體)로 살게 된다.[24]

  이 세상의 모든 자연 현상은 저세상의 영적인 현상을 상징으로 보여 준다.[25] 바람은 성령의 흐름을 상징하고[26] 음식은 주님의 말씀을 상징하고[27]

---

22 [마 5:18] 참조.
23 [마 25:30] 참조.
24 [고전 15:44] 영의 몸.
25 [롬 1:20] '만물 속에 분명히 보이는 것' 괴테의 『파우스트』 마지막 장면, 천사들의 합창, 참조.
26 [요 3:8; 20:22] P. Shelley의 〈서풍부〉(Ode to the West Wind)라는 시 참조.
27 [요 5:24] "내 말을 듣고 나 보내신 이를 믿는 자는 영생을 얻었고", [요 6:35] "나는 생명의 떡이니 …."

태양은 주님을, 태양의 열과 빛은 주님의 사랑과 지혜를 상징한다.

그런 자연 현상 중에 가장 신기한 것 하나를 살펴보자. 바로 나비의 탈바꿈 현상인데, 그것은 사람이 이 세상에서 저세상으로 옮겨가는 과정과 거기에서 어떤 모습으로 살게 되는가를 감탄스러울 만큼 정확한 상징으로 보여 준다.

한 마리의 벌레로 어두운 땅속에서 꿈틀거리며 살았었다. 괴롭고도 비천한 삶이었다. 그런데 다 자라서 어느 날, 땅을 벗어난다. 나뭇가지에 올라가서 번데기가 된다. 거기에 매달려서 땅에 속한 모든 것이 맑은 햇빛과 바람으로 정화되면서 잠깐 기다린다. 그러다가 번데기의 껍질이 터지고, 아름다운 나비로 탈바꿈한다. 흉물스러운 벌레였는데 이제는 아름다운 나비가 된 것이다. 어두운 땅속을 기어다니다가 밝은 하늘을 난다. 땅속을 기면서 구차하고 힘들었던 모든 일은 깨끗이 잊는다. 하늘을 자유롭게 날아다니며 향기와 꿀이 넘치는 꽃 속에서 즐겁게 산다.

영의 눈이 열린 사람은 이 신기한 자연 현상으로 사람이 세상에서 천국으로 옮겨가는 과정을 정확하게 깨닫는다. 세상과 육신에 갇혀서 어둠과 괴로움에 시달리며 한 마리의 벌레처럼 비천하게 살았다.[28] 그러나 때가 되어 육신을 벗고 세상을 떠나 잠깐 낙원에 머문다. 잠깐의 번데기 과정과 흡사하다. 그 뒤에 번데기가 아름다운 나비로 탈바꿈하듯 사람도 온전하고 흠 없는 영체로 탈바꿈한다. 그리고 낙원에서 천국으로 올라가 힘들고 구차했던 세상의 모든 일을 벗어 버린다. 아름다운 천국의 하늘을 자유롭게 날며 꽃처럼 만발한 천국의 기쁨을 누리며 산다. 사람이 세상에서 천국으로 옮겨가는 과정은 이렇다.

그렇게 누리는 천국의 기쁨, 그것이 얼마나 화창하고 아름다운지 얼마나 즐겁고 풍요한지 우리는 제대로 알 수가 없다. 인간의 이해력과 사고력이 영

---

28 [욥 25:6; 사 41:14] "벌레 같은 인생", "버러지 야곱"의 은유를 생각해 볼 것.

적인 사실 앞에서는 초라하기 그지없기 때문이다. 그래서 생생하게 보고 왔어도 그것을 제대로 전하는 것이 불가능하다. 그러나 한 가지 분명한 것은, 천국의 모든 기쁨과 보람은 남녀의 사랑, 혼인애에서 비롯된다는 것이다.

그래서 천국에서는 남녀가 짝을 이루고 혼인애 안에서 함께 사는 것이 기본 원칙이다. 마음에 꼭 드는 나의 짝과 결혼을 하고 부부가 되어 주님이 마련해 주시는 아늑한 집에서 천국의 사랑, 혼인애의 기쁨을 다함 없이 누리며 사는 곳, 그런 곳이 바로 천국이다.

그런데 천국의 결혼은 세상의 결혼과 다르다. 하나는 영체의 결혼이고 다른 하나는 육체의 결혼이다. 그 사실을 구체적으로 살펴보면 이렇다. 신약성서에서 보면 사후의 부활을 믿지 않는 부류의 사람들이 예수님에게 트집을 잡으려고 이런 질문을 한 적이 있었다.

어떤 남자가 결혼해서 살다가 자식도 없이 아내만 남겨 놓고 죽었다. 그런 경우 당시의 법으로는 동생이 과부 형수와 결혼해서 자식을 낳아 형의 후손을 이어주기로 되어 있다. 그래서 동생이 형수와 결혼을 했는데, 그 동생도 자식을 낳지 못하고 죽었다. 그렇게 해서 일곱째 동생까지 무자식으로 죽고, 후에는 그 과부도 죽었다.

그러면 부활 후에 그 여자는 누구의 아내가 되는가?

사람의 사후에 이런 문제가 닥친다면 참 곤란할 것이다. 부활을 믿지 않는 그들은 부활을 꼬집기 위해서 이런 질문을 한 것이지만, 그 질문에 대해서 예수님은 이렇게 말씀하신다.

"부활 때에는 장가도 시집도 아니 가고, 하늘에 있는 천사와 같으니라."[29]

부활 후에는 사람이 천사가 되기 때문에 남녀의 결혼이 없다는 것이다. 부활 후에는 결혼이 없다는 이 말씀은 이제까지 역설해 온 이야기들과는 전혀 다르다. 이 말씀만 보면 저세상에서는 남녀의 결혼 같은 것은 없다는

---

29 [마 22:30] 참조.

뜻이다.

 그러면 천국의 혼인애는 뭐란 말인가?

 여기에서 주님이 언급하시는 것이 어떤 결혼인지를 살펴봐야 한다. 즉, 결혼에는 사람의 결혼(nuptiae)과 천사의 결혼(conjugiae)이 있는데, 둘 다 '결혼'(marriage)이라는 같은 말로 번역되었지만, 원어에서는 전혀 다르다. 하나는 사람의 결혼이고 육신의 자식을 낳는다. 또 하나는 천사의 결혼이고 그런 자식은 낳지 않는다.

 주님이 여기에서 언급하시는 것은 세상에 살면서 육신의 자식을 낳는 사람의 결혼이다. 결혼한 맏형이 자식을 낳지 못해서 문제가 생긴 것이다. 그래서 부활 후에 결혼이 없다는 말씀의 뜻은 천국에서는 자식을 낳고 상속자를 세우고 후대를 잇는 그런 세상적인 결혼은 없다는 뜻이다.

 거기는 영적인 세계이기 때문에 장인댁도 시댁도 없다. 그래서 장가도 시집도 가지 않는다. 거기에는 오직 천사들의 결혼만 있다. 그래서 그 결혼에서는 영적 자식인 사랑과 지혜만 출산되며 그래서 부부는 지혜로운 사랑만 계속 누리며 산다. 세상의 결혼과 천국의 결혼은 이렇게 다르다.

 이 세상의 결혼생활은 부부가 아무리 깊은 사랑으로 산다 해도 문제가 없을 수가 없다. 순수를 갈망해도 불순의 때가 묻고, 온전을 지향해도 불만이 남는다. 불완전한 육신으로 살기 때문이다. 그래서 경건한 부부들은 세상에 살 때부터 온전히 아름다운 천국의 결혼생활을 그만큼 더 간절히 사모한다.

 그 순수는 어떤 모습이고, 그 감동은 얼마나 깊을까?

 그들이 깨닫는 만큼 그들의 사랑을 그 방향으로 이끌어 가려고 애를 쓴다. 그런 부부들에게 천국의 결혼생활을 보고 들은 대로 잠깐 소개하겠다.

영계에 갓 올라온 사람들이 모여 있었고, 어떤 천사가 그들에게 이야기하고 있었다.

여러분이 얼마 전에 떠나온 세상, 거기는 악과 거짓이 넘치는 곳이었습니다. 그런 것들의 횡포 때문에 어떤 때는 거기에서 사는 것 자체가 고통이었습니다. 그러나 거기에도 극히 드물기는 하지만, 창조 당시의 모습이 거의 훼손되지 않고 그대로 남아 있는 것들이 보입니다. 끝없이 푸른 하늘과 그 아래 고봉준령의 산들이 그렇고, 신선한 녹음으로 피어 있는 숲과 거기에서 들리는 새소리가 그렇습니다. 마당 한구석에 조용히 피어 있는 꽃 한 송이에도 실은 천국의 모습이 담겨 있습니다. 이런 것들은 오염된 세상에서도 아직 남아 있는 순수한 것들입니다.

그렇게 남아 있는 것은 대자연 속에만 있는 것이 아니라, 사람에게도 있습니다. 사람의 내면에 있는 순수한 양심과 그 안에 있는 영입니다. 그 영으로 품은 순수한 사랑도 있는데, 이런 것들은 세상의 악에 휩쓸리지 않고, 원래의 아름다움을 그대로 간직한 채, 남아 있는 것들입니다.

그렇게 순수하게 '남아 있는 것들'[30] 그리고 애를 써서 그런 순수를 지키고 가꾼 것들은 천국에서 누리게 될 아름다움과 기쁨의 씨앗입니다. 그 씨가 천국에서 삼십 배, 육십 배, 백 배로 늘어나는 것입니다.[31] 즉, 사람들이 세상에서 그 순수한 것을 마음에 품고 가꿀 때, 그렇게 가꾼 정도만큼 천국의 아름다움이 채워지고 확장됩니다. 조그마한 씨앗이 확장되어 온전한 나무로 자라는 것과 같습니다. 특히,

---

30 [사 10:22; 렘 31:7] "남은 자"(remnant).
31 [마 13:23] 참조.

부부가 세상에 사는 동안 천국을 사모하는 마음으로 소중하게 가꾸었던 사랑은 보석처럼 귀하게 남습니다. 그들이 천국에 왔을 때, 그 모습은 풍요하게 확장(dilation)되어 그들의 모습을 그만큼 아름답게 만들어 줍니다.

그래서 천국 남녀는 세상 남녀와는 비교도 안 되게 아름답습니다. 여자들이 얼마나 아름다운지는 말로 표현할 수가 없는데, 특히 남편 있는 아내들은 처녀들보다 훨씬 더 아름다워서 눈부신 사랑의 초상화 같습니다. 그리고 남자들의 모습도 못지않게 훌륭한데, 총각보다 남편의 모습은 더 훌륭해서 지혜의 초상화 같습니다. 그 이유는 그들이 부부애 안에서 주님의 영기를 더 깊이 받기 때문이며, 그 영기의 사랑과 지혜가 그들을 그만큼 더 아름답게 변화시키기 때문입니다. 그리고 누구나 활기찬 젊은이로 꽃다운 젊음을 누리며 사는데, 그것도 주님의 영기가 그렇게 만들어 줍니다.

천국의 부부들에게도 남녀 간에 누리는 사랑의 즐거움이 당연히 있는데, 세상 부부들처럼 미흡한 것이 아니라, 그 즐거움에 더 바랄 것이 없습니다(저세상 이야기(4) 여섯 번째의 감각, 참조). 그들이 호흡하듯 받아들이는 주님의 영기가 부부애를 그렇게 이끌어 줍니다. 영기의 호흡으로 그들은 언제나 아름다운 사랑과 활기찬 젊음과 또 그 사랑의 기쁨을 아쉬움 없이 누리며, 즐겁게 살고 있습니다.

그런 말을 듣고 있던 신참 영인들이 '정말 그럴까?' 하는 표정을 짓고 있었다. 천사는 그런 기색을 알아차리고 이렇게 말했다.

나는 지상의 시간으로 아내와 천년이 넘는 세월을 함께 살고 있습니다. 그런데도 지금 당신들이 보는 것처럼, 이렇게 한창때의 젊은 모습입니다. 천국에서 부부는 그들이 호흡하는 주님의 영기로 그들의 젊음이 계속 유지됩니다. 주님의 영기는 활기찬 생명과 아름다운 사랑의 기운이기 때문입니다. 그래서 천국에는 노쇠(老衰)라는 것이 없습니다. 당신들이 이해할 수 있도록 차근차근 말씀드리겠습니다.

그 천사는 말을 계속했다.

여러분은 사람이 완전한 상태였던 인류의 초창기에 대해서는 잘 모를 것입니다. 그것은 타락 이전의 시기를 말하는데, 그때에는 사람의 내면이 주님과 긴밀하게 연결되어 있었습니다. 그래서 주님의 본질인 사랑과 지혜를 넘치게 받고 있었습니다. 다른 말로 하면 사람도 자기 내면의 크기와 분량만큼 주님의 모든 것을 받아서 누리며 살았다는 뜻입니다. 그래서 사람들은 누구나 사랑과 지혜가 넘치고, 그것이 실생활에 적절한 능력으로 나타났습니다.

그것은 요즈음 사람들이 상상도 못 할 만큼 대단한 능력인데, 주님과 연결되어 직접 받는 능력이었습니다. 요즈음도 극히 드물게 그런 능력을 조금이나마 나타내는 사람이 있습니다. 초능력이라고 하는 것입니다. 그러나 그것은 미미하게 남아 있는 그때의 흔적일 뿐입니다. 타락 이전에는 그 능력을 온전히 가지고 있었고, 그 능력으로 주님의 명을 받들며 사는 데 미흡함이 없었습니다.[32] 주님과의 돈독한 연결로 지상에서도 그렇게 살았으니, 천국에서는 더 말할 필요가 없습니다.

---

32 [창 1:28] 아담이 하늘의 새와, 땅을 기는 짐승과 바다의 물고기까지 다스리는 능력.
[창 2:15] 아담이 에덴동산의 모든 것을 보살피며 지키는 능력.

주님과 그렇게 연결시켜 주는 것이 바로 주님의 영기입니다. 세상에 대기가 충만한 것처럼 천국에는 주님의 영기가 충만합니다. 신선한 대기가 지상의 생명을 존속시키는 것처럼 주님의 영기는 천국의 모든 생명을 존속시킵니다. 그리고 부부의 사랑에 대해서도 그렇습니다. 사랑과 지혜가 담긴 활기찬 생명력이 되어 그들의 젊음을 계속 유지시켜 주고 그들의 사랑을 온전한 혼인애로 이끌어 줍니다.

그 혼인애는 지상의 부부들도 어느 정도 깨달을 수 있습니다. 세상에서 아내가 하루의 일과를 끝내고 잠자리에 들기 전, 몸과 마음을 깨끗이 하고 남편의 품에 안겨서 드디어 남편의 사랑을 받을 준비가 되었을 때, 그것은 아내의 가장 큰 기쁨이요 보람입니다. 그때 아내도 자기의 깨끗한 몸과 순결한 마음에 사랑을 넘치게 담아서 남편에게 바칩니다. 남편을 기쁘게 해 주려고 모든 것을 아끼지 않습니다. 그런 아내에게서는 남편에 대한 애정이 진한 향기처럼 풍깁니다. 그럴 때 그들 부부의 사랑은 천국의 혼인애에 가깝게 접근해 있습니다. 그래서 천국의 사랑을 얼마큼은 느낄 수 있습니다.

품에 안겨 있는 아내가 꽃처럼 아름다운 데다가 그 몸과 마음에서 향기까지 풍기고 있다면 그런 아내가 얼마나 사랑스럽겠습니까? 천국의 아내는 그보다 더합니다. 주님에게서 비롯된 사랑의 영기를 넘치게 받고 있기 때문입니다. 그런 아내가 천국의 사랑에 향기를 담아서 남편에게 바치는 것입니다.

여러분, 커다란 꽃다발을 상상해 보십시오. 여러 가지 싱싱한 꽃이 다발로 엮어져서 당신의 가슴에 안겨 있습니다. 그러면 그 신선한 아름다움과 향기에 누구나 즐거워합니다. 천국의 아내가 바로 그 모습입니다. 여러 가지 꽃은 그녀가 품은 애정의 여러 가지 표현입니다. 그 향기는 남편에 대한 그녀의 애모와 정성입니다. 꽃잎의 부드러움은 여성 특유의 포근함입니다. 남편은 그런 아내를 품에 안고, 그녀의 아름다운 모습에 즐거워하고, 그녀가 아낌없이 품어 주는 사랑의 희열에 감동합니다. 그리고 아내의 사랑이 얼마나 아름다운가를 깨닫습니다. 감동한 만큼 지혜로워지는 것입니다.

그렇게 지혜로워진 사랑을 남편에게서 받을 때 아내도 남편이 깨달은 지혜를 함께 받습니다. 그녀의 사랑도 지혜로워져서 그 사랑으로 남편을 품어 주는 것입니다. 이렇게 아내의 사랑과 남편의 지혜가 결합하고 순환하여 부부의 희열은 끝이 없습니다.

이렇게 천국에서 누리는 사랑의 희열은 주님의 영기가 이끌어 가는데 그 영기는 신선한 아침 햇살 같고, 화창한 봄볕 같고, 오곡을 익히는 가을의 산들바람과 같습니다. 천국의 부부는 그 영기를 받아서, 넘치는 활기로 사랑의 '생육과 번성'을 누리며 사는데,[33] 그것이 부부애의 기쁨입니다.

그러나 천국의 생육과 번성은 지상의 그것과는 다릅니다. 지상에서는 육신의 자녀가 출산되지만, 천국에서는 영적인 자녀가 출산됩니다. 그 자녀란 사랑과 지혜 또는 선과 진리입니다. 다른 말로 하면 부부들에게서 사랑과 지혜가 더 깊어지고, 선과 진리가 더 아름답게 나타난다는 뜻입니다.

천국의 부부 사이에서 출산되는 사랑과 지혜 그것이 천국 부부의 기쁨인데 그것은 세상에서 사랑의 결실로 귀여운 아기가 태어났을 때의 기쁨과 상응(相應)합니다. 아내의 사랑과 남편의 지혜가 또 그들의 선과 진리가 결합해서 천국의 기쁨을 계속 산출해 내는 것입니다. 천국생활이 즐거운 이유는 바로 이것입니다. 이런 것이 바로 천사 부부들이 누리는 사랑의 즐거움인데 그 모든 일은 주님의 영기를

---

33 [창 1:22] 참조.

받아서 이루어집니다.

그 천사는 말을 계속했다.

　세상에서는 부부가 사랑을 나눌 때 정력이 소모됩니다. 그 정력이 고갈되면 상대방을 외면하는 경우도 많습니다. 또 몸이 노쇠하면 열정도 식어버리고, 상대방에게 덤덤해지는 것입니다. 사랑의 기운이 고갈되는 세상 부부의 현실입니다.

　그러나 천국에서는 젊음의 노쇠도 없을 뿐만 아니라 기운의 고갈도 없습니다. 끊임없이 유입되는 주님의 영기가 바로 그 젊음과 기운의 원천이기 때문입니다. 천국에서 부부가 사랑을 나눌 때는 사랑에 가장 깊이 감동한 상태이고, 그 감동으로 그들의 마음이 온전히 열린 상태입니다. 이것은 그때 그 마음으로 주님의 영기가 넘치도록 유입된다는 뜻입니다. 그런데 그 영기는 생명의 기운입니다. 그래서 사랑을 나눌수록 그 기운을 더 얻게 됩니다. 부부는 그렇게 사랑을 나누면서 활기와 젊음을 유지하게 됩니다.

　세상에서는 부부의 사랑이 아무리 즐거워도 세월을 이길 수 없습니다. 영원히 젊은 사랑을 마음속에 그려보기도 하지만, 세월은 흐르고 육신도 노쇠하여 그런 사랑이 세상에서는 불가능합니다. 그러나 천국에서 부부들은 말 그대로 영원히 즐거운 사랑을 누립니다. 주님에게서 유입되는 영기가 부부의 사랑을 그렇게 만듭니다.

　여기에서 영원하다는 것은 인간이 생각하는 시간의 개념이 아닙니다. 그런 관념으로 생각하면 영원은 지루할 수도 있습니다. 그러나 천국에는 시간 개념은 없고 상태 개념만 있습니다. 모든 것이 상태의 변화로 나타납니다. 즉, 모든 상황에서 시간이 흐르는 것이 아니라, 상태가 바뀝니다. 상태가 점점 더 완전과 성숙으로 새롭게 진행된다는 뜻입니다. 그래서 천국에서 영원하다는 것은 영원히 새롭다는 뜻입니다. 날마다 새로운 모습입니다. 꽃이 어제와 다른 모습으로 더 아름답게 피는데 시들지도 않는다는 것입니다. 아내와 남편이 바로 그런 꽃입니다. 어제보다 더 아름다운 모습으로 피어나는 것입니다.

천국의 부부는 한 뿌리에서 돋아난 두 송이의 꽃과 같습니다. 주님의 영기로 점점 더 아름답고 신선하게 피어나 서로에게 향기와 사랑을 끊임없이 쏟아주면서 매일 더 새로워지는 기쁨 속에 삽니다. 그렇게 그들은 영원히 새롭고 신선한 짝으로 또 그런 사랑을 나눕니다. 그렇다면 서로에게 정성을 바치지 않을 사람이 누가 있겠습니까?

주님의 영기가 그렇게 이끌어 갑니다.

천사가 마지막으로 이렇게 말했다.

천사들은 그렇게 활기찬 젊음을 누리며 영원히 즐겁게 사는데, 당신들도 물론 그렇게 살 것입니다. 당신들도 여기에서 얼마간 지내면서 세상에서 품고 있었던 관념과 인식들로 빚어진 내면이 온전히 드러나게 됩니다. 거기에 묻어 있는 불순한 것과 부질없는 관념을 깨끗이 제거하는 정화 과정을 거친 뒤 드디어 천국에 들어오지요. 그러면 거기에서 주님이 인도해 주시는 짝을 만나서 천국의 부부들이 누리는 사랑과 기쁨을 다함 없이 누리며 살게 됩니다.

제4장

사랑의 성숙과 지혜

1. 사랑의 성숙 단계

　진정한 사랑은 다른 사람을 넉넉하게 포용하는 마음 바탕에서만 자란다. 그래서 사랑은 성숙한 인격에서만 가능하다. 즉, 남을 받아들이고 헤아리고 품어 주는 마음 바탕에서만 사랑은 자란다. 어린아이들은 또래와 쉽게 친해지고 쉽게 좋아하지만, 진정한 사랑은 아직 모른다. 본능적인 수준으로만 느낄 뿐이다. 상대방을 이해하고 포용하는 마음이 성숙하지 못했기 때문이다. 성숙한 인격을 바탕으로 깊고 넓게 포용하고, 지혜롭게 품어 주는 것이 진정한 사랑이며, 그런 사랑이 혼인애로 결실한다.

　사랑이 마음을 울릴 때, 그것은 종소리의 울림과 같다. 어떤 사람의 모습이 문득, 선명한 인상으로 눈에 띈다. 경이의 시선으로 바라보는데, 마음의 충격과 더불어 정체불명의 야릇한 감정이 솟는다. 전혀 모르던 느낌인데 좀처럼 가라앉지 않는다. 오히려 점점 더 깊어지면서, 생각과 의식까지 온통 사로잡는다. 그렇게 온 마음을 울리며 점점 더 커진다. 마음이 깊을수록 그 울림도 깊다. 종이 클수록 울리는 소리도 큰 것과 같다. 그렇게 울리다가 드디어 영혼까지 닿는다.

　일단 영혼에 닿으면, 그것은 잠깐 달아오르다가 식어버리는 한때의 감정이 아니다. 영혼에서 확인되었기 때문에 더 깊고 강렬하다. 성숙한 인격의 남녀가 이성에 대해서 진지한 감정을 느끼는 것은 이렇게 그 울림이 영혼에까지 도달했을 때이다.

　마음이 얄팍하면 이성에게 끌리는 감정도 그렇다. 잠깐은 뜨거울지 몰라도 이내 식고 만다. 얄팍한 냄비가 얼른 달아오르지만, 또 얼른 식는 것과 같다. 그런 일시적인 변덕은 마음의 겉에서만 잠깐 달아오를 뿐, 깊은 영혼에는 닿지 못한다.

　그런 잠깐의 감정에 분별없이 빠질 때 문제가 생긴다. 인격의 성숙도 안 되고, 마음 바탕도 얄팍한 철없는 남녀들에게 흔한 경우이다. 그렇게 잠깐의 감정에 끌린 남녀가 육체관계로까지 성급하게 뛰어드는 경우도 많은데, 이것은 남녀 관계의 질서가 완전히 무너진 경우이고, 철없는 젊은이들의 불장난이다.

　진정한 사랑은 마음에 깊이 울리다가 영혼까지 닿는다. 그 영혼의 깊이만큼 울린다. 그리고 영혼의 모습만큼 고결해진다. 그리고 다시 마음으로 내려와서 흔들리지 않는 사랑으로 자리 잡는다. 그러면서 마음과 생각을 자기 영혼의 모습으로 변화시킨다. 진정한 사랑의 감정은 그렇다.

　그래서 사랑의 시작과 발전과 성숙에는 단계별로 질서가 있다. 사랑이라는 감정의 올바른 순서를 말한다. 그것은 나무의 성장 과정으로 비유할 수 있다. 맨 먼저 좋은 씨앗이 토양에 심어지고, 뿌리를 내리고, 싹이 나오고, 제 모습으로 자라고, 꽃이 피고, 열매를 맺고 그리고는 그 열매가 아름답게 익는다. 사랑도 그것과 유사한 성숙 단계를 거쳐서 열매를 맺고 익어가는데, 그 열매가 바로 혼인애이다.

　씨앗은 좋은 밭에 심어져야 잘 자라는데 사랑도 그렇다. 사람의 마음을 밭이라 하면 사랑은 건전한 마음 바탕, 좋은 심성(心性)에 심어져야 잘 자란다. 척박한 땅에서는 씨앗이 제대로 자라지 못하는 것처럼, 천박한 마음에서도 사랑은 제대로 자라지 못한다. 일그러진 성격, 부족한 인격에서도 마찬가지다. 마음의 깊이만큼 사랑도 깊이 자라고, 인격이 고결한 만큼 사랑도 아름답게 자란다.

그런 인격이 갖추어진 마음 밭에서 사랑이 질서를 따라 성숙하는 과정을 단계별로 살펴보면 다음과 같다.

1) 씨앗이 심어진다

심신이 건강하고 인격도 감정도 원숙하게 자란 젊은이의 마음은 밭으로 치면 옥토와 같다. 거기에 사랑의 씨앗이 심어지는데, 그 씨앗은 어떤 이성이 심어 주는 것이 아니라, 하늘에서 날아온다. 앞에서 말한 대로 사랑의 근원은 하늘이기 때문이다. 즉, 천국에 충만한 사랑의 기운이 아름다운 씨앗의 모습으로 남녀의 순수한 마음에 날아든다.

사랑은 이렇게 보이지 않는 씨앗처럼 하늘에서 날아온다. 그러나 반드시 어떤 사람의 매력을 타고 날아오는데 그 사람이 바로 사랑의 대상이 된다. 그 사람의 매력으로 마음이 끌리고 그 마음에 사랑의 씨앗이 심어지는 것인데, 실은 그들이 그렇게 만나도록 하늘이 이끈 것이다. 너희들은 서로 짝이 되어 사랑의 씨앗을 함께 키우라는 뜻이다.

그래서 어느 날 갑자기, 어떤 사람이 신선한 매력을 풍기며 나타난다. 조금 놀란 눈으로 바라보는데, 그의 언행에서는 그 매력이 더욱 아름답게 풍긴다. 눈과 마음이 강렬하게 끌리면서 진한 인상을 받게 되고, 좀처럼 지워지지 않는다. 마음 깊이 박힌 것이 분명하다. 매력이 진할수록 깊이 박힌다. 물론 그 매력은 겉모습뿐만 아니라, 그 사람의 언행과 됨됨이에서 드러나는 인격 전체의 매력이다. 그때 예민한 사람은 그 영혼의 매력까지도 감지한다. 그럴 때는 감탄이 절로 나온다.

'이 세상에 저렇게 아름다운 사람도 있구나!'

일단 그런 인상으로 마음에 박힌 모습은 지워지지 않는다. 눈앞에 계속 떠오르면서 이제까지 전혀 모르던 감정에 사로잡힌다. 지금까지 평온하던 마음에 생소하면서도 안타까운 감정이 소용돌이친다. 그것이 점점 더 심해지다가 급기야는 그 생각에서 헤어날 수가 없다. 자나 깨나 앉으나 서나 저만큼 앞에서 끊임없이 나타나는 어쩐지 슬프고도 아름다운 모습, 그래서 마음을 더 찡하게 울리는 사람, 그 사람 생각에 마음이 온통 사로잡힌다. 사랑의 씨앗이 마음에 깊이 심어졌기 때문이다. 이것은 씨앗이 극적으로 심어진 경우이다.

그러나 사랑의 씨앗이 은은하게 심어지는 경우도 있다. 전부터 알고 있던 사람에게 어느 날부터 야릇한 매력이 조금씩 느껴진다. 그 느낌이 점점 더 진해지면서 마음의 창문이 그 사람에게 조금씩 열린다. 그렇게 열린 창틈으로 자기도 모르게 사랑의 씨앗이 날아든다. 한참 지난 뒤에야 그것이 마음에 심어진 것을 알아차린다. 일단 그렇게 심어진 다음에는 극적으로 심어진 경우와 비슷하게 마음의 소용돌이가 시작된다. 씨앗의 껍질이 터지고 뿌리를 내리려는 몸부림이 시작되는 것이다.

2) 뿌리를 내린다

내 앞에 홀연히 나타나 마음을 가득 차지하면서 내 생각과 감정까지도 온통 사로잡고 있는 그 사람, 도대체 그는 누구란 말인가?

그가 누구인지, 내 앞을 어떤 의미로 가로막고 있는지, 아직 모르겠다. 그러나 분명한 것은 마음이 이미 그 사람에게 온전히 사로잡혀 있다는 것이다. 그것이 견딜 수 없이 번민스러운 것은 그 사람이 그만큼 아름답기 때문이고 아직 손에 닿지 않기 때문이다.

안타까운 번민 속에 그 사람의 모습은 별처럼 높이 떠 있다. 이제까지 보았던 사람들, 그 누구보다 고결하고 아름답다. 그 영혼의 모습이 그렇기 때문이리라. 그 사람의 자태와 언행에서 아름답게 풍겨 나오는 영혼의 모습이, 저 높이에서 안타깝게 보인다. 진한 그리움으로 마음이 탄다. 가까이 다가가고 싶다.

환한 미소로 응답해 준다면 얼마나 좋을까?
그런 기쁨이라면 구름 위에 떠 올라 하늘을 날 것 같다.
온 세상이 발아래 보일 것이다. 그런 감동으로 두 영혼이 만날 수는 없을까?

지금이라도 당장 그 사람에게 달려가고 싶다. 사랑한다고, 내 영혼의 깊이와 넓이와 높이만큼 당신을 사랑한다고, 속에서 끊임없이 외치는 소리를 그 사람 앞에서 다 터트리고 싶다. 그런 안타까움이 그의 영혼을 파고 드는데, 실은 이때 사랑의 씨앗이 영혼에 뿌리를 내리는 중이다.

그 갈망이 얼마나 간절한지 겪어 본 사람은 알고 있다. 모든 생각과 감정, 온 의식 자체가 그리움에 사무친다. 그러면서 지금까지 발을 딛고 살던 세상과는 전혀 다른 곳에 와있는 느낌이다. 어지러운 생각들이 모두 사라지고, 마음이 온전히 순수해진다. 그리움도, 갈망도, 모든 생각과 의식까지, 자기도 모르게 경건해진다. 사랑의 감정이 영혼 깊이에까지 닿았다는 뜻이다. 그 감정은 점점 더 깊이 울려서 영혼의 지성소(sanctuary), 바로 거기까지 닿는다.

영혼의 지성소, 사람의 내면에서 가장 깊고 순수한 곳, 본래의 양심이 좌정해 있고, 하늘과 직접 통하는 곳, 진정한 사랑의 감정은 바로 거기까지 울린다. 일단 거기에서 울리면, 그 감정은 평생 지워지지 않는다. 어떤 사람에게 품었던 연모의 감정을 죽는 날까지 잊지 못하는 경우가 있는데, 그것은 그 감정이 거기에 닿아서 새겨졌기 때문이다. 진정한 사랑의 감정은 그렇게 영혼 깊이에 새겨진다.

　이렇게 진정한 사랑의 뿌리는 마음에만 내리는 것이 아니다. 마음을 통과해서 깊은 영혼에까지 내린다. 사람의 마음이란 얄팍하기도 하고 변덕을 부릴 때도 많다. 뿌리가 거기에서 그치면 시들기도 쉽고 변하기도 쉽다. 한때 물불을 안 가리게 뜨거웠던 감정이 얼마 후에는 미지근하거나 차갑게 식어 버리는 경우가 많은데 바로 그런 것이다.

　영혼은 전혀 의식하지 못한 채 얄팍한 겉마음에서만 달아오르는 감정이란, 아무리 사랑이라고 수선을 피워도 모두 그렇다. 진정한 사랑은 결코 그런 것이 아니다. 마음을 관통하여 영혼의 지성소까지 닿아서, 바로 거기에 뿌리를 내리는 것이며, 그래서 죽는 날까지도 변하지 않는다.

3) 싹이 난다

　씨앗이 땅속에 뿌리를 내리면 그 뿌리가 점점 깊어지면서 땅 위로는 싹이 올라온다. 사랑도 마찬가지다. 사랑의 씨가 영혼에 닿아서 뿌리가 깊어지면, 비로소 밖으로 싹이 나온다. 사랑의 실질적인 모습이 겉으로 나타나는 것이다.

　그것은 어떤 모습일까?

　그 모습은 사람의 개성에 따라 다르다. 그러나 한 가지 공통되는 것은 누구나 자기 영혼의 모습으로 나타난다는 것이다.

　영혼의 모습은 사람마다 다르다. 누구나 자기만의 독특한 모습을 가지고 있는데, 그 모습은 천사처럼 고결할 수도 있고, 인간답게 소박할 수도 있다. 그 느낌도 봄바람처럼 훈훈할 수도 있고, 가을바람처럼 상쾌할 수도 있다. 그러나 어떤 사람의 영혼이라도 그 참모습은 모두 순수하고 아름답다.

사랑은 바로 그 영혼의 모습으로 나타난다. 전술한 대로 영혼에 깊이 울린 사랑은 다시 마음으로 내려와 마음속의 어지러운 것들을 몰아내고, 맑은 영혼의 모습으로 자리 잡기 때문이다. 그러면 생각과 의식까지 순수한 영혼의 모습으로 닮아간다. 이제까지 거칠고 저속했던 언행들이 사라지고, 마음뿐만 아니라 행동과 겉모습까지 순수하게 변한다. 그렇게 영혼의 모습으로 순화된 마음속에 또 그런 모습의 사랑이 슬프도록 아름다운 모습으로 드러난다.

내가 이런 사랑을 품고 있는가?

그 아름다운 모습에 스스로도 놀란다. 영혼에 뿌리를 내린 사랑의 씨앗이 경이의 모습으로 싹을 내는 것이다.

4) 자란다

심어진 씨앗에서 싹이 날 때까지는 이렇게 고뇌와 번민이 따른다. 싹이 껍질을 뚫고 나오는 아픔이다. 그렇지만 어렵게 돋아난 싹이 모두 잘 자라는 것은 아니다. 여의치 않은 상황은 어떤 경우에도 있기 마련이고, 그것을 극복하지 못하면, 싹은 이지러지고 만다. 가시넝쿨 밑이나 돌밭에 나온 싹과 같다. 어렵게 돋아난 사랑의 싹이 현실의 벽에 막혀서 제대로 자라지 못하는 경우이다. 이루어지지 못한 사랑 때문에 평생을 소리 없는 한숨 속에 먼 하늘만 바라보며 사는 남녀들도 종종 있는 것은 바로 그 때문이다.

그런데 더 안타까운 것은, 그런 난관을 혼자서는 극복할 수 없다는 것이다. 그 사람이 자기 마음을 받아준다면, 그래서 둘이 마음을 합친다면, 어떤 난관도 능히 극복할 수 있을 텐데, 그 사람은 자기의 애타는 마음을 까

많게 모른다. 그래서 혼자 시달리는 번민은 말 못 하게 괴롭다. 그것을 도저히 숨기지 못하고 어쩔 수 없이 드러내는 것은, 모든 어려움에도 불구하고 그 사랑을 이루고 싶은 갈망이 절실하기 때문이다. 그래서 사랑은 감출 수가 없다. 떨리는 고백이 아니더라도, 표정이나 언행에서 어쩔 수 없이 드러나고 만다.

그 안타까운 감정을 더 이상 견디기가 어렵다. 어쨌든 고백으로 터트려야 될 것 같다. 그래서 결심을 하고 용기를 낸다. 그때 비상한 용기가 필요한 것은, 거절당했을 때 그 엄청난 충격과 절망을 각오해야 하기 때문이다. 그래서 누구나 사랑의 고백은 두렵고 떨린다. 또 난생처음 하는 경우가 많기 때문에, 어떻게 하는지 몰라 더듬거리며 주저하고 망설인다. 그런데도 그렇게 고백하는 말은, 그가 그때까지 살아오면서 했던 말 중에 가장 진지한 말일 것이다.

그러나 실은, 거절당할까 걱정하지 않아도 된다. 깊은 영혼까지 울린 감정은, 누구나 감동시키는 힘을 가지고 있기 때문이다. 그 힘은 서투른 고백에서 오히려 더 크게 나타난다. 서툴고 조심하는 말 속에 오히려 순수한 마음이 진솔하게 드러나는 것이다. 그래서 상대방은 그 고백에 놀라는 경우도 있지만, 마음 한편에서는 그 순수한 힘에 어쩔 수 없이 끌린다. 그렇게 되어 마음이 열리는 경우도 많다. 진심에서 나온 고백은 그렇다.

또는 사랑의 고백이 과녁에 명중하는 화살처럼 상대방의 가슴을 관통하는 행운도 많다. 상대방도 같은 감정을 태우며 기다린 경우이다. 은밀하게 서로를 마음에 품고 있었다는 사실이 경악 속에 확인되는 순간, 환호하는 두 마음은 순식간에 하나가 된다. 그리고 그들이 할 수 있는 가장 아름다운 말, 듣기에도 가장 달콤한 말, 사랑한다는 말을 서로의 마음에 감동으로 심어 준다. 그러면 두 사람의 마음은 넘치는 기쁨과 감격 속에 주저 없이 하나가 된다.

또 다른 경우가 있다. 남녀가 순수한 마음으로 가까워졌다. 서로의 마음이 편하게 통하는 것이 느껴진다. 그러면서 따뜻한 매력에 점점 끌린다. 그렇게 친밀하게 가까워지다가 어느덧 사랑의 감정이 함께 자리 잡는다. 그럴 때는 서로의 마음을 이심전심으로 알고 있다. 그래서 구태여 고백을 하지 않더라도 사랑의 단계로 진입하여 그다음 단계를 차분히 밟게 된다.

어떤 경우가 되었든지 두 마음이 하나가 되어 사랑으로 채워지면, 그 마음에는 사랑의 기쁨이 봄날의 햇살처럼 눈부시다. 봄볕 아래 새싹이 무럭무럭 자라듯, 그때부터 그들의 사랑은 제대로 자란다. 하나로 맺어진 사랑이 이제는 두 사람의 영혼에 함께 뿌리내리고, 어떤 비바람에도 흔들리지 않게 튼튼히 자란다. 가시덤불이나 돌 같은 장애가 있어도 이제는 염려할 것 없다. 두 사람이 사랑의 힘을 합쳐서 함께 이겨 나갈 수 있다는 확신, 그것이 그들의 사랑만큼이나 분명하기 때문이다. 그렇게 두 사람이 한마음, 한 영혼으로 결합될 때 그들의 사랑도 싱싱하게 자란다.

5) 꽃이 핀다

이제 두 사람 사이에는 막히는 것이 없다. 마음이 서로에게 활짝 열려서 빈틈없이 한마음이 되었다. 사랑의 기쁨만이 둘 사이에 하늬바람처럼 춤을 춘다. 그 기쁨이 그들의 겉모습에서도 신선하게 풍긴다. 사랑에 빠진 젊은이들의 얼굴이 종종 발그레한 홍조로 빛나는 것은 사랑으로 채색된 영혼의 모습이 얼굴에 그대로 나타나기 때문인데 지금 그들이 바로 그렇다.

그렇게 두 마음이 하나가 되어 사랑이 제 모습으로 성숙한다. 사랑이라는 나무가 싱싱하게 자라서 꽃봉오리가 맺히고 그 꽃이 활짝 피어나는 것이다. 사랑이 그렇게 꽃으로 피어나면 겉으로는 아름다워지고 속에서는 향기를 풍긴다. 거칠고 저속한 것들이 우아하고 고결하게 바뀐다. 생각과 행동, 외모까지도 맑아지고, 거기에서 독특한 개성에 따라 사랑의 향기도 진하게 풍긴다.

　보이지 않던 씨앗으로 남몰래 심어졌던 사랑이 애태우고 가슴 졸이며 잠 못 이루는 사연을 거쳐 싹을 내고 아름답게 자라서 드디어 눈부신 꽃으로 피어날 때, 그 마무리가 바로 결혼이다. 그래서 화사한 웨딩드레스를 입고 결혼식장에 들어서는 신랑 신부의 모습은 그들이 피워낸 사랑만큼이나 아름답다.

6) 열매를 맺는다

　신혼부부가 신방에 들어가 마침내 부부의 연을 맺으면 그때야 비로소 사랑의 꽃이 온전히 피는 순간이다. 그 꽃은 첫날 밤 신랑을 기다리는 신부에게 더 아름다운 모습으로 피어난다. 그녀가 간직하고 있는 여자의 모든 것, 아름답고 향긋하고 섬세하고 달콤한 것들이 말 그대로 눈부신 꽃으로 피어난다. 사랑의 참모습은 바로 그렇다.

　그럴 때는 그녀의 아름다운 몸 자체가 커다란 꽃이 된다. 사랑을 키워오는 동안 은밀하게 닫혀 있던 그 꽃잎이 신비와 두려움 속에 조심스럽게 열리고, 그 안에 고이 담겨 있는 사랑의 모든 것이 남김없이 피어난다. 그래서 신랑이 조심스럽게 신부에게 다가갈 때, 떨리는 것은 그의 손만이 아니다. 바라보는 눈과 간절히 품은 마음은 더 떨린다. 꽃보다 더 아름답게 피어난 신부의 모습에 손을 대기도 조심스러운 것이다. 드디어 신랑 신부가 한 몸이 되어서 사랑의 비경 속으로 꿈결처럼 잠길 때, 마침내 사랑의 꽃은 피어난다. 희열과 감동 속에서 그들의 사랑이 드디어 아름다운 꽃으로 활짝 피는 것이다.

그러나 거기에만 빠져 있으면 안 된다. 그렇게 피어나는 꽃도 그 꿀과 향기 속에서 누리는 기쁨도 진정 아름답지만, 꽃이 피는 것은 열매를 맺기 위해서이다. 꽃 속에 나비가 들어와서 꽃과 나비가 함께 즐거워하는 동안 기다리던 열매가 맺히듯 신랑 신부가 한 몸으로 사랑의 희열과 감동에 잠겨 있는 동안, 사랑의 열매가 맺히는데, 그것은 바로 부부애라는 열매이다. 이제까지 서로 다른 곳에서 태어나 전혀 모르는 남남으로 성장하면서, 서로 다르게 품어왔던 남녀의 사랑이 지금 아름답게 하나가 되어 부부애라는 더 아름다운 모습으로 결실하는 것이다.

7) 익는다

그러나 그 열매는 아직 제 모습이 아니다. 이제 겨우 조그맣게 맺힌 것뿐이다. 아름답고 탐스러운 모습으로 계속 크면서 익어가야 한다. 그리고 또 하루이틀에 익는 것도 아니다. 부부가 오랜 세월 정성을 다하면서 소중하게 가꾸어야 제대로 익는다. 남편의 지혜와 아내의 사랑이 알뜰한 정성으로 결합해 가면서 아름다운 부부애로 계속 익어가는 것이다.

그리고 또 한 가지 중요한 사실이 있다. 그 열매는 하늘과 연결되어야 제대로 익는다. 막 맺힌 열매가 하늘을 향하고, 햇빛의 기운을 계속 받아야만 빨갛게 익는 것과 같다. 막 결실한 부부애도 하늘을 향하고, 사랑의 영기를 받으면서 계속 익어 가는데, 그렇게 익는 것이 바로 혼인애이다. 부부가 하늘을 지향하는 마음으로 정성을 쏟아서 부부애라는 풋사과 같은 열매를 아름다운 혼인애로 익혀가는 것이다.

이렇게 사랑은 작은 씨앗으로 심어지고, 소담하게 자라다가 향기로운 꽃으로 피어난다. 그리고 부부애라는 열매를 맺은 뒤에는 그것이 더 고결한 혼인애의 모습으로 익어간다. 이것이 사랑의 질서이며 이 질서를 따라서 혼인애는 성숙하는 것이다.

　마음에 심어진 사랑의 씨앗이 온전한 혼인애의 모습으로 자라는 과정은 대체로 이렇다. 물론, 사람마다 조금씩은 다를 수도 있다. 또 그 과정이 조금 바뀔 수도 있다. 그러나 어쨌든 진정한 사랑은 깊은 영혼에 닿아서 그 영혼만큼 아름다운 모습으로 자리 잡는다. 그래서 사랑이 영혼의 지성소에까지 뿌리를 내리는 과정은 결코 무시하거나 건너뛰어서는 안 된다. 그런 과정을 밟지 않고는 결코 진정한 사랑이 될 수 없기 때문이다.

　마음에서 잠깐 소용돌이치는 감정을 성급하게 따라가다 보면, 사랑의 과정들을 소홀히 할 수가 있다. 그러면 남녀 관계가 진정한 사랑이 아니라, 뒤죽박죽의 변덕으로 되고 만다. 영혼의 모습을 지향하면서, 조심스러운 과정들을 차근차근 거쳐서 아름답게 성숙하는 것이 진정한 사랑의 과정이다.

　그런데 사랑의 감정에는 쭉정이도 섞여 있다. 철없는 남녀들은 마음이 쉽게 끌리고, 그런 쭉정이의 감정에 쉽게 빠지기도 한다. 그것이 사랑이라고 심각한 척 수선을 피는 경우도 많다. 그러나 그것은 사랑처럼 보여도 결코 사랑이 아니다. 영혼에는 도달하지 못하는 한때의 얄팍한 감정이다. 기분으로는 달콤하게 끌리는데, 깊은 내면에서는 고개를 흔든다. 그런 감정은 곧 변할 수 있다는 뜻이고, 사랑의 씨앗이 아니라 쭉정이라는 것이다.

　사랑의 감정에서 알찬 씨앗과 텅 빈 쭉정이는 단호하게 구별해야 한다. 성급하게 결혼으로 뛰어들기 쉬운 젊은이들은 특히 신중해야 한다. 속이 얄팍한 젊은이들은 그 구별이 어렵다. 잠깐의 달콤한 미련에 쉽게 끌리기 때문이다. 눈으로 한 번 보고, 시각으로 잠깐 매력을 느끼고, 거기에서 생기는 달콤한 감정을 사랑이라고 쉽게 착각하기 때문이다. 그러나 쭉정이의 감정은 성숙의 과정을 제대로 통과하지 못한다. 변덕스러운 정체가 드러나 얼마 못 가서 스러지고 만다.

  알찬 씨앗은 반드시 성숙의 질서를 따른다. 사랑이 성숙해 가는 과정에는 어차피 번뇌가 따르지만, 참사랑은 그런 과정을 끝까지 통과하여 영혼에까지 뿌리를 내린다. 그 질서를 따르는 과정에서 알찬 씨앗과 텅 빈 쭉정이가 구별되고, 그런 분별 안에서만 사랑이 제대로 자란다.

  그리고 짚고 넘어가야 할 것이 또 있다. 사랑과 미련(未練)의 분별이다. 어떤 사람이 문득 눈에 띄었는데 마음에 끌린다. 욕심이 생긴다. 내 것으로 하고 싶다. 그런데 쉽게 손에 닿지 않는다. 어떤 방법을 써서라도 손에 넣고 싶다. 그래서 집요하게 또는 억지스럽게 매달린다. 그렇다면 그것은 결코 사랑이 아니다. 욕심스러운 미련이다. 상대방의 의사나 감정은 철저히 무시하고 자기 욕심으로만 밀어붙이기 때문이다. 그런 미련이 심해지면 어리석고 무도한 집착(執着)이 된다. 그런 미련과 집착을 사랑하기 때문이라고 억지를 쓰기도 하지만, 그것은 결코 사랑이 아니다. 이기적인 소유욕이고, 어리석은 미련이다.

  다시 강조하거니와 어떤 사람에 대한 욕심스러운 미련이나 집착, 그것은 결코 사랑이 아니다. 상대방의 자유의사와 인격을 전혀 무시하고, 자기의 감정으로만 밀어붙이는 이기적 욕심이다. 맘에 드는 물건을 억지로 손아귀에 넣으려는 탐욕과 똑같다. 순수한 사랑은 결코 그런 것이 아니다.

  사랑의 근원은 내 감정이나 욕심이 아니다. 나의 미련이나 집착은 더구나 아니다. 내가 전혀 모르는 사이에 문득 다가오는 기이하고 아름다운 충격, 그 충격으로 온 마음과 영혼에 신선하게 울리는 감동, 사랑은 그렇게 시작된다. 그 감동은 아름답고 또 경이롭다. 저 높은 곳 어딘가, 신기한 미지의 세상, 아마도 천국, 거기에서 오는 것이 분명하다.

사랑의 아름다움에 진정 감동한 사람은 누구나 그런 느낌을 안다. 그 진앙(震央)은 바로 천국이기 때문이다. 천국에 대해서 잘 모르는 사람도 사랑의 진정한 아름다움에 감동하면, 그 근원이 천국이라는 것을 깊은 양심에서 그리고 영적인 본능으로 깨닫는다.

깊은 영혼의 감동도 아름다운 경이도 모르고 사랑의 근원도 모른 채, 나의 일시적인 기분 또는 미련이나 집착에서 비롯되는 감정으로 수선을 피우는 것은 결코 사랑이 아니라는 것, 순수한 사랑을 말할 때는 이점을 분명히 해야 한다.

내가 품은 감정에 얄팍한 변덕이나 이기적 욕심이나 미련이 섞여 있지는 않는가?

그 근원이 천국인가, 아니면 내 감정인가?

양심에 스스로 물어보아야 한다.

우리 모두가 고달픈 삶의 마지막 희망으로 바라보는 곳은 바로 천국인데, 거기에서는 혼인애가 모든 삶과 기쁨의 기본이다. 누구나 세상에서 부부애를 혼인애에 근접하게 가꾼 정도만큼 천국의 기쁨과 보람을 누린다. 그런데 혼인애는 사랑의 질서 안에서만 제대로 가꾸어진다. 그런 의미에서도 사랑의 질서는 제대로 깨닫고 존중되어야 한다.

2. 성숙으로 깨닫는 지혜

사랑과 지혜는 하나이다. 햇빛에서 빛과 열이 하나인 것과 같다. 그래서 사랑이 성숙하면 지혜도 성숙한다.

지혜란 무엇인가?

지식과는 전혀 다르다. 광범위한 지식으로도 지혜는 얻지 못하는 경우가 많다. 해박한 지식이나 거기에서 오는 지성, 사람들은 그런 것을 대단하게 여기지만, 지혜는 그런 것과 차원부터 다르다.

지식을 땅이라 하면 지혜는 하늘이다. 지식은 땅의 일만 깨닫지만, 지혜는 하늘의 일도 깨닫는다. 지식이 머리라 하면 지혜는 영이다. 지식은 머리로 얻지만, 지혜는 영으로 얻는다. 지식을 달이라 하면 지혜는 태양이다. 지식은 어둠 속에서 희미하게 보지만, 지혜는 대낮처럼 밝히 본다. 지식은 실체의 그림자만 보지만 지혜는 실체(Reality)를 꿰뚫어 본다.[1]

지혜와 지식은 이렇게 차원이 다르다. 지식이 아무리 많아도 지혜가 없으면 눈 없는 몸과 같다. 움직이고 더듬을 수는 있어도 제대로 보지는 못한다. 비대한 지식으로 잘 못 더듬을 때는 오히려 해로운 경우도 많다.

참 지혜는 하늘과 연결되어 있고,[2] 그 역할은 깊은 깨우침이다. 하늘과 땅, 온 우주의 삼라만상, 그 안에 살고 있는 인생에는 오묘한 이치와 거기에 내재된 영적 의미가 있는데, 그것은 인간의 몽매가 만드는 어둠 속에 덮여 있다. 지혜는 그 몽매를 깨우치고 어둠을 몰아낸다. 천지간의 모든 존재 속에 있는 영적 의미를 밝혀서 깨닫게 한다.

그런데 지혜의 실질적인 역할 중에 가장 아름다운 것은 나눔의 귀한 것을 깨우쳐 주는 것이다. 사람들은 금이나 은을 귀하게 여기지만, 더 귀한 것은 그것을 나누는 마음이다. 금과 은에 탐욕이 묻고 이기적으로 쓰이면 오히려 추해진다. 인간의 몽매 현상이다. 지혜는 그런 몽매도 몰아낸다. 자기의 귀한 것을 다른 사람과 나눌 때, 그것이 더 귀해진다는 것을 깨우쳐 준다. 그래서 지혜는 남과 나누는 모습이다. 욕심으로 움켜쥐기만 하는

---

1   Platon의 동굴설화 참조.
2   [잠 9:10] "여호와를 경외하는 것이 지혜의 근본이요."

모습은 실은 가장 어리석다.[3] 남의 아쉬움을 섬세하고 따뜻하게 헤아리고, 자기의 귀한 것은 무엇이나 남과 나누는 마음, 그것이 지혜의 마음이다.

그래서 지혜는 사랑과 하나이다. 둘이 하나이기 때문에 사랑이 자랄 때 지혜도 함께 자라는데, 남녀 관계에서도 그렇다. 남녀가 서로 사랑할 때, 그들은 그 사랑만큼 지혜로워지는 것이다. 그래서 상대방을 따뜻하게 헤아리고, 자기의 가장 소중한 것들을 상대방과 나누고 싶어진다.

남자에게 가장 소중한 것이 무엇인가?

남자다운 모든 것, 너그러움과 자상함, 강인함과 씩씩함, 냉철한 이성과 밝은 분별력 등이다. 그리고 남자가 한 여자를 사랑할 때는 이 모든 것을 심지어 생명까지도 사랑하는 그녀와 아낌없이 나누고 싶어진다.

여자가 한 남자에게 사랑을 품을 때, 그녀의 마음도 그렇다. 그녀도 자기의 가장 소중한 것을 사랑하는 남자에게 아낌없이 주고 싶어진다. 그녀의 순결한 마음에 키워온 여인의 아름다움, 부드럽고 따스하고 포근한 것, 향긋하고 귀엽고 정갈한 것을 사랑하는 사람에게 아낌없이 주고 싶은 것이다.

자기의 가장 귀한 것을 상대방에게 아낌없이 주고 싶은 마음 그래서 그의 모자라는 점도 채워 주고 품어 주는 마음, 그것이 지혜의 마음인데, 성숙한 사랑이 그런 마음을 깨우쳐 준다. 남녀의 사랑이 질서를 따라 성숙할 때 그들의 지혜도 함께 성숙하는데, 이렇게 성숙해 가는 사랑과 지혜로, 정성을 다해 키워가는 것이 바로 혼인애이다.

---

[3] [눅 12:16-21] 어리석은 부자의 비유 참조.

제5장

성애, 혼인애의 입구

1. 성애의 본래 모습

하늘에 뜨는 무지개, 볼 때마다 마음이 설렌다.

저렇게 아름다운 것이 어디에 숨어 있다가 비 그칠 무렵에만 나타나는 것일까?
그곳이 어디인지는 몰라도 우리의 모든 그리움이 쏠리는 곳, 사랑도, 기쁨도 우리가 바라는 아름다운 것이 다 모여 있는 곳이 아닐까?
무지개가 이따금 하늘에 뜨는 것은 구질구질한 땅에만 눈을 박아 두지 말고, 고개를 들어서 하늘도 좀 바라보면서, 그런 곳도 좀 찾아보라는 뜻은 아닐까?

무지개처럼 아름답게 뜨는 것이 또 있다. 옛날부터 지금까지 순수한 남녀들의 마음에 눈부시게 설레는 모습으로 나타나는 것, 바로 지순한 사랑이다. 이미 본 사람은 아직도 가슴이 떨릴 것이고, 아직 못 본 사람은 언젠가는 보게 될 것이다. 무지개보다 더 현란하게 나타나는 그 모습에 느끼는 감동도 똑같을 것이다.
무지개는 하늘 높이 뜨지만, 땅에 뿌리를 박고 있다. 땅에 박힌 두 곳을 기점으로 반원을 그리며 하늘로 둥그렇게 떠 있다. 혼인애도 그렇다. 두 뿌리가 있어서, 그것을 기점으로 남녀들의 마음에 무지개처럼 뜬다. 그 두 뿌리가 바로 남자와 여자의 성이다. 남성과 여성이 한 몸이 되어 서로의 영혼을 만날 때, 그들의 하늘에 혼인애라는 무지개가 뜨는 것이다. 그래서 성애는 혼인애의 뿌리이다.

누구나 사랑을 품으면 마음이 순수해진다. 이제까지 그래 본 적이 없을 만큼 순수해지는데, 우리는 그것을 첫사랑의 경험으로 알고 있다.

그때 티 없이 순수했던 감정, 얼마나 아름다웠던가!

그 감정을 소중하게 품고 있던 가슴은 얼마나 두근거렸던가!

별보다 더 곱게 반짝이던 눈, 신비한 느낌으로 마주치던 눈동자, 떨리는 마음으로 마주 잡던 손, 멀리 있을 때도 가을바람에 나부끼는 코스모스처럼 청초하게 보이던 사랑의 모습, 그 기억이 죽는 날까지 잊혀지지 않는 것은 그만큼 순수하고 아름다운 감정을 다시 품는 것이 쉽지 않기 때문이다.

그러나 지금이라도 누구에겐가 진심으로 사랑을 품을 때, 당신은 다시 그때의 순수로 돌아온다. 그래서 지금 당신이 또 그런 사랑을 품고 있다면 당신은 세상에서 가장 아름다운 사람을 저만치에서 보고 있다. 머리에서 발끝까지, 심지어 옷자락이 나부끼는 뒷모습까지, 아름답지 않은 것이 없다. 그 사람의 존재 자체가 하나의 경이로 보인다. 같은 하늘 아래 살고 있다는 사실조차 가슴 설레 일 만큼 신기하다.

그래서 그 사람과 함께하는 것은 무엇이든지, 눈물겹도록 아름다울 것 같다. 간절한 마음으로 사랑을 주고받는다면, 둘이 함께 있는 곳은 신비의 낙원일 것이고, 거기에서 피어나는 기쁨들은 무지개처럼 화사할 것이다. 그렇게 간절한 사랑이 꿈같이 이루어진다면, 그것은 바로 눈부신 무지개 위에 올라온 감동일 것이다. 그 감동 속에서 두 사람의 기쁨은 꽃구름처럼 피어오르고, 그 화사한 구름 너머로 천국이 보일 것이다.

그런 사랑을 품은 연인들이 간절한 마음으로 서로를 포옹할 때, 가슴을 울리며 엄습하는 전율은 육체만의 감동이 아니다. 영혼에서 더 깊이 울린다. 몸과 마음과 온 의식까지 영혼의 고결함과 육체의 진솔함 속으로 한없이 끌리는 감동이다.

그 감동 속에서 사랑의 갈망은 생명의 약동(躍動)처럼 힘차게 날아올라, 두 연인의 몸을 빈틈없이 하나로 만든다. 두 갈래로 뜨겁게 흐르던 열정이 불꽃처럼 마주쳐서 눈부신 섬광으로 타오르는 모습이다. 순수한 마음에 신선하게 타오르는 사랑의 열정, 그 속에서 영혼의 향기가 진동하는 서로의 몸속으로 가없이 잠긴다. 그렇게 하나 된 몸과 마음은 아름다운 향로처럼 타오르고 사랑의 희열은 불꽃처럼 뜨겁다.

그렇게 진정 사랑하는 남녀가 진솔한 감동에 넘쳐서 몸과 마음과 영혼까지 하나가 되어 그들이 품은 사랑의 희열을 가없이 누리는 것, 그것이 바로 성애이다.

왜 아름답지 않겠는가?

그렇게 아름다운 감동은 세상에 또 없다. 몸과 마음과 영혼에서 진솔한 사랑과 희열이 지극히 자연스럽게 피어나기 때문이다.

그런데 슬프게도 우리는 그 순수한 아름다움을 제대로 보지 못한다. 언제부터인가 우리의 의식 자체가 오염되어서 사랑도 성에 대한 인식도 같이 오염되었기 때문이다. 성적인 갈망에 대한 이유 모를 죄의식, 성에 대해서 보고 들은 잘못된 지식, 성에 대한 사회적인 통념, 문란한 성의 작태, 이런 것들 때문에 성에 대한 우리의 관념은 매우 부정적으로 기울어져 있다.

그래서 본래는 지극히 자연스럽고도 아름다운 성을 음습하고 일그러진 모습으로 본다. 꽃과 나비가 화창하게 어울리는 모습을 음산한 눈으로 보는 것과 같다. 의식의 오염 현실이 그렇다. 그래서 본래는 지극히 순수하고 아름다운 성애가 지금은 많이 일그러진 모습으로 비치고 있는 것이다.

　오염된 의식으로는 순수를 모른다. 검은 안경을 끼면 흰색도 검게 보이는 것과 같다. 사랑도 성애도 본래의 모습을 제대로 보려면, 오염된 의식에서 벗어나야 한다. 이제까지 살아오면서 일그러진 채 어두운 모습으로 굳어진 관념을 모두 내려놓아야 한다. 그리고 원래의 순수하고 진솔한 마음으로 다시 돌아와 남녀의 사랑과 성애를 다시 볼 필요가 있다. 바로 그런 마음으로 남녀의 성애를 다시 살펴보자. 간절히 당부하거니와 내 속에 굳어진 관념과 생각을 모두 다 내려놓고, '원래의 순수하고 진솔한 마음으로' 지금부터의 이야기를 읽기 바란다.

　이제까지 전혀 다른 곳에서 전혀 모르고 살던 남녀가 어떤 계기로 만난다. 우연히 만나거나, 극적으로 만나거나 또는 숙명적으로 만날 수도 있다. 그러나 만나는 계기는 크게 중요하지 않다. 우연히 만나도 진진한 사연으로 발전할 수 있고, 극적으로 만나도 속절없이 끝날 수 있기 때문이다. 따라서 '만난 뒤에 어떻게 진전되는가?' 하는 것이 중요하다. 그 진전 상황이 인생을 좌우하는 사건을 만들 수도 있기 때문이다.

　그렇게 만난 남녀가 서로에게서 특별한 인상을 받게 되고 그 인상이 진하면 한참 동안 지워지지 않는다. 그러나 다시 만나는 기회가 없으면, 그 인상은 조만간 사라지고 만다. 그러나 아직 사라지지 않았는데 또 만나는 기회가 오면, 두 번째 만남에서는 심상치 않은 사연이 시작된다. 처음 만났을 때 받았던 인상이 더욱 진하게 살아나면서 야릇한 감정이 솟는다. 그 감정이 점점 달아오르다가 온 마음을 태우기 시작한다.

　그렇게 생각도, 의식도 온통 그 사람에게 뻗치면서 마음이 간절히 끌린다. 그 감정이 머리로는 이해가 안 된다.

　'지금 내가 왜 얼빠진 것처럼 이런 감정에 잡혀있는가?',

'그 사람이 누구인지, 어떤 마음을 품고 있는지 잘 알지도 못하면서 도대체 왜 이렇게 갈피를 못 잡고 있는가?'

그러나 마음은 집요하게 타오른다. 자나 깨나 앉으나 서나 오로지 그 사람 생각뿐이다. 그 안타까운 생각을 더 이상 견딜 수가 없다. 어찌 되든지 그 사람을 한번 만나기라도 해야 될 것 같다. 용기를 내서 정중히 만나는 기회를 청한다. 그 청이 순순히 받아들여지면, 조심스럽게 마주 앉는다. 떨리는 마음으로 상대방의 마음을 살핀다. 속에서 타오르는 간절함을 애써 감추고, 긴장 속에 대화를 나누면서 생소한 마음의 거리를 조금씩 좁혀 간다. 다행히도 대화가 열려서 함께하는 시간이 잦아지면 설레는 마음이 조금씩 가까워진다.

그 사람과 그렇게 가까워지고 있다는 느낌에 마음이 더욱 설렌다. 저 앞에 그 사람의 얼굴이 아련히 떠 있어서 좀처럼 사라지지 않는데, 그 앞으로 마구 달려가고 싶다.

서로의 마음이 따뜻이 통한다면, 그래서 두 마음이 하나가 된다면 얼마나 좋을까?

그 사람은 내 마음에 이미 깊이 들어와 있는데, 나는 아직 그 사람의 마음 창밖에 서성거리고 있는 것 같아 못 견디게 안타깝다.

'내 생각과 행동, 의식까지도 그 사람에게 온전히 사로잡혀 있는데, 그 사람의 모습이 내 속에서 움직일 수 없는 무게로 자리 잡고 있는데, 이런 마음을 알고 있을까?

이렇게 내 마음을 온통 차지하고, 나의 모든 것을 지배하는 신선한 감정, 이것이 바로 사랑이라는 확신이 든다. 그러면서 한편으로는 초조하다.

그 사람은 나를 얼마만큼 생각할까?
지금 나처럼 간절하게 생각할까?

아니면 그저 그렇게 스치는 정도로 생각할까?

설레면서도 불안하다. 그 설렘과 불안을 더 견딜 수가 없다. 그래서 어느 날 비장한 고백을 결심하고 용기를 낸다. 마음을 다부지게 먹고 마주 앉는다. 그러나 마음이 떨리는 것은 어쩔 수 없다. 내가 누구를 사랑한다는 사실이 엄청난 일로 보이고, 그것을 그 사람에게 고백해야 한다는 것은 더 두렵다. 게다가 마주 앉은 그 사람은 손이 닿지 않을 만큼 높이 있는 것 같고, 나는 그 앞에서 한없이 작아 보인다. 그러나 그런 것보다 더 두렵고 떨리는 것은 어렵사리 용기를 다 쏟아낸 고백이 거절당할지도 모른다는 불안 때문이다. 그럴 경우, 그 캄캄한 절망 앞에서는 내 존재 자체가 산산이 무너질 것 같다.

그런 느낌 속에서 지금 바로 앞에 앉아 있는 그 사람, 다시 바라보니 한참 멀고 높은 곳에 있어서 도저히 손에 닿을 것 같지 않다.

이런 사람의 사랑을 받는다는 것은 어떤 느낌일까?

그것은 그야말로 분에 넘치는 일, 온몸과 영혼이 감격스러울 만큼 엄청난 일일 것이다. 나의 애타는 마음을 받아만 준다면 그 기쁨도 상상을 못하리라. 온 세상을 다 얻은 기쁨일 것이다. 그렇게만 된다면 그 사람을 위해서는 내 모든 것이 아깝지 않을 것이다. 내 마음과 뜻과 정성을 다해서 그 사람을 가장 소중한 사람으로 받들 것이다. 그 사람을 위해서라면 무엇이든지 다 할 것 같다. 그래서 그 고백에는 떨리면서도 간절함이 넘친다.

그렇게 떨며 더듬거리며 조심스럽게 자기 마음을 내비쳤을 때, 상대방은 놀라고 당황하는 경우도 있다. 그러나 겸허한 태도로 감동하면서 조심스럽게 마음을 여는 경우도 있다. 또는 기다리고 있던 것처럼 감동으로 받아 주는 경우도 있다. 하여간 사랑의 행운이 그렇게 미소를 보내 주는 경우도 많다. 그렇게 되면 서로의 마음이 아낌없이 열린다. 두 마음은 막혔던 봇물 터지듯, 순식간에 하나가 된다. 그러면 넘치는 기쁨 속에 온 세상을 다 가진 느낌이 든다. 그렇게 두 마음이 감동 속에 하나로 통하면서, 그때부터 사랑이 진지하게 시작된다.

더 자주 만나면서 마음의 결합도 돈독해지면, 서로가 상대방의 마음에 깊이 들어와 있다는 것을 실감하게 된다. 내 마음에 그 사람만 가득하듯 그 사람의 마음에도 나만 가득 차 있다. 난생 처음으로 다른 사람의 마음을 독차지하고 있다는 설렘은 이제까지 알지 못하던 기쁨으로 번진다.

남자라면 한 여자에게 가장 귀한 손님으로 초대받아서 아름답게 꾸며진 그녀의 방에 아무도 모르게 들어와 있는 느낌이다. 여성다운 섬세함으로 아기자기하게 꾸며진 그녀의 방, 그 안에 있는 향긋하고 포근한 것들 신기하고 아름다운 것들을 송두리째 다 차지한 기분이다. 한 여자의 마음을 차지했을 때 남자의 심정은 이렇다.

여자라면 자기의 모든 것을 넉넉하게 품어 줄 남자, 그 남자의 넓은 가슴에, 가장 소중한 사람으로 안겨 있는 느낌이다. 어릴 때부터 왕자님처럼 멋진 남자를 염두에 두고 막연하게 키워 왔던 그리움, 그런 감정이 모두 그 사람에게 쏠린다. 이제는 자기의 사랑과 기쁨, 삶의 보람까지도 그 사람을 전제로 할 때만 의미가 있다. 그 남자에 대한 사랑이 그녀의 전부가 되는 것이다.

그렇게 마음으로 서로를 소중하게 품고 있으면, 이제까지 멋대로 살던 태도가 바뀐다. 그들의 아름다운 사랑을 훼손시키는 것은 무엇이든 다 버리고 싶다. 어떤 행동을 할 때에도 상대방을 염두에 두게 되고, 상대방이 싫어할 행동은 삼가게 된다. 무엇이든 상대방이 원하는 대로 하고 싶고, 또 상대방이 원치 않는 것은 기꺼이 버리게 된다. 그저 둘이 사랑으로 한마음이 되었다는 생각만으로도 이제까지 몰랐던 기쁨이 샘솟는다.

둘이 더 친숙해지면서, 이제는 누가 뭐래도 서로 사랑하고 있다는 확신이 들고, 세상의 그 무엇도 그들의 사랑을 막을 수 없다는 생각이다. 그 사람은 이제 자기 삶에서 모든 생각과 감정을 온전히 사로잡고 있는 가장 소중한 존재이다. 떨어져 있을 때도 요원의 불길처럼 타오르는 그리움이 끊이지 않는다. 서로가 함께 품은 사랑이 참 순수하고 아름답다는 생각도 든다. 그런 사랑을 아낌없이 받고 있다는 생각만으로도 마음이 벅차다.

그러다가 문득 상서롭지 못한 생각이 스치기도 한다.

'우리의 사랑이 잘 못 될 수도 있을까?'

환희가 벅차면서 그것이 깨어질까 불안한 생각이 드는 것이다. 그러나 그 불안을 단호하게 쫓아낸다. 결코 그럴 리가 없다는 생각이다. 그 사람 없는 삶은 생각조차 할 수가 없다. 만약에라도 그런 사태가 일어난다면 죽음도 불사하고 막으리라. 우리의 사랑이 잘못되는 것은 생각만 해도 무서운 일이다. 이제는 죽으나 사나 그 사람과 결코 떨어질 수 없다는 생각이다.

그렇게 사랑이 깊어지면서 둘 사이에는 막히는 것이 없어진다. 서로의 마음과 생각을 속속들이 알게 된다. 그렇게 하나 된 마음으로 서로 기대고 품어 줄 때, 함께 있는 것이 가장 편안하고 포근하다. 서로 떨어져 있거나 다른 사람과 같이 있으면 편하지 않다. 모든 기쁨과 평안은 서로에게만 있고, 함께 있을 때만 느껴진다.

그렇게 친밀해지다 보면 하나 된 기쁨을 몸으로도 느끼고 싶어진다. 서로 한 몸이 되어 느끼게 될 사랑의 기쁨은 상상만 해도 설렌다. 황홀한 비경 속으로 온몸과 마음이 한없이 끌려가는 환상에 잠기기도 하면서, 그런 꿈같은 순간을 점점 더 갈망하게 된다. 그래서 서로에게 간절한 손길을 뻗기도 하고, 간절한 애욕을 느끼기도 한다. 사랑하는 사람과 몸도 마음도 빈틈없이 하나가 되고 싶어지는 것이다. 그런 갈망은 신혼 첫날밤까지 계속된다.

그렇게 간절한 기다림 끝에 드디어 주변의 축복을 받으며 식을 올렸다. 첫날밤, 화촉을 은은하게 밝힌 신방, 거기에 가득 넘치는 것은 촛불 향만이 아니다. 그들의 가슴에서 타오르는 사랑의 향기가 더 아름답게 피어난다. 서로를 품어 주는 사랑이 순수한 만큼 그 향기도 진하다. 뜨거운 포옹 속에 함께 느껴지는 신선한 기쁨. 드디어 당신이 내 사람이 되었다. 처녀 총각 때 정체 모를 고독과 또 대상 없는 애욕으로 시달리며 살아왔는데, 이제 알고 보니 바로 당신을 기다리던 세월이었다. 지금까지의 공허와 방황이 이제는 사랑하는 사람의 가슴에서 눈 녹듯 사라진다. 떨리는 애무로 그들은 서로 부부가 된 사실을 실감한다.

그렇게 해서 신혼부부는 오랜 세월 간절히 기다려왔던 자기 사람과 드디어 한 몸이 된다. 그러나 그들이 처음 만났을 때, 두 마음이 하나 되는 것이 쉽지 않았는데, 이제는 두 몸이 하나 되는 것도 쉽지 않다. 난생처음으로 이성의 몸을 대하는 긴장으로 어쩔 줄 모른다. 또 엄청난 일을 치른다는 두려움으로 몸과 마음이 떨린다.

그렇게 서툴게나마 드디어 한몸이 되었을 때, 그 전율과 속살에서 느껴지는 야릇한 희열과 고통, 그런 것들이 한꺼번에 엄습하는데, 그저 정신이 혼미해질 뿐이다. 남녀 사이에는 깊은 바닷속처럼 그들이 전혀 몰랐던 세계가 있는데 거기에 정신없이 빠져든다는 느낌이다. 그렇게 사랑하는 사람과 처음으로 한몸이 되는 순간이 어떻게 지났는지 모른다.

그렇게 당황 속에 첫날 밤을 보내고 나서 두려움에 허둥대던 감정은 가라앉았지만, 남녀가 한 몸이 된다는 것이 어떤 것인지, 내 몸이 어떻게 달라진 것인지, 아직도 잘 모른다. 그러나 엄청난 일을 치르고, 나와 하나가 된 내 사람이 바로 곁에 누워 있다. 사랑하는 내 사람과 그렇게 하나가 되었다는 사실이 신기하면서도 한편, 뭐라 말할 수 없이 따뜻하게 느껴진다.

이렇게 남녀의 몸이 하나가 되는 것인가?

그렇게 해서 부부가 되는 것인가?

그런 생각과 더불어 마음 밑바닥에 조용히 고이는 희열, 그것은 사랑하는 사람과 드디어 부부가 되었다는 기쁨이다. 어렵사리 첫날밤을 치르고 나면, 신랑 신부는 몸도 마음도 가리는 것 없이 친밀해지고, 천진난만한 소꿉친구처럼 다정해진다. 그래서 밤이고 낮이고 함께 있는 것이 그냥 즐겁다. 얼마 전까지만 해도 남남이었는데, 지금은 바로 내 옆에서 또는 내 품 안에서, 나와 모든 것을 함께하는 내 사람, 지극히 소중한 내 사람이라는 것이 달콤하게 실감된다. 그렇게 어여쁜 내 사람과 넘치는 사랑의 희열 속에만 끝없이 잠겨 있고 싶다.

그렇게 긴장과 두려움이 사라지고 친밀해진 신혼부부, 편안해진 몸과 마음으로 즐겁게 잠기는 사랑의 희열은 끝이 없다. 아름다운 몸으로 자기를 아낌없이 받아 주는 신부, 또는 뜨거운 몸으로 자기 속에 간절히 들어오는 신랑, 그렇게 나와 하나 된 내 사람이 정말 사랑스럽다. 깊이 밀착된 몸과 마음, 거기에서 신선한 열정으로 느껴지는 사랑의 희열, 내 사람과 빈틈없이 하나가 되었다는 벅찬 감동, 그것이 온몸을 뒤덮을 때, 그 황홀한 느낌은 뭐라 표현할 수 없다. 아름답고 경이로운 비경 속, 온몸이 녹을 것 같은 희열 속으로 꿈결처럼 잠기는데, 더 깊이 들어가는지, 더 높이 올라가는지 구별이 안 된다. 그렇게 몰입하는 희열의 경지, 거기에는 이미 나도 없고 너도 없다. 둘이 온전히 하나가 된 무아지경이다.

한 몸 한마음으로 적나라하게 느끼는 사랑의 희열, 그 전율과 감동을 어떻게 표현하랴?

홀로 지내는 동안 어쩔 수 없이 시달리던 외로움과 집요하게 매달리던 사랑의 갈망, 그것이 견딜 수 없어 몸부림칠 때도 많았는데, 그때 간절히 바라던 것이 바로 이런 것이었다. 그런데 지금, 온몸과 마음으로 느끼는 희열은 그때 갈망 속에서 막연하게 상상했던 것과는 비교가 안 된다.

남자와 여자가 한 몸으로 밀착되어 사랑을 나누는 것이 바로 이런 것인가?

　경이와 감격으로 실감 되는 희열이 끝을 모르겠다. 그저 타오르는 열정 속에서 숨 막히게 느낄 뿐이다. 그렇게 무아의 희열 속에서 나와 함께하는 내 사람, 내 품 안에서 그 뜨거운 감동을 나와 함께 느끼는 모습도 너무나 사랑스럽다. 그래서 신랑은 신부의 몸속으로 끊임없이 잠기고, 신부는 더 간절한 마음으로 받아들인다.

　그렇게 받아 주는 신부의 몸속이 얼마나 깊은지, 그 속에서 넘치는 희열은 어디까지인지 신랑은 알 도리가 없다. 거기에서 무궁무진 샘솟는 희열, 숨 막히는 열정을 다 쏟으며 탐닉해 들어가도 끝이 보이지 않는다. 그저 꿈결처럼 황홀하게 느끼며, 온 힘과 갈망을 쏟으며, 정신없이 빠져든다.

　그렇게 두 몸을 빈틈없이 밀착시키고, 감관과 의식의 한계를 넘나들면서 비등하는 희열에 함께 몰입해 있을 때 그 감동은 뭐라 말할 수가 있을까?

　불꽃처럼 솟구치는 격정이 어디까지 올라갈지도 모르겠다. 나와 온 세상이 간데없고, 생각과 의식과 감정이 황홀과 경이로 뒤덮이고, 그 느낌 속에 불꽃 같은 희열만 현란하게 타오를 뿐이다.

　그러다가 이제 곧 절정에 닿으리라는 느낌이 다급하게 밀려온다. 그러면서 온몸 마디마디가 숨 막히는 격정에 자지러지고 있다. 그러는데 절정이 바로 저 앞에 와있다. 눈부신 무지개처럼 현란하게 떠서 손에 잡힐 듯 가까워진다. 온 힘과 격정과 의식까지 숨 막히게 끌려간다. 그러면서 용암처럼 끓는 희열이 온몸에 솟구친다.

　그것이 견딜 수 없이 넘칠 듯 다급해지다가 화산처럼 터지며, 드디어 절정에 닿는다!

온몸을 해일처럼 뒤덮는 엄청난 감격, 밀착된 몸이 함께 붕 뜨는 것 같은데, 위로 솟는지, 깊은 곳으로 빨려드는지 구별이 안 된다. 어딘가 깊고 황홀한 곳으로 정신없이 끌려드는 느낌인데 온 의식조차 압도되고 만다. 심장 박동은 터질 듯 요란하게 뛰고, 온몸에 뻗치는 희열은 그 박동과 함께 계속 절정을 치는데, 그럴 때마다 남아 있던 격정이 힘차게 쏟아진다.
 모든 생각과 의식과 그들의 존재 자체도 압도해 버리는 희열과 감격, 그 형적조차 뒤덮어 버리는 엄청난 충격과 감동 그것은 달아오른 육체만의 느낌이 아니었다. 온몸뿐만 아니라 온 마음도 더 깊이에 있는 영혼까지 압도하는 경이로운 감동이었다. 그 충격에 마비된 채 신랑 신부는 한참 동안 꼼짝 못 하고 굳어 있다.

 세상의 모든 연인이 끊임없는 갈망으로 오르고 싶어 하는 사랑의 절정, 지순한 사랑과 진솔한 애욕과 또 신선한 열정으로만 오를 수 있는 황홀한 봉우리, 남녀의 몸과 마음이 적나라하게 하나가 되어서 함께 느끼는 가장 아름다운 감동, 그들은 거기에 숨 막히게 올라온 것이다. 불꽃처럼 뜨거웠던 애욕과 갈망, 용암처럼 끓고 있던 격정, 그런 것이 화산처럼 터질 때의 감격과 희열, 그것은 말로 형용할 수 없는 것이었다. 뜨겁게 밀착된 몸과 마음으로 그저 황홀하게 느끼고만 있었다.
 그 강렬한 느낌에 계속 사로잡혀서 신랑 신부는 꼼짝도 할 수가 없다. 격정이 터지던 순간의 동작 그대로 두 몸이 굳어 버린 듯, 미동도 없는 정적만 감돌고 있다. 지극히 사랑하는 사람과 그렇게 하나가 되어 그 모습 그대로 영원히 굳어 버려도 좋을 것 같다.

 그렇게 생각도 의식도 멈추어 버린 정적의 시간, 신랑 신부는 온몸이 그렇게 굳어진 채 꼼짝 못 하고 있다. 폭풍우 같은 격정과 희열이 가라앉은 뒤에도 그 여파가 의식의 밑바닥을 계속 울리고 있다. 몸과 마음과 또 거기에 넘치는 사랑의 모든 것을 서로에게 아낌없이 바친 감동이 사라지지 않는다. 그렇게 서로 모든 것을 남김없이 주고 또 받았으니, 이제는 여한이 없다. 지금 이런 고즈넉한 감동에 잠겨서 이대로 죽어도 한이 없겠다. 신랑 신부는 그런 의식에 빠져서 꼼짝 못 하고 있는 것이다.

그렇게 죽음 같은 정적의 시간, 얼마나 지났을까?
신랑은 여전히 온몸의 탈진과 허탈한 의식 속에 가라앉아 꼼짝 못 하고 있다. 지극히 사랑하는 나의 여인, 내 목숨보다 더 소중한 사람, 그녀와 함께 숨 막히게 올라온 사랑의 절정, 그 엄숙한 무아경에서 신랑은 넘치던 사랑의 갈망도, 온몸에 넘치던 생명의 정수도, 심장에서 힘차게 뻗치던 생명의 기운까지 하나도 남김없이 그녀에게 쏟아 주었다. 그런 것들이 다 빠져나간 뒤의 텅 빈 충격으로 아직도 죽음 같은 정적 속에 굳어 있다.

그러나 신부의 마음은 아직도 따끈하다. 신랑의 사랑을 넘치게 받은 감동이 아직도 진하다. 남자의 아낌없는 사랑을 받은 여자의 감동은 좀처럼 식지 않기 때문이다. 신랑의 몸을 아직도 자기 몸속에 깊숙이 품고, 좀 전에 올라갔던 희열의 감격 속에 꿈결처럼 잠겨 있다.

남자의 뜨거운 사랑을 아낌없이 받는 것은 모든 여자의 한결같은 소망, 한 남자의 사랑을 그렇게 받았다는 보람과 기쁨이 지금 신부의 마음에 감동으로 넘치고 있다. 그것은 가장 소중한 사람에게서 가장 귀한 사랑과 또 그의 생명에서 타오르는 열정의 모든 것을 다 받은 기쁨이다. 그렇게 받은 신랑의 사랑에 자기의 정성을 다 쏟아서 그 사랑으로 신랑을 아낌없이 품어 주고 싶다는 감동에 잠겨 있다.

신부는 그런 감동 속에서 신랑을 어떻게 소생시켜야 할지 섬세하게 살핀다. 우선, 속삭이는 목소리에 따스한 애정을 담아 신랑을 깨운다. 기력이 다 빠져나가 의식까지 몽롱한 신랑에게 그 부드러운 속삭임은 말 그대로 천사의 음성이다. 그 음성으로 신랑은 정신이 깨어난다.

　아, 나의 사랑스러운 신부가 곁에 있구나!

　탈진으로 쓰러져 있는 신랑의 마음에 조용하게 스며드는 신부의 음성, 세상에 그처럼 따뜻한 감동을 주는 것도 없다.

　신부는 그 속삭임과 더불어 따스한 손길로 신랑을 쓰다듬어 준다. 아늑한 목소리만 아니라, 부드럽게 쓰다듬는 손길에서도 따스한 기운이 신랑에게 흘러든다. 그것은 신부의 애정이 넘치는 사랑의 기운이다. 차갑게 식었던 신랑의 몸에 기운이 살아난다. 어린아이를 꼬옥 끌어안은 엄마처럼, 신부는 신랑을 그렇게 끌어안고 계속 쓰다듬는다. 애정 어린 생생한 기운을 신랑에게 아낌없이 쏟아주는 것이다. 격정에 지친 신랑의 기력을 다시 채워 주고, 죽은 것 같던 신랑을 다시 살려 놓을 때, 그녀는 말 그대로 천사처럼 아름답다. 남편의 품 안에 있는 천사이다.

　신부는 신랑을 다시 살려 놓은 뒤, 파도처럼 흔들리며 물결처럼 흐트러졌던 신랑의 몸을 알뜰한 손길로 구석구석까지 마무리해 준다. 신부의 따스함을 그 손길에서 또 실감하며 신랑은 생기를 더 회복한다. 그렇게 신랑의 마음과 몸을 단정하게 여미어 준 다음, 자기도 몸을 깔끔하게 여미고, 산뜻한 마음으로 신랑을 다시 끌어안는다. 그때 신부의 마음에는 이 사람이 바로 세상에서 가장 소중한 내 사람, 바로 내 신랑이라는 생각이 가슴 저리게 느껴진다.

　그녀의 애정 어린 보살핌은 계속된다. 아가에게 젖을 먹이는 엄마처럼, 그녀는 아늑한 속삭임으로 부드러운 손길로 그리고 온몸에서 적나라하게 풍기는 애정으로 사랑의 기운을 계속 부어 준다. 좀 전에 신랑을 감격과 희열로 이끌어 주던 그녀의 사랑, 그 사랑이 풍요하게 고여 있는 그녀의 가슴, 거기에서 넘치게 솟아나는 생명과 사랑의 기운을 신랑에게 아낌없이 채워 주는 것이다.

울던 아가도 방글거리게 하는 그 기운은 신랑의 생기를 회복시키는 데 부족함이 없다. 그렇게 신부의 보살핌으로 다시 살아난 신랑은 그녀의 사랑과 정성에 새로운 감동을 받는다. 신부의 사랑이 얼마나 깊고 포근한지, 텅 비어 있던 속을 따뜻하게 채워 주는 사랑의 기운이 얼마나 풍요한지, 그래서 자기의 신부가 얼마나 사랑스러운지, 감동으로 느끼는 것이다.

그렇게 사랑의 기운을 회복하고, 다시 평온으로 돌아온 신랑, 좀 전에 누렸던 사랑의 희열과 감동이 생생하게 살아난다. 신부를 다시 품는다. 격정 속에서 함께 누렸던 사랑의 희열, 그 뜨거운 사랑의 모습이 다시 새롭다. 남녀의 사랑이 그렇게 황홀한 것인지, 또 그렇게 지순하고 아름다운 것인지 전혀 몰랐었다. 아직도 그 여운이 무지개처럼 선명하다. 그 사랑 앞에서 부질없는 생각과 의식이 모두 침묵하고, 자아에 속한 모든 것이 잠잠해진다.

배가 고파 엄마의 젖꼭지를 정신없이 탐하던 어린아이가 젖을 배불리 먹고 배고픔에서 벗어나 엄마의 사랑에만 포근히 잠겨 있는 것과 같다. 신랑 신부는 뜨거운 애욕을 탐하다가 사랑의 희열을 만끽한 뒤 지금은 애욕과 갈망에서 벗어나 사랑의 깊이와 아름다움 속에만 잠겨 있다. 실은 무아의 고요함 속에서 사랑의 실체를 두려울 만큼 엄숙하게 느끼고 있는 것이다.

그렇게 뜨거운 격정이 가라앉은 뒤, 차분해진 마음으로 서로의 품 안에 다시 안길 때, 그들의 마음은 뭐라 말할 수 없이 평화롭다. 부부가 사랑의 희열을 마음껏 나눈 뒤, 서로의 품 안에서 아늑하게 누리는 평화와 안식의 세계, 거기에 안착한 것이다. 그것은 지극히 사랑하는 부부들에게만 주어진 특권, 부부가 진솔한 사랑을 나눈 뒤에만 누리는 평화로움이다. 사랑이란 남녀에게 뜨거운 희열만 주는 것이 아니라, 그 희열이 지난 다음에는 또, 그렇게 지순한 평화로움도 주는 것, 그래서 사랑이란, 그들이 알던 것보다 더 신기하고 풍요하다는 생각이 든다.

  서로의 품에 아늑하게 안겨 있는 그들의 마음에는 방금 올라갔던 사랑의 절정, 거기에서 느꼈던 황홀한 감격이 아직도 생생하다. 그렇게 뜨거웠던 희열이 꿈같다. 순수하게 타오르는 열정 속에서 이제까지 고이 간직해온 가장 소중한 것을 서로에게 남김없이 바치던 순간, 그 경이로운 감동은 그들의 영혼도 깊이 느낄 만큼 아름다웠다. 그 생생한 기억이 지금 그들의 마음에 눈물겹도록 다시 새겨지고 있는 것이다.

  그런데 야릇한 의문이 떠오른다. 육체가 희열의 열정에 빠져 있을 때는 잘 몰랐는데, 그 열정이 평화롭게 가라앉자, 마음 깊이에 조용히 느껴지는 여운이 있다. 방금 느꼈던 격정이나 희열과는 차원이 다른, 마음 깊이에서 섬세한 향기처럼 울리는 여운이다.

  그 정체는 무엇인가?

  그것은 육체의 감각에서 오는 것이 아니라, 육체를 넘어 어디 다른 데서 오는 것이 분명하다. 밀착된 육체가 아니라, 밀착된 마음에서 비롯되는 영혼의 느낌 또는 그 영혼이 함께 쏠리는 곳, 참사랑이 비롯되는 신비의 세계, 거기에서 풍겨오는 느낌인 것 같다. 육체의 격정이 물러간 뒤에도 조용히 살아남아, 지금도 서로의 품 안에서 또렷이 느껴진다.

  그들의 몸과 마음이 온전히 하나 되던 순간, 감동으로 하나가 되는 것은 그들의 몸만이 아니다. 실은 그들의 영혼도 더 깊은 감동으로 하나가 된다. 그래서 그들의 사랑이 희열의 절정에 오를 때, 그들의 영혼도 거기에 함께 오른다. 그리고 그 영혼이 닿는 곳은 방금 그들이 황홀하게 느끼고 감격했던 사랑의 근원, 천국, 거기가 들여다보이는 창문이다. 바로 거기에 닿아서 느낀 감동, 그 묘한 느낌의 정체는 바로 그것이다. 그 신기한 여운이 아직도 뚜렷이 남아 있는 것이다.

그렇게 닿은 사랑의 근원, 밤하늘의 번개 속에서 잠깐 보이는 모습처럼, 한순간의 일별(一瞥)이었지만, 그 정체불명의 느낌은 바로 거기에서 온 것이다. 거기는 진정으로 사랑하는 연인들이 지극히 순수한 마음으로만 갈 수 있는 곳, 육체 건너편의 세계, 저 하늘에 있고, 그 하늘을 품은 연인들의 마음에 있고, 그래서 지순한 사랑의 감동 속에서만 볼 수 있는 참사랑의 세계이다. 그들의 마음이 아직도 설레는 것은 거기에서 전혀 다른 차원의 기쁨과 아름다움이 계속 손짓하기 때문이다. 거기가 실은 사랑의 근원, 천국이 건너다보이는 곳, 바로 천국의 문턱이다. 순수한 성애의 희열과 감동 속에서 그들은 거기까지 올라갔던 것이다.

당신은 이런 감동을 알고 있는가?

적나라한 성애의 희열 속에서 영혼까지 함께 떨리던 경건한 감동, 사랑하는 사람의 품에서 그런 감동을 느껴본 적이 있는가?

없다면, 성애에 대해서 함부로 말하지 말라. 성애를 비하(卑下)하는 생각을 품고 있거나, 함부로 취급하고 함부로 험담하는 사람들도 많다. 그런 사람들, 성애의 진솔한 아름다움에 대해서는 철저한 맹인이다. 자기 속에 고귀한 영혼이 있는 것을 모르고, 그 영혼이 감동하는 성애의 아름다움은 더욱 모른다. 성애를 육적인 본능의 수준으로만 아는 사람이다. 그런 사람은 자기가 제대로 알지도 못하는 성애의 모습을 함부로 말해서는 안 된다. 맹인이 무지개가 없다고 함부로 말할 수 없는 것과 같다.

남녀의 성애는 원래 천국의 문턱까지 올라갈 만큼 아름답다. 거기에서 성애와 혼인애가 함께 천국을 미리 맛보는 것이다. 그래서 성애는 바로 혼인애의 입구이다. 순수한 사랑에서 비롯될 때, 성애는 육체로만 나누는 것이 아니라, 영혼도 함께 나누는 것이며, 그 사랑에 육체와 영혼이 함께 감동하기 때문이다. 그리고 바로 위에서 신비하게 손짓하는 사랑, 바로 천국의 혼인애까지 닿기 때문이다. 순수한 성애는 그만큼 아름답다. 진정 순수한 사랑으로 성애를 나누는 남녀는 그 감동을 알고 있다.[1] 성애의 본래 모습은 이렇다. 오염된 관념으로 인식하는 모습과는 전혀 다르다.

성(性)이란 원래 우주 생성의 기본 원리이다. 대자연의 세계에서도 그 원리가 아름답게 나타난다. 거기에 조물주의 오묘한 생성 조화의 이치가 숨어 있기 때문이다. 화창한 봄날, 산과 들에 예쁜 꽃들이 달콤한 꿀을 머금고 피어나면, 활짝 벌어진 꽃잎 속으로 나비들이 희희낙락 들어온다.

진한 향기 속에서 즐겁게 벌어지는 생명의 향연, 그 속에서 꽃과 나비는 조물주에게서 받은 생명대로 순수하고 활기찬 삶을 누린다.

그렇게 해서 삶의 기쁨과 또 생명의 씨앗을 주고받으며 조물주에게서 받은 생명을 즐겁게 영위하는 모습, 순수하고 아름답지 않은가?

인생의 봄철에도 처녀들이 아름다운 꽃처럼 피어나서 자신만의 독특한 향기를 풍기며 머지않아 나타날 씩씩한 총각을 기다린다. 총각들은 처녀들이 풍기는 향기에 끌려서 가슴 설레며 다가오고 맘에 드는 향기를 찾아 처녀의 가슴에 내려앉는다. 처녀도 그 총각이 마음에 들어서 가슴을 열고 받아들이면 인생의 봄을 맞은 처녀 총각들에게도 아름다운 사랑과 즐거운 생명의 향연이 벌어진다. 사랑이 꽃처럼 피어나고, 또 생명의 결실이 이루어진다. 그 생명은 하나하나가 고귀한 우주 만물의 상속자들이다. 자기 분량대로 상속받아서 자기가 맡은 세상을 아름답게 다스릴 귀한 왕자들이다. 그 아름다운 섭리가 남녀의 성애에서부터 시작되는 것이다.

---

1 오쇼 라즈니쉬 『삶, 사랑, 웃음』 89.

성이란 원래 이렇게 아름다운 모습이다. 거기에 욕심이나 폭력 같은 추한 모습은 전혀 없다. 오직 순수함과 아름다움, 희열과 감동, 서로의 필요와 도움, 생명의 기쁨과 번식의 보람이 있다. 한마디로 조물주의 오묘한 섭리에 따르는 생명 활동의 기본이다. 꽃과 나비가 함께 어울리는 모습이 아름다운 것처럼 남자와 여자가 함께 어울리는 모습도 똑같이 아름답다. 아름다운 사랑과 그 사랑을 몸으로 나타내기 때문이다.

바로 그런 성애, 어찌 아름답지 않겠는가?

성애의 본래 모습은 그렇다. 우리가 이제까지 오염된 관념으로 알고 있는 모습이 결코 아니다.

제6장

성에 대한 오염과 편견

1. 신데렐라 이야기

　사람에게는 영(spirit)과 혼(soul)과 육(body)이 있다.[1] 영은 하늘과 연결되고, 몸은 땅과 연결된다. 혼은 그 둘 사이에서 중간 역할을 한다. 그 셋의 관계에는 엄연한 질서가 있다. 영이 앞서고 몸은 뒤를 따르며 혼은 그 둘의 고리 역할을 한다. 하늘을 지향하는 영, 땅을 딛고 사는 육체, 그 둘이 조화되도록 혼이 연결시켜 준다. 이것이 우리의 삶에서 따라야 하는 영과 육의 질서이며, 그 질서를 따를 때 정상적인 삶이 이루어진다.

　그런데 언제부터인가 사람들은 영을 망각하고, 육을 더 따르게 되었다. 영의 맑고 경건한 느낌보다 육체의 뜨겁고 달콤한 감각에 더 끌린 것이다. 특히, 남녀의 사랑에서 깊은 영혼의 희열보다 육체의 쾌락에 더 끌리기 시작했다. 삶의 기본 동력이 되는 남녀의 사랑에서 그런 현상은 삶 전체를 육체 위주로 기울어지게 만들었다.

　그런 삶에서는 모든 사물을 먼저 육체의 감각으로 대한다. 그 감각을 기초로 인식이 형성되는데, 특히 남녀의 사랑이나 성에 대해서 그렇다. 영으로 그 참모습을 보지 못하고, 육체의 얄팍한 감각으로만 대한다. 그래서 사랑보다는 욕망에 더 끌리고, 아름다움보다는 쾌락을 더 탐한다. 성에 대한 인식이 철저하게 육체의 감각 위주로 되어버렸는데, 이것이

1 　[히 4:12; 살전 5:23] 참조.

성의 오염이다.

  육체의 감각으로는 영도, 하늘도, 혼인애도 모른다. 그 사랑으로 순화되는 성애의 아름다움은 더욱 모른다. 그래서 육체만의 쾌락을 탐할 뿐, 성애의 순수한 기쁨, 영과 혼과 몸이 함께 누리는 온전한 사랑의 희열은 모른다. 영의 고결함까지 올라갈 수 있는 사랑의 감정이 육체의 감각 안에 갇히게 되는 것이다. 그러면 아름다운 사랑도, 순수한 성애도 본래의 모습에서 차단되고 만다.

  그래서 성애의 모습이 지금은 짐승의 본능 수준 이하로까지 내려왔다. 성을 단지 욕망의 배설로 생각하는 경우도 많고, 심지어 배설이 급하면 폭력을 휘두르는 경우도 흔할 만큼 타락하고 말았다. 요즈음 성의 오염은 이렇게 심각하다.

  성애의 오염을 더 심화시키는 것이 성에 대한 편견이다. 사람마다 정도의 차이는 있겠지만, 대부분 성에 대한 편견을 가지고 있다. 어려서부터 성인이 될 때까지 부자연스럽게 억눌려 왔던 욕망, 그렇게 억눌린 만큼 시달렸던 번민, 그 욕망에 대한 이유 모를 죄의식, 성애에 대한 무지, 성에 대한 사회의 통념에서 얻은 그릇된 관념 그리고 성을 함부로 취급하는 인간의 작태, 이런 것들이 성에 대해서 보편적이면서도 심각한 편견을 만들어 놓았다. 그래서 성에 대해서만은 거의 모든 남녀가 검은 안경을 쓰고 보고 있어 성에 대한 편견의 보편화 현상이 아주 심각하다.

  그렇게 검게 굳어진 편견이 성애를 어두운 모습으로 보게 하고, 성애의 진솔한 아름다움보다는 불순한 쪽을 더 보게 하고, 희열 속에 불만을 섞어 놓고, 사랑의 갈망에서는 죄의식을 느끼게 만든다. 남녀가 사랑으로 하나 되는 진솔한 기쁨이나 그 기쁨에서 누리는 생명의 아름다움을 편견이라는 검은 안경이 어둡게 가리는 것이다. 그런 관념에 사로잡혀서 성애의 순수함과 혼인애의 고결함을 헛된 환상이나 몽상으로 취급하는 사람도 꽤 많다. 그런 사람들은 앞서 말한 대로 성의 진솔한 아름다움을 전혀 못 보는 맹인과 같다.

성애에 대한 편견의 어리석음, 그것을 신데렐라 이야기로 비유할 수 있을 것이다. 우리는 신데렐라 이야기를 잘 안다. 누구보다도 예쁘고 착한 그녀, 엄마에게는 보석같이 반짝이는 딸이다. 그런데 그 엄마가 세상을 떠나자 그녀의 처지가 완전히 바뀌었다. 계모와 새언니들의 학대와 구박에 시달리게 된 것이다. 그래서 누더기를 걸치고 먼지를 뒤집어쓰며, 집안의 온갖 궂은일에 시달리게 된 그녀는 초라한 하녀의 모습이다. 그래서 식구들도 주변 사람들도 그녀를 그렇게 취급한다.

그러나 비천한 하녀가 그녀의 본래 모습은 아니었다. 그녀는 본래 훌륭한 왕자님과 짝이 될 만큼 아름다운 모습이다. 뒤늦게 참석한 왕궁의 파티에서 그녀가 왕자님과 함께 우아하게 춤을 출 때, 그녀의 본래 모습이 분명하게 드러난다. 단지 주변의 상황에 묶여서 그렇게 비천한 하녀 모습으로 취급되고 있을 뿐이다.

성애도 마찬가지다. 원래는 아름다운 혼인애와 짝이다. 오염된 관념과 거친 욕망이 만들어 낸 편견이라는 주변 상황에 묶여서 천하고 불결하게 취급되고 있을 뿐이다. 그 편견이라는 것은 향기로운 꽃 속에 나비가 들어와서 함께 즐거워하는데 검은 안경을 끼고 흘겨보는 것과 같다.

2. 왕궁 이야기

성애는 혼인애의 짝이다. 달리 말하면 혼인애의 입구이다. 둘이 불가분으로 하나이다. 왕궁을 예로 들자. 남녀의 사랑을 왕궁이라 하면 성애는 그 대문이다. 왕궁 안으로 들어오려면 먼저 대문을 통과해야 한다. 남녀의 사랑도 그렇다. 혼인애로 들어오려면 먼저 성애를 통과해야 한다. 왕궁은 대문도 훌륭하지만, 내실로 들어갈수록 아름다움이 무궁무진하다. 남녀의 사랑도 그렇다. 성애도 달콤하지만, 혼인애로 들어갈수록 황홀한 기쁨이 무궁무진하다.

그런데 유념해야 할 사실이 있다. 왕궁의 문 앞에서는 누구나 삼가는 자세여야 한다. 근엄한 위용을 갖춘 그 문은 궁 안에 계시는 임금님의 존엄을 나타낸다. 함부로 드나들 수 없고 함부로 어지럽힐 수 없다. 누구든지 그 문으로 들어올 때는 마음 자세를 다듬어야 한다.

성애도 그렇다. 남녀의 사랑에서 성애는 고결한 혼인애의 아름다움으로 인도하는 문이다. 함부로 어지럽히면 안 되고 함부로 취급해서도 안 된다. 마음과 영혼에 넘치는 사랑을 몸으로 나타내는 것이어야 한다. 그래서 왕궁의 내실로 조심스럽게 다가가는 마음, 가장 아름다운 방으로 초대받아 감동하는 마음이어야 한다.

유념해야 할 사실이 또 있다. 왕궁의 대문 안에 들어선 것은 내실까지 들어와서 그 안에 있는 온갖 진귀하고 아름다운 것들을 보기 위해서이다. 궁 안에는 깊은 내실들이 있고, 그 안에는 무궁무진한 보물이 있는 것을 모르는 사람, 그래서 궁에 들어와서도 문 앞만 잠깐 살펴보고는 왕궁을 다 본 것으로 생각하고 그대로 나가는 사람은 어리석다.

남녀의 사랑도 그렇다. 남녀가 사랑으로 한 몸이 되는 것은 혼인애의 고결한 아름다움까지 깨닫기 위해서이다. 남녀의 깊은 사랑 안에 혼인애가 있고, 거기에 신비한 기쁨과 감동이 무궁무진한 것을 모르는 사람 그래서 말초 신경의 얄팍한 기쁨만 잠깐 느낀 후 그것이 남녀 관계의 전부라 생각하고 거기에서 끝내는 것은 어리석다. 좋아하는 사람과 한 몸이 되어 성애라는 문 안에 들어온 것은 혼인애로 더 깊이 들어와 거기의 무궁무진한 기쁨도 함께 누리기 위한 것인데, 그것을 모르는 것이다.

마지막으로 유념할 사실이 또 있다. 지금 내가 들어선 왕궁은 임금님이 주인이고 왕궁의 아름다움을 누리는 것은 임금님이 베풀고 허락하셨기 때문이다. 임금님에게 감사하고 섬기는 마음으로 누려야 한다.

남녀의 사랑도 그렇다. 그 사랑은 주님에게서 비롯된 것이다(8장, 사랑의 근원에 대한 착각 참조). 주님이 주인이다. 나의 연인과 함께 깨닫고 누리며 감동하는 사랑의 기쁨은 주님이 주신 것이다. 주님께 감사하는 경건한 마음과 혼인애를 지향하는 정성으로 대해야 한다.

왕궁에는 대문과 내실이 있고, 그 안에는 임금님이 계시는 것처럼 남녀의 사랑에는 성애와 혼인애가 있고, 그 안에는 주님이 계신다. 궁 안의 모든 일은 임금님이 주관하시는 것처럼, 남녀 사랑의 모든 것은 주님이 주관하신다(2장, 하나님의 영기 참조). 주님이 베풀고 인도하시는 것이다. 그래서 함부로 취급해서는 안 된다. 남녀의 진정한 사랑, 혼인애와 성애 그것들은 모두 하나이고, 주님에게서 비롯된 것이다. 처음부터 끝까지 경건한 마음으로 대해야 한다.

어떤 사람이 왕궁이 바라보이는 곳에 얇은 판자로 울타리를 쳐놓고 그 안에 갇혀 있다. 판자의 빠끔한 틈 사이로 보이는 궁전의 대문만 내다보며 왕궁이란 대단한 것이 아니고, 그저 저렇게 보이는 커다란 문에 불과하다고 생각한다. 또 어떤 사람은 왕궁을 구경한다고 궁의 대문 안에 들어와서, 문 앞에만 잠깐 머물다가 나가면서, 왕궁을 다 구경했다고 생각한다. 그런 사람들을 정중지와(井中之蛙)라 하고, 그들의 생각을 편견이라 한다.

남녀의 사랑을 좁은 편견으로만 보면 혼인애는 보이지 않고 성애만 보이는 것은 당연하다. 그러면 그것이 사랑의 전부라고 생각하기 쉽다. 우물 안의 개구리가 우물 입구로만 빠끔히 보이는 것을 하늘의 전부라고 생각하는 것과 같다. 남녀의 사랑에 대해서 이런 태도는 버려야 한다.

장려한 왕궁을 빠끔한 틈 사이로 겉의 대문만 내다보는 수도 있고, 문 안으로 잠깐 들어갔다가 나올 수도 있고, 깊이 들어가서 내실의 무궁무진한 아름다움을 모두 다 볼 수도 있다. 신데렐라의 아름다움을 무관심하게 지나칠 수도 있고, 겉으로 드러난 초라한 모습만 볼 수도 있고, 본래의 아름다운 모습을 꿰뚫어 볼 수도 있다.
　성애도 마찬가지다. 그 아름다움을 아예 무관심하게 지나칠 수도 있고, 천하게 보고 함부로 취급할 수도 있고, 혼인애의 고결한 짝이라고 제대로 볼 수도 있다. 어떤 모습으로 보든지 그것은 보는 사람의 안목과 인식의 수준에 달려 있다.

　부부가 일편단심으로 함께 정성껏 가꾸어 가는 혼인애, 그것은 우리 삶에서 가장 소중한 것이다. 모든 아름다움과 보람과 기쁨이 거기에서 비롯된다. 그런데 혼인애는 먼저 성애를 통과한다. 성애의 희열을 함께 나눌 때 그 현란한 기쁨의 종점이 바로 혼인애인 것이다. 그때 진정 사랑하는 남녀는 서로의 영혼을 느끼며 천국의 기쁨을 미리 맛보게 된다. 또한, 그렇게 인도하시는 주님에게 감사가 넘친다. 주님에게 두 손을 모으는 마음이 되는 것이다. 진솔한 사랑으로 혼인애를 가꾸며 사는 부부는 그 사실을 생생하게 느낀다.
　스베덴보리에 의하면 천국에서는 부부가 극진한 사랑을 마음에 품고, 그 사랑을 몸으로 나누는 것은 그 행위 자체가 주님에 대한 감사와 예배라고 한다(저세상 이야기(4) 여섯 번째의 감각. 참조). 지극히 사랑하는 아내 또는 남편은 주님께서 나에게 특별히 보내 주신 사람이다. 그래서 나에게 가장 귀한 사람이다. 그런 사람과 천국의 사랑을 나눌 때, 주님에 대한 감사가 넘치는 것은 당연하리라. 그러면 저절로 주님에게 예배드리는 마음이 될 것이다. 우리의 사랑도 진정 순수하다면, 그래서 몸과 마음을 목욕재계(沐

浴齋戒)하는 자세로 사랑을 대한다면 누구나 그런 경건한 마음이 된다. 성애도 혼인애도 원래는 그런 모습이다.

3. 어떤 우화

남녀의 사랑은 원래 그렇게 진솔하고 아름답다. 가장 높은 수준의 성애는 하늘까지 연결될 만큼 순수하고 경건한 모습이다. 실은 하나님의 본질인 사랑이 남녀의 사랑이 되어, 우리의 영과 혼과 심지어 몸으로도 나타나는 신비이다. 그런 사실을 까맣게 모른 채 남녀의 사랑도 성애도 단지 본능과 욕망의 해소 정도로만 생각하는 사람이 아직도 많다. 지적 수준이 높고, 영혼까지 깨닫는 사람들조차도, 성애에 대해서만은 편견을 벗어나지 못하는 경우가 많다. 그것은 향기로운 꽃에 편견이라는 오물을 뿌리는 것과 같다. 뿌린 만큼 악취가 나는 것이다. 그런 사람들에게 또 하나의 슬픈 우화를 말해야겠다.

무도한 오랑캐 떼가 살고 있었다. 그들의 힘이 점점 커져서, 평화롭게 살고 있는 옆 나라를 침공했다. 무자비한 약탈과 도륙의 칼을 휘두르면서 온 나라를 휩쓸다가 그 나라의 왕궁에까지 쳐들어갔다. 왕이고 신하들이고 모조리 죽이다가 거기에서 겁에 질려 떨고 있는 공주를 보았다. 자기네의 오랑캐 여자들과는 비교도 안 되게 아름다웠다. 죽이기가 아까워 포로로 끌고 갔다.

그러나 그들은 짐승 같은 오랑캐들이라 공주의 고결한 아름다움을 제대로 볼 줄 몰랐다. 단지 색다른 쾌락의 도구로만 생각했다. 그래서 공주를 그런 용도로 취급하면서 자기네 여자들처럼 무도하게 다루었다. 고결하고 아름다웠던 공주가 초라한 누더기를 걸친 채 오랑캐들의 욕망을 위한 노리개 처지가 된 것이다.

원래는 가장 고결한 신분이었는데, 지금은 무도한 오랑캐들의 성 노리개가 되어, 그들의 거친 욕망에 짓밟히는 처지, 잡혀간 공주가 그렇게 된 것인데, 그렇게 비참한 처지가 된 것은 그 공주만이 아니다. 요즈음 성애라는 공주도 그렇다. 혼인애라는 왕궁에서 성애는 가장 귀엽고 사랑스러운 공주와 같았다. 즐거움과 아름다움을 향기처럼 풍기는 왕궁의 꽃이었다. 그런데 욕망이라는 오랑캐에게 잡혀가서 편견이라는 누더기를 걸친 채 배설을 위한 도구로 시달리고 있다. 성애를 단지 욕망의 배설로 생각하는 것은 아름다운 공주를 배설의 도구로만 취급하는 오랑캐의 행위와 조금도 다르지 않다.

어두운 비구름 아래에서는 하늘이 전혀 안 보인다. 그러나 짙은 구름을 뚫고 그 위로 올라가면 구름 위로 펼쳐지는 하늘은 그야말로 눈부시다. 구름 아래와는 전혀 다른 세상, 말 그대로 경이 그 자체이다. 하얀 융단처럼 끝없이 펼쳐져 있는 구름과 그 위로 티 하나 없는 하늘, 그 아득한 끝자락에 하늘과 구름이 마주 닿아서 뻗어있는 신비, 그 장려한 모습이 얼마나 경이로운지, 구름 위로 올라가 본 사람은 알고 있다.

남녀의 사랑도 그렇다. 어두운 편견의 구름을 뚫고 그 위로 올라가서, 진정한 사랑의 모습을 볼 때, 그 아름다움과 기쁨은 바로 경이요 감동이다. 그 사랑의 근원이 되시는 주님에게 저절로 경건한 마음이 된다. 그래서 사랑도 성애도, 모든 남녀 관계도, 주님을 섬기는 자세가 되고, 주님에 대한 감사의 예배가 되는 것이다. 그것이 남녀 사랑의 본래 모습이다.

그래서 성애와 혼인애는 불가분의 관계이다. 왕궁으로 치면 대문과 내실이다. 하나는 입구이고, 하나는 본채이다. 둘이 그렇게 긴밀하게 연결되어서 하나가 없으면 남은 하나도 불완전하다. 그리고 입구는 출구이기도 하다. 그래서 시작도 끝마무리도 거기에서 이루어진다. 즉, 성애는 혼인애의 입구이자 출구이고, 처음이자 마지막이고, 시작이자 완성이다.

성애와 혼인애는 그렇게 하나이다. 한 모습으로 순수하고 아름답다. 성애와 혼인애가 하나가 되어 그 사랑을 몸으로 함께 나타내는 것 그것이 온전한 혼인애이다. 그런 사실들을 제대로 인식하고, 성애에 대한 오염과 편견에서 벗어날 때, 그때만 남녀의 진정한 사랑, 혼인애를 키울 수 있다.

4. 사람과 나무의 비유

본래는 순수하고 아름다운 성애, 그 모습을 제대로 보지 못하고, 어쩔 수 없이 불결하게 또는 부정적으로 보는 견해는 아무래도 성기의 역할과 관련이 많은 것 같다. 성기는 사랑하는 남녀의 몸과 마음을 결합시키는 연결고리이지만, 또 배설의 역할도 한다. 성을 불결하게 보는 견해의 대부분은 아마도 그 역할에서 유발되는 것 같다. 사람의 몸에서 끊임없이 생기는 노폐물, 그것을 수시로 배설하는 불결한 곳이니, 그런 성기의 결합으로 이루어지는 성애도 불결하게 생각되는 것이다.

성경에서는 사람을 나무로 비유하는 대목이 종종 나온다.[2] 자라고 꽃이 피고 열매를 맺는 성숙 과정에서 서로 유사한 점이 많기 때문이다. 그 비유에서 우리는 사람과 나무의 유사점을 조금 다른 시각으로 생각해 볼 필요도 있다. 나무를 사람이라 치자. 그러면 하늘로 치솟은 윗가지는 머리이고, 굵은 줄기는 몸통이고, 아랫가지는 팔이고, 잔가지와 뿌리는 손과 발이다. 그리고 나무도 생식기가 있는데 그것은 바로 꽃이다. 그 꽃에서 수정을 하고 열매를 맺어서 후대를 잇는다.

그런데 나무는 복잡한 소화 기관이 없다. 뿌리에서 흡수한 영양분을 각 부분으로 직접 보낸다. 그래서 소화 과정의 찌꺼기인 노폐물이나 배설물

---

2 [마 3:10; 7:17-19; 눅 3:9-11; 6:43-45] 참조..

도 생기지 않는다. 따라서 나무의 생식기는 배설의 역할을 할 필요가 없다. 오직 향기와 꿀만 분비하여 그것을 매체로 생식의 역할만 한다. 그래서 나무의 생식기는 가장 아름다운 부분이다.

나무와 사람의 유사점을 염두에 두고 이렇게 가정(假定)해 보자.

사람의 몸도 저 나무처럼 노폐물이 생기지 않아 배설도 없고 그래서 생식기에서는 생식에 필요한 꿀과 향기만 분비된다면 그래서 생식기가 신체에서 가장 아름다운 부분이라면 어떨까?

성에 대한 우리의 인식은 전혀 달라지고, 성이 불결하다는 인식도 완전히 불식(拂拭)될 것이다.

이것은 가정해 보는 이야기가 아니다. 타락 이전의 사람들은 그랬다.[3] '하나님의 형상과 모양'이었던 그들에게 불결한 노폐물이나 배설물 따위는 생기지 않았다. 사람의 신체 구조와 그 기능이 완전했기 때문에, 음식물의 소화 흡수도, 영양분의 연소도, 온몸의 신진대사도 모두 다 완전했다(저세상 이야기(3) 천국의 의식주. 참조). 그래서 노폐물도 배설물도 전혀 없다. 따라서 배설도 없다. 아담과 이브가 벌거벗고도 전혀 부끄러워하지 않은 것은 그들의 천진난만한 상태를 말하고 있지만, 또 불결한 배설이 없었다는 사실도 암시한다.

그런데 인간의 타락으로 사람의 몸도 완전에서 불완전으로 망가지고 몸의 모든 기능도 그렇게 되고 말았다. 그래서 먹은 음식의 소화도 불완전해서 찌꺼기가 남게 되고, 신진대사도 불완전해서 노폐물이 생기게 되었다. 그 결과로 우리 몸에서 가장 아름답고 즐거운 역할을 하는 부분이 엉뚱하게도 찌꺼기와 노폐물을 내보내는 배설의 역할을 겸하게 된 것이다. 왕궁의 파티에서 가장 아름다웠던 신데렐라가 집으로 끌려와서 누더기를 걸치고 쓰레기를 치우게 된 형국이다.

---

3 [창 1:26; 2:25] 참조.

음식물의 소화나 영양분의 연소가 불완전해서 생기는 신진대사의 찌꺼기, 타락 이전에는 그런 것이 없었다. 온몸의 모든 기능이 완전했기 때문에 소화작용이나 영양분의 연소나 온몸의 신진대사도 완전했고, 노폐물도 생기지 않아 그런 것을 배설할 필요도 없었다. 그래서 생식기는 가장 아름다운 부분이었고, 거기에서 풍겨 나오는 것은 오로지 맑고 신선한 생명의 기운이었다. 그 기운이 연인들에게서는 진한 향기와 꿀처럼 풍겨 나왔다.

그래서 사랑하는 남녀들이 성애로 즐거워하는 것은 꽃과 나비가 함께 어울리는 것처럼 아름다웠다. 꽃과 나비가 하늘에서 받은 생명을 누리며 즐거워하듯이, 연인들도 주님에게서 유입된 사랑을 즐겁게 누리며, 그것이 주님에 대한 감사와 찬송으로 이어졌다.

사랑하는 사람의 몸이 아름다운 꽃나무와 같고, 생식기는 그 꽃과 같아서 그 예쁜 꽃에서는 진한 향기와 꿀만 나온다면 그 꽃 속에서 한 몸이 되어 나누는 성애가 왜 아름답지 않겠는가?

꽃 속에 나비가 들어와 꽃과 나비가 함께 즐거워하는 모습처럼 그렇게 향기롭고 순수하지 않겠는가?

타락과 오염 이전의 성애가 바로 그랬다. 그것이 성애의 본래 모습이다.

그 모습을 제대로 보고, 집요하게 매달리는 검은 편견들을 남김없이 씻어 내고, 그래서 연인들이 몸과 마음에 흠과 티가 없이 순진무구해지면, 그들에게서는 본래 가지고 있던 향기, 꽃향기보다 더 진한 생명과 사랑의 향기가 풍겨 나온다. 그들이 그 향기 속에서 아낌없는 사랑으로 서로를 품을 때, 그들의 사랑도, 성애도 본래처럼 순수한 모습이 될 것이다. 당신이 그런 사랑을 추구할 때 당신이 누리는 성애도 그렇게 순화될 것이다. 바로 그런 성애가 혼인애의 입구, 혼인애라는 장려한 왕궁의 내실로 인도하는 아름다운 문이다.

제7장

사랑에 관한 착각

진솔한 사랑은 누가 뭐래도 아름답다. 우리 삶에서 가장 소중한 것이고, 삶의 진수이다. 진주조개로 치면 바로 그 진주이고, 금광으로 치면 그 속에 숨어 있는 순금이다. 그래서 우리가 저세상에 갈 때 모든 것을 다 놓고 가지만, 마음속에 깊이 품고 가꾼 사랑만은 그대로 가지고 간다. 사는 동안 정성을 다 쏟은 만큼 아름다운 사랑을 가지고 가는데, 그 사랑의 귀함은 저세상에서 더 크게 드러난다. 천국은 사랑만 인정되는 사랑의 나라이기 때문이다.

천국생활에서 사랑은 삶의 본질이고, 내용이고 또 외양이다. 천국생활의 모든 것이다. 그 나라를 다스리시는 하나님의 본질이 사랑이기 때문이다. 그 사랑이 천국의 삶에서 다채로운 아름다움과 기쁨으로 나타난다. 그렇게 나타나는 사랑을 천국의 남녀들은 맘껏 누리며 사는데, 그 아름다움과 기쁨은 우리의 이해 범위를 초월한다. 그 사랑이 얼마나 환상적인지는 앞으로도 계속 말하겠지만, 인간의 언어로는 다 표현할 수가 없다. 우리는 그저 우리 언어의 범위만큼 듣고, 이해의 범위만큼 깨달을 뿐이다.

남녀의 사랑을 포함해서 모든 사랑은 원래 천국의 모습이다. 그 고귀함과 아름다움에 흠과 티가 없다. 하나님의 온전함이 그대로 갖춰져 있다. 그러나 안타깝게도 우리 인간에게서 나타나는 사랑은 그 본래 모습에서 많이 벗어나 있다. 그래서 사랑한다는 남녀들도 울고불고하는 문제가 끊이지 않고, 아름다운 참사랑을 갈망하는 남녀들에게 슬픔과 실망을 주는 경우가 너무나 많다.

그 구체적인 원인은 무엇인가?

가장 심각한 원인은 한마디로 사랑에 대한 착각이다. 남녀의 사랑에 대해서 제대로 깨달은 사람이 극히 드물기 때문이다. 많은 남녀가 서로 사랑한다고 하면서도 정작 사랑이 무엇인지, 어떻게 하는지 모른다. 사랑에 관해서는 많은 사람이 어둠 속을 더듬듯, 몽매에서 벗어나지 못하는 것이다. 그래서 그 착각이 구체적으로 어떤 것들인지, 그 고통스러운 결과는 무엇인지, 그것을 피하는 방법은 무엇인지 자세히 살펴볼 필요가 절실하다.

1. 사랑의 특성에 관한 착각

모든 사람이 공감하는 대로 사랑의 특성은 다음과 같이 세 가지로 요약할 수 있다.

첫째, 서로 좋아하는 것
둘째, 둘이 하나가 되고 싶은 것
셋째, 상대방을 기쁘게 해 주고 싶은 것

사랑을 품으면 누구나 이런 특별한 감정을 느낀다. 그래서 사랑하는 남녀는 그런 감정을 품고 가슴 설레며 서로를 대한다. 그런데도 시간이 지나면서 그들에게는 실망과 불만과 고통이 발생한다. 그런 것들이 되풀이되다가 급기야는 극한 상황으로 치닫기도 한다. 그 원인은 한마디로, 사랑의 특성에 따른 착각 때문이다.

그 자세한 내막을 살펴보자.

사랑의 첫 번째 특성: 서로 좋아하는 것

사랑은 맨 처음 이런 감정으로 시작된다. 이것은 누구나 다 알고 있는 달콤한 특성이다. 그러나 문제는, 좋아하는 것이 사랑이라고 착각하는 것이다. 특히 성급한 젊은이들이 그렇게 생각하기가 쉬운데 지극히 위험한 생각이다. 좋아하는 감정은 아무리 뜨겁고 달콤하다 해도 그것이 사랑은 결코 아니다. 사랑의 특성 중의 하나일 뿐이다. 그리고 또 좋아하는 감정은 이기적 욕심에서 비롯되는 경우도 많다. 상대방이 내 구미에 맞고, 나를 즐겁게 해 주기 때문에 좋아할 뿐, 내가 진정 상대방을 위하는 마음은 없는 경우가 많다. 그런 경우 참사랑과는 거리가 멀다.

그리고 더 위험한 것은 그 감정이 언제나 변할 수 있다는 것이다. 좋아서 끌리는 감정은 아무리 강렬하다 해도 아직은 사랑이 아니다. 사랑이 시작될 수도 있다는 가능성일 뿐이다. 달아올랐던 감정이란 시간이 지나면 어차피 식는다. 컵에 담긴 물이 아무리 뜨거워도 시간이 지나면서 식는 것과 같다. 그렇게 되면 달아올랐던 감정은 착각이었다는 것이 드러난다.

그런 감정에 빠져서 남녀 관계의 일을 성급하게 결정하는 것은 극히 위험하다. 허다한 남녀들이 그런 일시적 감정에 빠져서 둘 사이의 관계를 성급하게 결정한다. 그 뒤에 실상이 드러나면, 그때에야 착각인 줄 깨닫지만 이미 늦었다. 그러면 그다음부터 평생을 후회하며 사는 경우가 되는데 그것은 잠깐 좋아하는 감정을 사랑이라고 착각한 데서 오는 끔찍한 결과이다.

사랑의 두 번째 특성: 둘이 하나가 되고 싶은 것

이것은 사랑의 가장 강렬한 특성인데, 사랑하는 사람끼리는 무엇이든지 하나가 되고 싶다. 몸도 마음도 생각도 느낌도 하나가 되고 싶고, 거기에 진정한 기쁨이 있다. 그러나 문제는 남녀가 서로 좋아하고 끌리면 저절로 하나가 된다고 생각하는 것이다. 서로 같이 있는 것이 즐겁고, 떨어지면 아쉽다. 그러니 둘이 이미 하나라고 생각한다. 그러나 남녀의 사이는 서로 끌리는 매력이나, 달콤한 기분만으로 하나가 되는 것이 결코 아니다. 그런 것들은 겉모습뿐이거나 또는 일시적 변덕인 경우가 많아서 그 연결은 쉽게 풀리기 때문이다.

남녀가 진정으로 하나 되는 것은 너그러운 배려와 관용으로 서로를 품어 줄 때만 가능하다. 그것은 사랑하는 남녀가 진정으로 하나가 되기를 원할 때, 필수 조건이다. 상대방과 맞지 않는 점도 다 이해하여 받아들이고, 모자라는 점도 채워 주면서, 오로지 사랑하는 마음으로 품어 주는 것이다. 둘이 몸과 마음에서 진정으로 하나가 되는 길은 그것뿐이다. 그렇게 서로 품고 채워 주며 인생길을 함께 가는 것이다.

그런데 철없는 남녀들은 서로 달콤하게 끌렸다 하면서도, 상대방을 품어 줄 줄은 모른다. 상대방에 대한 포용력이나 이해력이 백치 수준일 만큼 답답한 남녀도 많다. 그들은 상대방에 대한 배려보다는 자기 욕심만 끊임없이 내세운다. 자기가 품어 줄 줄은 모르고 상대방이 먼저 품어 주기만 바란다. '사랑한다면서 왜 나를 품어 주지 못하는가?'라는 불만이 서로에게 쌓인다. 사랑보다 이기심이 앞서는 것이다. 둘 다 그런 생각이니 둘 다 품어 주지 못한다.

그러면 불평과 원망이 쌓이고, 너 따로 나 따 가 되고, 결국 하나가 되지 못한다. 철저히 이기적인 생각에만 빠져서 상대방을 전혀 살필 줄 모르는 어리석은 사이가 되고 마는 것이다. 처음에는 달콤한 신혼으로 시작한 부부가 나중에는 지겨운 사이로 변하게 되는 대부분의 경우는 바로 여기에서 비롯된다.

부부는 모든 것이 하나이다. 너와 내가 없어지고 아름다운 '우리'가 되는 것이다. 사랑하는 남녀는 그렇게 하나가 되는 것이고, 그럴 때만 참사랑의 기쁨과 보람이 있는데, 그것은 서로 먼저 품어 줄 때만 가능하다. 상대방을 먼저 품어 줄 줄 모르는 좁은 가슴에서는 사랑이 자리를 잡지 못한다.

사랑의 세 번째 특성: 상대방을 기쁘게 해 주는 것

이것은 가장 아름다운 특성인데, 엄밀히 말하면, 상대방을 '먼저' 기쁘게 해 주는 것이다. 순서를 분명히 알아야 하는데, 여기에서도 상대방이 먼저이다. 이것은 사랑의 필수 사항이고, 가장 훌륭한 특성이다. 누구에겐가 진정한 사랑을 품었을 때 그 사람을 기쁘게 해 주고 싶다. 그러기 위해서 아낄 것이 없다. 그 사람이 기뻐하는 모습을 보면 나도 기뻐진다. 상대방이 먼저 기뻐야 나도 기쁘다. 순서는 바로 그렇다.

그러나 문제는 대부분의 남녀가 서로 사랑한다고 하면서도 그 순서를 착각한다. 상대방이 먼저가 아니라 내가 먼저라고 생각한다. 상대방을 먼저 기쁘게 해 줄 줄은 모르고, 나를 먼저 기쁘게 해 주기를 바란다. 대부분의 철없는 불만은 바로 '사랑한다면서 왜 날 기쁘게 해 주지 않느냐?'라는 것이다. 여기에서도 내가 먼저여야 된다는 이기심이 설치는 것이다. 그래서 먼저 줄 생각은 안 하고, 먼저 받을 생각만 한다. 그러니 둘 다 받지 못한다. 순서를 착각할 때 그런 결과가 된다.

사랑은 서로 주는 것이다. 둘 다 서로 주면, 결국은 둘 다 받게 된다. 먼저 주는 것, 이것이 진정한 사랑이다. 주기만 하고 받을 생각은 안 하는 것, 이것이 순수한 사랑이다. 그러면 주는 쪽이 손해가 아닌가?라고 생각할 수도 있다. 그러나 그렇게 생각하는 것은 사랑에 대해서 전혀 모른다는 뜻이다. 사랑은 손익을 따지지 않는다. 그런 것만 따지는 얄팍한 마음으로는 사랑을 결코 알지 못한다. 사랑은 이해관계도 아니고, 조건도 없고, 이기심과도 상극이기 때문이다. 오로지 무아의 이타심뿐이다. 귀하고 좋은 것은 무엇이든지 상대방이 먼저이고, 상대방이 기뻐야 나도 기쁘다.

어머니의 사랑을 생각해 보면 안다. 자기의 고통은 무시하고, 밤잠 못 자며 노심초사 자식만 챙겨 주면서, 그렇게 주기만 하고 받지 못하는 것이 손해라고 생각하는 어머니는 세상에 없다. 몸이 깨어져 나가고 마음이 에이듯 아파도 자식이 건강하고 행복하면 어머니는 기쁜 것이다.

훌륭한 어머니는 그렇게 진정한 사랑의 예를 보여 준다. 자식에게 끝없이 주기만 하면서도 되받을 생각은 안 한다. 자식이 행복하면 더 바라지 않는다. 자식이 어머니의 마음을 몰라주고 속을 썩여도 끝까지 품어 준다. 무정한 자식 때문에 눈물을 지을망정, 자식 때문에 손해 봤다고 원망하는 어머니는 없다. 그래서 어머니의 사랑은 세상을 떠날 때까지도 눈물겨운 것이다. 이렇게 사랑은 아낌없이 쏟아주는 것이며, 상대방이 기뻐한다면 그것으로 만족한다. 진정한 사랑은 바로 이런 것이다.

손익을 따지는 것은 상거래일 뿐 사랑은 아니다. 인간의 마음이 욕심으로 오염되고, 사람들의 의식 자체가 이기주의와 물질주의로 굳어 버려서, 남녀의 사랑까지도 손익을 따지는 상거래처럼 취급되고 있다. 참 삭막한 일이다. 사랑은 결코 상거래가 아니다. 우리가 이기주의와 물질주의의 관념에서 벗어나지 않는 한, 진정한 사랑은 모른다. 손익의 차원을 넘어서 모든 것을 베풀고 품어 주는 마음에만 진정한 사랑이 자란다.

2. 사랑의 근원에 관한 착각

이번에는 사랑의 근원에 대한 착각을 살펴보자. 사랑은 먼저 영혼에서 감동하는데, 그것은 사랑의 근원이 하늘이기 때문이다. 세상에 근원을 둔 것들은 육체의 감각에서만 느껴질 뿐, 영혼까지 감동을 주지는 못한다. 하늘에 근원을 둔 것만 영혼에 닿아서 감동을 주는데, 참사랑이 바로 그렇다.

사랑의 근원이 하늘이라는 사실을 살펴보자. 어느 날 어떤 사람이 문득, 신선한 인상으로 눈에 띈다. 동작이 딱 멈추면서 속으로 깜짝 놀란다.

세상에, 저렇게 아름다운 사람이 있었는가!

감탄과 함께 진한 감동이 온다. 그 감동이 사라지지 않고 계속 울리다가, 영혼까지 닿는다. 마음에서 영혼으로 함께 울리면서, 그 감정이 바로 사랑이라는 것이 깊은 속에서 깨달아진다.

그럴 때 마음은 지극히 순수해진다. 불순하고 어지러운 것들이 나도 모르게 사라진다. 아름다운 손님이 방 안에 들어왔을 때, 온 방의 분위기가 전혀 달라지는 것과 같다. 마음이 그렇게 깨끗하고 순수해질 수 있다는 것이 신기하다. 그 마음에 사랑의 감동만 지순하게 넘치는데, 그것은 이제까지 전혀 모르던 느낌이다.

내가 이런 마음에 이런 사랑을 품고 있는가?
이 사랑이 어디에서 온 것일까?
내가 모르던 것이면, 나에게 있던 것은 분명히 아니다.
그러면 어디에서 온 것인가?

바로 천국에서 온 것이다. 사랑의 근원은 천국이고 거기에 계시는 주님이기 때문이다. 천국에서 태양처럼 빛나는 주님에게서, 사랑의 영기가 햇살처럼 퍼지고, 그 영기가 온 천국을 채우고, 또 지상으로도 끊임없이 흘러오는데, 바로 그 영기가 드디어 내 속으로 특별하게 유입된 것이다(2장 개별적 유입 참조). 우리가 전혀 의식하지도 못하지만, 후에 알고 나면 신기하기 짝이 없는 영적 사실이다.

그런데 문제는 많은 사람이 그 사실을 모른다. 사랑의 근원은 자기의 가슴이라고 생각한다. 그 야릇한 감정이 자기의 가슴에서 처음으로 느껴졌으니, 근원이 거기라고 생각하는 것이다. 지순하게 아름다운 사랑, 물론 가슴에서 느끼지만, 천국에서 오는 영기를 받을 때만 느낀다. 그 근원이 천국이기 때문이다. 그런 사실을 전혀 모르고, 사랑은 자기 스스로 느낀다고, 그래서 근원이 자기라고 착각하는 사람들이 많다.

그런 사람들은 정직한 눈으로 자기 속을 들여다볼 필요가 있다. 자세하고 솔직하게 살펴보아야 한다.

그렇게 들여다본 자기의 가슴속은 어떤가?

온갖 불순하고 어지럽고 이기적인 욕심들이 가득하다. 비열하고 사악하고 떳떳하지 못한 생각들도 끊임없이 난무한다. 겉으로는 선량한 척, 훌륭한척하지만, 보는 사람만 없다면 그런 것들이 멋대로 튀어나온다. 보는 사람이 있어도 성질을 못 참으면 어쩔 수 없이 튀어나오기도 한다. 사람의 마음이 쓰레기통은 아니지만, 솔직히 말하면 쓰레기보다 더 불결한 것들이 많다. 맑고 아름다운 것과는 거리가 먼데, 대부분의 사람이 다 그렇다.[1]

그런 마음에서 과연 지순한 사랑이 생길 수 있을까?

거기에서 흠과 티가 없이 순결한 사랑이 과연 피어날 수 있을까?

내 마음은 정말 순결하고 깨끗해서 그런 사랑도 당연히 피어난다고 그렇게 자신 있게 말할 수 있는 사람이 과연 있을까?

> 우리는 사랑의 근원에 대해서 어리석고 오만한 착각은 하지 말아야 한다. 자기가 사랑의 근원이라고 착각할 때, 그런 오만한 마음은 천국을 향해서는 굳게 닫혀 있다. 천국에서 오는 사랑의 영기에서 차단된 것이다. 참사랑을 찾으려고 하지만, 착각의 어둠 속을 더듬는 수밖에 없다. 희미하게 더듬다가 안 보

---

[1] [렘 17:9] "만물보다 더 거짓되고 부패한 것은 사람의 마음이라 누가 이것을 알리오만 은 나 여호와는 그 마음을 살피느니라."

이면 그 뒤에 실망이 오는 것은 당연하다. 사랑한다고 수선을 피던 허다한 남녀들이 결국 실망에 빠지고 마는 것은 바로 그런 이유이다.

참사랑을 깨달으려면 당연히 그런 착각에서 벗어나야 한다. 분명히 유념해야 하는 사실은 우리 인간, 나 자신에게 진정한 사랑은 없다는 것이다. 우리는 철저히 이기적 성향으로 태어나기 때문에 자기를 위한 욕심만 있을 뿐 남을 위한 사랑은 없다. 남을 위하는 마음이 조금 있을지 몰라도 그것은 자기의 이기심을 채우기 위한 것일 뿐이다.

인간이란 원래 텅 빈 그릇으로 태어난다.[2] 그래서 우리 마음은 텅 빈 그릇과 같고 거기에 이기적인 욕심이 두텁게 묻어 있어서 악취를 풍길 때가 많다. 그런 마음에 탐나는 것들을 끊임없이 담고 싶어 하는데, 그 이기적 욕심은 끝이 안 보인다. 사랑과는 거리가 먼 것이다. 인간의 마음 밑바닥은 그렇다. 참사랑을 깨달으려면 먼저 이 사실을 분명히 보아야 한다.

지금 이 말이 어떤 독자에게는 매우 의아(疑訝)스러울지도 모르겠다.

이제까지 언급한 혼인애라는 아름다운 사랑, 그것은 마음에 품는 것인데, 사람의 마음이 그렇게 추악하다면, 그 사랑은 어떻게 품는가?

이렇게 당혹스러워하는 사람도 있을 것이다. 드물기는 하지만 그래도 우리에게는 순수한 마음도 있고, 거기에 진정한 사랑을 품을 수도 있다고, 그렇게 믿는 사람에게는 더욱 실망스러울 것이다. 그러나 그 당혹과 실망을 잠깐만 내려놓기를 바란다.

우리는 사실을 정확히 짚고 넘어가야 하는데, 인간의 마음을 그 밑바닥까지 살펴보고 사실대로 말하면, 거기에 순수한 사랑은 없다.[3] 사람들의

---

[2] [행 9:15; 롬 9:24; 딤후 2;21] 참조.
[3] [겔 33:31] "입으로는 사랑을 말하나 마음으로는 이익만 따르느니라" [롬 3:10-12, 참조].

행동에서 사랑의 모습이 간혹 보일 때도 있다. 남을 돕기 위해 열심을 낸다든지, 가진 재산을 아낌없이 내놓는 사람들도 보인다. 그러나 그런 것들도 자기의 숨은 이득을 위해 겉으로 꾸미는 경우가 많다. 그 본심과 근본 동기를 자세히 들여다보면, 교묘하게 숨어 있는 이기적 속내가 드러난다.

겉으로는 남을 위한다고 하면서도 속으로 염두에 두는 것은 자기 이익이다. 입으로는 사랑을 말하나 마음으로는 이익을 따른다. 사람의 속을 들여다보면 거의 다 그렇다. 한마디로 인간의 본성은 철저하게 이기적이기 때문에, 사랑이 간혹 있는 것 같이 보여도, 실은 이기의 가면일 뿐이다. 우리에게는 애초부터 사랑이 없기 때문에, 우리가 사심 없이 스스로 남을 사랑하는 것은 불가능하다.

어떤 경우에는 우리도 마음에 참 사랑을 품을 수 있고, 누구를 사랑할 수도 있는 것 같다. 그러나 그것은 잠깐뿐이다. 세상만사 변하지 않는 것이 없는데, 인간의 마음도 그렇고, 젊은 남녀들의 마음은 더욱 그렇다. 순수해 보이던 것이 어느새 불순해지고, 좋아한다고 수선을 피던 것이 어느새 시들해지고, 한창 뜨겁게 타오르던 감정도 어느새 식어 버린다. 세상 남녀들의 울고 웃는 사랑의 모습이란, 아무리 수선을 피우고 열을 내더라도 대부분 그렇다. 얼마 뒤에는 얄팍한 본색이 드러나서, 상처와 허무로 끝나는 경우가 많다.

지금도 주변에서 수없이 들려오는 사랑 이야기가 다 그렇지 않은가?

이런 것들이 인간의 변덕 속에 나타나는 사랑의 겉모습이다. 우리 인간에게서 비롯되는 것이란, 사랑이니 아름다움이니 해도 결국은 그렇게 변덕과 허무로 끝나고 만다. 겉모양은 그럴듯하게 꾸밀 수 있어도, 우리 자신에게는 실제의 내용이 없기 때문이다. 적어도 참사랑을 이야기하려면, 그런 겉모습에 속지 말아야 한다.

그다음으로 유념해야 할 사실은, 사랑의 근원은 천국이라는 것이다. 좀 더 엄밀히 말하면 천국에 계시는 주님이다. 천국에는 주님에게서 발원하는 사랑의 영기가 공기처럼 충만하고, 그 영기는 세상으로도 흘러내려서, 우리 사람 속으로 유입된다는 사실은 전술했다. 그 영기에 주님의 지혜로운 사랑이 담겨 있어서, 우리가 주님의 영기를 받을 때, 바로 그 사랑을 깨닫는데, 이것은 이미 2장에서 자세히 설명했다.

앞에서 말한 대로 인간은 겉도 속도 아예 빈 그릇으로 태어나서, 그 그릇에 지식이나 경험이나 생존에 필요한 것들을 담는다. 그리고 다른 원하는 것들을 담는다. 참사랑을 원한다면 그것을 담아야 한다. 그런데 그 사랑은 주님에게서만 온다. 그 사랑을 얻고 싶다면 주님 앞으로 나와야 한다. 이기적 욕심을 깨끗이 비우고, 마음을 주님에게 활짝 열고, 주님의 사랑을 받아서 담아야 한다. 참사랑이 담긴 주님의 영기를 받아야 하는 것이다.

그렇게 주님에게서 오는 사랑의 영기를 받을 때, 맨 먼저 나타나는 현상은 우리 마음이 지극히 순수해지는 것이다. 마음에 숨어 있는 온갖 불순하고 사악한 것, 욕심스러운 것들이 신기하게 사라진다. 영기의 흐름이 그런 것들을 깨끗이 몰아낸다. 지저분한 방을 깨끗이 치우고, 향로를 피워 놓는 것과 같다. 향로에서 피어나는 향연이 방안의 퀴퀴한 냄새까지 깨끗이 몰아내는 것처럼 사랑의 영기가 우리 마음속의 퀴퀴한 것들까지 깨끗이 몰아낸다.

그래서 우리 마음은 이제까지 그래 본 적이 없을 만큼 순수해지는데, 그 사실이 경이롭기만 하다. 그렇게 우리 마음이 순수하게 정화되면서 주님에게서 발원하는 사랑의 영기가 계속 채워진다. 우리가 누구를 진정으로 사랑할 수 있는 것은 그 영기로 채워지는 주님의 사랑을 받아서 서로 주고받을 때이다.

그릇은 뚜껑으로 닫혀 있으면 아무것도 받지 못하는데, 사람의 마음도 그렇다. 닫혀 있으면 사랑의 영기를 받을 수 없다. 그래서 주님은 지금도 우리 마음이 열리기를 기다리고 계신다.[4] 우리가 마음을 열고 주님의 사랑을 받아들이기를 원하신다. 그 사랑을 넘치게 받을 때, 그래서 우리 마음에 감사와 감동도 넘칠 때, 그때만 우리는 진정한 사랑을 깨달을 수 있고, 또 그런 사랑을 남에게 줄 수 있다. 그럴 때만 우리는 진정으로 남을 사랑할 수 있는 것이다. 우리 인간에게 사랑이 없다는 말로 좀 전에 당혹하고 실망했던 사람은 여기에서 다시 희망을 찾기 바란다.

주님의 사랑을 받아 담으려면 우리는 당연히 주님을 향해 마음을 활짝 열어야 하는데, 그것은 종교생활을 열심히 해야만 된다는 뜻이 아니다. 요즈음은 거짓 종교가 인간의 영혼을 오히려 더 오염시키는 경우가 많고, 사이비 성직자라는 것들이 순진한 신도들을 현혹하고 오도하는 경우도 많다. 그런 것들에 속아서는 안 된다.

종교인이 아니더라도 깊은 양심에서 하나님이 살아계심을 깨닫는 사람, 하늘의 뜻이 무엇인가를 살피고 그 뜻을 따르며 양심대로 선하게 살려고 마음을 쓰는 사람, 그런 사람의 마음은 이미 하늘을 향해 열려 있다. 그래서 그런 마음에는 하늘의 영기도 알게 모르게 유입된다.[5]

그리고 특히 어떤 이성에게서 경이로운 아름다움을 보고 놀랄 때, 깊은 양심 속에 잠들어 있던 영이 그 충격으로 깨어나는 경우도 있다. 어느 날 갑자기, 눈부신 매력을 풍기는 사람이 혜성처럼 나타난다. 엄청난 충격을 받고, 그때부터 자기가 딴 세상에 와있다는 느낌이 든다. 전혀 알지 못하던 세계에 갑자기 들어서서 생각도 의식도 정체불명의 감동에 사로잡혀 있는 것이다. 충격과 감동의 여파가 속에서 계속 소용돌이치는데 도대체 무슨 영문인지 알 수 없다.

---

4 [계 3:20] "내가 문밖에 서서 문을 두드리노니 … ."
5 [마 8장] 선한 백부장의 이야기

그러나 한 가지만은 분명한데 그 사람의 모습이 온 의식의 하늘을 가리고 사라지지 않는다는 것이다. 그리고 그 사람을 향한 그리움이 견딜 수 없다는 것이다. 유사한 경험이 있는 사람은 그 느낌을 알 것이다. 실은 잠자고 있던 그의 영이 충격으로 깨어나서 하늘에서 흘러오는 사랑의 영기에 사로잡혀 있는 것이고 그의 영 속으로 천국의 사랑이 경이롭게 유입되고 있는 것이다. 그럴 때는 그가 종교인 여부와 상관없이 참사랑을 제대로 깨닫게 된다.

그래서 우리가 참사랑을 원한다면, 그 사랑을 품고 또 상대방과 나누고 싶다면 우리는 하늘을 향해 겸허해야 한다. 마음을 열고 천국에서 오는 사랑의 영기를 받아들여야 한다. 그렇게 받아서 그 사랑을 서로 주고받는 것이다. 이렇게 겸허한 마음으로 천국의 사랑을 받아서 그 사랑을 상대방에게 그대로 전하는 것, 그것이 진정한 사랑이다. 참사랑은 천국의 사랑이고 바로 주님에게서 오기 때문이다.

광합성 현상의 예에서 전술한 대로 지상 모든 생물이 활동하는 힘은 자기에게 있던 것이 아니라, 태양에게서 받은 것이다. 사랑의 경우도 마찬가지다. 그래서 다시 강조하지만, 우리가 누구를 진정으로 사랑한다면, 그것은 우리에게 있던 사랑이 아니라 주님에게서 받은 것이다. 주님의 사랑을 받아서 전하는 것뿐이다.

우리 스스로는 그 누구도 사랑할 수 없다. 영기의 유입으로 주님에게서 사랑을 받아들일 때, 그때만 우리도 누구를 사랑할 수 있다. 주님의 사랑을 받아들이고 감사하고 감동할 때 오직 그럴 때만 우리는 누구에게 참사랑을 줄 수 있고, 진정으로 사랑할 수 있는 것이다.

어두운 밤을 환하게 밝혀 주는 달은 참 고마운 존재이다. 그래서 그 달에게 바치는 시와 노래도 많다. 그러나 그 환한 빛은 달이 스스로 내는 것이 아니다. 태양 빛을 받아서 그대로 전하는 것뿐이다. 참사랑도 마찬가지다. 이기심이 캄캄하게 드리워진 세상, 거기를 사랑이라는 빛으로 밝혀 주는 사람이 있다면, 그 사람은 달같이 고마운 존재이지만, 그 사랑의 빛은 그 사람에게서 오는 것이 아니라 주님에게서 오는 것이다.

지금 내가 스스로 품은 사랑이 이렇게 아름답고 그래서 이런 사랑으로 나도 누구를 순수하게 사랑할 수 있다고, 지금도 한창 열을 내는 젊은이들도 있을 텐데, 진정한 사랑을 알기 위해서는 그런 착각에서 당장 벗어나야 한다. 우리 마음에 스스로 품은 것은 우리의 변덕에 너무도 쉽게 흔들린다. 가볍고 텅 빈 그릇이 물 위에 떠 있는 것과 같다. 사람의 마음이라는 그릇은 매우 가벼운 데다가 변덕이라는 물결 위에 떠 있다. 쉽게 흔들리다가 심하면 뒤집어지는 경우도 많다.

남녀 관계에서는 특히 더 그렇다.

그렇게 뒤집어지는 경우를 우리는 지금도 수없이 보고 있지 않은가?

묵직한 것을 깊이 담지 않으면 그렇다. 마음 깊이에 참사랑을 묵직하게 담기 원하는 사람은, 그 사랑의 근원이 내가 아니라 주님이라는 것을 분명히 깨닫고, 주님에게서 유입되는 사랑을 그렇게 담아야 한다.

사랑은 받은 사람만이 줄 수 있다. 이것은 만고불변의 진실이다. 나에게 있어야만 남에게 줄 수 있는 것이다. 어릴 때부터 사랑을 받지 못하고 내팽개쳐진 채 자란 사람은 남을 사랑할 줄 모른다. 사랑을 배우지도, 느끼지도 못했고, 품고 있지도 않기 때문이다. 사랑을 듬뿍 받은 사람이라야 남을 사랑할 줄도 안다.

남녀의 사랑은 더욱 그렇다. 내가 받아야 남에게도 줄 수 있는데, 그 사랑은 주님에게서만 받는다. 그렇게 받아서 상대방에게 주는 것이다. 그래서 우리는 사랑에 대해서 겸허해야 한다. 먼저 주님에게 마음을 열고, 주님의 사랑을 받아들여야 한다. 그리고 그 사랑을 상대방에게 줄 때, 그럴 때만 참사랑을 주고받는다. 그런 사랑을 그렇게 주고받는 남녀가 진정한 연인들이다.

사랑의 근원은 내가 아니라 주님이라는 것. 이 사실은 아무리 강조해도 지나치지 않다. 참사랑은 오직 주님에게서만 흘러나와 우리에게서 실질적인 모습으로 나타나기 때문이다. 그래서 참사랑은 주님의 반영(反影)이다. 달빛이 태양 빛의 반영인 것과 같다. 주님에게서 발원하는 사랑의 영기가 우리의 영과 혼으로 흘러들어와 우리 몸의 말단 부분까지 통과하면서, 주님의 모습으로 나타나기 때문이다. 달리 말하면, 주님의 영기가 우리 속을 전류처럼 흐를 때, 우리 몸이 작동되어 사랑이 나타난다. 전기 히터에 전류가 흐를 때, 그 기능이 작동되어 따뜻한 열이 나오는 것과 같다. 진정한 사랑은 그렇다. 그런 사랑만이 혼인애로 성숙하는 것이다.

저세상 이야기(2): 천국 부부의 외모

천사들의 외모는 얼마나 아름다울까?
지금 당신의 마음에 기억되는 가장 아름다운 사람, 그 사람의 모습을 눈앞에 떠올려 보라. 그 사람에게서 또 가장 아름다웠던 모습을 상기해 보라. 그 모습에 천국의 아름다움이 입혀져서, 흠과 티가 없이 완전해진 모습을 상상해 보라. 천사들은 그런 모습이다. 그런데 천국 부부의 경우, 그 모습에 천국의 혼인애가 입혀져서 더 아름답다. 천국에서 그런 부부를 만난 이야기를 해야겠다.

내가 영계의 나지막한 언덕에 앉아서 평화로운 들판을 내려다보고 있는데, 저 멀리에서 훌륭한 수레 하나가 오고 있었다. 그 수레는 좀 전에 공중에서 내려온 것 같았고, 그 안에 천사 하나가 타고 있었다. 그런데 가까이 왔을 때 보니 남녀 천사 둘이었다. 내 눈이 잘 못 본 것이 아니라, 그들이 부부여서 하나로 보인 것을 나중에 알았다. 천국에서 부부는 온전히 한 몸, 한마음으로 살기 때문에 멀리에서 보면 한사람으로 보인다.

그들이 수레에서 내려서 나에게 다가왔다. 가까워지는 그들의 모습에 내 속에서는 탄성이 절로 나왔다. 인간의 언어로는 형용할 수 없는 아름다움이 내 눈을 사로잡았기 때문이다. 천국의 남녀가 인간의 상상을 초월할 만큼 아름답다는 것은 짐작하고 있었지만, 나는 그들 부부를 바라보면서 그 사실을 경이의 눈으로 확인하고 있었다. 맑고 고결하고 우아하고, 그 이상 뭐라 말할 수 없이 감탄스러운 그들의 아름다움은 눈부시면서도 부드러운 광채와 같아서 그들의 주변까지 신비한 빛으로 물들여 놓는다. 천국 부부의 모습을 보여 주라는 주님의 명을 받고 왔다고 남편이 말했다.

우리가 부드러운 잔디밭을 천천히 거닐며 이야기를 나누는 동안, 나는 그들의 모습을 계속 관찰하고 있었다. 남편의 얼굴은 투명해 보일 만큼 고결했으며, 이마에서는 지혜가 맑은 광채로 풍기고 있었다. 그의 눈은 총명하게 빛나면서도 그의 얼굴에서는 따뜻함과 너그러움이 미소로 풍겼다. 아내를 넉넉하고 자상하게 품어 주는 모습으로 든든하고 믿음직스러워 보였다. 한마디로 남편의 용모는 지혜와 고결함 그 자체였다.

아내의 얼굴은 마주 보기가 어려웠다. 그 아름다움에 눈이 부시는 것 같아서였다. 세상에서도 눈부시게 아름답다는 말이 있지만, 그때 아내의 모습은 훨씬 더 그랬다. 천사의 아름다움을 한 여인의 모습으로, 또는 아내의 모습으로 남김없이 보여 주고 있는 그녀를 나는 눈을 확실하게 뜨고 좀 더 자세히 보려고 애를 썼다.

거의 투명하리만큼 깨끗한 그녀의 얼굴은 바로 아름다움 그 자체인 것처럼 흠이 없었는데, 티 없이 뽀얀 뺨에는 보일 듯 말 듯 홍조를 띠고 있었다. 그러나 그녀의 얼굴에서 가장 두드러지는 것은 역시 그녀의 눈이었다. 그녀의 내면에 있는 영혼의 방, 그 안까지 그대로 들여다보일 것 같이 맑으면서도, 신비하게 반짝이는 그녀의 눈, 그 아름다움은 그저 감탄으로 바라볼 뿐, 말로 표현할 수가 없다. 내 시선을 온통 사로잡고 있었지만, 따뜻하고 온유한 기운을 풍기고 있어서, 그 눈빛을 받는 마음이 저절로 포근해지고 있었다. 아마도 남편을 향한 그녀의 지순한 마음, 그 마음에 깊이 품고 있는 사랑이, 그녀의 눈빛을 그렇게 만들어 놓은 것이리라. 여인의 마음이라는 밀실, 환한 불빛이 비치는 그 창문이 잠깐 열렸을 때, 그 안에서 살짝 보이는 여인의 아름다운 자태, 그것을 그녀의 눈을 통해서 들여다보는 느낌이었다.

그녀에게서는 또 신비한 향기가 은은히 풍기고 있었는데, 아마도 천국 여인들에게서 풍기는 향기이리라. 지상의 꽃들이 태양의 기운을 받아서, 저마다 독특한 향기를 풍기는 것처럼, 천국의 여인들은 주님의 영기를 받아서 그렇게 향기를 풍긴다. 그녀도 과연 그녀의 개성이 진하게 담긴 향기를 아름답게 풍기고 있었다. 그녀의 미소 짓는 얼굴 표정, 조용한 발걸음, 단정한 몸동작 하나하나가 그대로 아름다움 그 자체였고 그렇게 움직일 때마다 그녀만이 풍기는 신비한 향기가 계속 풍겨 나왔다. 천국에서 한 남자의 아내로 사는 여인의 아름다운 모습을 그대로 보여 주고 있었다.

그렇게 그녀에게서 내 눈을 떼지 못하고 있는데 그녀의 미소가 나에게 햇살처럼 밝게 다가오면서, 그녀의 목소리가 내 귀에 울렸다.

"당신은 지금 누구의 모습을 보고 계신 지 아십니까?"

목소리는 마음의 상태를 나타낸다. 기쁠 때와 슬플 때, 사랑할 때와 미워할 때 나오는 목소리가 다르다. 엄마의 목소리가 따뜻한 것은 엄마의 마음이 그렇기 때문이다. 연인의 속삭임이 달콤한 것도 사랑을 담은 마음이 그렇기 때문이다. 마음에 담은 것이 목소리로 울린다.

마음에 천국의 사랑을 담고 있으면 그 목소리가 얼마나 아름다울까?

그녀의 목소리가 바로 그랬다.

그들의 아름다움은 주님에게서 비롯된 것이다. 그들은 안팎으로 주님의 영기에 잠겨 있어서 주님이 그들의 외모에서도 형상화되어 나타나신다. 그들의 개성에 따라 주님의 모습이 그들의 모습과 조화되어 나타나는 것이다.

그래서 내가 그들에게서 보는 아름다움이란 주님의 모습이다. 그 사실을 알고 있느냐, 그녀의 질문은 그런 뜻이었다. 천국의 부부가 어떻게 아름다운지 그리고 주님에게서 발원하는 혼인애가 그 모습에서 어떻게 풍기는지 그것을 지금 당신에게서 보고 있다고, 그러나 눈이 부셔서 온전히 바라볼 수가 없다고 내가 대답했다.

"세상에서는 태양 빛으로 사물을 보지만, 여기에서는 모든 것을 주님의 빛으로 봅니다. 그 빛 아래에서 드러나는 천국의 아름다움은 볼 때마다 눈이 새로워지지만, 그 원천은 주님입니다. 여기에 있는 모든 것은 주님의 아름다움을 받아서 나타내지요."

그녀는 잔잔한 미소로 응답했다. 그때 그녀의 미소 띤 얼굴은 온전한 혼인애를 누리도록 인도하시는 주님과 또 그런 사랑으로 품어 주는 남편에 대한 감사로 감동에 넘치는 표정이었다. 그런 아내의 얼굴이 뽀얀 안개 속처럼 멀리 있는 것도 같고, 또 숨소리가 들릴 만큼 가까이 있는 것도 같았다.

내 눈이 그들의 모습에 좀 더 익숙해지고, 그들과 좀 더 친밀감이 느껴지면서, 나는 그녀를 자세히 살펴보았다. 그녀의 눈은 따뜻하면서도 지혜로 반짝였는데, 그 눈빛은 남편에게서 받는 지혜의 빛이었다. 세상에서도 귀엽고 사랑스러운 여인이 지혜로 반짝일 때, 그 아름다움에는 더 보탤 것이 없으리라. 그녀의 눈이 바로 그랬다. 천국에서 아내는 남편에게서 지혜를 받고 또 그 지혜로 남편을 사랑하는데, 바로 그런 사랑과 지혜가 그녀의 눈에서 영롱하게 반짝이고 있었다.

그녀의 머리에는 섬세한 꽃 관이 있었고 그 모습은 세상의 어떤 여왕보다도 우아하게 보였다. 사람은 겸허할 때 우아해 보이고, 남을 존중할 때 고귀해 보인다. 그 사실을 그녀가 그대로 보여 주고 있었다. 그녀가 세상에서부터 품고 살았던 겸허하고 온순한 여성스러움 그리고 지금 남편에 대한 지순한 사랑과 존경이 그녀를 여왕보다 더 고귀하고 우아한 모습으로 만들어 주고 있었다.

그녀의 꽃 관 밑으로 반짝거리는 머릿결은 자연스럽고도 흐트러짐 없이 단정했는데, 그것은 남편에 대한 그녀의 정숙한 마음을 그렇게 보여 주는 것 같았다. 침실에서 그녀가 관을 벗고 남편을 대할 때에도 자르르한 그 머릿결은 조금도 흐트러짐 없이 흘러내려서 남편에 대한 그녀의 정숙함을 그대로 보여 줄 것 같았다.

그녀는 또 진주 목걸이와 홍옥 팔찌를 하고 있었는데, 그녀의 백옥 같은 살결 위로 그 보석들이 더욱 선명하게 보였다. 천국에서 아내들은 그런 꽃과 보석들로 장식하는데, 그것은 자신의 아름다움을 돋우어서 스스로 기뻐하거나 자랑하기 위한 것이 아니라, 남편에 대한 사랑을 그런 모습으로 나타내어서 오로지 남편을 기쁘게 하려는 것이라 했다.

그녀의 몸을 부드럽게 감고 있는 옷은 발끝에 끌릴 만큼 길고 우아한 주황색이었는데, 옷자락이 부드럽게 흔들릴 때마다 그녀의 향기가 옷 색깔과 섞여서 풍겨 나왔다. 그런 색깔의 향기는 아늑한 부부의 침실과 거기에서 풍기는 달콤한 분위기를 연상하게 했는데, 그것은 그녀가 침실에서 남편에게 주는 기쁨을 나타내는 것이라 했다.

그녀가 몸을 움직일 때마다 하늘거리는 옷자락 밖으로 그녀의 예쁜 가슴과 가느다란 허리 그리고 몸매의 윤곽이 아름다운 곡선으로 드러났다. 그 자태는 마치 휘장에 살짝 가려진 여신상 같은 모습이었고, 젊음이 넘치는 여인의 감미로운 자태를 신선하게 풍기고 있었다. 그런 모습은 천국에서 아내의 모습이 어떤지, 그 아내가 남편에게 바치는 사랑이 어떤지, 그리고 혼인애 안에서 누리는 그들의 사랑도 얼마나 즐겁고 아름다운지를 단적으로 보여 주고 있었다.

그리고 또 하나 신기한 것은 그녀의 얼굴 주변에 어리는 광채였다. 처음 볼 때는 별로 눈에 띄지 않았는데, 우리가 함께 거닐며 이야기를 나누는 동안 그리고 내 눈이 그녀의 모습에 익숙해지면서, 그 광채도 뚜렷이 보였다. 남편에게도 그런 광채가 있었는데, 아내가 더 뚜렷했다.

그녀의 광채는 그녀가 남편을 향해서 움직일 때마다 색깔이 변했고, 더 신기한 것은 둘이 같은 방향으로 움직일 때, 그 광채는 더 빛났다. 천사들은 그렇게 얼굴 주변에 광채가 나타나는 경우가 종종 있는데, 사랑의 감정이 마음에 넘칠 때, 특히 진하게 나타난다고 한다. 우리가 함께 대화를 나누는 동안, 남편을 향한 그녀의 애정이 더욱 간절히 타올라서 그런 광채로 나타나는 것이리라. 부부가 그들의 마음속에 타오르는 사랑을 무지개 같은 후광으로 나타내는 모습, 천사 부부의 아름다움은 바로 그랬다.

그렇게 그들이 보여 주는 외모에는 함께 누리는 사랑의 기쁨과 또 감사에 넘치는 마음이 생생하게 담겨 있었다. 한마디로, 그들이 천국에서 누리는 혼인애의 모습이었다. 천국의 아름답고 고결한 사랑, 진정한 혼인애의 기쁨을 지극히 평화롭게 누리며 사는 모습이었고, 그런 사랑과 기쁨들이 그들에게서 향기처럼 풍기고 있었다.

제8장

나의 소중한 분신(分身)

1. 훌륭한 짝

　남자와 여자가 전혀 다른 곳에서 전혀 다르게 살아오다가 가장 가까운 부부 사이로 만나는 것은 실은 기막힌 인연이다. 세상이라는 끝 모를 바닷가 거기에 모래알같이 무수한 사람 중에 생판 모르던 남녀가 보이지 않는 손에 이끌린 듯 서로 만나서 가슴 두근거리는 사랑을 느끼다가 마침내 가연으로 맺어진다.

　둘이 서로에게 가장 소중한 사람이 되어 아낌없는 사랑으로 서로를 품어 주면서 죽음으로 갈라질 때까지 한 몸 한마음으로 함께 사는 것, 생각해 보면 그것은 세상에서 가장 기이하면서도 가장 아름다운 일이다.

　그들이 가정이라는 아늑한 뜰에 부부애라는 꽃을 심어 놓고 함께 정성으로 가꾸어서 그 꽃이 혼인애로 피어난다면 세상에 그보다 더 아름다운 것이 어디 있을까?

　그러려면 우선 짝을 만나야 한다. 누구나 훌륭하고 멋있는 짝을 찾기를 바란다. 그래서 그럴듯한 짝을 만나면 행운이라고 생각한다. 그러나 진정 나와 맞는 짝을 쉽게 빨리 만날 수 있는 것은 아니다. 실은 만난 다음에 그런 짝으로 변화되는 것이다. 어쩌다가 그럴듯하게 보이는 후보자가 나타났다 해도, 알고 보면 거의 다 착각이다. 겉으로만 그럴듯하게 보이기 때문이다.

진정으로 맞는 짝은 겉모습보다 서로의 내면이 아름답게 조화되는 짝이다. 남녀가 서로 마음이 맞고, 삶의 관점과 목표가 같고, 기질과 취향이 맞고, 생활 습관까지 서로 거슬리는 것이 없다면 매우 이상적이다. 그런 사람과는 마음과 행동이 안팎으로 맞아서 함께 있으면 즐겁고 편안하고, 모든 면에서 서로 아름답게 조화가 된다.

그러나 그런 짝은 운 좋게 금방 만나는 것이 아니다. 사람의 내면은 천차만별로 달라서 단 두 사람이 만나도 서로 맞지 않는 점이 많고, 그런 것들을 조화시키기가 어렵기 때문이다. 어떤 인연으로든 남녀가 일단 만난 뒤에 진정한 사랑으로 서로를 품어 주면서 서로의 내면이 맞도록 지혜롭게 다듬어 갈 때, 그럴 때만 내면의 조화가 제대로 이루어지고, 서로가 훌륭한 짝이 된다.

그래서 남녀가 서로에게 훌륭한 짝이 되는 최선의 방법은 서로가 사랑으로 너그럽게 끝까지 품어 주는 것이다. 어머니의 사랑을 생각해 보면 어떻게 품어 주는지 깨닫게 된다. 어머니는 자식이 못났든 잘났든 세상 떠나는 날까지 무조건 품어 준다. 남녀 관계도 서로를 그렇게 품어 줄 때, 그들은 훌륭한 짝으로 다듬어진다. 그런데 많은 남녀가 여기에서 실패한다. 사랑한다, 좋아한다 하면서도 서로를 품어 줄 줄은 모르기 때문이다.

남녀가 처음 만났을 때는 성격과 자질과 습관의 차이 때문에 맞지 않는 점이 많다. 당연하다. 그로 인해 서로 부딪쳐서 힘들 때도 있다. 부부로 맺어진 다음에는 그 차이가 더 드러나고 서로의 충돌이 더 심각해지는 경우도 많다. 그런 문제는 오로지 사랑으로 품어 주고 인내할 때만 해결된다. 사랑하는 마음에서 지혜가 나오고 그 지혜로 해결되는 것이다. 서로 아프게 부딪치던 것들을 사랑의 지혜로 다듬어갈 때, 매끄럽고 부드럽게 다듬어져서 서로가 잘 맞는 짝으로 변화된다.

바닷가에는 동그랗고 매끄럽게 다듬어진 조약돌이 많다. 그러나 그 돌들이 처음부터 그렇게 매끄러웠던 것은 아니다. 울퉁불퉁 모가 나 있었고 예쁘지도 않았다. 그러나 오랜 세월 서로 부딪치며 함께 지내다 보니 모난 것들이 닳아 없어지고, 그렇게 동글동글하게 예뻐진 것이다. 부부 사이도 마찬가지다. 거칠고 모난 성격과 기질들이 서로 부딪치면서도 아픔을 참고 서로 품어 주면서 오랜 세월 함께 살다 보면 그런 것들이 매끄럽게 다듬어진다. 그런데 그것은 사랑과 지혜로만 가능하다. 사랑으로 품어 주고 지혜로 다듬어 줄 때 서로가 예쁘고 훌륭한 짝이 된다.

그렇게 부부가 사랑과 지혜로 서로를 다듬어 주며 훌륭한 짝으로 변화되는 것은 부부의 자질에 달려 있고, 그들의 수준과 분량에 달려 있다. 다른 말로 하면 그들의 마음에 담고 있는 사랑의 깊이와 넓이에 달려 있다. 그 사랑에서 지혜가 나오고 그 지혜로 깨닫는 만큼 변화되기 때문이다. 한마디로 사람을 변화시키는 것은 그가 품고 있는 사랑뿐이기 때문이다.

2. 사랑의 학습

어떤 남녀는 결코 맺어지지 말아야 할 사람들이 어쩌다가 만나서 짝이 된 경우도 있다. 어떤 부부는 마음이 서로 너무나 어긋나서 '왜 하필 저런 사람끼리 만났을까?' 하며 본인들은 물론 주변에서도 도저히 납득이 안 되는 경우도 있다. 그래서 평생을 뼈저린 후회로 몸서리치다가 결국 참지 못하고 갈라서기도 한다. 그것은 성급하고 무분별한 선택의 결과로 보이지만, 우리네 인생살이에는 그런 경우가 하나둘이 아니다.[1]

---

1   너새니얼 호손(Nathaniel Hawthorne)의 『주홍글씨』(*The Scarlet Letter*) 15장, Hester Prynne의 탄식 참조

그러나 그런 만남도 실은 보이지 않는 손안에서 이루어진 일이다. "너는 그런 짝을 만나서 그렇게 살 필요가 있다. 무슨 필요인지 당장은 몰라도 된다. 하여간 그 사람과 묶여서 그렇게 살아라!"라는 명령일 것이다.

우리의 삶이란, 내 삶의 주인이 나 자신이 아니기 때문이다. 우리를 만드신 조물주가 우리의 주인이고, 우리는 그 주인의 명령대로 살뿐이다.[2]

그래서 우리가 서로 심하게 부딪치는 사람을 만났다면, 우리는 꼭 그런 사람을 만나서 그렇게 살 필요가 있었는지도 모른다. 어차피 우리의 오염된 내면은 거칠고 울퉁불퉁해서 그런 것들이 깨어지고 다듬어져야 하는데 그것이 혼자서는 불가능하다. 반드시 누구와 부딪쳐야 한다. 그것도 여지없이 깨어질 만큼 힘껏 부딪쳐야 한다. 그래서 그렇게 부딪칠 사람이 필요한데 바로 그 사람을 만나게 되는 것이다.

그래서 밉든 곱든 내가 만난 사람이 바로 그 역할에 적격일 것이다. 그 사람과 함께 부딪치는 삶을 통해서 필요한 깨달음을 얻고, 그렇게 해서 거친 내면이 깎여지고 다듬어지라는 것, 악연처럼 보이는 남녀의 만남도 실은 그런 명령일 것이다. 그런 부부가 속을 끓이면서도 묶여 살든지, 아니면 도저히 못 참고 헤어지든지 여하간에 일단 만난 그 사람이 실은 나에게 가장 필요한 사람이었을 것이다.

이렇게 부부가 성격과 기질이 맞지 않아서 서로에게 끊임없이 시달리며 사는 것. 정도의 차이는 있겠지만, 부부 상당수가 그런 문제에 시달리고 있다. 그런 문제에 대해서 스베덴보리가 하는 말은 이렇다.

> 이 세상은 실재(實在)가 아니다. 저세상이 실재이고, 이 세상의 모든 것은 다 그림자이다. 즉, 저세상의 모형(模形)이고[3] 저세상을 위

---

2 [호 1:2] 참조.
3 [히 8:5] 참조.

해서 설정된 연습 현장이다. 연극으로 말하면, 이 세상은 서막이고 저세상이 본 막이다. 다른 말로, 이 세상은 저세상의 예행 연습이다.

즉, 여기에서의 삶은 하나부터 열까지 모두 저세상의 준비 과정이며[4] 결혼도 마찬가지다. 저세상의 영원한 결혼과 거기에서 누릴 혼인애를 위해서 남녀가 이 세상에서 예비부부로 만나 사랑을 배우고 연습하면서 천국의 결혼을 준비하는 것, 그것이 바로 이 세상의 결혼이라는 것이다. 그래서 여기에서의 결혼이란 저세상의 결혼을 위해서 사랑을 배우고 익히는 사랑의 학습(學習)이다.

그 학습의 당위성은 이렇다. 천국은 사랑의 나라이고, 혼인애의 나라이다. 이웃 간에는 이웃 사랑, 부부간에는 혼인애, 그것을 함께 아우르는 주님의 사랑, 그것이 천국생활의 바탕과 내용이고, 천국생활의 전부이다. 그래서 이웃과 즐겁게 살기 위해서는 이웃 사랑을 깨달아야 하고, 부부로 즐겁게 살기 위해서는 혼인애를 깨달아야 한다. 그 두 사랑을 깨달아야 주님을 제대로 사랑하고, 또 천국생활을 제대로 할 수 있다.

그래서 사랑을 깨닫는 학습이 필요한데, 세상의 결혼생활이 바로 그 학습 과정이다. 세상의 결혼생활을 통해서 천국의 삶과 또 천국의 결혼을 배우고, 연습하고, 준비하는 것이다. 세상 결혼의 중요한 의미가 여기에서도 부각된다.

그 학습 과정은 두 단계를 통과해야 하는데, 하나는 내면의 정화이고, 그다음은 혼인애의 깨달음이다. 먼저 우리 내면을 깨끗이 정화시키고, 그다음에 아름다운 천국 사랑을 담는 것이다. 방을 깨끗이 치우고, 그다음에 귀한 손님을 맞는 것과 같다.

---

4 [마 25:1-10] 준비를 잘한 다섯 처녀의 비유는 바로 그런 뜻.

사랑의 학습 첫 번째 단계: 내면 정화

내면 정화의 필요성은 이렇다. 저세상에서 만나는 나의 짝은 나에게 가장 소중한 사람이고, 나와 영원히 함께 살 사람이다. 그런데 지금 나의 내면은 불순하고 어지럽다. 그런 내면으로는 소중한 짝을 맞아들일 수가 없다. 지저분한 방에 귀한 손님을 맞을 수 없는 것과 같다. 깨끗이 청소한 다음에, 아름답게 정화된 내면으로 그 짝을 맞아드려야 한다.

세상의 결혼으로 만나는 짝은, 우선 그 청소를 도와주는 사람이다. 내 속에는 불순한 것들이 어지럽게 널려있다. 악취를 풍길 때도 많다. 사람들 거의 다 그렇다. 겉모습은 점잖고 선량해 보여도 속을 들여다보면 모두 그렇다. 속이 온전히 깨끗한 사람은 하나도 없는 것이다.[5]

그렇게 우리 내면에 가득한 불순한 것, 그중에 어떤 것은 교묘하게 숨어 있어서 좀처럼 드러나지 않는다. 심지어 자신도 미처 모르는 것도 많다. 그런 내면이 정화되려면 우선 드러나지 않는 것들을 낱낱이 들추어내서, 쏟아내고 폭로시켜야 하는데, 그 역할을 세상의 아내나 남편이 서로에게 해 주는 것이다.

부부가 함께 살다 보면 그렇게 숨어 있는 불순한 것들이 별수 없이 드러난다. 그런 것들이 서로에게 상처와 고통을 주는 경우도 많다. 그래도 아픔을 참고 살다가, 참는 것이 한계에 도달하면 충돌과 비명이 일어난다. 어떤 때는 부부가 성질을 밑바닥까지 들어내며 충돌하기도 한다. 바로 그때 그 밑바닥에 교묘하게 숨어 있던 것들이 낱낱이 드러난다. 상자를 거꾸로 엎어서 쏟을 때 밑바닥에 숨어 있던 것들도 다 쏟아지는 것과 같다. 미처 생각하지 못했던 것들도, 자기가 모르고 있던 잘못들도, 남김없이 드러나는 것이다.

---

5 [롬 3:10] 참조.

부부의 충돌에서 서로를 공격하는 아내나 남편은, 바로 그렇게 숨어 있는 것들을 폭로시키는 역할을 하고 있다. 그래서 부부간의 격심한 충돌로 마음이 뒤집혀서 서로 괴로워할 때는 울고불고하기도 하지만, 실은 서로의 악과 불순을 폭로시켜서, 서로에게 회개를 촉구하는 과정이다. 그렇게 해서 서로가 내면을 정화시켜 주는 촉매 역할을 하는 것이다.

그렇게 부부가 충돌하면서 서로의 내면을 폭로시키는 역할을 해 줄 때, 부부들은 두 가지 유형으로 나뉜다. 지혜로운 부부와 어리석은 부부이다. 부부간에 생기는 마찰로, 사랑을 더 아름답게 다듬는 경우가 있고, 오히려 있던 사랑도 망쳐 버리는 경우가 있다. 주님을 믿고 사는 부부와 주님을 모르는 부부, 그런 경우의 차이이다.

부부간에 심한 충돌이 있을 때, 지혜로운 부부는 상대방을 미워하기보다는 험하게 드러나는 자기 모습을 먼저 본다. 그렇게 폭로되는 자기의 적나라한 모습을 양심의 눈으로 직시한다. 자신 속에 숨어 있던 온갖 추악한 것들이 생생하게 드러나는 것을 보고 경악한다.

내 모습이 이렇게 험악했는가?

내가 이렇게밖에 못 되는가?

부끄럽고 참담하다. 뼈저린 통회와 진심의 회개가 따른다.

이렇게 상대방의 공격으로 자기의 상태를 먼저 살펴보는 이들은 영적 수준이 있는 부부들이다. 그들은 그런 상황에서도 주님을 놓치지 않는다. 먼저 자신의 악을 뼈저리게 깨닫는다. 눈물로 반성하고 회개한다. 그 회개의 눈물이 내면을 정화시킨다. 그러면 사랑 학습의 첫 단계는 제대로 되어 가고 있다.

그러나 어리석은 부부의 경우, 그 소중한 학습은 제대로 되지 못한다. 상대방의 칼날 같은 지적에 자신의 험한 상태는 깨닫지 못하고, 오히려 상대방의 잘못을 더 따지는 역공에만 바쁘다. 자기 잘못을 직시하고 정화시키는 계기가 차단되는 것이다. 그래서 상대방과 평생을 불화 속에 살면서도, 무엇이 잘못된 것인지, 어떻게 해결해야 하는지도 모른 채, 그 속에서 평생을 허우적거린다. 답답하고 어리석은 삶으로 내면 정화의 기회를 낭비하고 마는 것이다.

사랑의 학습 두 번째 단계: 혼인애의 깨달음

이 단계는 남녀의 참사랑을 깨닫는 과정이다. 아름다운 사랑에 대한 갈망과 동경은 누구에게나 있지만, 남녀가 부부가 되어서 함께 살아보지 않으면 그 구체적인 모습은 알 도리가 없다. 남녀가 부부로 살면서 사랑의 실질적인 것들을 하나하나 깨달아 갈 때, 그 깨달음이 혼인애의 성숙에 비료가 된다.

남녀가 결혼을 하고 부부가 되어 함께 산다는 것은, 가정이라는 울타리를 만들고, 그 안에 사랑이라는 나무를 심어놓고, 정성을 다해 가꾸는 것이다. 귀여운 싹이 돋아나서 소담하게 자라는 모습을 함께 바라보면 즐겁다. 신선하게 자라서 꽃이 피고, 열매가 맺어서, 탐스럽게 익어가는 모습에 소망을 두고 정성을 다 쏟는다. 그 열매가 드디어 아름답게 익을 때, 그 것이 바로 혼인애이다.

그러나 부부가 사랑을 가꾸려 할 때, 닥쳐오는 문제가 하나둘이 아니다. 그들의 사랑을 위협하는 적나라한 현실을 낱낱이 보게 되는데, 그 모든 문제의 뿌리는 바로 이기심이다. 내 자아 속에 뿌리 깊이 박혀있는 이기적 욕심, 그것이 나의 성격과 기질의 모양대로 나타나서 상대방에게 독을 풍기는 것이다. 부부간에 닥치는 허다한 문제들의 근원은 바로 이것이다. 사랑의 학습을 제대로 하려면, 이 사실을 뼈저리게 깨달아야 한다.

사랑과 이기심은 서로 상극이다. 사랑을 불이라 하면, 이기심은 물이다. 그래서 서로를 죽인다. 사랑이 불꽃처럼 탄다 해도 이기심이 한 가닥 뿌려지면 금방 꺼진다. 아무리 다정한 부부 사이라도 차가운 이기심 앞에서는 모든 정이 다 떨어지는 것이다. 물과 불이 섞이는 것과 같다.

　그래서 부부가 참사랑을 가꾸며 혼인애를 지향할 때, 가장 먼저 할 일은 이기심을 버리는 것이다. 비정하고 추한 이기심, 거기에서 벗어나지 못하면, 부부가 지금 아무리 서로를 좋아하더라도, 둘 사이가 깨어지는 것은 시간문제이다. 마치 부부 사이에 가로놓인 시한폭탄과 같다. 그래서 참사랑의 최우선 조건은 이기심에서 벗어나는 것이다.

　사람의 마음 그릇은 매우 섬세하여 서로 조금만 부딪쳐도 상처를 입거나 금이 가기 쉽다. 그렇게 되면 거기에 무엇을 담았다 해도 새어나가고 만다. 부부의 마음을 그렇게 만들어 놓는 것이 바로 이기심이다. 사랑만 넘치게 담고 싶은 부부의 마음에 금이 가게 하고, 또 뒤집어 놓는 것이다. 그래서 섬세한 마음 그릇도, 거기에 담긴 사랑도, 곱게 보존하려면 무엇보다 먼저 이기심을 버려야 한다. 상대방을 먼저 생각하는 배려와 사랑으로, 서로의 마음을 섬세하고 조심스럽게 감싸 주어야 한다. 그래서 사랑의 학습에서는 이기심을 버린 무아의 사랑으로 서로를 무조건 감싸 주는 너그러움부터 깨달아야 한다.

　그렇게 사랑으로 서로를 품어 주면서 조심과 배려를 게을리하지 않는 부부의 모습은 참 아름답다. 참사랑을 제대로 깨달아가는 모습이다. 그들이 그런 정성으로 사랑을 가꿀 때 혼인애도 아름답게 깨달아가며, 세상에서 사랑의 학습은 제대로 이루어진다.

　그러나 그런 부부라도 사랑의 시련이 올 때가 있다. 어떤 심각한 일로 서로의 마음이 부딪쳐 상처를 입거나 깨어지는 경우도 있다. 그러면 마음에 담고 있던 소중한 것들, 귀하게 간직하고 있던 것들이 모두 다 쏟아지고 만다. 혼인애라는 고결한 목표를 앞에 두고 있어도, 우리는 어쩔 수 없이 상처받기 쉽고 나약한 인간이기 때문이다.

그럴 때 지혜로운 부부는 거기에서 벗어나는 길을 잘 안다. 주님에게서 지혜를 얻는 것이다(제11장, 자아의 극복, 참조). 그 지혜로, 지금 깨어지고 쏟아진 것이 얼마나 소중한 것이었는지를 깨닫는다. 그래서 상대방에게 상처를 준 것에 대해 진심의 회개가 있다. 그리고 깨어진 것을 고치고, 넘어진 것을 다시 일으켜 세우는 정성이 뒤따른다.

마음이나 그릇이나 깨뜨리는 것은 쉽지만, 깨어진 것을 다시 고치는 것은 어렵다. 사랑하는 마음으로 다시 돌아가 그 마음으로 품어 줄 때에만 가능하다. 그래서 진정한 회개와 인내로 상처 난 마음이 회복될 때까지 고쳐 주고 보살펴 준다. 지금 상처받고 아파하는 사람이 실은, 나에게 가장 소중한 사람이라는 것을, 지혜로운 사랑 안에서 깨닫기 때문이다.

그렇게 서로의 상처를 섬세하게 보살펴 줄 때, 그 손길에서, 부부는 서로의 마음을 느낀다. 거기에 담긴 사랑을 확인하고, 그들의 사랑을 새롭게 다진다. 새로운 마음으로 서로를 다시 품어 주게 된다. 그렇게 부부애가 다시 살아나면 더 아름답게 변화되어 혼인애와 가까워지는 것이다.

그런 사랑의 우여곡절을 지나면서, 그 사랑으로 내면이 점점 더 정화된다. 온유하고 겸손한 마음으로 변해 가는데, 그것은 바로 주님의 마음이다. 그 마음에 주님의 영기가 알게 모르게 유입된다. 그 유입이 점점 더 뚜렷이 느껴진다. 그 유입과 더불어 그들의 사랑 안에 주님의 임재를 실감한다. 그 임재 안에 살면서 감사하는 마음이 되고, 사랑이 더 깊어지고, 그 사랑이 천국을 지향한다. 사랑 학습의 두 번째 단계, 혼인애의 깨달음은 그렇게 이루어진다.

이렇게 세상 부부들은 사랑의 학습을, 잘하기도 하고 못 하기도 한다. 그 학습을 가장 잘하는 길은, 주님에게 마음을 열어 놓고 영기의 유입을 계속 받는 것이다. 그 영기에는 사랑과 지혜가 있는데, 그것으로만 사랑의 학습이 제대로 된다. 지혜로운 사랑으로 이기심을 버리고 서로를 품어 줄 때, 서로의 마음이 정화되고, 그 마음으로 혼인애를 깨달아가는 것이다.

이런 부부는 이미 서로가 소중한 분신(the better half)이다. 결코 떨어질 수 없이 하나가 되어 있다. 그들의 몸도 마음도 그들의 내면까지도 이미 하나가 되어 있다. 그래서 그들은 저세상에 가서도 헤어지지 않는다. 오히려 눈부시게 아름다운 천사 부부로 새롭게 맺어진다.

그들은 마치 세상이라는 바닷가에 예쁘게 다듬어진 조약돌 한 쌍과 같다. 언젠가 두 돌이 물결 따라 만났다. 그들이 서로 부딪치며 아파하기도 했지만 그래도 함께 있는 것이 좋았다. 서로 사랑했기 때문이다. 그래서 오랫동안 함께하며, 서로를 품어 주며, 서로를 매끄럽게 다듬어 준다. 그런데 그들을 만나게 한 그 물결은 주님이 그들 앞으로 밀어 보내신 것이다.

둘이 만나서 서로 부딪치기도 하지만, 그래도 사랑으로 살면서 예쁘게 다듬어지라는 뜻이었다. 어느 날 때가 되어 그 바닷가에 나타나신 주님이 그렇게 예쁘게 다듬어진 그들 부부를 보시고 칭찬하신다. 그들을 천국으로 데려가, 그들을 위해 마련된 아늑한 집에 살게 할 것이다. 거기가 바로 그들의 본향, 영원한 집이다.[6]

세상의 결혼이란 이런 것이어야 한다. 그런 결혼생활에서 부부가 정성으로 가꾸었던 사랑은 금싸라기처럼 귀하다. 그 사랑이 천국의 아름다움과 기쁨의 씨앗이 되기 때문이다. 그 사랑이 그들의 분량만큼 확장되어 천국의 아름다움으로 덧입혀지기 때문이다. 그러면 그들은 저세상에서 눈부시게 아름다운 천사가 되어, 천국의 부부로 다시 만난다. 그리고 세상에서

---

6 [히 11:16] 참조.

지순하게 가꾼 그들의 부부애 안에, 천국의 사랑이 넘치게 담겨서, 온전한 혼인애가 된다. 부부가 세상의 결혼에서 지향하는 것은 바로 이런 것이다.

3. 사람이 남자와 여자로 창조된 목적

우리는 세상에서 제대로 살아야 백 년 안팎이다. 지금부터 백 년 뒤에는 지금 살아있다고 분주하며 떠드는 사람들, 아무도 세상에 없을 것이다. 그렇게 한 세대는 가고 다음 세대가 온다. 출생과 사망, 그 사이에 걸쳐진 백 년 남짓한 경간(徑間), 그것이 우리에게 주어진 시간의 전부이다. 그런데도 사람들은 만년이라도 살 것처럼 소란을 피우는데, 그것은 현재라는 시간이 그만큼 오래 계속될 것처럼 착각하기 때문이다.

그래서 주어진 시간을 거의 다 살고 난 뒤, 사람들이 이구동성으로 하는 말은, 그것이 너무 짧다는 것이다. 아무것도 모르는 벌거숭이로 세상에 태어나서, 어떻게 살아야 하는지 몰라 천방지축으로 한세월 보내다가 이제 겨우 좀 깨달았다고 생각되어 그대로 한번 살아보려고 하는데, 그만 생을 끝내라는 신호가 온다. 그 신호에 놀라서 어이없어하거나 조금 더 연장해 보려고 매달려 보기도 하지만, 때가 되면 누구나 별수 없이 끝나고 만다.

그렇게 끝나는 것이 우리 삶의 전부일까?

뜨거운 피가 힘차게 약동하던 젊은 시절, 살아 있다는 희열이 오월의 녹음처럼 싱싱하던 그때는, 그런 모습으로 만년이라도 살 것 같았는데, 그 젊음이 어느새 가버리고, 저물어가는 인생길에서 속절없이 돌아보는 세월이 꿈처럼 덧없다.

인생이라는 것이 결국 그렇게 끝나고 마는가?

인생은 무엇이고 왜 살아야 하는가?

우리 삶에 고귀한 가치가 있고, 그래서 사는 이유가 중하다면, 그것은 무엇이고 어떻게 찾아야 하는가?

세월은 촌음도 쉬지 않고 만물을 소멸로 이끌어 가는데, 우리 인생도 그렇게 스러져가고 있다. 그 속에서 얻은 것도 깨달은 것도 없이, 공허하기가 오늘도 어제와 똑같다.

그렇게 텅 빈 세월만 속절없이 보내고 있는데, 그러다가 그렇게 끝나고 마는 것인가?

삶을 진지하게 생각해 보는 사람들은 그래도 인생에서 뭔가 가치 있는 것을 찾아보려고 애를 쓰고 탐색해 보기도 한다. 그와 달리, 그런 것 따위에는 관심 없이, 인생의 짧은 것을 쾌락으로 메꾸려는 사람들은 또 그런 것들을 얻기 위해서 기를 쓴다. 그러나 사람들이 무엇을 추구하거나 어디에 기를 쓰거나 간에, 출생과 사망의 짧은 경간이 지나고 나면, 모두 흔적도 없이 사라지고 만다.

바로 얼마 전까지도 살아있다고 수선 피며 분주하던 사람들, 다 어디로 갔을까?

거짓말처럼 빠르게 지나가는 세월, 그 속에 잠깐 나타났다가 덧없이 사라지는 인생살이, 가을바람 나뭇잎을 흔들다가 나뭇잎도 그 바람도 소리 없이 사라지듯 그렇게 덧없는 우리네 인생, 아무래도 허무하게 보인다. 그것이 우리 삶의 전부인가?[7]

사람들 중에 지금 사는 것에 더 바랄 것이 없다고 만족해하며 여한 없이 살고 있는 사람은 얼마나 될까?

---

[7] 윌리엄 셰익스피어(Shakespeare)의 『맥베스』 5막(Macbeth, Act V), 괴테(Goethe)의 『파우스트』(*Faust*) 1장, 참조.

모두 좀 더 잘살아 보려고 기를 쓰는 것을 보면, 지금의 삶에 만족하는 사람은 거의 없는 것 같다. 거의 모두, 아직 한 번도 원하던 대로 살아본 적은 없는 것 같은데, 그래서 아쉬운 것도 많고, 해보고 싶은 것도 아직 많은데, 어느 날 갑자기 떠날 때가 되었다는 서글픈 예고가 온다. 그리고 아직 제대로 다 살지 못한 것이 분명한데, 인생은 막이 내리고 만다.

그렇게 해결도 결말도 없이 갑자기 내려오는 막이 어디 있는가?

그래서 인생을 하나의 연극이라고 한다면, 지금 우리의 삶은 아무래도 서막에 불과한 것 같다. 연극이나 인생이나 서막으로 끝난다면 당연히 허무할 수밖에 없다. 그러나 세상에 그렇게 끝나는 연극은 없고, 그렇게 끝나는 인생도 없다. 서막이 있으면 그 뒤에 반드시 본막도 있어서 2막, 3막으로 이어지는데, 인생도 마찬가지다. 잠깐으로 끝나는 이 세상의 삶, 그것은 실은 서막에 불과하다. 그 뒤에 반드시 본 막 인생이 있는 것이 당연하다. 서막의 무대는 이 세상이지만, 본 막의 무대는 저세상이다. 그리로 무대를 옮기면, 본 막이 우리를 기다리고 있다.

연극의 서막이란 원래 본 막의 준비 과정이다. 마찬가지로 이 세상도 저세상의 준비 과정이다. 연극의 서막이 잘 풀리면 본 막도 잘 풀린다. 마찬가지로 이 세상에서 잘 살면 저세상에서도 잘 산다. 그래서 이 세상에서도 잘 살아야 한다.

그러면 어떻게 해야 잘 사는 것인가?

그것은 한마디로 참 기쁨을 누리며 사는 것이다. 그 기쁨은 흔히들 추구하는 세속의 기쁨이 아니다. 그런 기쁨이란 어차피 마음과 육신의 쾌락인데, 그것은 자칫하면 육신의 욕망에 끌리기 쉽다. 그렇게 되면 사람의 내면이 저속한 수준으로 오염되어 삶 자체를 저속하게 만들고, 저세상에 대한 관심을 차단시킨다. 한마디로 저세상에 있을 본 막 준비를 등한시하게 되는 것이다. 그러면 무대가 바뀌었을 때 결과가 무엇일지 생각해 볼 일이다.

또 세상의 기쁨은 얻기도 어렵고, 또 얻었다 해도 언제 날아갈지 모른다. 언제나 불안하고 위험하다. 또 애를 써서 겨우 좀 얻어서 누린다 해도 만족은 없다. 그래서 거짓 기쁨이다. 잘 사는 것은 그런 거짓 기쁨을 누리는 삶이 아니라 참 기쁨을 누리는 삶을 말한다.

그러면 참 기쁨은 어떻게 얻는가?

참 기쁨의 근원은 저세상이다. 그래서 우리 마음이 저세상과 연결되면 그 기쁨을 누린다. 그것은 우리 마음에 저세상을 품고 사는 것이다. 그렇게 살면서 거기에서 이어질 본 막을 알차게 준비하는 것이다. 그럴 때, 그 희망과 보람에서 기쁨을 누리는데, 그것이 참 기쁨이다. 다른 말로 하면, 우리의 내면을 저세상과 맞도록 가꾸는 삶, 그런 삶에서 누리는 높은 차원의 기쁨, 즉 영적인 기쁨이다. 그런 기쁨을 누리며 사는 것이 세상에서도 잘 사는 것이다.

그런 삶은 한마디로 저세상, 천국을 준비하는 삶이다. 그런데 그런 삶은 진정한 사랑 속에서만 가능하다. 천국은 사랑의 나라이고, 삶의 모든 내용이 사랑뿐이기 때문이다. 그래서 마음에 진정한 사랑을 품고, 그 사랑을 정성으로 가꿀 때, 천국이 알차게 준비된다.

그런데 그 사랑을 가꾸는 가장 좋은 길이 바로 결혼이다. 사랑하는 사람과 부부가 되어 참사랑을 소중하게 가꾸고, 그렇게 가꾼 사랑을 서로에게 베풀며 살 때, 그 사랑을 통해서 그들의 영혼이 성숙하고, 내면이 천국에 맞도록 다듬어진다. 부부가 사랑 안에서 참 기쁨을 누리며 사는 것이다. 그것이 천국 준비의 가장 좋은 길이며, 세상에서 잘 사는 것이다.

우리의 삶에서 천국 준비란 군대를 비유해서 말하면, 천국을 탈환하고 쟁취하기 위한 영적 싸움이다.[8] 옛날에 사탄이 우리에게서 천국을 빼앗아 갔기 때문이다. 우리는 천국을 다시 탈환하고 회복해야 한다. 그런데 사탄

---

8   [마 11:12; 엡 6:12] 참조.

의 주무기는 미움이다. 사탄의 작전은 온 세상에 미움을 세균처럼 뿌려서 사람들이 서로 미워하고 다투게 만드는 것이다. 우리가 서로 미워할 때 천국은 멀어지고, 사탄은 회심의 미소를 짓는다. 우리의 삶은 그런 사탄과의 싸움이므로 우리의 무기는 사랑이다. 사랑으로만 미움을 이길 수 있기 때문이다.

  사람은 누구나 사랑을 주고받을 때 가장 즐겁다. 그중에서도 남녀의 사랑이 가장 즐겁다. 하나님께서 사람을 남자와 여자로 만드시고, 그 둘 사이에 특별한 사랑의 기쁨을 주신 것은 둘이 참사랑을 가꾸며, 그 사랑으로 사탄을 물리치며, 그 사랑 안에서 천국의 즐거움을 미리 맛보며, 천국생활을 미리 연습하며 한마디로 천국의 본 막을 아름답게 준비하라는 막중한 뜻이 포함되어 있다. 아름다운 부부애를 소중하게 가꾸고, 그것을 무기로 사탄을 이겨서 천국 회복에 함께하라는 막중한 분부이다. 부부가 그런 사랑 안에서 참 기쁨을 실제로 누리고 산다면 그들은 지금 사탄을 이기고 있으며 그런 삶으로 천국을 제대로 회복하고 있는 것이다. 이것이 사람을 남자와 여자로 창조하신 목적에서 가장 중요한 부분이다.

  남자나 여자나 혼자 사는 것은 문제가 많다. 삶 자체가 불완전하고, 사랑의 즐거움도 모르고, 생육도 불가능하고, 영적인 성숙도 온전하지 못하고, 특히 중요한 것은 사탄과의 전쟁에서 승리가 지극히 어렵다. 특히, 남자는 사탄과의 전쟁에서 여자의 도움이 절대로 필요하다. 여성에게서 육체적, 정신적 그리고 영적인 도움이 없이 사탄을 이기는 것은 거의 불가능하다. 물론, 여자에게도 남자의 도움이 필요하지만, 남자의 경우는 그 필요가 더 절실하다.

  남녀가 아름다운 사랑으로 함께 살면서 그런 사랑으로 서로 도우며 힘이 되어 줄 때 그들은 사탄과의 싸움에서 이긴다. 그래서 천국생활에 맞는 영적 성숙이 이루어지며, 아름다운 혼인애가 자라며, 결국 훌륭한 천국 백성이 되는 것이다. 하나님께서 아담에게 이브를 만들어 주셨을 때도 그 역할이 '돕는 배필'(the helper, helpmate)[9]이었다. 남녀 사이에는 서로에게 간절히 쏠리는 성향이 있는데, 그것도 남녀가 그런 성향으로 하나가 되어 서로 도와서 사탄을 이기면서 살도록 하나님께서 인간의 본성 속에 심어 주신 것이다. 여기에 남녀가 함께 살아야 하는 당위성이 있으며, 이것이 하나님께서 사람을 남자와 여자로 창조하신 목적이다.

4. 천국에서 남녀의 만남

스베덴보리가 알려 주는 대로 천국에서 남녀가 자기의 짝을 어떻게 만나는지에 대해 잠깐 살펴보자. 세상에서부터 혼인애를 정성껏 가꾸며 살고 있는 부부들은 그들의 사랑이 영원하다는 것을 분명히 안다. 그들의 사랑은 천국의 사랑과 동질이기 때문이다. 그래서 세상에서부터 그런 사랑을 가꾸어온 부부는 그들의 사랑이 천국에 와서도 당연히 계속된다. 오히려 천국에 와서 더 아름답게 변화된다. 그들이 세상에 있을 때 정성을 다해서 가꾸었던 것만큼 천국의 아름다움이 입혀지고 그만큼 눈부시게 아름다운 사랑이 되는 것이다.

그 사랑은 그들을 아름다운 천사 부부로 만들어 천국의 사랑을 누리며 영원히 즐겁게 산다. 그리고 그런 부부는 그들의 아름다운 사랑 때문에 천국에서도 찬란한 영광으로 빛나며 그들이 사는 공동체에서 모든 사람과 모든 일의 중심이 된다. 천국은 모든 일에서 사랑이 중심이고, 가장 아름다운 사랑을 품은 사람이 이끌어 가기 때문이다.

그러나 세상에서 함께 살면서 사랑의 흉내만 내다가 끝낸 부부들의 경우, 그들의 결합은 천국에 와서 모두 풀리고 만다. 천국에서 남녀 사이를

---

9 [창 2:18] 참조.

결합시키는 것은 사랑뿐인데, 그들 사이에는 진정한 사랑이 없기 때문이다. 그렇게 다시 홀로 된 남녀들은 새로운 짝을 만나기 위해서 내면의 정화 과정과 사랑의 학습 과정을 다시 겪어야 한다. 그러나 그것은 세상일처럼 어설픈 것이 결코 아니다. 호리(毫釐)도 미흡한 것이 없어야 하고, 일점일획도 남김없이 이루어져야 한다. 빈틈없이 철저한 천국의 교육 과정을 처음부터 다시 통과해야 하는 것이다.

그 두 과정을 통과할 때, 정화 과정에서는 혹독한 고통을 당하는 경우가 많다. 세상에서 수없이 저질렀던 어리석은 일들의 결과가 자신에게 남김없이 돌아오기 때문이다. 너그럽게 품어 주지 못했던 것들, 사랑으로 대해 주지 못했던 것들, 저질스럽고 탐욕스러웠던 것들, 한마디로 자기의 이기심에서 나간 모든 것이 상대방을 괴롭힌 만큼 자기에게 돌아온다. 그때 상대방이 당했던 괴로움은 내가 생각했던 것보다 훨씬 더 큰 경우가 대부분이다. 그래서 그만큼 내게 닥치게 되고 그때 울부짖는 비명이 난무한다. 그것이 "슬피 울며 이를 가는" 것이다.

그러나 그렇게 해야만 나의 오점들이 남김없이 정화되고 그렇게 해야만 천국에 들어오기 때문이다. 두텁게 굳어진 때가 철저히 씻어져야 하고, 불순한 내면이 온전히 순결해져야 하고, 피와 같이 붉게 물들어 있는 오점들이 "눈과 같이" 희게 되어야 하는 것이다.[10]

그렇게 뼈저린 후회에서 나오는 눈물과 고통으로 정화 과정이 끝나면, 드디어 고대하던 천국에 들어온다. 내면과 겉모습까지 흠과 티가 없이 온전히 정화되고 아름다워진 천사가 된다. 그러면 이제는 짝을 만날 준비가 다 된 것이다.

그래서 천국에서 남녀의 만남은 이 세상에서처럼 그렇게 복잡하지 않다. 서로 내면이 가장 잘 맞아서 가장 마음에 드는 사람과 가장 기쁜 마음

---

10 [사 1:18] 참조.

으로 만난다. 주님이 그렇게 인도하시기 때문이다. 세상에서 맞지 않는 사람과도 만나게 되는 것은 전술한 대로 남녀가 서로 부딪치는 고통 속에서 내면의 거칠고 불순한 것들이 깎이고 다듬어지라는 뜻이다. 그러나 천국의 남녀들은 이미 정화 과정을 통과해서 내면이 온전하게 다듬어졌기 때문에, 그런 고통스러운 준비가 더 이상 필요 없다. 그래서 이제는 나와 마음이 가장 잘 맞는 짝을 즐겁게 만나기만 하면 된다. 그런 만남은 주님이 인도하신다.

그렇게 결혼할 준비가 된 남녀는 영원히 함께할 자기의 짝을 만나는데, 온전히 아름다워진 나의 사람을 만난다. 그들이 세상에 있을 때 탁하고 추했던 것들은 남김없이 정화되고, 불완전하고 미흡했던 것들은 빈틈없이 완전해져서 남자나 여자나 일점일획의 흠도 없이 말 그대로 눈부시게 아름다운 천사의 모습이 되어 만나는 것이다.[11]

지금, 커다란 거울 앞으로 가 보라. 그리고 자기 모습을 들여다보라.

거기에 보이는 당신의 모습은 어떤가?

잘생긴 부분도 있지만, 불만스러운 부분도 많다. 아무래도 감탄이 절로 나올 만큼 훌륭한 모습과는 거리가 있다. 외모에 열등감을 느끼며 속을 썩이는 사람도 많다. '내가 좀 더 예뻤으면, 좀 더 잘 생겼으면' 하는 생각을 안 하는 사람은 거의 없을 것이다.

이렇게 대부분의 사람이 자기의 용모가 좀 더 잘 생겼기를 바라는데, 그렇게 불만이 섞인 당신의 용모가 천국에서는 당신이 바라던 것보다 훨씬 더 아름다운 모습으로 변한다. 당신의 독특한 개성에 따라 당신의 내면에 가꾸었던 아름다움의 씨앗이 당신의 분량대로 확장되어 당신을 그만큼 아름답게 변화시킨다. 그리고 그렇게 변화된 당신은 또 그렇게 아름다워진 짝을 만난다.

---

11 [아 4:7] "나의 사랑, 너는 어여쁘고, 아무 흠이 없구나."

세상에 있을 때부터 어떤 사람을 마음에 깊이 품고 있다가 그 마음으로 저세상에 왔다면 천국에서는 바로 그 사람이 더욱 눈부시게 아름다워진 모습으로 당신 앞에 나타난다. 좀 더 정확하게 말하면, 당신의 간절한 마음이 그 사람 있는 곳으로 끌려서 당신 스스로 다가간다. 천국에서는 마음이 끌리는 곳은 임의로 갈 수 있기 때문이다. 그렇게 다가가서 바라보는 그 사람, 너무나 아름답게 변화되어 있다. 눈을 씻고 봐야 할 만큼 믿어지지 않는다.

'내가 세상에서 간절히 그리워하던 그 사람, 저렇게 아름다워졌는가!'

마음에 간절히 품고 있는 사람을 그렇게 만난다. 그런데 천국에서는 두 사람이 마주할 때 서로의 마음속이 거울 속보다 더 뚜렷하게 드러난다(저세상 이야기(3). 천국의 의식주 참조). 그래서 상대방이 나를 어떻게 생각하는지 말하지 않아도 다 안다. 그때 자기를 향한 사랑을 아직도 간절히 담고 있는 것이 확인되면 서로의 마음도 감동으로 열린다. 그러면 두 사람의 마음은 기쁨 속에 하나가 된다. 실은 주님께서 처음부터 끝까지 그렇게 되도록 인도하시는 것이다.

천국에서 남녀는 모두 그렇게 아름다운 모습으로 만난다. 세상에서 이미 부부로 살던 남녀는 그들이 진정으로 사랑한 경우 아름다운 천사 부부로 새롭게 만난다. 그리고 사랑 없이 살아서 부부관계가 풀린 남녀는 정화 과정을 거친 뒤 새롭게 정화된 마음으로 새로운 짝을 만나고, 세상에서 남남이었던 남녀는 주님이 짝지어 주시는 대로 만난다. 이런 일은 모두 주님의 인도로 이루어진다.

그런데 천국에서 피어나는 아름다움의 씨앗은 세상에서 얻는다. 세상에서 겸허하게 주님의 생명을 받아들여서 그 생명으로 살면서 자기의 내면을 천국의 모습으로 빚을 때, 그 모습이 아름다움의 씨앗이 된다. 그것은 다른 말로 주님께서 분부하신 사랑의 계명을 지키는 것이다. 주님께서 십자가에서 돌아가시기 전, 제자들의 발을 손수 씻어 주시면서 간곡하게 당부하신 말씀, 사랑의 새 계명,[12] 그 사랑을 실천한 것들이 하나하나 마음에 새겨져서, 아름다움의 씨앗이 된다. 그 씨앗은 아무리 작아도 저세상에 가서는 삼십 배, 육십 배, 백 배로 결실하여 확대된다.[13] 이 세상에서 잘 여무는 정도만큼 저세상에서 아름답게 피어나 넘치는 축복으로 돌아오는 것이다.

그래서 우리는 아름다운 사랑에 대한 희망을 버려서는 안 된다. 남녀의 진실한 만남이 점점 더 어려워지는 요즈음 더욱 그렇다. 사랑의 황무지에서도 지순한 사랑을 바라는 마음은 그 자체로도 아름다울 뿐 아니라, 저세상에 가서도 귀한 보상을 받기 때문이다. 그 사랑의 근원이 바로 천국이고, 그 사랑에 대한 갈망은 곧 천국에 대한 갈망이기 때문이다.

그래서 그런 사람에게는 마음에 품은 대로 아름다운 짝이 반드시 주어지기 때문이다. 사랑의 고뇌에 시달리며 사는 사람들, 아름다운 사랑을 갈망했지만, 손에 닿지 않아 애를 태우는 모든 사람에게도 장차 다가올 눈부신 희망을 알려 주기 위해서 스베덴보리는 간절한 마음으로 이 대목을 강조하고 있다.

12　[요 13:34; 마 22:39] "새 계명을 주노니 서로 사랑하라."
13　[마 10:42; 13:23] 참조.

제9장

부부의 하나 됨

1. 아내의 능력을 통하여

　부부의 사랑은 남편이 주도하는 것이며, 아내는 단지 남편의 사랑을 받아들이고 따르는 것으로 인식되어 왔다. 그러나 실은 아내가 드러나지 않게 남편을 이끌어 간다. 아내의 사랑이 더 깊고 섬세하기 때문이다. 즉, 아내는 사려 깊은 태도로 조심스럽고 은밀하게, 남편의 마음 밭에 사랑이라는 화초를 심어 주고, 드러나지 않게 가꾸어 준다. 남편에게 실질적인 사랑을 깨우쳐 주고 북돋아 주는 것이다.

　가장 뚜렷한 예는 아내가 남편에게 사랑의 기운 또는 사랑의 기(氣)를 심어 주는 것이다. 아무리 강한 남편이라도 기가 꺾일 때가 있다. 그때는 사랑의 기도 함께 꺾인다. 그럴 때 남편은 의기소침하고 울적해지면서 매사에 무기력하고, 가정적으로나 사회적으로도 정상적인 생활을 하지 못한다. 텅 빈 채 내던져진 그릇과 같다. 마음이라는 그릇이 엎어져서 속에 있던 것이 다 쏟아져 버린 상황이다.

　어떤 일로 마음에 고통스러운 충격을 받았을 때라든지, 어떤 장애 요인에 걸렸을 때 특히 그렇다. 그럴 때는 아내의 사랑도 제대로 받아드릴 수가 없다. 위장이 상했을 때 밥을 못 먹는 것과 같다. 이럴 때 아내는 쓰러진 남편의 마음을 부드러운 손길로 다시 세워 주고, 텅 빈 속을 따뜻하게 채워 주며, 사랑의 기를 다시 살려 주어야 한다.

가장 구체적인 방법은 섬세한 배려로 남편의 마음을 조용히 감동시키는 것이다. 수선스럽거나 성가시게 하면 남편은 더 피곤해한다. 남편이 알아차리지 못할 만큼 은은하면서도 따스한 손길을 보여 주어야 한다. 그 손길을 남편이 미처 몰랐다가 뒤에 알아차렸을 때, 그 효과는 더 크다. 조그만 불씨가 꺼진 불꽃을 다시 살려내듯이 아내의 섬세한 정성이 불씨가 되어 남편의 기를 다시 살려놓는다. 이렇게 남편의 기를 살려 주는 능력이 아내에게는 충분히 있다. 그 능력을 살려서 아름답게 발휘하는 아내가 슬기로운 아내이다.

이런 사실로 아내가 부부의 사랑을 주도한다는 것을 알 수 있다. 남편의 마음이 엎질러져서 텅 비어 있을 때도 부드러운 손길로 일으켜 세워 주고, 거기에 따뜻한 사랑을 다시 채워 주는 것이다. 그러면 남편은 아내의 사랑을 고맙게 받아들이고, 그렇게 깨달은 사랑을 다시 아내에게 쏟는다. 그렇게 해서 결국 아내가 남편의 사랑을 받게 되는 것이다. 아내의 행복이란 뭐니 뭐니 해도 남편의 사랑을 듬뿍 받으며 사는 것이지만, 그 사랑은 먼저 아내가 남편에게 심어 주는 것이다. 행복한 부부생활을 위해서 아내들은 이 사실을 깊이 깨달아야 한다.

남편에게 사랑의 기를 북돋아 줄 줄 모르는 여자도 많다. 남편의 기가 꺾여 무기력해 있는 남편의 참담한 심정을 헤아리지 못하는 여자는 어리석다. 남편이 성에 차지 않는다고 차갑고 오만하게 대하는 여자, 불평과 원망으로 남편을 피곤하게 만들다가 더 심하면 냉소와 경멸로 오히려 남편의 기를 꺾어 놓는 여자, 심지어 그렇게 남편의 기를 꺾어 놓고 자기가 더 높아지려고 기를 쓰는 여자, 겉으로 똑똑한 채 하는 오만한 여자 중에 그런 기질이 있지만, 실은 더 어리석다. 남편의 기를 죽여 놓고, 남편의 마음을 차갑게 만들어 결국 자기와 남편 둘 다 불행으로 끌고 가기 때문이다.

2. 아내의 모성을 통하여

　남편이 아내를 다정하게 품을 때는 마음이 뜨겁든지 잔잔하든지 어떤 감동에 젖는다. 아내의 부드러운 가슴에 잠겨 있으면 특히 더 그렇다. 마음이 아늑하고 포근해진다. 사랑하는 아내의 가슴은 마르지 않는 샘처럼 남편이 목말라하는 것을 언제나 채워 주기 때문이다.
　그래서 남자에게 세상에서 가장 아름답게 보이는 것은 사랑하는 여자의 가슴이다. 그녀의 몸매는 머리에서 발 끝까지 아름답지 않은 곳이 없지만, 그중에서도 가장 아름다운 곳은 언제나 기대고 잠기고 싶은 곳, 바로 그녀의 가슴이다. 부드럽고 따스하고 포근한 것, 여자에게서만 풍기는 아름다움이 거기에서 끊임없이 샘솟기 때문이다. 가슴에 포근한 사랑만 품고 있다면, 그 아름다움은 젊은 여자나 나이 든 여자나 마찬가지다. 오히려 나이 든 아내가 남편을 더 넉넉히 품어 주는 경우가 많다.
　남자가 여자의 가슴에 감동하는 이유는 또 있다. 사랑하는 여자의 가슴에 잠길 때마다 남자는 무의식적으로 엄마의 젖가슴을 떠올린다.
　옛날, 갓난아이로 엄마의 젖가슴에 안겨 있을 때, 그때는 얼마나 행복했던가!
　아무런 근심 걱정도 없이 그저 엄마 품에 안겨 있는 것만으로도 세상에 더 바랄 것이 없었다. 성인이 되어서도 심신이 고달플 때는 포근하기만 했던 엄마의 가슴이 못 견디게 그립다.
　엄마의 가슴이 그리워지는 이유는 또 있다. 옛날 엄마의 자궁 속에 있을 때는 정말 편하고 좋았다. 따스하고 편안하고, 뭐든지 아쉬운 것이 없었다. 거기에서 엄마의 알뜰한 보살핌 속에 그저 무럭무럭 자라기만 하면 되었다. 그런데 어느 날, 밖으로 나가야 할 조짐이 보였다. 정말 따뜻하고 편했던 거기에서 결코 나오고 싶지 않았다. 그러나 어떤 알지 못하는 힘에 내

몰려서 나가기 싫어 발버둥 치면서 어쩔 수 없이 밀려 나왔다. 그것도 새빨간 발가숭이로 차가운 세상에 내던져진 것이다. 그때 조그만 몸으로 당하는 충격과 두려움이 얼마나 컸는지는 아무도 모른다. 기를 쓰며 터트리던 고고의 울음소리만 그것이 어땠는지 외치고 있었다.

  그렇게 엄청나고 두려운 변화를 감당하지 못해, 울며 바둥거리는 여린 생명을, 따뜻하고 포근하게 감싸주던 엄마의 젖가슴! 그때 그 따스하고 아늑했던 품, 거기에 안겨서 처음으로 젖꼭지를 빨던 순간, 이제는 살았구나! 하던 안도감, 그 기억은 무의식 속에 그대로 입력되어 평생 잊혀지지 않는다.

  성인이 되어서도 마음이 외롭고 스산할 때는 그 포근했던 가슴이 견딜 수 없이 그립다. 그때로 돌아가 그 가슴에 다시 묻히고 싶을 때가 많다. 그 부드러운 가슴에 잠겨서 외로움도 괴로움도 다 잊고 포근히 쉬고 싶을 때가 한두 번이 아니다. 그런데 사랑하는 여인을 만나서 그녀의 가슴에 잠겨 보니, 그렇게 그립던 엄마의 가슴이 다시 느껴진다. 꿈결처럼 포근하고 따스했던 그 느낌이 생생하게 되살아나는 것이다.

  사랑하는 아내의 가슴에 잠길 때, 남편이 받는 감동은 이렇다. 그것은 달콤한 애욕을 초월한 의식의 밑바닥에서 울리는 감동이다. 그녀가 품어 주는 사랑이 깊을수록 남편의 감동도 더 깊다. 그 느낌은 세월이 지나서 나이가 들어도 남편의 마음을 어린아이처럼 순수하게 만든다. 옛날 엄마의 품에서 느꼈던 그 사랑과 포근함을 아내에게서 찾게 되고, 아내의 품에서 다시 느끼는 것이다.

  남편의 그런 갈망을 포근하게 채워 주는 아내는 남편에게 얼마나 소중한 사람이겠는가!

  남편의 모든 아쉬움은 그런 아내의 품 안에서 다 풀린다. 그럴 때 남편과 아내는 가장 아름다운 하나가 되는 것이다.

3. 아내의 지혜를 통하여

　여자와 남자는 꽃과 나비로 비유할 수 있다. 여자는 꽃이고 남자는 나비이다. 그래서 짝을 찾는 경우에도 여자는 조용히 기다리고, 남자는 여기저기 살펴본다. 나비가 이꽃 저꽃으로 날아다니는 것과 같다. 남자의 일반적인 성향은 그렇다. 그런데 남자가 결혼한 후에도 그런 성향이 나타날 때 문제가 된다. 나비의 성향이 유달리 강한 남편들이 아내에게 안착하지 못하고 방황하는 경우이다.

　또는 아내가 남편의 그런 성향을 부추기는 경우도 있는데, 남편을 사랑으로 품어 주지 못할 때 그렇다. 아내에게서 포근한 사랑을 느끼지 못할 때, 남편의 마음은 썰렁하게 식는다. 으스스한 마음을 따뜻하게 녹여 줄 다른 곳으로 고개를 돌리기 쉽다. 꽃에 꿀이 없을 때 나비가 다른 꽃으로 날아가는 것과 흡사하다. 그럴 때 보통 아내들은 자신의 태도를 반성하기보다는 질투와 원망으로 일그러져서 오히려 독을 풍기는 경우가 많은데 그런 아내는 사랑의 지혜와는 거리가 멀다.

　지혜로운 아내는 그런 경우를 미연에 방지한다. 그녀의 지혜에는 그럴 능력이 있기 때문이다. 그 능력이란, 남편의 기질과 갈망을 세대로 파악하고 지혜롭게 대처하는 것이다. 구체적으로 말하면, 남편을 단단히 묶어 두는 것이다. 속박과 감시의 눈으로 꼼짝 못 하게 묶어 두는 것이 아니라, 사랑과 애정으로 묶어 두는 것이다. 남편이 아내에게 갈망하는 것이 무엇인지 섬세하게 살펴서, 그 갈망을 사려 깊은 애정으로 따뜻하게 채워 준다. 아내의 단심에 품은 사랑을 한결같이 보여 주면서 아내의 품이 세상에서 가장 즐겁고 포근하다는 것을 깨닫게 만드는 것이다. 그러면 남편은 아내의 사랑에 묶인다. 그래서 괴로운 속박이 아니라 즐거운 속박이다.

구체적인 방법은 이렇다. 지혜로운 아내는 먼저, 남편이 지금 자기에게서 원하는 것이 무엇인지 섬세하게 살핀다. 대부분의 남편은 아내에게서 엄마 같은 포근함과 너그러움을 원한다. 마음을 편안히 기대거나 또는 허물없는 친구처럼 되는 것을 원할 수도 있다.

즉, 남자는 여자에 대해서 자기 나름대로 품고 있는 고유의 갈망이 있다. 사춘기 때부터 또는 외로움에 시달릴 때마다 마음 심층에 고여 온 뿌리 깊은 갈망이다. 그것을 아내에게서 풀고 싶어 한다. 지혜로운 아내는 그 갈망을 제대로 파악하고, 세심한 배려로 그것을 채워 준다. 그 무엇으로도 채울 수 없던 갈망을 아내가 애정 어린 손길로 채워 줄 때 남편은 감동한다.

그 감동 속에서 남편은 아내의 사랑을 제대로 깨닫는다. 그리고 아내의 사랑에 스스로 묶인다. 일단 그렇게 감동하고 묶이면 남편의 마음은 날개를 접고 아내의 품에 안착한다. 오로지 아내에게만 마음이 쏠리게 되는 것이다. 이렇게 남자는 여자의 사랑에 감동할 때 진정으로 사랑을 깨닫고, 그럴 때만 나비 같은 불안정한 기질이 가라앉는다.

그렇게 되어 남편의 마음이 오로지 아내에게만 향하게 될 때 그렇게 만드는 것은 아내의 사랑에서 나오는 지혜와 능력이고, 또 가장 큰 기쁨이요 보람이다. 아내가 부부의 사랑을 이끌어 가야 할 당위성은 여기에서도 분명하다. 그리고 아내의 깊은 사랑에는 그렇게 이끌어 갈 지혜와 능력이 있다. 마음에 사랑을 담는 면에서는 여자가 남자보다 훨씬 깊기 때문이다. 아내들은 이 사실을 잊지 말아야 한다.

이렇게 아내가 사랑으로 남편을 감동시켜서 남편이 흔들리지 않게 붙들어 주고 이끌어 가는 것, 이것이 결혼생활에서 아내가 마음 써야 하는 가장 중요한 역할이다. 이런 역할로 부부는 빈틈없는 하나가 된다. 이 사실을 깨닫는 정도만큼 여자는 현명한 아내가 된다.

어떤 때 남편이 다른 데로 고개를 돌리는 경우가 있다. 아내보다는 다른 곳에 관심이 쏠린다. 가장 흔한 부부간의 문제이다. 이것은 물론 남편의 잘못이다.

그러나 그런 남편을 원망하거나, 악을 쓰고 대드는 아내에게는 잘못이 없을까?

부부 사이에 문제가 생겨서 남편이 흔들릴 때, 아내는 남편을 붙들어 주는 사랑의 역할에 최선을 다했을까?

상당수가 그렇지 못하다. 오히려 남편이 흔들리는 원인을 아내가 제공하는 경우도 많다. 그러면 남편의 마음은 아내에게서 멀어질 수밖에 없다.

상습적으로 한눈을 파는 부류의 남자들도 있지만, 성실한 남편들도 때로는 아내가 멀어 보일 때가 있다. 사회생활에 지치고, 닥치는 일들이 피곤할 때 특히 그렇다. 그럴 때 아내가 따뜻한 사랑으로 그 공허를 채워 주지 못하면, 다른 것들이 보일 수도 있는 것이다. 이런 사태가 얼씬도 못 하도록, 따뜻한 관심과 정성을 다 쏟는 것이 아내의 역할이다.

4. 아내의 영기를 통해서

부부애가 혼인애로 성숙하기 위해서는 사랑의 영기를 계속 받아야 하는데, 그때에도 아내가 앞장서는 경우가 많다. 아내가 영기를 먼저 받아서 남편을 감동시키는 것이다. 아내가 사랑과 정성으로 남편을 품어 줄 때 그녀의 마음은 하늘을 향해 열린다. 그러면 영기가 그녀의 마음으로 신선하게 유입된다. 그 영기에는 천국의 사랑이 담겨 있다. 그래서 그때 그녀의 모습은 안팎으로 천국 사랑을 풍긴다. 그녀의 얼굴은 사랑으로 물들고, 그녀의 자태에서는 천국의 향기가 풍긴다. 그 영기로 남편을 감동시켜서 천국을 느끼게 해 주는 것이다.

흡사한 예를 들어보자. 노을이 유달리 아름다운 저녁, 사랑하는 그녀와 잔디밭 언덕에 앉아 있다. 저 하늘에서 불길처럼 타는 노을이 바로 눈앞까지 다가와 주변도 온통 붉은빛으로 물들어 있는데, 신기하기 짝이 없다.

그런 장면에 함께 감동하다가 고개를 돌려 그녀의 얼굴을 바라본 적이 있는가?

노을빛이 발그레 비치는 그녀의 얼굴, 전혀 다르게 보이는데 경이롭게 아름답다. '천국에 올라가면 모든 사람이 저런 모습이겠구나!' 하는 생각을 하게 한다.[1] 영기를 넘치게 받을 때 사람의 모습이 바로 그렇게 된다. 사랑의 기운이 사람의 얼굴도 마음도 아름다운 빛으로 물들여 놓기 때문이다. 그래서 사랑의 영기로 넘치는 그녀의 자태는 세상 여인의 모습이 아니다. 그녀가 장차 천국에 올라가서 지순한 모습으로 드러날 천사의 모습이다.

그런 아내의 모습을 볼 때 남편은 감동한다. 그 감동 속에서 천국의 사랑과 그 아름다움을 본다. 그럴 때 남편의 마음도 천국을 향해 활짝 열리고, 천국의 영기도 같이 받아들인다. 사랑의 영기가 부부에게 넘치고, 그 영기 안에서 부부가 서로의 아름다움을 보고, 함께 감동하는 것이다. 그리고 마음도 하나가 된다. 이렇게 아내의 영기가 부부의 사랑을 하나로 이끌어 가면서, 그들의 사랑을 혼인애로 변화시켜 간다.

마음에 천국 사랑을 담아서 남편을 감동시키는 아내는 참 아름답다. 그때 남편의 기쁨에는 더 바랄 것이 없다. 아내에게서 천사의 아름다움을 보고, 세상에서 천국을 누리기 때문이다. 이렇게 아내는 사랑의 영기를 남편보다 먼저 받아서 부부의 사랑을 아름답게 이끌어 간다.

그럴 때 아내와 남편은 둘이 아니라 하나다. 한사람으로 되어 간다. 천국에서 부부는 둘이 아니라 하나가 되어 실질적으로 한사람으로 사는데, 그런 모습이 되어 가는 것이다. 혼인애 안에서 부부의 하나 됨은 이런 모습이다.

---

1 [마 13:43] "아버지 나라에서(그 얼굴이) 해와 같이 빛나리라."

제10장

혼인애의 기본자세

1. 초심(初心) 지키기

 막 결혼한 신혼부부, 꿈결 같은 신혼생활에서 발산하는 사랑의 열정은 불꽃처럼 아름답다. 오랫동안 품어 왔던 사랑의 갈망이 아름다운 열정으로 타오르고, 그 열정 속에서 누리는 사랑의 희열은 끝이 없다. 이제까지 굳게 닫혀 있던 사랑의 밀실, 그 문을 처음으로 열고 들어가는 설렘과 두려움과 또 간절한 기대, 신비하고도 부드러운 입구에 들어서자마자 엄습하는 경이와 감동, 그것이 너무나 엄청나서 처음에는 그것이 그렇게 갈망하던 사랑의 희열인지 아니면 정체 모를 경악과 두려움인지 구별이 안 된다. 어딘가 두렵고 신비한 곳으로 깊이 빠져들고 있다는 전율에만 사로잡혀 있었다.

 그렇게 두려움과 당황 속에 첫날밤을 치르고 나서 서로에게 차츰 친밀해지고 익숙해지면 신혼 남녀는 긴장과 두려움에서 벗어나 서로에게 편안하고 포근해진다. 골짜기로 흐르는 물살이 좁은 여울을 지나서 드넓은 바다에 닿는 것처럼 사랑도 긴장의 여울을 지나서 편안한 희열의 바다에 닿는 것이다. 그 바다에서 희희낙락 즐겁게 노니는 예쁜 돌고래 한 쌍,[1] 신랑 신부가 바닥 모를 사랑의 희열 속에서 즐겁게 지내는 모습은 그렇다.

---

1 문학에서의 돌고래는 이 세상과 저세상을 넘나드는 영을 상징하며 여기에서는 영과 육을 넘나드는 사랑의 이미지이다.

그렇게 지내면서 그들은 어릴 때의 소꿉친구처럼 천진난만한 마음이 된다. 그때 다정했던 친구와 한시도 떨어지기 싫었는데, 지금 그들이 그렇다. 그렇게 천진한 사랑으로 서로를 품어 주면서 신혼의 달콤한 시절을 보낼 때, 그들의 모습은 옛날 에덴에서 즐겁게 지내던 아담과 이브의 모습이다. 꿈같은 사랑의 낙원에서 그들의 즐거움은 끝이 없다.

그러나 마음 아프게도 그 낙원에는 간사한 뱀이 숨어 있다. 옛날 에덴에서 아담과 이브의 사랑을 무참하게 망쳐 놓았던 바로 그 뱀이, 지금은 신혼부부를 노리고 있다. 그 뱀은 간교하고 사악하기 짝이 없어서 그들의 천진난만하고 순진무구한 사랑도 철저히 망쳐 놓지 않으면 직성이 안 풀린다. 그 뱀의 정체는 누구든지 독을 풍겨서 파멸시키는 바로 사탄이기 때문이다.

그런데 그 사탄은 우리에게 결코 생소한 것이 아니다. 우리에게는 누구나 유전적으로 타고난 이기심이 있는데, 그것은 사탄과 아주 친한 기질이다. 그래서 사탄이 우리 속으로 들어오는 가장 좋은 빌미가 된다. 즉, 우리가 이기심에 빠질 때 실은 우리의 자아가 사탄에게 끌리는 순간이고, 사탄에게 마음을 열어 주는 순간이다. 그때 사탄은 이때다, 하고 재빨리 들어와 우리의 자아 속에 똬리를 틀고 좌정한다. 그다음부터 사악한 기질로 우리의 이기심을 끊임없이 부추긴다. 아름답던 신혼부부의 사랑까지 무참히 짓밟아 놓지 않으면 직성이 안 풀리는 것이다.

우리 조상이 사탄의 유혹에 넘어갔다는 것은 사탄을 마음에 받아들여서 사탄과 하나가 되었다는 뜻이다. 그래서 그 사탄이 우리 자아 속에 뱀처럼 도사리고 있다. 그리고 사사건건 이기적인 자아를 부추겨서 탐욕스럽고 사악한 쪽으로 끌어간다. 사악한 이기심, 바로 사탄의 기질을 그대로 풍기게 만드는 것이다.

신혼부부를 노리는 뱀이란 바로 이것이다. 서로 달콤하게 좋아하다가도 나도 모르게 이기심이 발동한다. 내가 먼저 편해야 하고, 내가 먼저 기뻐야 된다는 생각이 머리를 든다. 뱀이 상대방을 노리고 머리를 드는 모습이다.

부부 사이에 그런 모습이 점점 더 노골화되고, '내가 먼저'라는 생각이 빈번히 나타날 때, 그런 태도는 서로가 못마땅하다. 그래서 다정했던 부부 사이에 미움이 심어지고, 소중하게 자라는 부부애가 상처를 입는다. 그런 이기심이 점점 더 심해지면 뱀의 독처럼 부부의 사랑을 망쳐 놓는다. 다정했던 부부를 서로 미워하게 만든다.

부부 사이에서 생기는 허다한 실망과 고통은 한마디로 '내가 먼저'라는 이기심 때문이다. 그 정체를 분명히 깨닫고, 그 독아(毒牙)에서 풍기는 이기적 욕심을 지혜롭게 벗어날 때, 바로 그때부터 부부는 사랑의 철이 들고, 혼인애를 지향하는 자세로 자리 잡는다.

사탄의 기질과 결합된 나의 이기심, 사랑하는 사람 앞에서 그것은 결코 용납이 안 된다. 가장 소중한 사람에게 추한 이기심을 풍기는 것은 가장 아름다운 사람에게 악취의 오물을 뿌리는 것과 같다. 둘 사이에 소중하게 키워 가는 사랑이라는 꽃을 무참하게 훼손시키는 것이다. 추한 이기심, 사탄의 독, 그것이 범접하지 못하도록 언제나 상대방을 품어 주는 사랑의 자세가 흔들리지 말아야 한다.

그렇게 이기심을 피하고 사랑의 자세를 소중하게 지키는 길이 하나 있는데, 누구에겐가 순수한 사랑을 품어 본 사람은 그 길을 안다. 처음으로 사랑을 품었던 그때, 그 마음을 다시 돌이켜 보면 거기에 이기심은 전혀 없었다. 그 사람 앞에서는 나의 고집스러운 모습은 보이지 않았고, 나의 욕심도 나타나지 않았다. 오직 그 사람만 소중해서 그 사람을 위해서라면 무엇이든 아깝지 않았고, 그 사람만 위해 주고 싶었다. 진정 순수한 사랑을 품으면 누구나 그런 마음이 된다. 그래서 사탄의 빌미가 되는 이기심에서 벗어나는 길은 처음 사랑을 품었던 마음, 그 순수로 돌아가는 것이다.

특히, 부부의 경우, 이기적 욕심에서 벗어나는 길은 서로에게 사랑을 품었던 그 첫 마음을 그대로 지키는 것이다. 초심(初心)을 지킨다는 것이다. 상대방을 가장 소중하게 생각했던 그때 그 첫 마음, 그것은 참 아름다웠다. 평생 소중하게 품고 간직할 만큼 귀한 것이다. 이기적인 생각이 슬며시 고개를 들거나 또는 상대방을 소중히 여기는 자세가 흐트러지려고 할 때, 귀하게 간직하고 있는 초심을 다시 확인하고, 그 마음을 단단히 다지면 간교한 사탄의 음모에 빠지지 않는다.

심상치 않은 인연으로 서로 만나서 경이로운 사랑의 감동에 영혼까지 떨리던 그때, 난생처음 몸과 마음으로 사랑의 전율을 느끼던 바로 그때, 그 경이와 감동은 누구나 평생 잊지 못한다. 그래서 그렇게 맺어진 부부는 그 첫 감동을 가장 귀한 보물처럼 간직한다. 그들이 겪어온 사랑의 여정에서 가장 아름다웠던 첫 순간이기 때문이다. 그 아름다운 기억은 끊임없이 살아나서 그때마다 부부의 사랑을 신선하게 살려 놓는다. 바로 그 마음을 계속 간직하는 것이다.

혹시 초심에서 벗어난 기미가 느껴질 때, 지혜로운 부부는 자신의 내면을 조용히 살펴본다. 어디서부터 벗어났는지 조심스럽게 찾아본다. 이기적인 자아가 튀어나오던 순간이 바로 그 시점인 것을 알아차린다. 그리로 다시 돌아가서 잘못을 바로잡는다. 그렇게 반성하고 회개하고 바로잡는 마음, 그것이 초심을 지키는 태도이고, 그런 마음에서 사랑은 성숙한다.

처음 사랑을 품었던 그 순수한 마음, 그 감동은 아직 선명할 수도 있고 희미해졌을 수도 있겠지만, 혼인애를 지향하는 부부는 그 마음을 늘 상기한다. 초심을 확인하고 다져서 새롭게 간직하는 것이다. 벽장 속에 고이 간직하고 있는 가보(家寶)를 꺼내서 먼지를 닦으면서 그 가치를 다시 살펴보는 것과 같다. 그렇게 사랑의 자세를 늘 살피면서 초심을 다지는 마음, 거기에는 처음으로 설레던 사랑의 감동이 가보처럼 소중하게 간직되어 있을 것이다.

그렇게 부부가 초심을 간직하고 있을 때, 그들 사이에 이기적인 생각도 얼씬 못한다. 오히려 상대방을 점점 더 귀하게 생각하고 존중하게 된다. 사랑의 기쁨에서도 나의 기쁨보다 상대방의 기쁨이 우선한다.

부부가 그렇게 생각하면서 부부 사이에 '나'는 없어진다. 나의 생각, 나의 고집, 나의 욕심, 이런 이기적인 '나'에 속한 것, 이기심의 뿌리가 없어진다. 모든 일에서 '당신'이 먼저이다. 둘 다 그렇게 생각하면 모든 일에서 '우리'가 된다. 모든 것을 둘이 함께하는 '나눌 수 없는' 사랑으로 변화된다.[2]

2. 순수의 깨달음

1) 횡격막이 뜻하는 것

혼인애의 두 번째 기본자세는 순수의 깨달음이다. 남녀가 한 몸, 한마음이 되어 함께 누리는 사랑의 기쁨, 그것은 세상 모든 기쁨의 극치이다. 그리고 전술한 대로 그 희열이 지순할 때 그들은 육체의 감각을 넘어서 천국의 기쁨까지 연상하게 된다. 그 감동 속에서 부부의 사랑은 천국의 사랑에까지 발돋움하는 것이다. 순수한 성애는 그렇다. 그 순수를 깨닫는 것이 혼인애를 깨닫는 기본 중의 기본이다.

---

2 [막 10:9] 참조.

그렇지만 성애를 아직도 욕구의 해소 방법 정도로만 취급하는 사람들이 많다. 남녀의 성이란 별수 없이 허리 아래에서 주도하는 것이기 때문에 철저하게 영혼과는 거리가 먼 것이고 그래서 아름다움과 순수와도 거리가 멀다고 생각한다.

성애를 그렇게 허리 아래의 한계에서만 생각하는 그들에게 성애의 순수는 이해범위 밖이다. 우리가 비록 육체를 입고 살지만, 마음속 깊이에는 영이 있고, 거기에서 감동하는 것이 진정한 사랑이며, 그 사랑 안에서는 성애와 혼인애가 하나이며, 그 사랑이 불꽃처럼 타오를 때는, 그 모습이, 말 그대로, 무지개처럼 아름답다는 사실을, 전혀 모르는 것이다. 우리가 비록 땅에서 살지만, 그 위에는 하늘이 있고, 거기에서 햇빛과 운우가 만나면 아름다운 무지개가 뜬다고, 맹인에게 아무리 설명해도 모르는 것과 같다. 그런 사람들에게 한 가지만 더 거론하겠다.

사람의 몸에는 횡격막(橫隔膜)이 있어서, 그것으로 허리의 위아래가 구분된다. 횡격막 위에는 머리와 심장, 폐장이 있어서, 생각하고 느끼고 깨닫는 이성적, 정신적 활동을 관장한다. 그런 활동으로 우리 삶을, 사람다운 고결한 방향으로 이끌어 간다. 아래쪽에는 위장과 간, 대장과 소장, 콩팥 등이 있어서, 먹고 소화시키고 배설하는 육체의 본능적 활동을 관장한다. 그런 활동으로 육신을 지탱하고, 생존을 이어가도록 해 준다. 우리 신체가 횡격막을 기점으로, 위아래로 구분되어 있어서, 관장하는 분야가 정신과 육체로 나뉘는 것이다.

그런데 사랑의 감정도 이 횡격막을 기점으로 위아래의 느낌이 구분된다. 영혼과 육체, 또는 정신과 몸의 구별과 같다. 그런데 성애는 횡격막 아래, 즉 육체의 말초신경에서 구체화된다. 그래서 자칫 사랑의 모습보다는 욕망의 모습으로 나타나기 쉽다. 그 욕망이 심하면 거칠고 이기적인 모습으로 나타나기도 한다. 여기까지만 본다면, 성애의 아름다움이나 순수함은 보기 어렵다. 그러나 거기까지만 보면 안 된다. 사람의 몸이 횡격막 아랫부분만 있는 것이 아니고, 남녀 관계도 거기에서만 이루어지는 것이 아니기 때문이다.

사람의 모든 생각과 의지와 감정의 활동은 횡격막 위에서 먼저 시작하고, 아래는 순순히 따라간다. 즉, 횡격막 위에 있는 머리와 가슴에서 결정하고, 아래 기관이 그 뒤를 따라 행동으로 나타난다. 이것이 사람의 행동 질서이며, 그 질서를 따를 때 사람다운 삶이 영위된다.

남녀의 사랑은 더욱 그렇다. 사랑의 감동은 횡격막 위, 가슴에서 먼저 시작하고, 몸은 그 뒤를 따른다. 그 감동은 실은 양심 속에 있는 영의 감동이다. 그 감동은 고결하고 순수하기 때문에, 그 앞에서는 육의 거칠고 불순한 것들이 함부로 나서지 못한다. 고귀한 사람 앞에서 아랫사람의 거친 행동이 함부로 나오지 못하는 것과 같다. 진정한 사랑은 이렇게 횡격막 위의 가슴 속, 영혼의 감동으로 시작되고, 그 영혼이 관장하며, 그 아래의 육신은 조신하며 따르는 모습이다. 이것이 사랑의 질서이며, 이 질서를 따를 때만, 사랑이 아름답고 순수해진다.

당신은 사랑하는 사람의 눈을 깊이 들여다본 적이 있는가?

눈은 마음의 창이다. 눈을 통해 마음이 들여다보인다. 진정 순수한 마음에, 또 그런 사랑을 담고, 그런 눈으로 사랑하는 사람의 눈을 깊이 들여다보라. 마음의 밀실이 보이고, 그 안에 있는 영혼이 느껴질 것이다.

지금 사랑하는 사람이 아직 없다면, 장차 나타날 연인의 모습을 상상해도 된다. 눈과 눈을 마주하고 서로의 마음을 깊이 들여다볼 때, 서로의 영혼이 느껴진다. 그러면서 당신의 마음도 그 영혼처럼 맑아진다. 마음에 불순한 것들이 있다면, 부끄러움을 느끼며 사라진다. 그렇게, 지순한 영혼이 감지될 때, 마음이 저절로 순화된다. 그리고 그 마음에 품은 사랑도 그렇게 순화된다.

　영혼이 사랑을 관장하고 이끌어 가는 모습은 바로 이렇다. 영혼이 사랑을 순화시키고, 그 사랑 안에서 영과 육이 하나 되고, 혼인애와 성애도 하나가 된다. 그럴 때 성애는 혼인애와 한 모습으로 순수하다. 성애의 순수함을 이렇게 깨달을 수도 있을 것이다.

　순수한 성애, 이것을 여자는 비교적 쉽게 이해한다. 일반적으로 여자는 마음이 먼저 하나가 된 뒤에야 성애도 가능하다. 즉, 횡격막 위에서 비롯되는 순수한 감정을 먼저 따른다. 애욕이 솟아도 함부로 노출시키지 않고 은밀히 감추어 둔 채, 순수한 사랑으로 받아드릴 남자만을 기다린다. 여자는 그렇게 성애를 진정한 사랑과 거의 동일시하기 때문에, 성애의 순수도 비교적 쉽게 이해한다.

　그러나 남자는 성애의 순수를 이해하기가 조금 어렵다. 일반적으로 남자는 성애보다 성욕이 앞서기 때문이다. 그 욕망은 횡격막 아래의 말초신경에서 시작되는데, 그것은 충동적이고, 폭력적이 될 수도 있다. 또 애정도 없이 욕망의 배설만을 위한 교합이 쉽게 가능하기 때문에, 성을 함부로 취급하거나 성적인 결합을 순수하게 보지 못하는 경향이 짙다.

　그래서 남자들은, 삼가고 여미는 마음으로 깨달아야 한다. 달콤한 꿀을 갖추어 놓고 아름다운 향기를 풍기며, 나비를 기다리는 꽃, 그녀가 바로 그 꽃처럼 당신을 기다린다면, 당신은 삼가는 마음으로 다가가야 한다. 세상에서 가장 섬세하고 아름다운 것을 대하는 마음이어야 한다. 사랑도 성애도 그런 마음으로 대할 때, 당신의 성애는 혼인애의 짝으로 아름답게 순화된다.

2) 공주와의 사랑

　혼인애를 깨닫기 위해서 성애의 순수를 먼저 깨달아야 하는 것은, 왕궁의 내실로 들어가기 위해서 먼저 대문을 통과해야 하는 것과 같다. 그런데 맹인이 그 문안에 들어왔다 하자. 그는 아무리 두리번거려도, 웅장한 대문이나 궁 안의 아름다움은 보지 못한다. 또 눈은 성하지만, 검은 안경을 끼고 들어왔다. 그는 궁 안의 모든 아름다움을 검은 것으로밖에 보지 못한다.

　문제는 남녀의 사랑에 대해서 맹인이나 검은 안경을 낀 사람이 너무나 많다는 것이다. 남녀 관계에 대한 관념이나 인식이 그런 수준이면, 순수한 아름다움을 제대로 보지 못한다. 일반적으로 남자들에게 그런 경향이 더 심하다. 성이란 본능적인 욕망의 배설 행위에 불과하다는 저급한 관념에서 도무지 벗어나지 못하는 것이다.

　그래서 그런 남자들에게 또 한 가지 예를 제시해야겠다. 당신이 어떤 왕국에 산다고 하자. 그런데 그 나라에 정말 아름다운 공주가 있다. 꽃처럼 아름답고 별처럼 고결해서, 주변의 많은 남자에게 흠모를 받고 있다. 그런데 그 공주가 바로 당신을 마음에 품고 있다. 당신을 세상에서 가장 소중한 사람으로 생각한다. 높은 신분으로 누리는 온갖 영화보다도, 당신의 사랑을 더 귀하게 생각한다. 그래서 당신을 위해서라면 무엇도 주저하지 않는다. 목숨도 아끼지 않을 만큼 깊은 사랑을 바친다. 당신의 마음을 얻기 위해서 한 나라의 공주로서 할 수 있는 모든 정성을 아낌없이 쏟는다. 아름답고 순수한 사랑을 품고, 그 사랑으로 당신에게 정성을 다하는 공주의 모습은, 한층 더 아름다워 보인다.

　그렇게 공주가 당신에게 극진한 사랑을 바치고 있는데, 당신도 그녀의 사랑을 받아들였다. 사랑하는 마음으로 공주를 대한다. 그렇게 마주할 때마다 그녀의 고결하고 아름다운 자태가 눈부시다.

 그때 당신은 공주에 대해서 육욕에만 사로잡힌 천박한 생각을 가질 수 있을까?
 그렇게 아름다운 모습으로 고귀한 사랑을 바치는 공주를, 단지 욕망의 대상으로만 생각할 수 있을까?
 공주를 진정 사랑하고 있다면 그녀의 우아하고 고결한 품위, 순수한 내면에서 풍기는 아름다움 그리고 그녀의 깊은 사랑 앞에서 당신은 생각과 태도를 다듬지 않을까?
 공주를 한 여자로 생각하더라도 성에 관한 당신의 생각은 많이 달라지지 않을까?

 당신이 마침내 공주와 결혼을 하고, 이제 왕궁의 침실에서 첫날밤을 치른다. 당신이 공주를 품을 때, 당신이 느끼는 것은 공주의 육체뿐이 아닐 것이다. 공주도 한 여자이다. 그녀의 여체에서 풍기는 성적인 매력도 대단할 것이다.
 그러나 그녀의 내면에서 더 고결하게 풍기는 사랑도 함께 느껴지지 않을까?
 그래서 그런 사랑 때문에 공주의 성적인 매력도 더 아름답게 순화되지 않을까?
 당신이 공주의 사랑에 진정으로 감동한다면 그것은 당신의 영혼에서 느끼는 감동이다. 그 영혼의 아름다움이 그녀의 몸을 통해서 풍겨 나오는 것을 당신의 영혼도 분명히 느낄 것이다. 당신의 몸이 공주의 몸과 깊이 하나가 될 때 당신의 영혼은 그녀의 영혼과 더 깊이 하나가 될 것이다. 육체의 기쁨 속에서 그보다 더 고결한 영혼의 기쁨도 함께 느낄 것이다. 그래서 당신의 육체와 영혼이 아름다운 공주의 사랑에 함께 감동할 것이다. 그렇게 공주에게서 감동하는 사랑은 당신이 옛날 어지러운 육체의 욕망에 시달릴 때 생각했던 남녀 관계와는 분명히 다르다. 고결한 영혼과 적나라한 육체가 함께 감동하는 진솔하고도 순수한 사랑이다.

그때 당신의 영혼이 감동하는 것은 혼인애이고, 당신의 육체가 감동하는 것은 성애이다. 그런데 둘 다 한 모습으로 지순하다. 공주의 영혼은 당연히 아름답지만, 그녀의 육체까지도 영혼의 모습을 닮았기 때문이다. 그것을 감동으로 느낄 때, 당신의 닫혔던 눈이 열리고, 검은 안경이 벗겨질 것이다. 사랑도 성애도 그 순수한 모습이 제대로 보일 것이다. 이렇게 남녀의 사랑에서 그 순수를 깨달을 때 혼인애가 제대로 자란다.

사람의 내면이 천국에 합당하게 빚어지면, 그는 천국에 올라가서 천사가 된다. 그리고 거기에서 그의 짝을 만나는데, 그 사람도 천사이다. 천사의 고결함과 아름다움은, 한 나라의 공주나 왕자와도 비교가 안 된다. 흠과 티가 없는 천사에게서 나타나는 눈부신 아름다움이다. 당신은 그런 몸, 바로 영체가 되고,[3] 또 그런 짝을 만난다. 그리고 그 짝과 함께 천국의 사랑을 누리며 사는데, 거기에는 물론 성애도 포함된다. 그 순수함을 생각해 볼 일이다. 우리의 오염된 관념으로 생각하는 성애, 그런 모습이 결코 아니다.

3) 어떤 남자의 사랑

성애에 대한 남자의 관념은 일반적으로 비하되어 있고, 성애의 순수를 깨닫기가 그만큼 더 어렵다는 것은 앞서 말했다. 그러나, 고결한 수준의 남자도 분명히 있고, 그런 남자가 그의 자질에 맞는 순수한 사랑을 지향하

---

[3] [고후 15:44] "영의 몸"

는 경우도 당연히 있는데, 이런 수준에 있는 남자의 경우를 보자.

사람의 마음은 빈 그릇과 같아서 사는 동안 거기에 필요한 것을 담는다. 또 그 그릇은 넓이와 깊이도 달라서 무엇을 담아도 그릇의 크기대로 담는다. 사랑을 담을 때도 그렇다. 마음의 깊이와 넓이만큼 담는다. 깊고 넓게 담을수록 고결한 사랑이 된다.

남자가 한 여자에게 사랑을 품는 것은 그의 마음이라는 그릇에 그녀를 향한 사랑을 담는 것이다. 마음의 깊이와 넓이만큼 담는다. 일단 그렇게 담으면 그 사랑은 그에게 감동을 주고 변화를 가져온다. 먼저, 이제까지와는 다르게 마음이 순수해진다. 그렇게 순수해진 마음의 하늘에 그녀의 영혼이 별처럼 높이 떠 있다. 그래서 그리움이 간절히 쏠리는 곳도 그녀의 아름다움이 풍겨 나오는 곳, 그녀의 가슴 속 어딘가 바로 그녀의 영혼이다.

사람의 영혼은 겉모습에서 은연중 드러난다. 맑은 눈 속에, 진솔한 언행에, 무심한 손길에서 영혼을 느낄 수 있다. 진정한 사랑의 눈으로 보면 더욱 그렇다. 그래서 그녀의 아름다운 자태와 맑은 미소와 깊은 눈빛에서도 영혼의 모습이 은연중 비친다. 아지랑이처럼 피어오르는 그리움 속에서도 영혼의 모습이 아련하게 떠오른다.

이렇게 남자가 한 여자를 마음 깊이 품을 때, 가장 먼저 보이는 것은 그녀의 고결한 영혼이다. 그 영혼이 손을 내밀어 주기를 바라는 마음이고, 그 손을 마주 잡고 두 영혼이 하나가 되고 싶은 마음이다. 그 갈망이 때로는 슬플 만큼 간절해진다. 그래서 순수한 사랑은 슬픈 모습을 띠기도 한다.

이럴 때 남자에게는 또 하나 특별한 현상이 나타난다. 육체의 거칠고 불순한 욕망이 신기할 정도로 잠잠해지는 것이다. 순결하고 아름답게 보이는 그녀의 모습 앞에 육체의 욕망은 감히 머리를 들지 못한다. 간혹 욕망이 무심결에 스칠 때도 그녀의 고결한 모습을 생각하고 마음을 가다듬는다. 오로지 마음이 쏠리는 곳은 아름다움이 풍겨 나오는 그녀의 영혼이다.

마음에서 예쁜 향로가 타오르듯 영혼의 향기를 은은히 풍기는 그녀, 오로지 갈망 되는 것은 그 향기 속에서 그녀와 만나는 것이다.

그런 만남은 얼마나 아름답겠는가!

어쩌면 두 사람의 운명을 바꿔놓는 사건이 될지도 모른다. 그런 갈망으로 잠 못 이루는 번민의 밤을 지새운다.

그런데 사랑의 운명이 미소를 지으며 다가올 때도 있다. 그녀도 자기를 마음에 품고 있는 경우이다. 둘이 서로를 은밀히 품고 있었다는 사실이 극적인 고백으로 드러나면 두 사람의 기쁨은 충돌하듯 마주치고 두 마음은 순식간에 하나가 된다. 두 영혼이 드디어 감격으로 손을 잡는 것이다.

그리고 그때부터 그들에게는 허다한 사연들을 엮어가는 사랑의 장도(長途)가 시작된다. 그 진진한 사랑의 길을 어떤 때는 서툴게 또 어떤 때는 안타깝게 함께 간다. 그러면서 남자에게서는 둘 사이에 장애가 되는 거칠고 딱딱한 기질들이 하나하나 다듬어진다. 여자의 섬세한 마음에 부드럽게 안착할 때까지, 거친 것들이 다듬어지고 불순한 것들이 정화된다. 마음을 어지럽히던 생각이나 육체에서 뻗치던 욕망도, 영혼의 통제를 받아 자제하게 된다. 그렇게 변화되면서, 그녀와 함께 울고 웃는 사랑의 장도를 이어가다가 그 길을 무사히 마친 뒤, 드디어 마지막 목적지인 첫날 밤의 신방에 도착한다.

그렇게 해서 그녀의 모든 아름다움을 감동으로 느끼는 첫날 밤, 그녀의 영혼에서 풍기는 향기는 신비와 경이로 진동한다. 그녀의 온몸에서도 그 향기가 풍겨 나오고, 그녀의 얼굴도 살결도 그 향기의 색깔로 물들여진다. 신랑이 떨리는 손으로 그녀를 품을 때, 그의 손은 사랑의 경건에 붙들려 있다. 그녀의 몸을 애무하는 조심스러운 손길에서는 그녀의 영혼도 함께 느껴진다. 뭐라 말할 수 없이 부드러운 그녀의 가슴에서는 영혼의 향기가 숨 막힐 듯 풍겨 나온다. 그녀의 적나라한 몸은 육체의 아름다움만 풍기는 것이 아니다. 영혼의 아름다움을 더 진하게 풍기고 있다.

그의 몸이 드디어 그녀의 몸속으로 꿈결처럼 잠기는 순간, 온몸에 사무치는 감동은 육체만의 느낌이 아니다. 오히려 마음 깊은 곳, 그의 영혼에서 더 깊이 울린다. 애초부터 거기에서 먼저 울린 사랑이기 때문이다. 그렇게 그녀와 한 몸이 되는 순간은 두 영혼도 이미 하나 된 사실을 엄숙하게 확인하는 순간이다. 그런 감동 속에서 조심스럽게 열리는 사랑의 밀실, 그 안에는 경이롭고 황홀한 것들이 마르지 않는 풍요로 넘치는데, 하나 된 영혼의 감동이 그런 풍요로 이끌어 간다.

이렇게 신랑 신부의 영혼과 몸이 사랑으로 하나 되었을 때, 거기에는 불순한 것이 범접하지 못한다. 지순한 사랑과 거기에서 오는 순수한 희열만 있다. 그때 그들의 몸에서 느끼는 것은 순수한 성애이고, 영혼에서 느끼는 것은 혼인애이다. 이렇게 몸과 영혼이, 성애와 혼인애가 순수한 모습으로 하나가 된다.

남녀의 진정한 사랑은 그렇다. 성애와 혼인애가 하나 되면서, 성애도 혼인애처럼 순수해진다. 마음을 깊이 울린 사랑이 먼저 영혼을 감동시키고 다시 몸으로 내려와 두 몸을 하나로 감동시킬 때 성애와 혼인애가 하나 되고, 그때 성애도 똑같이 순수해지는 것이다. 그래서 남자가 인격과 자질이 제대로 갖추어진 마음으로 한 여자의 사랑을 간절히 담는다면 그 남자도 섬세하고 순결한 여자 못지않게 사랑의 순수를 깨달을 수 있는 것이다.

4) 심장과 폐장

  사람의 인격은 그 수준이 천차만별이요, 그 자질도 백인백색이다. 천사의 수준으로 고결한 사람도 있고, 짐승 이하의 수준으로 저급한 사람도 있는데, 사람의 마음도 그렇다. 그 깊이와 넓이가 다르고, 마음을 쓰는 높이와 수준도 다르다. 그래서 마음이 깊거나 얄팍한 사람, 넓거나 좁은 사람, 고결하거나 저속한 사람이 있다. 영혼 너머에까지 닿는 마음이 있고, 육체 아래로만 쏠리는 마음이 있다.

  사람의 마음이 여러 수준으로 다르기 때문에 거기에 담는 사랑도 그렇다. 마음의 깊이와 넓이와 모양에 따라 일편단심의 사랑도 있고 돌아서면 끝나는 사랑도 있다. 헌신적인 사랑도 있고, 이기적인 사랑도 있다. 뜨거운 사랑도 있고, 미지근한 사랑도 있다. 영혼에서 감동하는 사랑도 있고, 육체의 욕망에서 그치는 사랑도 있다. 사람의 마음, 그 심성(心性)에 따라 그가 품은 사랑이 그 모습대로 나타나는 것이다.

  그래서 당신이 지금 누군가에게 영혼까지 울리는 고결한 사랑을 품고 있다면, 당신의 심성도 그렇게 고결하다는 뜻이다. 당신이 그 사람의 영혼을 보고, 거기에서 풍기는 아름다움에 감동한다면, 당신의 영혼도 그렇게 아름답다는 뜻이다. 그래서 당신이 그 사람을 사랑한다는 것은 당신 영혼의 눈이 열려서 그 사람의 영혼을 보고 매혹되었다는 뜻이다. 맑은 미소, 우아한 몸짓, 부드러운 손길에서까지 향기처럼 풍기는 그 사람의 영혼을 경이로운 감동으로 바라보고 있다는 뜻이다.

  사랑의 깊이와 섬세함에 대해서는 아무래도 남성이 여성보다 뒤떨어진다. 그래서 남성에게 먼저 묻고 싶다.

당신은 한 여자의 영혼을 그렇게 바라본 적이 있는가?
그 영혼의 순수에 감동해서 당신의 마음도 그렇게 순화되는 것을 느낀 적이 있는가?
그녀가 세상에서 가장 아름답고 소중한 사람으로 다가와 당신의 마음을 경이롭게 압도하는 것을 느낀 적이 있는가?
그래서 그녀를 위해서라면 그 무엇도 아깝지 않다는 생각이 든 적이 있는가?
목숨도 기꺼이 바칠 수 있다는 생각으로 한 여자를 마음에 품어본 적이 있는가?[4]

만일, 그런 적이 없다면 사랑이 어떻다고 말하지 말라. 왕궁에 들어가 보지 못한 사람이 왕궁에 대해서 떠들 수 없는 것과 같다. 왕궁이 어떤지 알고 싶으면, 직접 들어가 보든지 아니면 보고 온 사람의 말을 들어야 한다. 남녀의 사랑도 그렇다.

남자가 한 여자에게 진정한 사랑을 품으면 그에게는 이제까지 알지 못하던 경이로운 세계가 열린다. 장려한 왕궁에 처음으로 들어선 것과 같다. 무지개 같은 환상 속에서만 보이던 세계, 높이 떠서 손에 닿지 못할 것 같았던 신비의 세계에 두근거리는 가슴으로 들어선 것이다. 그런데 거기의 하늘에서 무지개처럼 찬란한 빛을 발하고 있는 사람이 바로 그녀이다. 신비하고 현란한 색깔로 한 여자의 아름다움을 눈부시게 발하고 있다. 그런 그녀를 바라볼 때 경이와 감탄으로 엄습하는 사랑의 감동, 남자가 순수한 마음으로 한 여자의 사랑을 만나는 모습은 그렇다. 그런 마음으로 그 모습을 본 사람만 진정한 사랑이 어떤 것인지 깨닫는다.

---

4 [요 15:13] 목숨까지 바치는 사랑.

이번에는 여자의 경우를 살펴보자. 한 남자를 향한 여자의 사랑은 끊임없이 박동하는 심장의 모습이다. 힘찬 박동이 신선한 피를 온몸에 보내 주는 것처럼 여자도 그런 모습으로 뜨거운 사랑을 남자에게 보낸다. 심장이 보내는 신선한 피를 받고 온몸이 활기를 찾는 것처럼, 여자의 뜨거운 사랑을 받고 남자도 그런 활기를 찾는다. 여자의 사랑이 남자의 삶에 원동력이 되는 것이다.

심장 박동은 사람의 평생에 한순간도 그치지 않는다. 계속 뛰면서 온몸 구석구석까지 생명의 활기를 전해 준다. 그러다가 임종을 맞아서 몸의 모든 기능이 멈춘 뒤에도 박동은 멈추기를 거부한다. 죽음을 거부하는 생명의 모습이다. 여자의 사랑도 그렇다. 일단 한 남자에게 깊은 사랑을 품으면, 죽음으로 둘이 갈라져도 사랑은 멈추기를 거부한다. 극진한 일편단심의 모습이다. 한 남자를 향한 여인의 진정한 사랑은 그렇다.

그런데 그 사랑을 품고 있는 곳은 그녀의 가슴이다. 거기에 아름답고도 풍요한 모습으로 고여 있는 사랑, 남자는 그 속에 꿈결처럼 잠기고 싶다. 옛날 어렸을 때, 엄마의 가슴에 안겨 있을 때 포근했던 것처럼 그렇게 안겨서 아무것도 생각하지 말고, 그녀의 사랑에만 취해 있고 싶다.

그렇게 그녀의 가슴에 깊이 잠겨 있을 때, 문득 어떤 신비한 소리가 들린다. 멀고도 가까운 듯 조용하면서도 깊이 울리는 소리, 그녀의 가슴속 어디에선가 울리는 소리이다. 그 소리에 끌려서 울리는 쪽으로 귀를 댄다. 그러자 두려울 만큼 엄숙하게 들려오는 심장 박동 소리, 그녀의 생명이 힘차게 울리는 소리이다.

당신은 그 소리를 들어본 적이 있는가?

그녀의 가슴에 포근히 잠겨서 사랑에 도취해 있을 때 울려오는 엄숙하고 경이로운 그 소리에 당신은 저절로 경건한 마음이 되었을 것이다. 이제까지 그렇게 쉬지 않는 박동으로 뛰고 있는 그녀의 심장, 그것은 그녀가 그런 모습으로 당신을 기다려왔다는 뜻이다. 지금은 드디어 당신을 품고, 용솟음치는 사랑으로 그렇게 뛰고 있다는 뜻이다. 그녀의 심장이 뜨거운 피를 폐장으로 뿜어 보내듯, 그녀가 그런 사랑을 당신에게 뿜어 보내고 있다. 심장과 폐장이 뜨겁게 흐르는 피로 하나 된 것처럼, 그녀와 당신도 뜨겁게 흐르는 사랑으로 하나가 된 것이다.

스베덴보리에 의하면 남자는 폐장이고 여자는 심장이다. 폐장은 공기에서 산소를 받아 피를 맑게 하고, 심장은 그렇게 맑아진 피를 온몸으로 순환시킨다. 마찬가지로 남편은 영기에서 지혜를 받아 사랑을 맑게 하고, 아내는 그렇게 맑아진 사랑을 둘 사이에 순환시킨다. 그렇게 해서 부부애를 맑고 신선하게 만든다. 심장과 폐장이 하나이듯 그렇게 아내와 남편도 하나이다.

부부가 심장과 폐장처럼 하나가 되어 둘 사이에 뜨거운 사랑이 끊임없이 순환할 때, 그 사랑이 얼마나 아름답고 순수하겠는가?

그 사랑 안에서 불순한 생각이나 편견들이 어떻게 용납되겠는가?

심장에서 힘차게 뿜어 나오는 피, 거기에 불순이 용납 안 되고 심장에서 울리는 엄숙한 박동, 거기에 불경이 용납 안 되는 것과 같다. 그런 사랑에서는 부부가 한 몸, 한마음이듯 성애와 혼인애도 하나이다. 한 모습으로 순수하고 아름답다. 성애의 순수함을 그렇게 깨달을 수도 있다.

5) 성애의 오묘한 상징

신부가 예쁘고 사랑스러울 때 신랑은 신부를 기뻐한다. 늘 곁에 두고, 품에 안고, 하나가 되고 싶다. 지순한 사랑 안에서 서로 기뻐하는 신랑 신부, 천국은 그들 안에 있다.[5] 그래서 그들의 신방은 그대로 천국이다. 신랑

---

5   [눅 17:21] "하나님의 나라는 너희 안에 있느니라."

신부는 그렇게 세상에서도 천국을 누린다.

그렇게 아름다운 신랑 신부는 교회 안에도 있다. 주님이 그 신랑이고 우리는 신부이다.[6] 우리 남편인 주님도 우리를 못지않게 기뻐하시며 이렇게 말씀하신다.

"네 사랑이 어찌 그리 아름다운지, 포도주보다 더 진하고 향유보다 더 향기롭구나!"[7]

이사야도 이렇게 박수를 쳐 준다.

"신랑이 신부를 기뻐함같이 네 하나님이 너를 기뻐하시리라."[8]

신랑이 신부를 기뻐하면 신부와 하나 되기를 원한다. 주님도 우리를 기뻐하시고 우리와 하나가 되기를 원하신다. 하나님이 사람과 하나 되기를 원하시는 것이다. 그래서 신랑 신부의 하나 됨은 바로 하나님과 사람의 하나 됨을 나타낸다. 남녀의 결합이 하나님과 사람의 결합을 오묘한 상징으로 나타내는 것이다. 더 정확하게 말하면 상응한다.

하나님의 명령으로 그 사실이 확인된다.

"사람이 부모를 떠나 남편과 아내와 합하여 둘이 한 몸이 되어야 한다."[9]

거기에 사도 바울은 이렇게 부연한다.

"이것은 큰 비밀입니다. 실은 그리스도와 교회와의 관계를 말하는 것입니다."[10]

남편이 아내와 한 몸이 되는 것은 그리스도와 교회, 하나님과 사람의 하나 됨을 뜻한다는 것이다. 한마디로 남녀 결합은 하나님과 사람의 결합,

---

6   [마 25장] 신랑을 기다리는 처녀들, 신랑은 주님이고 기다리는 처녀들은 바로 우리들.
7   [아 4:10] "내 누이, 내 신부야 네 사랑이 어찌 그리 아름다운지 네 사랑은 포도주보다 진하고 네 기름의 향기는 각양 향품보다 향기롭구나."
8   [사 62:5] "신랑이 신부를 기뻐함같이 네 하나님이 너를 기뻐하시리라."
9   [창 2:24] "이러므로 남자가 부모를 떠나 그의 아내와 합하여 둘이 한 몸을 이룰지로다."
10 [엡 5:32] "이 비밀이 크도다 나는 그리스도와 교회에 대하여 말하노라."

주님과 교회의 결합에 대한 영적 상징이라는 것이다.

남녀의 결합이 실은 이렇게 엄숙하고도 경건한 예표와 상징이다.

그것을 어떻게 불경스럽게 보겠는가?

그것을 우리의 오염된 관념으로 생각하고 함부로 취급하는 것은 하나님에 대한 엄청난 불경이다. 당신의 마음에서 이 엄숙한 사실을 제대로 인식한다면, 당신은 경건과 순수를 깨달은 사람이다.

가장 경건한 것을 가장 불경스럽게 보는 인간 타락의 작태, 그 대표적인 것이 바로 남녀의 성이다. 인간의 타락과 오염이 극에 달하여 나타나는 현상이다. 이런 현실 앞에서 혼인애를 제대로 깨닫는 것은 참 어렵다. 오염된 관념에서 깨끗이 벗어나서, 에덴에서 가졌던 그대로의 마음, 벌거벗고도 부끄러움을 느끼지 않는 천진한 마음, 경건하고 순수했던 그 마음으로 다시 돌아와야 한다. 그 순수를 제대로 깨닫고, 그런 마음으로 성애와 혼인애를 다시 보아야 한다.

3. 순수 지키기: 정화요법

신혼부부가 신선하게 아름다운 이유는 여러 가지가 있지만, 그중의 하나는 부부가 서로를 위해 조금 긴장하며 조신하는 태도이다. 그들이 누리고 있는 사랑의 아름다움과 기쁨이 훼손되지 않도록 섬세하고 자상한 태도로 서로에게 조심한다. 너그럽고 따뜻하게 품어 주려는 마음의 긴장을 늦추지 않는데, 신혼부부의 그런 모습은 참 신선하고 아름답다.

지혜로운 부부는 신혼 시절이 지나서도 그 아름다운 긴장을 풀지 않는다. 세심한 배려로 서로를 계속 품어 준다. 첫날 밤의 두려웠던 긴장은 편안한 자세로 풀렸지만, 서로를 조심스럽게 배려해 주는 마음은 풀지 않다. 그들의 신선한 사랑이 행여 훼손되지 않을까, 불순한 것이 묻지 않을까, 섬세한 긴장을 늦추지 않는 것이다. 부부가 소중한 사랑을 깨달았다면, 그것을 조심해서 지키는 것도 중요하다. 이렇게 부부가 서로에 대해서 아름다운 배려를 늦추지 않는 것, 그것도 그 순수한 사랑을 지키는 훌륭한 방법이다.

그러나 부부가 서로에게 품고 있는 사랑이 아무리 갸륵하다 해도, 그 사랑을 표현하는 육신은 안타깝게도 불완전하다. 약하고 지치고 아쉬울 때가 많다. 실망과 불만이라는 때와 먼지에도 쉽게 노출된다. 또, 그들에게 밀려오는 세파가 그들의 사랑을 끊임없이 뒤흔든다. 그래서 아름답게 품은 사랑도 자주 손상되기가 쉽고, 순수했던 마음도 먼지와 때가 묻어 피곤해지기 쉽다.

그럴 때 필요한 것이 사랑의 정화요법이다. 위장에 불순한 것이 들어와서 복통에 시달릴 때, 그 치료 방법으로 정화요법(catharsis)이라는 것이 있다. 즉, 하제를 먹고 불순한 것들을 밖으로 깨끗이 몰아내는 방법이다. 부부 사이에도 사랑을 해치는 불순한 것들이 들어왔을 때, 그런 것들을 깨끗이 제거하는 유사한 요법이 필요하다.

부부가 함께 살 때 그들의 사랑에는 어차피 실망과 불만 따위의 쓰레기들이 생기기 마련이다. 아무리 훌륭한 집이라도 쓰레기가 생기는 것과 같다. 깨끗이 치우는 방법은 남김없이 태워 버리는 것이다. 부부 사이에 생기는 애정의 쓰레기, 그것을 치우는 방법도 똑같다. 열정이라는 불길로 남김없이 태워 버리는 것이다.

부부가 한 몸이 되어 사랑의 열정을 뜨겁게 태울 때, 함께 타오르는 희열의 불길은 부질없는 생각들, 불만과 실망의 쓰레기들을 남김없이 태워 버린다. 그런 것들로 마음이 잠깐 어지러웠다 해도, 모두 다 태워 버려서 다시 정화시키고, 사랑은 본래의 순수한 모습으로 안정된다.

부부생활에서 생기는 부질없는 감정의 쓰레기들을 그렇게 정화시키는 것이다. 이것이 사랑의 정화요법이다. 다정한 부부에게 가장 귀한 보물은 그들의 마음에 끊임없이 샘솟는 사랑의 열정이다. 다른 것들이 아무리 넉넉하다 해도 사랑의 열정이 없으면 기쁨도 만족도 없다. 서로의 마음에 신선하게 살아 있는 열정에서만 사랑의 희열과 감격이 솟는다. 부부생활을 따뜻하게 해 주는 사랑의 난로, 그것을 뜨겁게 달구는 불꽃이 바로 열정이다. 열정이 뜨거울수록 사랑의 희열도 크다. 난로 불길이 강할수록 방안이 더 따뜻한 것과 같다.

그리고 그 열정이 귀한 또 다른 이유는 사랑의 정화요법에 그 열정이 특효라는 것이다. 부부 사이에 어쩔 수 없이 생기는 감정의 쓰레기들, 부부가 사랑을 뜨겁게 나누면서 열정의 불길로 그런 것들을 남김없이 태워 버리는 것이다. 열정이 뜨거울수록 태워 버리는 순화 효과도 강하다.

그래서 사랑을 순수하게 간직하려는 부부는, 열정의 불씨를 계속 살려 놓는다. 그 불씨를 돋우어서 열정의 불꽃도 수시로 피운다. 아름답게 피어나는 그 불꽃으로 불순한 것들을 태워 버린다. 마음속의 이기적인 것들, 저질스러운 것들, 성격 속의 결함들까지 그들의 사랑에 방해되는 모든 것을 쓰레기를 소각해 버리듯 남김없이 태워 버리는 것이다. 그런 것들로 받은 상처나 아픔들도 함께 나누는 희열의 열정으로 다 씻어버리고 잊어버린다.

그렇게 사랑의 열정을 나눌 때마다 이기(利己)에 속한 불순한 것들이 소멸되면서 성애가 한 단계씩 더 순화된다. 그래서 열정이란, 사랑의 희열만을 위한 것이 아니다. 성애를 순화시키는 역할로도 큰 의미가 있다. 마치 용광로의 불길이 광석을 녹여서 불순물을 제거하는 것과 같다. 부부가 신혼 시절이 지나고 부부생활이 차분히 안정되었을 때, 성애의 순화는 이런 양상이다. 그렇게 되어 사랑의 순수가 아름답게 지켜진다.

또 알아야 할 것은 아직 완전한 단계는 아니지만, 부부가 사랑의 순화를 통해 아름다운 혼인애를 추구할 때 그 방향으로 추구하는 마음 자체가 아름답다는 것이다. 불완전한 우리에게 완벽한 혼인애는 없다. 우리가 사는 동안 온전한 혼인애를 지향하고 계속 추구하면서 성숙해 가는 것이다. 그 사실을 지혜롭게 깨달아야 한다.

예를 들면, 늦가을의 시골 동네, 집마다 서 있는 감나무, 거기에서 감들이 빨갛게 익어 갈 때의 모습은 참 보기 좋다. 얼마 전만 해도 볼품없고 퍼런 땡감이었던 것이 어느새 통통하고 빨갛게 익어서 가을의 풍경을 아름답게 만든다. 그러나 그 감이 완전히 익은 것은 아니다. 아직 떫은맛이 남아 있다. 단맛이 더 나도록 계속 익어야 한다.

우리의 혼인애도 마찬가지다. 지금도 아름답지만, 아직 덜 익은 부분이 있다. 세상에서 사는 날까지 계속 익어가야 한다. 이렇게 우리의 혼인애에는 완전에는 아직 이르지 못했지만, 그 단계로 나아가고 있으며 그렇게 성숙해 가는 모습도 아름다운 것이다.

지극히 고결한 혼인애, 그것은 북극성과 같다. 방향을 모를 때 북극성이 정북향을 지시해 주는 것처럼 우리의 부부애가 헤맬 때 혼인애가 앞에서 방향을 보여 준다. 우리가 북극성에 도달할 수는 없어도 그 별을 보고 올바른 방향을 잡을 수 있는 것처럼 우리가 완벽한 혼인애에 도달할 수는 없어도 그 방향을 깨닫고 그쪽으로 나아갈 수는 있다. 그렇게 나아가는 만큼 완전에 가까워지는데 이것은 모두 주님의 인도로 이루어진다.

인간의 오염된 자아, 또 오염된 세상사. 거기에서 부부애를 손상시키는 불순한 것들이 끊임없이 밀려온다. 부부애라는 아름다운 꽃나무에 이기적인 자아와 피곤한 세상사라는 해충들이 달려드는 것이다. 그래서 순화 과정을 통해 그런 것들을 하나하나 제거해야 한다. 그렇게 순수가 아름답게 지켜질 때 그 안에서만 부부의 사랑이 성숙해 간다. 몸을 정결하게 유지하려면 매일 씻어야 하는 것처럼 부부애의 순화 과정도 매 순간 계속되어야 한다. 그렇게 계속 사랑의 지혜와 열정으로 순화시켜 갈 때 부부애는 아름다운 혼인애로 변화되어 간다.

4. 문제의 해결

1) 자아의 극복

이런 순화 과정을 통해서 사랑을 정성으로 가꾸는 부부라도 문제가 없는 것은 아니다. 오히려 아름다운 성숙을 향해 애를 쓸수록 문제도 많아진다. 부부가 흔들리지 않는 혼인애를 가꾸기 위해서는 드러나는 문제를 짚어보고, 구체적인 해결책도 분명하게 깨닫는 것이 중요하다.

어린아이가 순진한 마음으로 엄마의 손을 잡고 엄마만 따라갈 때는 아무런 문제가 없다. 그런데 다른 곳에 한눈을 팔다가 엄마를 놓치는 경우가 있다. 그러면 반드시 문제가 생긴다. 넘어지고 찢어지고, 나쁜 사람에게 끌려가기도 한다. 우리 인간들도 마찬가지다. 옛날 우리가 하나님만 따르며 살 때는 아무 문제가 없었다.

그런데 다른 것에 한눈을 팔다가 하나님의 손을 놓쳤다. 하나님을 등지게 되고 문제들이 생겼다. 지금 우리에게 닥치는 허다한 고통도 그 근본 원인은 우리가 하나님을 등지고 살기 때문이다. 그 상세한 내막은 구약성서 창세기 3장에 나오는 인간 타락 이야기가 말해 준다.

인간의 타락이란 다른 말로 하면 하나님을 등진 것이다. 그 결과가 바로 악이다. 하나님은 선 자체인데 그 하나님을 등지면 악일 수밖에 없다. 태양은 빛인데 등지면 그늘이 생기는 것과 같다. 사람이 애초에 하나님만 향하고 살 때는 선과 악이라는 개념조차 몰랐다. 온전한 순진무구의 상태로 살았기 때문이었다. 그런데 하나님을 등지고 나서부터 선악을 '알게 되었다.'[11] 온전한 순수의 상태에서 선과 악이 뒤섞이는 불순의 상태로 떨어진 것이다. 태양을 등졌을 때 발 앞에 그림자가 생기고, 밝고 어두운 것이 뒤섞이는 것과 같다. 그것이 바로 타락이었다. 그때부터 인간의 삶에서는 선과 악의 끊임없는 갈등이 시작되고, 거기에서 허다한 고통과 슬픔이 따라오게 된 것이다.

  인간이 하나님을 의지하고 살다가 하나님을 등졌으니, 이제 의지할 데는 자기밖에 없다. 부모를 등진 아이가 스스로 살길을 찾아야 하는 것과 같다. 그래서 살아남기 위해서는 자기를 먼저 생각해야 하고, 필요한 것은 남을 제치고라도 자기가 먼저 차지해야 한다. 철저히 이기적 상황이 된 것이다. 오랜 세월 그렇게 살다 보니 그런 기질로 굳어진다. 그리고 그 기질이 후손에게 학습되고 유전된다. 그래서 모든 사람에게는 이기적인 기질이 뿌리 깊이 박혀 있고, 거기에서 악이 풍겨 나오는데, 실은 그것이 바로 유전악(hereditary evil) 이다.

  뿌리 깊은 이기심, 유전악 거기에서 끊임없이 풍겨 나오는 욕심, 실은 이것이 허다한 죄악의 뿌리가 되고 그 죄악이 고통을 끌어온다. 그런데 그 아성(牙城)이 바로 인간의 자아이다. 자아에 뿌리 깊이 박힌 이기심이 욕심으로 구체화 되어 거기에서 온갖 죄악이 나오는 것이다. 그래서 지금도 많은 영혼이 죄악에 시달리며 고통스러워하는 것은 그들의 자아에서 독처럼 퍼지는 이기적 욕심 때문이다. 혼인애를 지향하는 길에서 이런 자아를 극복하는 것이 실질적으로 가장 시급한 일이다.

  좀 더 구체적으로 이야기하자. 혼인애를 정성스럽게 가꾸며 사는 부부는 마음이 하늘을 향해 열려 있다. 주님의 영기가 그 마음으로 유입된다.

---

11 [창 3:22] 참조.

열린 창문으로 따뜻한 햇볕이 들어오는 것과 같다. 그래서 그들의 마음에는 사랑이 신선하게 타오른다. 그 사랑으로 서로를 따뜻하게 품고 있다. 그럴 때는 그들의 이기적인 자아도 꼼짝 못 한다. 사랑으로 가득한 그들의 마음에는 이기적인 자아가 발 디딜 틈이 없기 때문이다.

그러나 그 자아는 집요하다. 이기적 욕심을 좀처럼 포기하지 않는다. 기회만 노리고 있다가 그들이 서로에 대한 배려를 잠깐 놓치는 사이에 재빨리 뛰쳐나온다. 그리고 욕심을 휘두르는데, 그것은 예리한 칼날처럼 상대방에게 상처를 주거나 치명적인 독을 풍기기도 한다. 영락없는 뱀의 모습이다. 그래서 그 자아가 튀어나오면 다정하게 꽃밭을 거닐던 부부가 숨어 있는 뱀에게 물린 형국이 된다.

그렇게 자아가 설치며 이기심이라는 독을 풍길 때, 그 독은 마치 매운 연기처럼 퍼져서 하늘을 향해 열린 창을 가린다. 그 창으로 들어오던 영기가 막히는 것이다. 결국, 그들의 영은 답답해하고 그들의 사랑은 상처를 입고, 주님은 보이지 않는다. 다정했던 부부 사이는 차가워지고, 품고 있던 부부애는 절망에 빠져서 어찌할 바를 모른다.

이럴 때 어떻게 해야 하는지 성경에서 그 방법을 알려 준다. 그것은 '주님의 이름'을 부르는 것이다.[12] 어린아이가 위급한 일에 닥쳤을 때 다급하게 엄마를 부르는 것과 같다. 그럴 때 그 소리를 듣고도 꾸물대는 엄마는 세상에 없다. 만사를 제치고 달려온다. 마찬가지로 주님도 그들 앞에 즉시 나타나신다.

그러나 독한 연기가 너무 짙어서 주님의 모습이 잘 안 보일 때도 있다. 나의 이기심이 너무 강해서 매운 연기를 계속 뿜고 있다. 그러면 그 속에서 허우적거리지 말고, 우선 한발 물러선다. 감정이 격해 있을 때는 그것이 어려울지도 모른다. 그러나 억지로라도 할 것은 해야 한다. 한발 물러

---

12 [행 2:21; 3:10-12] 등등 참조.

서서 격한 감정, 독한 연기로 어지러워진 마음이 가라앉을 때까지 기다린다. 그러면서 자기의 내면을 조용히 들여다보라. 그 모습이 어떤지 냉정하게 살펴보라. 아름다운 모습과는 거리가 멀다. 추하고 어지러운 모습이다. 독하고 매운 연기만 자욱해서 하늘을 향한 창이 가려져 있다. 실은 그렇게 주님과 단절된 것이다.

그 독한 연기를 가라앉혀야 한다. 가장 좋은 방법이 주님의 이름을 계속 부르는 것이다. 연기가 얼른 사라지지 않을 수도 있다. 그러면 좀 더 기다려도 좋다. 얼마를 기다리든 연기가 다 걷히고, 하늘로 향한 창이 다시 보이고, 그리로 주님의 모습이 보일 때까지 주님에게 계속 매달린다.

그때 이미 창문 앞에 와 계시는 주님이 드디어 보인다.[13] 그런 주님을 불러들인다. 죄송하고 부끄럽지만, 절실한 음성으로 주님을 부른다. 넘어졌던 어린애가 울면서 엄마에게 매달리는 것과 같다. 그러면 주님은 팔을 내밀어 나를 붙드신다. 그 주님 앞에 나는 꿇어 엎드릴 수밖에 없다. 내 추한 자아에 사로잡혀서 주님을 망각하고 추태를 부렸던 자신이 부끄러워진다. 부끄러움은 회개의 시작이다. 그 회개로 닫혔던 마음 문이 열리고 주님과 다시 연결된다.

그렇게 열린 마음으로 주님이 다시 들어오시고, 영의 호흡이 살아나고, 영의 눈도 밝아진다. 그러면 좀 전까지도 강도같이 설쳐대던 나의 추한 자아가 슬금슬금 뒷걸음치는 것이 보인다. 자아에 사로잡혀 있던 내가 그 손아귀에서 빠져나와 밝아진 눈으로 그렇게 도망치는 모습을 보고 있는 것이다. '내가 저런 추한 모습이었구나!' 하고 깨닫게 되고 후회하며 부끄러워진다. 주님에게 매달릴 수밖에 없다. 그러면 이기적인 자아는 깨끗이 물러가고, 주님의 따뜻한 손길이 느껴진다. 주님의 임재(臨在, presence)가 다시 분명해지는 것이다.

---

13   [계 3:20] 참조.

그렇게 옛 자아의 어둠에 빠졌다가도 거기에서 벗어나 주님의 임재를 다시 확인하며 사는 부부, 이런 부부가 자아를 극복하며 사는 부부이다. 실은 옛 자아의 생명으로 사는 것이 아니라 주님의 생명으로 사는 것이다. 이렇게 사는 것이 혼인애로 다가가는 실질적인 길이다. 혼인애의 기본자세는 그렇다.

2) 순종

혼인애를 지향할 때, 이기적인 자아를 극복하고 상대방을 먼저 품어 주는 것이 기본 중의 기본이라는 것은 이미 전술한 바 있다. 그런데 거기에는 반드시 순종이 선행된다. 성경에는 모든 사람이 양과 염소로 분류되어서 심판을 받게 된다는 말씀이 있는데[14] 그것은 다른 말로하면 순종과 불순종의 분류이다. 순한 양과 고집 센 염소를 비교해 볼 때, 우리의 자아는 염소에 더 가깝다. 그런데 그런 기질에서는 혼인애가 자라지 못한다. 주님이 사랑을 명하실 때, 양 같은 순종으로만 혼인애로 다가갈 수 있다. 그런 순종의 본보기를 우리는 갈릴리의 어느 시골 마을 혼인 잔칫집에서 볼 수 있다.[15]

원래, 남녀의 결혼생활은 잔치처럼 즐거운 것이었다. 서로 좋아하는 남녀가 지극히 순수한 마음에 또 그런 사랑을 넘치게 담아서 그 사랑으로 서로를 품어 주고 보살펴 주면서 즐겁게 사는 것, 그것이 원래의 결혼생활이었다.

그러니 매일 즐거운 잔치가 왜 아니겠는가?

---

14 [마 25:31] 이하 참조.
15 [요 2:11] 참조.

주님께서는 옛날 낙원 동산에서 아담과 이브를 짝지어 주실 때부터 남녀가 그런 사랑의 기쁨을 누리며 매일 잔치처럼 즐겁게 살도록 그렇게 원칙을 정해 놓으셨다.
　남녀가 부부의 연을 맺고 그 원칙대로 살면서 정성을 다해 가꾸어가는 혼인애, 결혼생활에서 그보다 더 귀한 것은 없다. 실은 우리의 모든 삶에서 가장 귀한 것이다. 혼인애 안에서 남자와 여자가 하나 되고 사람과 주님이 하나 되고 세상과 천국이 하나 되기 때문이다. 한마디로, 혼인애 안에서 천국 건설이 시작되고, 또 완성되기 때문이다. 그래서 주님께서도 당연히 우리 삶에서 혼인애를 가장 귀하게 여기신다. 주님께서 최초의 기적을 혼인 잔칫집에서 베풀어 주신 것은 그 사실과 연관이 깊다.
　서로 사랑하는 남녀가 그들의 사랑을 함께 가꾸기로 약속하고 그 약속을 선포하는 혼인 잔치, 가나라는 시골 마을에서 바로 그런 잔치가 벌어졌다. 그래서 신랑 신부도 축하객들도 기쁨이 한창 무르익는다. 그런데 그런 판에 그만 포도주가 떨어졌다.

　당시 유대인들의 혼인 잔치 식탁에는 포도주가 핵심이었다. 다른 음식이 아무리 많아도 포도주가 없으면 잔칫상이 아니다. 포도주가 넘쳐날 때 잔치의 즐거움도 넘치고, 축복의 박수도 터지고, 그렇게 잔치가 무르익는다. 그런데 그 포도주가 떨어졌으니, 그것처럼 낭패스러운 일도 없을 것이다. 그래서 즐거움도 흥겨움도 맥 빠지듯 멈춰버린 잔칫집. 입구에 놓인 텅 빈 항아리들만, 썰렁해진 잔치 모습을 말해 주고 있다.
　어떤 조치가 시급히 필요했는데, 바로 그 현장에 주님이 계셨다. 그래서 주님께서는 우선, 거기에서 시중드는 종들에게 명하신다. 입구에 텅 빈 채 놓여 있는 항아리, 거기에 물을 가득 채우라는 명령이다.
　'맹물을?

'지금 당장 급한 것은 포도주인데 맹물을 채워서 어쩌라는 것일까?'

그것도 한참 멀리에 있는 우물까지 가서 힘겹게 길어와야 하지만, 종들은 아무 말 없이 순종한다. 명하신 대로 물을 가득 채웠다. 주님은 또 명하신다. 이제는 그 물을 떠서 잔치 책임자에게 갖다주라는 것이다. 더 큰 의문이 생긴다.

'포도주가 필요한데 맹물을 떠다 주라고?'

누가 이따위 맹물을 떠오라고 했느냐며 야단맞을 것이 뻔하다. 그러나 종들은 이번에도 말없이 순종한다. 명하신 대로 맹물을 떠서 갖다준다. 그때 기적이 일어난다. 그 물이 포도주로 변한 것이다. 그것도 더 좋은 포도주였다. 잔칫집의 즐거움이 다시 살아난다.

이렇게 잔칫집의 난처한 상황은 주님의 기적으로 깨끗이 해결되었다. 잔치의 즐거움이 회복되고, 다시 흥겨운 축하 분위기가 살아난 것이다.

그러나 기적을 베푸신 주님의 의도는 그것뿐일까?
그렇게 계속 즐겁게 먹고 마시며, 잔치나 맘껏 즐기라는 것일까?

아무래도 그것만은 아닐 것이다. 주님께서 행하신 모든 기적에는 겉으로 나타난 결과뿐만 아니라 속으로 더 중요한 뜻을 내포하고 있는데, 여기에서도 그렇다. 우리는 그것을 깨달아야 한다.

전술한 대로, 남녀의 결혼생활은 날마다 즐거운 잔치여야 한다. 세상에서 가장 좋아하는 사람과 함께 한집에 살면서 사랑으로 서로 품어 주며, 그 사랑을 함께 누리며 그런 즐거움 속에서 잔치처럼 사는 것이 정상이다. 그런데 요즈음 부부들의 결혼생활은 대부분, 그것과는 거리가 멀다. 부부 사이가 마치 포도주가 떨어진 가나의 잔칫집처럼 썰렁하다. 사랑이나 애정이 다 떨어졌기 때문이다.

포도주가 바닥나버린 잔칫집, 그 현장에 나타나서 기적을 베푸시는 주님의 깊은 의도, 그 영적 의미는 무엇이겠는가?

텅 빈 부부의 마음에 사랑을 다시 채워 주는 것 그리고 그 사랑을 통해서 혼인애를 깨닫게 하는 것, 그것 말고 또 무엇이겠는가?

그래서 주님께서는 덤덤해진 부부를 혼인애로 이끌어 가시기 위해 구체적인 방법부터 가르쳐 주신다. 기적의 현장에 있던 항아리와 물과 포도주, 그것이 무엇을 뜻하는지부터 우선 생각해 보자.

텅 빈 항아리, 오늘날 부부의 마음이 그렇다. 사랑은 식었고, 애정은 메마르고, 부부 사이는 공허해졌다. 그래서 그 항아리들은 바로 그런 모양으로 사는 요즈음 부부들의 마음이다.

물, 물은 항아리를 채우는 것. 텅 빈 부부의 마음에 다시 채워야 하는 것, 바로 부부애이다. 죽음이 둘을 갈라놓을 때까지 함께 살면서, 서로의 마음에 계속 채워 주기로 약속한 바로 그 사랑이다. 그리고 그 약속을 잘 지킬 때 혼인애의 기적이 일어나는 바탕이다.

포도주, 주님이 만드시는 것, 우리 삶에 기쁨을 주는 것, 우리도 기쁘고 남에게도 기쁨을 주고, 이전보다 더 훌륭하다고 칭찬을 받게 하는 것, 결혼생활이라는 잔치의 즐거움을 점점 더 풍성하도록 이끌어 가는 것, 바로 혼인애이다.

그래서 맹물을 포도주로 변화시키는 기적은 맹물같이 밋밋해진 우리의 부부애를 아름다운 혼인애로 변화시키는 기적이다. 그런데 여기에서 중요한 것은 그 기적이 철저한 순종으로 이루어진다는 것이다.

항아리에 물을 채우다

포도주는 없지만 물이라도 가득 채우라는 주님의 명령, 그 명을 순종하는 것이다. 언제부턴가 텅 비어버린 부부의 마음에 다시 채우라고 명하시는 것은 혼인애가 아니라 부부애이다. 맹물같이 밋밋하고 맛도 없어진 우리의 부부애, 텅 빈 마음에 그것이라도 가득 채우라는 것이다.

항아리의 물을 떠주다

그 물을 떠서 포도주가 필요한 사람에게 주는 것이다. 우리의 텅 비었던 마음에 어렵사리 채운 부부애를 이제는 혼인애를 갈망하는 아내나 남편에게 떠서 주라는 것이다. 밋밋한 부부애이지만, 그것이라도 떠주라는 명이다.

그 명을 순종할 때 기적이 일어나는데, 어떻게 되는지 자세히 살펴보자. 항아리의 맹물은 한꺼번에 포도주로 변한 것이 아니다. 주님의 명에 순종해서 한 바가지 떠냈을 때, 그 바가지의 물이 포도주로 변한 것이다.[16] 항아리에 그대로 담아두면 기적은 일어나지 않는다. 반드시 떠내야 한다. 떠서 기다리는 사람에게 주어야 한다. 그럴 때 기적이 일어난다.

우리 마음을 조용히 들여다보자.

나와 가장 가까운 사람, 내 아내 또는 남편, 한세월 부부로 살았다 해도 서로를 향한 마음이 텅 비어 있는 것은 아닌가?

썰렁하거나 삭막하거나 심지어 원망이나 미움이 도사리고 있는 것은 아닌가?

항아리에 물을 가득 채우라는 주님의 명령은 바로 그런 부부에게 해당된다. 텅 빈 항아리에 포도주 대신 맹물이라도 채우듯, 텅 빈 마음에 혼인애 대신 밋밋한 부부애라도 가득 채우라는 명령이다.

---

16 [마 14:14] 오병이어(五餠二魚)의 기적 참고. 떡 다섯 개가 오천 명 이상이 먹을 분량으로 한꺼번에 산더미처럼 늘어난 것이 아니고, 떡을 떼어서 둘러앉은 사람들에게 나누어줄 때, 바로 그때 알맞은 분량으로 계속 늘어난 것으로 생각하는 것이 타당함. 여기에서도 맹물을 한 그릇씩 떠서 담을 때, 그때 포도주로 변했다고 유추할 수 있음.

부부애를 채우는 구체적인 방법은 이렇다. 먼저 마음을 깨끗이 비운다. 항아리든 마음이든 비어 있을 때만 기적이 가능하다. 서로에 대해 품고 있는 불만과 원망 같은 것도 다 비운다. 주님의 명령 앞에서 그런 부질없는 것은 마음에서 다 비워 버린다.

그다음에는 그동안 쌓인 미운 정, 고운 정 가운데 소중한 기억을 더듬어 본다. 하인들이 먼 우물에서 물을 길어오듯이 먼 기억의 우물에서 순수하고 아름다웠던 모습들을 떠다가 그것들을 마음에 채운다. 많이 채울수록 좋다. 오랜 세월 속에 깊이 가라앉아 있던 기억들도 다시 건져내어서 그 순수했던 모습을 돌이켜 보며 계속 채운다.

그러면 마음이 차츰 그때로 돌아간다. 소박하지만 순수했던 마음, 아득하게 멀어졌던 그 모습이 다시 살아난다.

그때 서로에게 품고 있었던 설레던 마음, 그것은 순수하고 아름답지 않았던가?

그 느낌이 다시 살아나고 따뜻한 것이 마음에 고인다. 점점 더 차오른다. 옛날 순수했던 그 마음이 되고, 그때 순수했던 애정이 살아난다. 부부애는 그렇게 채워진다. 텅 빈 항아리에 물이 채워지듯 텅 비었던 부부의 마음에 부부애가 다시 채워지는 것이다.

그때 주님의 두 번째 명령을 상기해야 한다. 그것을 떠서 주라는 명령이다. 그렇게 채운 부부애를 마음에 담아 두지만 말고, 그것을 떠서 상대방에게 주라는 것이다. 그것도 주님 앞의 하인들처럼 공손해야 한다. 내 마음에 담은 부부애가 비록 맹물같이 소박하지만, 그것이라도 떠서 공손한 마음으로 상대방에게 준다. 둘이 처음 만났을 때, 그때처럼 서로 소중하게 생각하는 마음, 그 마음에 새로 담은 따뜻한 정, 그것을 떠내어서 공손하게 상대방에게 준다. 말 한마디에, 얼굴 표정에, 부드러운 손길에 따뜻하게 담아서 계속 떠준다.

그때, 아름다운 변화가 일어난다. 그렇게 주고받으면서 마음도 따뜻하게 녹는다. 닫혔던 마음이 열리고, 그 안에 순수한 진심이 보인다. 거기에 담긴 소박한 사랑도 느껴진다. 그 옛날 순수했던 사랑이 새로운 모습으로 살아난다.

떠서 주라는 명령을 그대로 순종할 때 나타나는 기적은 바로 이렇다. 맹물을 담았다가 떠주었지만, 마시는 것은 포도주인 것처럼, 밋밋한 부부애를 담았다가 떠주었어도 받는 것은 혼인애의 느낌이다. 그렇게 부부애가 혼인애로 변해가는 것이다. 주님의 두 번째 명령까지 순종할 때, 부부 사이에 나타나는 기적은 바로 이렇다. 그 아름다운 기적을 겪어본 사람은 알고 있다.

이렇게 주님께서는 혼인 잔치의 기적에서 혼인애의 기본자세 중 가장 구체적이고 실질적인 방법을 알려 주신다. 우리의 부부애가 비록 초라할지 모르지만, 그것을 따뜻한 마음으로 떠서 서로에게 줄 때, 그것이 혼인애로 변한다는 사실을 아름다운 기적을 통해서 보여 주시는 것이다. 물론, 주님께서 주시는 이 방법은 부부가 함께 받들어야 한다. 어느 한쪽만 따르고 다른 한쪽은 시큰둥하면 혼인애의 기적은 나타나지 않는다. 서로 함께하는 간절한 마음으로 주님의 명령을 순종할 때만 나타난다.

우리는 주는 것에 너무 인색한데 심지어 부부 사이에도 그렇다. 마음에 있어도 표현은 인색하기 때문에 더욱 그렇다. 그러나 마음에 담아 놓기만 하면 상대방에게는 아무런 도움이 안 된다. 그래서 "떠서 주라!"는 주님의 명령은 간곡하면서도 단호하다. 마음에 있으면 표현하고 나타내라는 것이다. 그것은 내 안에 사랑이 있다는 간증이요 선포이다. 텀덤한 부부 사이라면 그런 간증과 선포는 더욱 필요하다. 주님의 명령은 바로 그것이다. 그 명령을 순종하는 부부에게는 부부애가 혼인애로 변화되는 기적을 아름답게 누린다.

저세상 이야기(3): 천국의 의식주

우리가 천국생활에 대해서 궁금한 것이 하나둘이 아니겠지만, 가장 실질적으로 궁금한 것 중의 하나는 거기의 의식주생활일 것이다. 천국의 삶은 영적인 차원이지만, 외관상으로는 이 세상과 유사하다고 전술했다.
그렇다면 그곳의 의식주생활은 어떤 모습일까?

다음은 천국의 어떤 가정을 방문한 이야기이다.
안내 천사와 함께 방문길에 나섰는데, 조금 가다가 어느 깨끗한 마을에 도착했다. 그림같이 예쁜 집이 정답게 모여 있었고 집 주변에는 아이들이 놀고 있었다. 멀리에서 볼 때는 아주 작은 아이들로 보였는데, 가까이 가서 보니 어른들이었다. 안내 천사는 '천국에서는 어른도 어린아이처럼 천진난만 하기 때문에 멀리에서는 그렇게 보인다'고 설명했다.
천국의 가정집들은 조금 크거나 아담하기도 하고, 화려하거나 소박하기도 하고, 모양도 색깔도 다채롭다. 거기에 사는 부부의 개성과 취향 또 그들이 누리는 사랑의 모습을 그대로 보여 주기 때문이라고 한다. 모든 집이 투명하게 깨끗했고 주위에는 아늑한 기운이 서려 있다. 그것은 그 집에 사는 부부의 사랑에서 풍기는 기운이라고 한다. 그래서 집을 보면, 그 안에 사는 부부의 삶과 사랑이 어떤 모습인지도 알 수 있다고 한다.
우리가 방문할 집이 저만치 앞에 보였다. 격조 있고 우아하면서 독특하게 꾸며진 집이었다.
'저렇게 훌륭한 집에 사는 부부는 과연 어떤 사람들일까?
그들의 사랑은 어떤 모습이며 매일의 삶은 또 어떨까?'
이런 생각을 하면서 가까이 다가갔다. 정원 마당에는 잔디가 깨끗하게 깔려 있고, 그 가장자리에는 크고 작은 꽃들이 저마다 아늑한 자리를 차지한 채, 밝고 귀여운 미소를 짓고 있었다. 위에서 환하게 쏟아지는 햇빛은 그 집으로 쏟아지는 주님의 축복도 그 안에서 누리는 기쁨도 그렇다는 뜻이리라.

천국의 가정집에는 울타리가 없다. 주변 사람들은 누구나 친하게 지내는 착한 이웃이고, 언제 들어와도 반갑기 때문에 그런 이웃 사이를 울타리로 막을 필요가 없다. 그런 분위기를 느끼며 현관 앞에 섰다. 집 안의 독특한 향기가 밖에까지 은은하게 풍기고 있었는데, 어서 문을 열고 들어오라는 듯, 마음을 따뜻하게 끌어당기고 있었다.

이 세상에는 집 대문의 인상이 별로 따뜻하지 않다. 그 안에 사는 사람들의 차가운 인심이 느껴지는 경우도 많다. 좀 잘 산다는 집일수록 더 그렇다. 함부로 접근하지 말라는 위압적인 모습으로 닫혀 있다. 때로는 위협적인 장식들이 대문 앞에 버티고 서서 대상 모를 적대감을 드러내기도 한다. 그러나 천국의 가정집 현관은 그렇지 않다. 누가 들어와도 환영한다는 따뜻한 얼굴이다. 그래서 미소와 환영의 분위기가 느껴진다.

우리가 두드린 문이 조용히 열리고, 그 집 부부의 모습이 나타나자, 내 눈이 커졌다. 예상했던 것보다 더 아름답고 훌륭한 부부의 모습이 나타났기 때문이다.

'이런 부부가 살고 있었구나!'

속에서 감탄이 저절로 나왔다. 부부가 같은 모습으로 고결하고 우아한 자태, 과연 그 집에 꼭 어울리게 아름다운 부부의 모습이었다. 그들의 온화한 미소에는 티 없이 반가워하는 마음이 진하게 풍겼다. 그들이 따뜻한 마음으로 우리를 맞아들일 때는 마치 고귀한 왕자 부부의 친절한 영접을 받는 기분이었다.

천국의 가정 집안이 어떻게 생겼는지 호기심에서 들어설 때부터 눈을 크게 뜨고 자세히 살펴보았다. 세상에서도 수준 있게 부유한 사람들은 그들 나름대로 자기의 집을 훌륭하게 꾸며놓지만, 그들도 실은 무의식적으로 천국의 수준을 흉내 내는 것이리라. 가구와 장식들은 세상에서 보던 것들과 유사했다. 그러나 또 달랐다. 세상에서도 뛰어난 장인의 손으로 만들어진 물건에는 장인의 혼이 깃들어 있다. 그것과 흡사하게 천국에서는 집 안의 모든 물건에 주님의 손길이 깃들어 있다. 그 모든 것은 주님이 직접 만들어 주셨기 때문이라고 한다. 그래서 물건을 사용할 때마다 주님의 손길을 느낀다.

예를 들면, 벽 한쪽에 아름다운 찬장이 하나 놓여 있었다. 그 안에 예쁜 찻잔들과 접시들과 또 식탁에서 사용되는 집기들이 아기자기하게 들어있었는데, 세상 어떤 장인의 솜씨로도 따르지 못할 만큼 아름답고 정교했다. 그런데 그보다 더 신기한 것은 거기에 어떤 경건한 기운이 느껴지는 것이다. 세상에서도 왕궁의 내실이나 고귀한 사람의 집에서 사용되는 진귀한 물건들은 심지어 찻잔 하나에서도 어떤 품위가 느껴지는 것과 같다. 그러나 천국의 품위는 훨씬 더 고상했다. 거기에서도 주님의 기운이 느껴지기 때문이었다.

또 다른 예를 들면, 거실에 지극히 편안해 보이는 안락의자가 놓여 있었다. 그 의자에서는 주님이 베풀어 주시는 평화와 안식이 고스란히 담겨 있었고, 그것이 생생하게 느껴지는 것이다. 그 의자도 주님이 만들어 주셨기 때문이다. 가구나 집기에서 느껴지는 주님의 손길이란 바로 이런 것이다.

천국에서 집이나 가구나 옷이나 생활에 필요한 모든 것은 주님이 마련해 주신다. 각자에게 필요한 것을 미리 아시고, 그의 취향과 내면에 맞도록 배려해 주신다. 그래서 그런 물건을 보거나 사용할 때마다 주님을 느낀다. 귀한 친구에게서 유용한 선물을 받았을 때, 그것을 사용할 때마다 그 친구의 마음이 느껴지는 것과 같다. 집 안에 그런 가구와 장식이 많지도

적지도 않게 고루 갖추어져 있어서 온 집안이 운치 있고 아늑하면서도 평화와 감사가 넘치고 있었다.

천국의 가정집에 있는 가구와 장식, 일상적으로 사용하는 물건 그리고 집안 분위기 등 집안의 모든 것은 거기에 사는 부부의 내면과 정확하게 상응한다. 그들의 내면과 정확하게 맞는 것들로 주님이 그렇게 마련해 주셨기 때문이다. 그래서 그것을 보거나 사용할 때마다 그들은 주님의 배려에 감사하고 또 서로의 내면에 담겨 있는 사랑을 실감한다.

그래서 가령 부부가 함께 차를 마실 때, 그 찻잔의 모습은 그들의 내면 또는 그들이 나누는 사랑의 모습과 일치한다. 다른 표현으로 하면 서로 상응한다. 그 안에 담긴 차, 그 향기도, 맛도 그들이 누리는 사랑의 느낌과 상응한다. 그래서 부부는 함께 차를 마실 때도 그들이 누리는 사랑의 어떠함을 실감하는 것이다. 세상에서도 다정한 부부는 그들이 함께 차를 마시거나 다른 일을 함께할 때 거기에서 그들이 품고 있는 애정의 어떠함을 실감하는데 그것과 마찬가지다.

또 집 안에 있는 물건들은 그 모양이 조금씩 변한다. 천국의 부부는 주님의 영기를 끊임없이 호흡하면서, 그들의 내면과 외모도 갈수록 아름답게 변하는데, 그렇게 변화될 때마다 집안의 가구와 집기들도 같이 변한다. 집안의 모든 것은 거기에 사는 부부의 내면을 그대로 나타내기 때문이다.

그 뚜렷한 예가 그들의 초상화였다. 벽 한쪽에 부부의 모습을 그린 커다란 초상화가 걸려 있었다. 밝고 선명한 색채, 아름다운 미소를 짓고 있는 부부의 모습은 세상에서 보던 그림이 아니었다. 그들 부부가 실제로 그림 속에 들어가 살아서 숨 쉬는 듯 생생한 모습이었다.

안내 천사의 설명에 의하면, 그것은 화가가 그린 것이 아니라 그들 스스로 그린 것이라고 한다. 화폭은 그들 내면의 바탕이며, 천국의 축복과 사랑 속에서 즐겁게 사는 그들 부부의 얼굴과 모습이 날마다 그대로 그려진다는 것이다. 즉, 그들의 눈빛에 담겨 있거나, 입으로 속삭이거나, 아름다운 몸으로 느끼는 사랑의 여러 모습이 매 순간 거기에 그려지고 있다고 한다.

그래서 그 초상화는 지금도 그려지는 중이며 그들이 사랑 안에서 누리는 다채로운 기쁨과 감동, 그 감정의 색깔, 어제와는 또 달리 새롭게 피어나는 기쁨의 모습, 이런 여러 가지 삶의 색깔과 모습이 지금도 저 화폭에 그려지고 있다고 한다. 엄밀히 말하면 그려지는 것이 아니라 거울처럼 반영되는 것이다. 그들의 말과 행동, 생각과 느낌이 그대로 나타나기 때문이다. 사랑의 감정이 강렬하면 진한 색깔로, 섬세한 감정이면 또 그런 색깔로 나타난다고 한다. 그래서 그 초상화는 지금 그들이 누리는 삶과 사랑의 정확한 현재 모습이라는 것이다.

내가 그림 속의 부부와 눈앞에 있는 부부를 번갈아 바라보며, 신기한 느낌을 금하지 못하고 있는데, 그들 부부는 우리를 앉을 자리로 안내했다. 마주 앉아서도 그들의 아름다운 자태는 나의 시선을 놓아 주지 않았다. 남편도 훌륭한 모습이었지만, 아름다움은 역시 아내의 모습에서 더 진하게 풍겼다. 우아하고 섬세하고 여성스러운 모습에서 아름다움이 더 생생하게 드러나기 때문이리라.

그때 그녀는 온 천국에서 가장 아름다운 여인으로 보였는데, 이 말은 과장이나 착각이 아니다. 천국에서는 눈앞에 있는 사람이 가장 아름답게 보인다. 누구나 개성에 따라 혼자만 가지고 있는 독특한 아름다움이 있는데, 그것이 가장 가까이에서 빛나기 때문이다. 가장 가까이에 있는 불빛이 가장 밝게 보이는 것과 같다. 그것은 남자를 바라볼 때도 마찬가지다. 그때 그들 부부가 바로 그랬다.

아내가 일어나서 부엌으로 간다. 차와 과일 접시를 들고 왔고, 포도와 복숭아처럼 생긴 과일[17]들이 놓여 있는 접시에서는 향기가 진하게 퍼지고 있었다. 세상의 과일 향이 천국의 기운으로 더 진해지고 정화된 향기였다.

아내가 과일 하나를 두 손으로 공손히 받쳐 들고 나에게 권했다. 그 과일보다 그녀의 손에 눈이 쏠렸다. 그녀의 정성으로 아름답게 빛나는 손이었다. 가장 귀한 것을 가장 귀한 사람에게 바치는 정성이 그 손에서 과일 향과 함께 풍겼다. 나도 가장 아름다운 사람에게서 또 가장 귀한 것을 받는 마음으로 그 과일을 받았다. 내 손안에서 더 가까워진 과일 향기도 주고받는 정성과 하나 되어 더 진하게 풍겼다.

'천국의 과일, 과연 어떤 맛일까?'

조심스럽게 맛을 보았다.

입안에서 뭐라 말할 수 없는 향기와 감미로 부드럽게 감쳐 드는 그 맛!

그것을 어떻게 표현하랴?

천사처럼 아름답고 사랑스러운 여인이 지순한 애정으로 당신의 품에 안겨 있다. 그녀의 사랑스러운 얼굴, 깨끗하고 부드러운 살결, 매끄럽게 느껴지는 촉감, 거기에서 풍겨 나오는 향기롭고 감미로운 느낌, 그것이 연상되었다. 천국의 과일 맛이 그와 흡사하다고 추측하면 되리라. 세상에는 그 맛과 향을 표현할 말이 없다. 유사한 비유로 표현할 수밖에 없다.

아내의 고운 손은 또 예쁜 잔에 차를 따르고 있었다. 그 잔에 향긋한 차와 따뜻한 정성을 함께 타서 또 그렇게 아름다운 모습으로 나에게 바친다. 아름다움이란 얼굴에만 나타나는 것이 아니다. 정성과 함께 풍길 때, 그것은 손길에서도 그대로 나타난다. 그녀의 손에서 그런 모습을 보며 공손히 찻잔을 받았다. 차의 맑은 향기가 집안에 새롭게 퍼지고 있었다. 그 잔

---

17 포도는 서양에서 복숭아는 동양에서 최고의 과일로 꼽힌다.

에 들어있는 것은 분명 찻물만은 아니었다. 천국 여인의 아름다운 정성도 함께 담겨 있었다. 그런 향기를 상큼하게 느끼며 조심스레 입을 댔다. 고결하고 아름다운 여인이 귓가에서 사랑한다고 속삭여 줄 때 그녀의 감미로운 입김, 그녀의 숨결에서 풍기는 사랑의 향기, 천국의 차향이 그렇다고 추측하면 되리라.

  천국에서 음식을 나누는 것, 함께 먹고 마시는 것은 이런 모습이다. 음식을 준비하는 정성과 사랑, 그 음식을 함께 나누는 기쁨과 감사, 이런 것들이 아름다운 음식에 진한 양념처럼 담겨 있는데, 그 맛과 느낌은 그저 유사한 비유로 전할 수밖에 없다. 한마디로, 천국에서 즐기는 음식은 그 맛과 향기도 부부가 누리는 혼인애의 기쁨과 같은 느낌이다. 모든 기쁨의 바탕은 혼인애이기 때문이다. 그리고 손님이 오시면 가장 귀한 사람으로 맞아들이고, 그들이 누리는 혼인애의 기쁨을 아름다운 음식에 담아 가장 깊은 정성으로 대접한다. 그러면 손님은 또 그 아름다움과 기쁨을 함께 누리며 즐거워한다.

  세상에서도 친한 이웃들이나 마음 통하는 친구들을 초대해서 즐거운 식탁에 둘러앉을 때 그래서 풍족한 음식과 넘치는 정을 함께 나눌 때 그 기쁨은 누구에게나 각별하다. 그런 기쁨에 천국의 기쁨이 덧입혀진 것, 우리가 그들 부부의 식탁에서 함께 누린 기쁨은 바로 그랬다.

  또 천국의 음식에서 특이한 것은 무엇이나 입안에 넣고 씹다가 목으로 넘기면 즉시 몸속으로 흡수되는 것이다. 연한 음식은 입안에 잠깐 머물면서 미각을 즐겁게 하다가 목 너머로 사라진다. 그리고 소화 과정 없이 몸속으로 직접 흡수된다.[18] 단단한 음식은 오랫동안 음미하며 씹다 보면 점차 부드럽게 녹아들고, 삼키면 목에서 시원하게 넘어가다가 곧 몸속으로

---

[18] [창 18:1-8; 눅 24:41-43] 참조.

흡수된다. 나무는 땅속의 영양분을 흡수할 때 소화 과정 없이 뿌리에서 줄기로 직접 스며드는데 천국에서 먹고 마시는 것도 마찬가지다. 복잡한 소화 과정 없이 입에서 몸속으로 직접 스며들어, 사랑과 기쁨의 에너지가 되는 것이다.

천국에서는 누구나 더 바랄 것 없이 만족하며 즐겁게 산다. 그러나 천사들도 높고 낮은 등급(degree)은 있다.[19] 그들 내면이 고결한 정도에 따라 등급이 나누어지며 그래서 삶의 수준도 다르다. 세상 사람들과 마찬가지다. 그러나 천국에서는 누구든지 자기의 수준과 분량 안에서 더 바랄 것 없이 만족하며 산다.

그리고 그 수준에 따라 삶의 모양이 다르고 입는 옷도 모양과 색깔이 다르다. 수준이 높을수록 옷이 단순하고 색깔도 연하다. 가장 높은 수준의 천사들은 얇고 투명한 옷을 입거나 옷을 입지 않고 산다. 그들의 모습은 흠과 티가 전혀 없이 온전히 아름답기 때문에 그 몸 그대로의 모습이 옷을 입은 것보다 더 아름답다. 천진난만한 아이들의 맨몸이나 그 뽀얀 살결이 걸친 옷보다 더 귀여운 것과 같다. 그리고 낮은 수준일수록 옷의 모양이 복잡하고 색깔도 다양하게 섞인다. 그 옷들도 가구들과 마찬가지로 모두 각자의 내면에 맞도록 주님이 마련해 주시는데 현재의 내면 상태에 맞는 옷이 주어진다.

우리와 마주 앉아 있는 부부는 우아하면서도 연한 색깔의 옷을 입고 있었는데, 집안 분위기와 맞게 은은한 빛을 띠고 있었다. 그런데 신기하게도 우리가 함께 앉아 있는 동안에 그들 옷의 모양과 색깔이 조금씩 변하고 있었다. 옷을 갈아입은 것이 아닌데, 좀 전에 입고 있던 옷이 분명히 아니었다. 내가 놀라 의아해하는 것을 알고 안내 천사는 '천사들이 입는 옷도 그

---

19 [고후 12:2] 참조.

들의 내면 상태와 정확하게 일치하기 때문에 마음 상태의 변화에 따라 거기에 맞는 색상과 모양으로 변한다'라고 설명했다. 그런 변화에 따라 자기도 모르게 새 옷이 입혀진다는 것이다.

그들 부부가 우리를 손님으로 맞아서 그들의 마음에 평소보다 더 깊은 정성과 기쁨을 담고 있어서 옷도 그렇게 변하고 있다는 것이다. 그렇게 천사들이 입고 있는 옷도 그들의 내면 상태를 그대로 나타내고 있다.

또 하나 특기할 것은 천국에는 모든 것이 평화롭고 조용하다는 것이다. 그러나 무거운 침묵에서 오는 적막한 분위기와는 전혀 다르다. 온갖 진진하고 아름다운 소리가 숨어 있는 숲속과 같다. 그 숲이 겉으로는 조용해 보이지만, 속으로 들어가면 새소리 바람 소리 물소리, 나뭇잎과 온갖 꽃들이 피어나는 소리, 생명의 기운이 흐르는 소리, 풀과 나무들이 그 기운을 호흡하는 소리, 크고 작은 온갖 생명의 소리가 교향곡처럼 다채롭고 진진하게 펼쳐지는데, 천국이 바로 그렇다.

조용한 것은 그것만이 아니다. 천사들의 대화도 연인들의 속삭임처럼 조용하다. 세상에서는 사람들의 목소리가 곧잘 커진다. 그 이유는 사람들의 대화를 자세히 들어보면 거짓말이 많이 섞여 있기 때문이다. 거짓 없이 진솔한 말은 극히 드물다. 아무리 가까운 사이라도 진솔한 이야기를 다 털어놓지 않는다. 누구나 속내를 좀처럼 드러내지 않고, 거짓말로 꾸미는 것이 모두 습관으로 굳어 버렸다.

그래서 아무리 친한 사이라도 서로의 말을 다 믿지는 않는다. 어떤 때는 하는 말을 전부 다 못 믿는다. 그런 말을 억지로 믿게 하려니 목소리가 커야 한다. 그래서 거짓으로 가득 찬 세상에서는 사람들 목소리도 그렇게 크다. 시비 다툼에서도 목소리 큰 쪽이 유리하다. 거짓투성이의 세상에서 겪는 시끄러운 현실이다.

천국에는 거짓이 없다. 사람들의 정직한 속내가 투명하게 드러난다. 마주 앉아 이야기를 나눌 때도 서로의 진솔한 마음이 거울보다 더 분명하게 들여다보인다. 그 마음이 정직하고 순수하기 때문에 상대방에 대한 사랑과 정성이 넘치는 것을 서로 보면서 이야기를 나눈다. 그래서 서로 믿고 감동하며, 따뜻한 대화를 나눈다. 구태여 큰 소리로 떠들 필요가 없다. 심지어 대화에서 말소리를 낼 필요조차 없는 경우도 많다. 서로의 마음에서 말하려는 뜻을 이미 보고 있기 때문이다. 이심전심(以心傳心)이란 실은 천국의 소통방식이며 타락 이전의 흔적으로 세상에 조금 남아 있는 것이다.

웃음소리도 그렇다. 천국에서는 즐거운 웃음이 그치지 않는다. 그러나 큰 소리로 웃어 젖히는 가가대소(呵呵大笑)는 없다. 우리가 세상에서 간혹 큰 소리로 웃는 것은 웃음이 너무나 궁핍하기 때문이다. 특히, 요즈음 세상에서는 즐겁게 웃을 일이 좀처럼 없다. 그래서 오랜만에 그런 기회가 오면 그렇게 맘껏 웃어 보고 싶은 것이다. 굶주리며 사는 사람이 오랜만에 오는 잔칫날에는 맘껏 먹고 싶은 것과 같다. 그러나 천국에는 언제나 즐거운 웃음 속에 산다. 그래서 웃음에 굶주린 듯 구태여 큰 소리로 웃음을 탐할 필요가 없는 것이다.

천국에서 유일하게 큰 소리 날 때가 있다. 그것은 주님에게 찬송을 드릴 때이다.[20] 주님에게 예배드리는 모임에서 온 회중이 한 소리로 주님을 찬송할 때, 그 소리는 온 천국에 울린다. 마치 조용한 숲속에서 문득 들리는 거대한 폭포 소리와 같다. 그런데 그 소리는 귀를 괴롭히는 굉음이 아니라 모든 사람이 주님의 사랑에 감사하는 기쁨의 환호 소리이다.

---

20 [시 150:1-6] 참조.

이 세상에도 그런 천국의 모습이 있다. 사랑스러운 신혼부부의 방이다. 천국의 축소판이라 할 수 있다. 그들의 개성과 취향을 따라 온갖 예쁘고 귀한 것들로 할 수 있는 만큼 아기자기하고 멋지게 꾸며진다. 적어도 그 방만은 세상의 어지러움을 피해서 단둘이 포근하게 쉴 수 있는 그들 부부만의 아늑한 천국이다. 그렇게 꾸며 놓은 신방, 천국의 가정집은 바로 그 신방과 흡사하다. 신혼부부가 사랑과 기쁨을 듬뿍 채워 만든 신방의 아름다움이 천국의 아름다움으로 정화되고 천국의 풍요로 확장되어 천국의 가정집이 된다고 생각하면 된다.

그러나 천국의 기쁨은 하는 일 없이 빈들거리는 것은 결코 아니다. 모두 열심히 또 즐겁게 하는 일이 있다. 사람은 누구나 자기의 능력을 발휘하여 유익한 일을 할 때 기쁨을 느낀다. 천국의 기쁨이 바로 그렇다. 주님께서 그들 부부에게 특별히 맡기시는 일이 있는데, 그 일은 천국의 공동 사회에서 꼭 필요한 일이고, 또 그들 부부만이 할 수 있는 일이다. 바로 그 일을 정성으로 받든다. 그래서 천국에서는 누구나 자기에게 주어진 고유한 일을 받들며, 그 일에서 보람과 기쁨을 느끼며 산다(제2장. 선용의 기쁨. 참조). 그리고 그런 일을 통해서 그들의 혼인애가 점점 더 아름다워진다.

제11장

천국에 가지고 가는 혼인애

1. 저세상의 삶

사람은 사후에 저세상으로 간다. 사람은 속사람과 겉 사람, 즉 영과 몸이 있는데, 죽음이란 그 둘이 분리되는 것이다. 그때 겉 사람인 육체는 흙으로 돌아가고, 속사람인 영은 저세상으로 간다. 그 영도 몸이 있는데 그 몸을 영체(靈體)[1]라고 한다. 이 세상은 물질적인 세계이지만, 저세상은 영적인 세계이다.

그래서 거기에서는 물질에 속한 육신을 벗어 버리고 영의 몸, 즉 영체로 사는 것이다. 이 세상의 물질적인 것들은 불완전하고 덧없다. 그러나 저세상의 영적인 것들은 완전하고 영원하다. 사람의 몸도 그렇게 완전한 상태가 된다. 그것이 영체이며, 그런 몸으로 사는 것이다.

이런 사실이 이해되지 못하는 사람도 있을 것이다. '사람이 죽은 후에는 육체가 없는 영혼인데 어떻게 또 몸을 가질 수가 있겠는가?'라고 생각할 수 있다. 또 교회 사람 중에서는 사람이 죽으면 어딘가에서 최후 심판 날까지 기다렸다가 그날이 되면 죽음에서 깨어나 몸을 입고 다시 살아나서 심판을 받고 천국이나 지옥으로 간다고 생각하는 사람도 있다.

---

1 [고전 15:44] 참조.

그러나 성경에서 보여 주는 대로 분명히 알아야 할 것은 사람이 세상을 떠나면 즉시 저세상으로 가며,[2] 거기에서 우리는 전술한 대로 육의 몸(肉體)이 아니라 영의 몸(靈體)으로 사는 것이다. 즉, 저세상은 육신으로는 갈 수 없는 영의 세계이기 때문에 죽음으로 육신과 영이 분리되면, 육신은 흙으로 돌아가고 영만이 그곳에 간다.[3] 그 영도 몸이 있는데 그것이 영체라는 것이다.

저세상은 영적인 세계이지만, 스베덴보리에 의하면 거기에도 사람들이 영의 몸으로 이 세상과 거의 똑같이 살고 있다. 거기에도 강과 산이 있고, 크고 작은 마을이 있으며, 장려한 궁전도 있고 아담한 가정집도 있다. 거기에서도 사람들은 이 세상에서처럼 보고 듣고 말하고 느끼며, 맘에 드는 집에서 맘에 드는 옷을 입고 좋아하는 음식을 먹는다.

이 세상에서와 똑같이 자고 깨며 남녀의 축복받는 혼인이 있고, 기쁨을 만끽하는 부부의 사랑이 있다. 이 세상과 저세상은 성경에서 수 없는 비유로 알려 주는 바와 같이 그림자와 실체의 관계이기 때문이다. 그림자가 있으면 반드시 더 완전한 실체가 있는 것은 당연하다. 그 실체의 세계 또는 실재(實在, The Reality)의 세계가 바로 저세상, 영의 세계이다.[4]

그래서 사람이 영과 육이 분리되어 육신의 호흡이 끊어지면, 그 영은 저세상에서 영체로 깨어난다. 거기에서 그 영체로 이 세상과 흡사하게 산다. 이런 사실은 성경을 통해서도 알 수 있다. 예수님이 부활하신 뒤, 아직 부활의 소식을 모른 채 시름에 빠져 있는 제자들에게 직접 나타나시는 장면을 보자.

---

2 [눅 23:43] 참조.
3 [창 3:19; 시 146:4; 고전 15:44, 50] 참조.
4 고대나 현대를 막론하고, 모든 철학자와 구도자들이 궁극적으로 탐구하는 목표는 영원하고 절대적인 실재(The Reality)이다.

제자들이 함께 모여 있을 때, 예수님이 직접 그들에게 나타나셔서, "다들 잘 있었느냐?"고 말씀하시자, 그들은 깜짝 놀라며 유령을 보는 것으로 생각하였다.

그러자 예수님이 말씀하셨다.

"왜 그렇게 놀라며 의심하느냐? 내 손과 발을 만져 보아라. 유령은 살과 뼈가 없으나, 보다시피 나는 살과 뼈가 있다."

이렇게 말씀하시고 손과 발을 보이시자, 그들은 믿기 어려울 정도로 그 기쁨은 이루 말할 수 없었다.

그때 예수님이 "여기 먹을 것이 좀 있느냐?"하고 물으시자, 그들이 구운 생선 한 토막을 드렸다. 예수님은 그 생선을 받아 그들이 보는 앞에서 잡수셨다(생명의말씀사판, 눅 24:36-43).

십자가에서 돌아가셨던 예수님은 이렇게 영의 몸으로 부활하셨는데, 그 몸에는 살과 뼈가 있었고, 또 우리와 똑같이 음식도 잡수셨다. 그렇게 사십 일을 세상에 계시면서 부활하신 영의 몸을 사람들에게 보여 주셨고 천국의 길을 전파하시며 천국의 삶을 생생하게 보여 주시다가 그 모습 그대로 승천하셨다.[5]

이와 같이 주님께서 부활하여 영체가 되신 후, 제자들에게 직접 보여 주신 사실들로 우리가 저세상에 가서 어떤 몸으로 어떻게 사는 가를 알 수 있다. 예수님도 세상에 계시는 동안 우리와 똑같은 육신을 입고 사셨는데, 그 육신은 춥고 더운 것과 아프고 힘든 모든 것을 우리와 똑같이 느끼는 사람의 몸이었고, 또 십자가에서 우리와 똑같은 피를 흘리고 돌아가셨다.

그리고 죽기 전과 똑같은 모습으로 부활하셨는데, 그 몸은 육체가 아니라 영체였다. 그러나 그 몸에도 살과 뼈가 있고, 음식을 먹기도 한다는 것

---

[5] [행 1:3] 참조.

을 예수님께서는 제자들 앞에서 직접 보여 주셨다. 그것은 우리도 부활 후에 그런 영체가 되어 그런 몸으로 산다는 것을 그대로 보여 주시는 것이다.[6]

즉, 사람은 저세상에 가서도 살과 뼈가 있는 몸으로 사는데, 그런 몸이면 그 안에는 다른 신체 기관도 모두 갖추어져 있는 것은 당연하다. 또 예수님께서 생선을 잡수신 것은 우리도 그런 몸으로 먹기도 하고 마시기도 한다는 뜻이다.

살과 뼈가 있고 또 음식을 먹기도 하는 삶은 우리가 육신을 가지고 사는 이 세상의 삶과 흡사하다. 단지 육체가 아니라 영체로 사는 것만 다르다. 보고 듣고 느끼는 것도 영적 감각이고, 그 감각의 대상도 영적인 사물이며 여기는 물질세계이지만, 거기는 영적 세계라는 것만이 세상과 다르다.

전술한 대로, 이 세상과 저세상은 그림자와 실체의 관계이다. 이 세상은 저세상의 정확한 그림자인 것이다. 명암으로만 나타나는 그림자가 아니라 실물과 같은 그림자이다. 그래서 스베덴보리에 의하면, 여기에 있는 것들은 거기에도 다 있다. 여기의 선과 악도 그렇다. 단, 여기는 선과 악이 뒤섞여 있지만, 거기는 천국과 지옥으로 분리되어 있는 것만 다르다. 다른 말로 하면, 저세상은 실체이고, 이 세상은 그 외양 또는 모형(模形) 또는 그림자이다. 이런 사실은 전술한 대로 성경에서 은유적으로 빈번하게 말해 주고 있다.

그래서 저세상의 삶은 이 세상의 삶과 거의 같다. 하나는 실체이고 또 하나는 그림자이다. 하나는 영적이고 또 하나는 물질적이다. 그래서 하나는 본질적(essential)이고 하나는 외형적(existential)이다. 그것만 다르다. 그리고 이 세상에는 선과 악, 의인과 죄인, 천국과 지옥의 모습이 뒤섞여 있지만, 거기에서는 완전히 구분되어 있다는 것, 이것만 다르다.

---

6 [고전 15:49] "그리스도와 같은 몸" 현대인의 성경 참조.

2. 사람이 품었던 사랑은 사후에도 남는다

1) 저세상에 가지고 가는 것

많은 사람이 인생이란 빈손으로 왔다가 빈손으로 가는 것이라고 말한다. 그리고 그것은 어떤 면에서는 맞는 말이다. 지금 세상에서 가지고 있는 것들, 아무리 아까워도 세상을 떠날 때는 다 놓고 간다. 막대한 재산, 지위, 명예, 그런 것으로 누리는 온갖 즐거움, 지금은 과연 대단한 것 같지만, 놓고 갈 때는 모두 덧없다. 많이 가졌다고 흐뭇해하던 사람도, 그런 것들을 자랑하며 으스대던 사람도 때가 되면 다 내려놓고 빈손으로 간다. 세상의 뭔가를 움켜쥐려고 기를 쓰는 사람들, 또는 움켜쥔 것을 놓치지 않으려고 애를 쓰는 사람들, 지금도 그런 일에 분주한 사람들은 이 사실을 분명히 알아야 한다. 지금 가진 것이 많거나 적거나 간에 인생이란 어차피 공수래공수거(空手來 空手去)인 것이다.

그러나 그 말, 겉으로는 맞지만, 속으로는 틀리다. 우리가 세상에 올 때, 겉으로는 빈손이었지만, 속에는 뭔가를 받아 가지고 왔다. 크든지 작든지 간에 누구나 가지고 있는 것, 자기만의 고유한 개성과 능력 바로 그것이다. 즉, 고유한 재능(talent) 하나씩은 누구나 천부적으로 받아 가지고 세상에 온다. 그것이 주어진 뜻은 그것을 잘 갈고 닦아서 쓸모 있게 발휘하여, 세상에 유익한 도움을 주며 살라는 것이다.

다른 말로 하면, 자기실현이라는 것이다. 그리고 세상을 떠날 때 그 결과를 가지고 오라는 것이다. 신약성서에 나오는 달란트의 비유가 바로 그런 뜻이다.[7] 그래서 누구나 저세상에 갈 때는 그 결과를 반드시 가지고 가며, 그 결과에 따라 응분의 보상이 있다.

---

7 [마 25:14 이하], 달란트의 비유 참조.

이런 점에서, 세상에 살다 가는 것은 결코 '공수래공수거'가 아니다. 누구나 살아낸 결과를 반드시 가지고 가며, 그 결과에 따라 저세상에서 받는 대우가 다르다. 이 세상에 사는 동안 그저 행복하고 즐겁게 사는 것이 가장 중요하다고 생각하는 사람도 많지만, 그런 것보다 더 중요한 것은, 주어진 삶이 다 끝났을 때, 어떤 결과를 가지고 가는가, 바로 그것이다.

그때 그 결과가 아름다울 수도 있고, 그렇지 못할 수도 있는데, 그 예를 하나 보자. 알베르트(Albert)라는 같은 이름의 두 사람이 있었다. 한 사람은 성이 슈바이처(Albert Schweitzer)였고, 또 한 사람은 카뮈(Albert Camus)였다. 이 두 사람은 아주 유명해서 여러분도 잘 알 것이다. 그들은 자신의 개성과 능력을 제대로 살려서 각각 훌륭한 의사와 문인이 되었다. 그리고 의학과 문학 분야에서 세상에 끼친 공헌이 탁월하다고 인정받아서, 둘 다 나란히 노벨상을 받게 되었다.

노벨상은 세계적인 명예뿐만 아니라, 상금이 엄청나게 많다. 그 상금으로 슈바이처는 병원을 크게 지어서 가난하고 어려운 사람들을 치료해 주는 일에 평생을 바쳤다. 그러나 까뮈는 그 상금으로 호화별장을 지어놓고 자기만 즐겁게 살다가 삼 년 뒤에 교통사고로 죽었다. 주어진 능력을 잘 살려서, 자기실현에는 둘 다 훌륭했지만, 그 마지막 결과에서 누가 더 아름답게 살았는가는 자명하다.

평생 어떤 보람을 추구하며 살았는가?
자기만의 즐거움인가, 다른 사람의 안녕인가, 자기 사랑인가, 이웃 사랑인가?
마지막 결과는 그것으로 구별된다. 그것이 어떤 모습이었든지, 그 결과를 가지고 저세상에 가는 것이다.

저세상에 가지고 갈 나의 모습, 그것은 일상에서 매일 매 순간 빚어진다. 매일 생각하고 말하고 행동하는 것들이 선하거나 악하거나 그 모습대로 새겨지는 것이다. 그중에서 본심이 아니었거나 실수로 한 것들은 해당이 안 된다.

그러나 마음에서 원했거나 본심에서 우러나온 것들은 아름답거나 추하거나 간에 그대로 새겨진다. 말하고 행동한 모습 그대로 사랑이나 증오의 모습 그대로, 이타(利他)나 이기(利己)의 모습 그대로 새겨지는 것이다. 평생 그렇게 새겨진 모습은 지워지지 않고 그대로 굳어진다. 그의 내면의 모습이 되고, 그가 평생 살아온 삶의 모습이 된다. 그것이 그의 실질적인 모습이 되고, 그의 본질이 된다. 그렇게 한평생 빚어 놓은 자신의 모습, 바로 그 모습을 가지고 저세상에 가는 것이다.

2) 사람의 삶은 그가 품은 사랑의 모습

그런데 사람의 내면에 가장 깊게 또 가장 뚜렷하게 새겨지는 것은 바로 그가 품은 사랑이다. 그 사랑이 아름다웠는지 이기적이었는지 또 그 깊이와 수준은 어느 정도였는지, 그 모습이 내면에 낱낱이 새겨지는 것이다. 그 사랑이 바로 그의 본질이기 때문이다. 물론 여기에서 거론되는 사랑은 남녀의 사랑을 포함하는 모든 사랑을 말한다.

사랑이란 무엇인가?

한마디로 정의를 내리면 어떤 대상에 대해서 간절히 품고 있는 애착의 감정이라고 할 수 있다. 그런데 스베덴보리에 의하면 사랑이 바로 사람의 삶 자체이다. 사람은 누구나 그가 품은 사랑의 모양대로 살기 때문이다. 즉, 사람은 누구나 마음에 애착하는 대상들이 있고, 거기에 끌리는 대로 행동하며 살고 있다. 희로애락의 감정도, 생각과 말과 행동도, 그가 매일 사는 모습도, 그런 애착의 표출, 즉 사랑의 표출이다. 그래서 누구나 자기가 품은 사랑의 모습대로 사는 것이다.

다시 말하면, 애착의 대상과 강도(強度), 그것이 그가 품은 사랑의 모습을 결정한다. 그 대상은 하나나 여럿일 수도 있고, 고결하거나 저속할 수도 있다. 또 끌리는 정도도 강렬하거나 느슨할 수 있다. 하여간 그런 애착의 모양들은 그의 언행에 그대로 나타난다. 그의 기쁨이나 슬픔 또는 욕구나 바람이 되어 그의 삶의 모습이 되는 것이다. 그래서 사람의 삶이란 정확하게 그가 품은 사랑의 모습이다.

셰익스피어의 인물들로 예를 들어보자.

지금도 젊은이들의 심금을 울리는 비련의 주인공 로미오, 그의 사랑은 어떤 모습이었을까?

천진하고 아름다웠지만, 또 죽음이 서린 모습이었다. 그가 품은 사랑의 대상은, 만나면 서로 칼을 겨누는 원수 집안의 딸이었기 때문이다. 그래서 그녀에게 끌리는 것은 죽음의 위험으로 끌리는 것이었다. 그러나 그의 사랑은 그런 위험도 아랑곳하지 않았다. 아름다웠지만 또 죽음이 서린 모습, 그것이 그의 사랑이었다. 그래서 결국 그 모습대로 살다가 또 그 모습대로 죽고 만다.

그렇게 해서 로미오는 꽃다운 젊음이 피어나지도 못한 채 아깝게도 죽고 말았지만, 그가 품은 사랑의 모습대로 살다 간 것이다. 아름다운 사랑도 꽃다운 젊음도 비운 속에 스러지는 모습이 너무나 안타까워 지금도 수많은 젊은이의 심금을 울리고 있지만, 꽃잎처럼 떨어져 간 그의 삶도, 한마디로 그가 품은 사랑의 모습이었다.

또 불순하고 잔인한 사랑의 예로 맥베스라는 인물을 보자. 그가 가장 강한 애착을 품은 대상은 왕좌인데, 신하의 위치에서 왕의 자리를 애착하는 것은 불순하다. 그런데 그 애착은 잔인하도록 강했다. 즉, 그의 사랑은 불순하고 잔인한 모습이었다. 그래서 그는 자기의 애착에 방해되는 왕과 수많은 사람을 잔인하게 죽이고, 왕좌를 차지한다. 실은 자기가 품은 사랑의 모습대로 행동한 것이다.

그렇게 해서 많은 적을 만들고, 결국 그 적들의 손에 자기도 죽지만, 그는 그렇게 자기가 품은 사랑의 모습대로 살다 간 것이다. 그의 이야기는 불순한 야심으로 살았던 한 인간의 비극적인 삶과 번뇌를 보여 주지만, 그의 사랑이 그런 모습이었기 때문에 그렇게 살았던 것이다.

3) 지배애(支配愛, The ruling love)

이렇게 사람은 그가 품은 사랑의 모습대로 산다. 그런데 사람이 사랑하고 애착하는 대상은 여러 가지가 될 수 있다. 그래서 품고 있는 애착도 여러 가지가 있으며 그중에 가장 강한 애착은 평생을 두고 매달려서 사람의 생각과 감정과 의지, 그의 삶 전체를 지배한다. 그래서 그런 애착을 지배애라고 한다. 그래서 사람은 그가 품은 지배애의 모습으로 산다.

지배애는 사람마다 다르다. 재물이나 명예에 대한 애착이 지배애가 될 수도 있다. 학문의 연구, 위대한 예술 또는 종교에 대한 애착이 지배애가 될 수도 있다. 또는 사랑하는 사람을 위해서 목숨까지 아끼지 않는 사람도 있는데 그런 경우, 그 연인에 대한 애착이 그의 지배애이다. 하여간 사람의 삶 전체를 지배하는 애착, 그것이 바로 그의 지배애이다.

사람의 모든 생각과 언행은 그가 품은 지배애의 표출이다. 그래서 사람의 인격도 그가 품은 지배애의 모습으로 형성된다. 매일의 삶에서 반복되는 생각과 언행이 내면에 새겨지고 굳어져서 사람의 인격을 만드는데, 그것은 철저히 그의 지배애에서 비롯하기 때문이다. 그래서 사람이 가장 강하게 품고 있는 사랑, 그의 지배애가 그 사람의 본질(*essence*)이고 원질(*esse*)이며, 그의 말과 행동은 그 사랑이 겉으로 나타난 모습(*existere, existence*)이다.

마음에 품은 지배애가 바로 그 사람의 바탕이고 그 사람 자체이기 때문에 그 사랑은 사후에도 그대로 남는다. 또 그 사랑으로 생각하고 행동한 모든 것도 그 모습대로 내면에 새겨져서 사후에 그의 전체 모습이 되며, 그 모습은 저세상에 가서도 변하지 않는다.

남녀의 사랑도 그렇다. 진정으로 사랑하는 남녀가 부부의 가연을 맺고 평생을 함께 살면서 정성을 다 기울여서 그들의 사랑을 아름답게 가꾸어 갈 때, 그들의 내면도 그만큼 아름다운 모습으로 다듬어지고, 그것을 저세상에 가지고 간다. 그러나 아름다운 사랑을 깨닫지 못하고, 평생을 이기심과 불만과 원망 속에서 허우적거리며 살 때, 그들의 내면도 그런 모습으로 새겨지고 굳어져서 그 모습으로 저세상에 간다.

가시와 엉겅퀴만 무성한 황무지, 어디를 둘러봐도 황량하고 삭막한 광야, 거기를 고달프게 헤매고 있을 때, 문득 저 앞에 소담한 꽃 한 송이 눈에 띈다면 그 모습 얼마나 반갑겠는가?

이기주의와 물질주의라는 가시와 엉겅퀴로 뒤덮여 버린 오늘의 황무지 세상,[8] 인정이나 인간미라는 것은 거의 질식해 버리고 사랑도 인정도 심지어 인간 자신들도 상품처럼 거래되는 삭막한 인간 시장에 그래도 사람의 따뜻한 가슴을 지닌 남녀들이 아직 있어서 그들의 일편단심에 지순한 사랑의 꽃을 피우고 있다면 세상에 그보다 더 귀한 것은 없다.

그런 남녀가 세상에서 함께 살면서 정성을 다해 사랑을 가꾸었다면, 그 사랑은 얼마나 귀하겠는가?

---

8   T. S. 엘리엇(T. S. Eliot)의 시 〈황무지〉 참조.

그런 사랑은 사후에도 결코 없어지지 않는다. 당연히 귀하게 남아서 저 세상에 가지고 간다. 그들의 내면에 아름답게 새겨지고 진주처럼 결정(結晶)되었기 때문이다. 오히려 그 사랑에 천국의 온전함과 고결함이 덧입혀져서 더 아름다워진다. 그 사랑을 아쉬움 없이 누리면서 영원히 즐겁게 사는 것이다.

3. 성애(性愛)도 그 수준과 자질대로 남는다.

사람마다 삶의 수준이 다르다. 그의 자질과 환경에 따라 고결한 삶에서 저열한 삶까지 그 차이는 천차만별인데 성애도 그렇다. 혼인애와 하나 되는 아름답고 순수한 것이 있는가 하면, 짐승 수준 이하로 불결하고 저질스러운 것도 있다. 사람마다 삶의 수준이 다르듯이 그가 지향하는 성애의 수준도 그렇게 다르다. 그 수준을 알아보는 방법은 여러 가지가 있다.

먼저, 성애를 무엇이라고 생각하는가?

이 질문의 대답으로도 알 수 있다. 나의 수준대로 대답이 나오기 때문이다.

그 대답의 예를 들어보자.

- 성애란, 영혼의 사랑을 몸으로도 표현하는 것이다.
- 몸과 영혼이 함께 감동하는 사랑이다.
- 남녀의 몸과 마음을 하나로 연결해 주는 사랑이다.
- 남녀의 진정한 사랑에서 마지막 단계이다.
- 심신의 갈망을 풀기 위한 남녀의 자연스러운 교감이다.
- 후손 생육과 또 본능적 욕구를 푸는 행위이다.
- 이기적 욕망의 배설인 경우가 많다.

- 가장 큰 쾌락의 수단이다.
- 동물의 교합과 다를 바 없다.

이와 같은 성애에 관한 일반적인 생각을 가지고 있을 것이다.
그중에 나의 생각은 어디에 해당되는가?
여기에 해당하는 나의 생각이 나의 수준을 말해 준다. 간단하게 성애를 아름답고 순수하게 보는 쪽과 추하고 불순하게 보는 쪽 그렇게 둘로 나누어지는데, 당신은 그 둘 사이의 어디쯤에 있다. 그것이 성애에 관한 당신의 수준이다.
그 수준을 판별하는 더 구체적인 방법이 있다.
다음과 같은 질문에 스스로 답해 보라.

1. 나는 나와 성애를 나누는 상대방을 나는 어떻게 생각하는가?
   가장 사랑스럽고 소중한 나의 분신(分身)인가, 아니면 한때의 욕망을 풀기 위한 상대인가?

2. 나는 어떤 마음으로 상대방을 품고 있는가?
   깊은 사랑을 향한 간절한 마음인가, 아니면 욕망의 배설에만 급급한 마음인가?

3. 성애에서 느끼는 감정은 어디까지인가?
   깊은 영혼의 희열까지인가, 아니면 육체만의 짤막한 쾌락뿐인가?

4. 격정이 가라앉은 뒤 마음에 남는 것은 무엇인가?
   애정과 평화로움인가, 아니면 허탈과 혐오감인가?

이렇게 양극단에 이르는 대답이 있다. 당신도 그 둘 사이의 어디쯤에 있을 것이다. 그것으로 당신이 품고 있는 성애의 수준을 알 수 있다.

성애의 수준은 한마디로 성애에 대한 마음 상태에 달려 있다. 그것은 천사의 수준까지 고결해질 수도 있고, 또 그 반대로 짐승 수준 이하로 내려갈 수도 있는데, 마음이 어느 쪽으로 어디까지 지향하는지에 따라서 그 수준이 결정된다. 고결한 높이를 지향하는 사람도 있지만, 또 그런 것에는 관심조차 없이 동물적 본능에만 매달리는 사람도 있다. 하여간 그것은 그의 자질에 달려 있고, 생각과 마음에 달려 있다.

이렇게 사람마다 성애의 모습은 순수한 것과 불순한 것, 아름다운 것과 추한 것, 그렇게 양극 사이에 걸쳐 있으며, 사람의 행동과 삶 자체에서 그가 품은 성애의 모양과 수준이 드러난다. 그래서 성애나 성애의 인식 수준은 삶 자체의 수준과 연결되어 있으며 그 사람의 자질을 그대로 말해 준다. 한마디로 그가 사는 모습이다. 한평생 그런 모습으로 살면 그 모습으로 굳어진다. 아름다운 모습이거나 불결한 모습이거나 그렇게 굳어진 성애의 모습은 사후에도 그대로 남는다.

4. 혼인애도 사후에 남는다

천국에는 수많은 꽃보다 더 다채롭고 무지개보다 더 눈부신 기쁨이 봄날의 햇살보다 더 화창한데 그 모든 기쁨의 근간(根幹)은 바로 혼인애이다. 남녀가 함께 누리는 혼인애 안에서만 그 모든 기쁨을 제대로 누린다. 아무리 기쁜 일이라도 혼자서는 별로 즐겁지 않다. 함께 누릴 사람이 있을 때 더 즐겁다. 아름답고 귀한 것은 특히 그렇다. 사랑하는 사람과 함께 누릴 때에만 진정한 기쁨과 보람이 있다.

이 세상에서도 그렇지만 천국에서는 더욱 그렇다. 남녀가 부부가 되어 혼인애 안에서 모든 기쁨을 함께 누리는 것, 그것이 천국의 기쁨이다. 그래서 천국에서는 남녀가 부부가 되어 함께 사는 것이 원칙이다.

이렇게 천국에서는 모든 기쁨이 혼인애에서 비롯되기 때문에 누구나 세상에서 혼인애를 가꾼 정도만큼 그 기쁨을 누린다. 부부가 세상에 사는 동안 한 몸 한마음이 되어 일편단심의 정성으로 소중하게 가꾼 혼인애, 그 사랑이 아름다운 정도만큼 천국에서 상(賞)이 주어지며 그만큼 보람과 기쁨을 누리는 것이다. 그래서 우리 삶을 열매를 맺고 익히는 과정으로 비유한다면 세상에 살면서 가장 소중하게 가꾸어야 하는 열매가 바로 혼인애이다.

"아름다운 열매를 맺지 않는 나무마다 찍혀서 불에 던져지리라."[9]

이것은 신약성서에서 예수님이 하신 말씀이다. 사람을 나무에 비유해서 아무 열매 없이 사는 사람에 대한 경고이다.

그 열매는 여러 가지가 있겠지만, 주님이 요구하시는 열매는 무엇이겠는가?

당연히 천국에 합당한 열매이다. 주님의 생명을 받아들이고, 그 생명대로 살면서 아름답게 익힌 영적인 열매, 그 생명에서 나타나는 사랑과 지혜, 선과 진리의 모습, 한마디로 우리의 삶에서 나타나는 주님의 모습이다.

그런데 그 모든 열매가 혼인애 안에 있다. 사랑하는 부부가 정성으로 혼인애를 가꾸며 살 때, 그들의 영과 혼도, 그들의 삶 자체도, 주님의 모습을 닮아간다. 천국에 합당한 모습이 되어 가는 것이다. 그것이 바로 주님이 요구하시는 '아름다운 열매'이다.

---

[9] [마 7:19] 참조.

그러나 우리 인간은 혼인애를 제대로 가꿀 능력이 없다. 젖먹이가 혼자서 자랄 수 없는 것과 같다. 엄마가 먹이고 보살펴 주어야 한다. 그래서 주님도 우리를 끊임없이 먹이고 보살펴 주시는데, 그 구체적인 방법이 전술한 대로 영기의 유입이다.

사랑과 지혜가 담겨 있는 주님의 영기가 부부의 내면으로 끊임없이 유입된다. 엄마가 어린아이에게 수유(授乳)하는 것과 같다. 영적인 수유 또는 영적인 유입(乳入)이라 할 수 있다. 어린아이가 엄마의 젖을 빨면서 자라듯이 우리도 주님의 영기를 받아들일 때 혼인애는 자란다. 영기의 유입이 우리로 하여금 혼인애를 깨닫게 하고 이끌어 가는 것이다. 우리가 할 일은 주님에게 마음을 열고 끊임없이 영기를 받아들이는 것이다.

우리는 육신만 호흡하는 것으로 알고 있지만, 실은 우리의 영도 호흡을 해야 한다. 사람이 하나님의 존재와 자기 안에 있는 영을 깨달으면 영의 호흡이 시작되는데, 영기를 받는 것은 바로 그 호흡을 말한다. 즉, 사람의 영은 하늘과의 통로이며 주님의 영기를 받는 곳이다. 육신의 호흡은 우리의 폐가 지상의 공기를 받아들이는 것이고, 영의 호흡은 우리의 영이 하늘의 영기를 받아들이는 것이다.

우리가 분주했던 삶을 잠깐 내려놓고 가까운 언덕에라도 올라가서 가슴을 활짝 열고 심호흡을 하면 신선한 공기가 폐 속으로 가득 스며든다. 그러면 우리의 심신도 그만큼 상쾌해진다. 영의 호흡도 마찬가지다. 어지러운 세상일을 잠깐 내려놓고, 주님을 향해서 마음을 활짝 열면, 주님의 영기가 신선한 공기처럼 유입된다.

그렇게 해서 우리가 영의 호흡으로 하늘과 소통이 되면 우리의 심신뿐만 아니라 우리의 영혼도 활기차고 상쾌하게 소생한다. 영기 안에 있는 주님의 사랑과 지혜가 우리의 내면을 그렇게 만들어 주기 때문이다. 그렇게 영기의 유입을 받으며 부부는 혼인애의 아름다움으로 한 걸음씩 다가간다. 주님의 사랑과 지혜가 그렇게 인도하시는 것이다. 겸허한 마음으로 하늘과 소통하는 부부는 그렇게 주님의 영기를 받아서 혼인애를 가꾸어간다.

영기의 유입은 겸허하게 빈 마음으로만 가능하다. 마음에 부질없고 어지러운 것들을 다 비우고 끝까지 낮추어서 겸허할 때 바로 그때 영기의 유입은 제대로 이루어진다. 물이 낮은 곳으로 흘러드는 것과 같다. 그 유입은 처음에는 희미하다가 차츰 또렷하게 느껴진다. 그 느낌은 너그러운 아버지가 어린 자식에게 풍기는 훈훈한 미소와 같다. 또는 먼 타향에서 어머니를 생각할 때 가슴속에 스며드는 그리움과 같다.

그렇게 해서 주님의 영기를 실감하면 그 영기는 우리의 내면을 조용한 경건으로 이끌어 간다. 시끄러운 세상일들이 멀어진다. 주님의 따뜻한 손길이 느껴지고, 주님의 세미한 음성이 들린다. 그런 것들이 우리 마음을 겸허하게 만들어 영기를 더 깊이 받아들이게 한다. 그래서 우리 삶을 지혜롭게 인도하며 사랑을 더 깊이 깨닫게 한다. 그리고 부부의 사랑을 혼인애로 이끌어 가는 것이다.

그런 사랑으로 사는 부부는 평범한 일상에서도 마음속에는 서로에 대한 애정이 따뜻하게 살아 있다. 거기에서 조용한 평화와 기쁨을 누린다. 마당에 심은 꽃이 따스한 햇볕을 받으며 소담하게 피어나는 것처럼 그들의 사랑도 주님의 영기를 받으며 그렇게 피어난다. 그런 사랑으로 서로를 따뜻하게 품어 줄 때, 그들의 마음에는 평화로운 기쁨이 있다. 그런 부부는 서로 나누는 다정한 말 한마디, 부드러운 손길, 자상한 행동 하나에도 따뜻한 사랑이 담겨 있다. 그리고 그런 것을 주고받을 때마다 그들은 서로의 사랑에 조용한 감동을 받는다.

그렇게 크고 작은 일에서 은은하게 나타나는 사랑에 부부가 함께 감동하는 순간들은 금싸라기처럼 귀하다. 영기의 유입을 더 깊이 받는 순간이기 때문이다. 감동하는 깊이만큼 유입되고, 또 그만큼 사랑이 다듬어지기 때문이다.

부부가 뜨거운 사랑의 희열을 탐닉하고 난 뒤, 서로의 아늑한 품에 안겨서 지순한 평화로움에 잠겨 있을 때는 더욱 그렇다. 그 감동의 깊이만큼 주님의 영기가 유입되기 때문이다.[10] 그때 부부는 그들의 사랑이 더욱 신선하고 풍요하게 살아나는 것을 생생하게 실감한다.

이런 경지를 일단 느껴 본 부부는 여러 말 하지 않아도 영기의 유입이 어떤 것인지 알고 있다. 그 유입으로 깨닫는 혼인애가 무엇인지, 그 혼인애의 조용하면서도 풍요한 기쁨이 어떤 것인지, 매일 느끼고 또 누리며 사는 것이다. 그렇게 되면 그들은 세상에 사는 동안, 그 사랑을 가장 귀하게 품고, 소중하게 가꾼다. 그들의 온 삶은 그 사랑에 초점을 맞추게 되는 것이다. 그런 삶이 그들의 내면을 아름다운 혼인애의 모습으로 빚어 놓는다. 전술한 대로 주님이 바라시는 '아름다운 열매'는 그 모습 안에 다 있다. 그렇게 가꾸어진 혼인애의 모습, 당연히 그대로 남아서 저세상에 가지고 간다.

5. 배우자들의 사후 상태

세상에서 함께 살았던 배우자들이 세상을 떠나 영계에서 만나면 서로 알아보고 함께 지내기도 한다. 이것은 부부가 비슷한 시기에 세상을 떠나서 영계에 처음 도착했을 때 생기는 일이다. 그곳을 주님과 바울은 '낙원'이라고 불렀지만,[11] 그것은 천국과 지옥의 중간에 있어서 중간 영계라고

---

10 [아 4:16] 사랑의 동산에 바람이 불어오는 모습, [행 2:2-3] 영이 흘러드는 모습 참조.
11 [눅 23:43; 고후 12:4] 참조.

도 한다. 거기에서 선한 영인들은 천국에 들어갈 준비를 하고, 악한 영인들은 지옥에 들어갈 준비를 한다. 그 과정에서 그들은 세상에 있을 때 꾸미고 있던 겉모습이 벗겨지고, 숨겨져 있던 내면이 그대로 드러난다. 내면이 온전히 드러난 뒤에는 천국이나 지옥 중 그의 내면과 맞는 곳으로 가게 된다.

사람이 영계에 막 도착했을 때는 세상에 있을 때와 거의 같은 상태이기 때문에 세상에서 같이 살던 배우자를 거기에서 만나면, 서로 알아보고 반가워하기도 하고, 세상에 있을 때처럼 같이 지내기도 한다. 그러나 차츰 드러나는 내면이 서로 맞지 않으면 싫어져서 헤어지게 된다. 스베덴보리가 본 바로는 대부분이 헤어진다고 한다.

그 이유는 그들이 비록 세상에서 평생을 함께 살았어도 그들의 내면에 진정한 사랑은 없었다는 것이 드러나기 때문이다. 부부가 이기적인 생각으로만 얽혀서 평생을 살았을 때, 그들의 내면은 그런 모습으로 굳어진다. 그리고 그들이 영계에 들어오면, 그렇게 굳어진 내면이 적나라하게 드러난다. 그때 부부는 그렇게 드러난 상대방의 내면을 보고, 거기에 사랑이란 없고 이기심뿐이었다는 사실을 알게 되면 결국 헤어지는 것이다.

그렇게 외적이고 물질적인 조건이나 이기적인 동기로 맺어진 남녀의 결합은 저세상에 가면 모두 풀어진다. 이 세상에서 남녀가 부부가 되어 자식들을 낳고 평생을 함께 살았어도 그들에게 진정한 사랑이 없었다면 저세상에 갔을 때 그들의 연결은 다 풀리고 만다. 저세상에서 사람과 사람을 연결시키는 것은 내면의 소통뿐이고 부부를 연결시켜 주는 것은 사랑뿐이기 때문이다.

이 세상에서는 육신의 한계, 타인의 이목, 세속적인 관습, 사회적인 제도 등에 묶여서 싫어하는 사람하고도 어쩔 수 없이 같이 사는 경우가 많지만, 저세상에는 그럴 필요가 없다. 거기는 자유로운 영의 세계이기 때문에 자기의 생긴 모양대로 자기의 생각과 마음이 원하는 대로 전혀 거리낌 없이 자유롭게 행동하며 산다. 남을 해치거나 거기의 질서를 파괴하는 행동만 제재를 받는다. 그래서 주변의 눈치를 볼 필요도 없고 마음에 들지 않는 사람과 억지로 함께 있을 필요도 없다. 누구나 마음이 원하는 대로 만나기도 하고 헤어지기도 한다.

그러나 세상에서 참된 사랑을 함께 가꾸며 살았던 부부가 영계에서 만나면, 그들은 서로에게 품고 있던 사랑을 제대로 본다. 겉으로 드러나지 않았더라도 마음속에 소중하게 간직하고 있던 내면의 사랑도 그대로 드러나기 때문이다.

나를 이렇게까지 사랑했었구나!

세상에서는 미처 알아보지 못했던 사랑도 다시 깨달아지고 놀라고 반가워하며, 세상에서보다 더 아름다운 사랑을 나누며 산다. 세상에서 진정 사랑하며 살던 부부가 저세상에서 만나면 그렇게 된다. 그러나 그런 부부는 극히 드물다.

그리고 이 세상에서 진심으로 사랑했으나, 어떤 이유로 헤어졌거나 이루어지지 못해서 한이 맺힌 연인들의 경우, 저세상에서 그들은 놀라고 기뻐하며 자유롭게 만난다. 거기는 이 세상에서 시달렸던 장애나 속박이 일체 없고 또 시간과 공간의 제약도 없어서 언제든 원하는 대로 갈 수 있고, 만나고 싶은 사람은 누구나 만날 수 있기 때문이다.

또 진실한 사랑을 마음으로 갈망했으나 얻지 못했던 사람, 그런 사랑을 주님께 간구하면서 불결한 정욕에 끌려가지 않으려고 애를 쓰며 산 사람의 경우, 세상에서 그런 사랑이 주어지지 않았다 하더라도 천국에 가서는 넘치는 축복 속에 주어진다.

　결혼을 원치 않아서 독신으로 살았던 사람은 그가 원하는 대로 독신으로 남는다. 그러나 그들이 천국에 오면 천국공동체의 외진 변두리, 그들만이 어울리는 곳으로 보내어진다. 그 이유는, 독신생활로 허전하고 썰렁하게 굳어진 그들 내면이, 혼인애로 밝고 즐거운 천국의 분위기를 해치기 때문이다. 천국은 젊고 아름다운 부부들이 생명의 희열과 사랑의 기쁨에 넘쳐서 명랑하고 즐겁게 어울리는 잔치 분위기이다. 따라서 독신 남녀의 썰렁하고 음울한 내면 상태는 이런 분위기와는 맞지 않는다.
　자기의 의사와 관계없이 수도원에 감금되어 독신으로 살았던 사람들은 사후에 혼인의 자유가 주어진다. 그들이 원하는 대로 혼인을 할 수도 있고, 안 할 수도 있다. 혼인을 원하는 사람은 자기와 내면이 가장 잘 맞는 짝이 주어지고, 혼인을 원치 않는 사람들은 천국 변두리의 독신생활을 선호하는 사람들에게 보내어진다.

저세상 이야기(4): 여섯 번째의 감각

　진정 사랑하는 남녀가 간절한 마음으로 포옹을 하고 서로의 아름다운 몸을 탐하며 함께 나누는 사랑의 희열은 실로 대단한 것이 있다. 마음에 넘치는 사랑이 향기로 풍겨 나와 꿈결처럼 품고 있는 서로의 몸을 더 아름답게 만든다. 남녀가 그런 사랑으로 간절히 하나가 될 때 온 마음을 사로잡는 경이와 감동, 뜨겁게 타오르는 희열, 그것은 분명, 이 세상의 느낌만이 아니다. 저세상의 기쁨과 연결된 황홀한 느낌, 바로 그것이다.
　그래서 지순한 사랑 안에 있는 부부들은 세상에서도 천국의 기쁨을 누린다. 붉게 타는 노을이나 동산 위로 떠오르는 달, 또는 비가 그친 후 하늘에 뜨는 무지개, 그런 아름다움을 멀리에서 바라보듯, 그만큼은 천국의 기쁨과 아름다움을 느낄 수 있는 것이다.

세상에서도 그렇게 지순한 사랑으로는 천국의 사랑에 가까이 다가갈 수 있는데, 천국에서 그 사랑을 제대로 누린다면 그 희열과 감동은 과연 어떤 것일까?

내가 그렇게 궁금한 생각에 잠겨 있을 때, 안내 천사가 다가왔다. 내 생각이 무엇인지 알고 있었다. 천국 부부를 만나서 직접 이야기를 들어보는 것이 좋겠다고 말했다. 그래서 그 천사의 안내를 받아 어떤 부부의 집을 방문했다.

천국의 가정집을 방문할 때는 어떤 집이든지 가까이 다가가면, 집마다 고유한 서기(瑞氣)가 느껴진다. 집안에 들어서면 그런 분위기가 더 진하다. 그것은 다름 아니라 그 집에서 부부가 누리는 사랑의 기운에서 나오는 것이다. 주님에게서 유입되는 영기가 부부의 성향과 조화되어 풍기는 사랑의 분위기이기 때문에 그 집에만 서려 있어서 더욱 독특하게 느껴진다. 우리가 방문한 부부의 집도 그랬다.

따뜻하게 맞아 주는 집안에 들어와 함께 마주 앉았다. 앞에 앉은 부부의 자태에서는 그들이 누리는 사랑의 기쁨과 아름다움이, 맑은 향기처럼 풍겨 나오고 있었다. 세상에서도 사랑을 받는 것보다 더 기쁜 것은 없다. 천국에서는 더욱 그럴 것이다. 세상 사랑과는 비교가 안 될 만큼 아름다운 천국 사랑이기 때문이다. 그런 사랑을 서로 주고받으며 사는 모습이 그들 부부에게서 화사한 봄볕처럼 비치고 있어서 그들의 얼굴에는 더 바랄 것 없는 기쁨과 감사가 넘치고 있었다.

담소를 나누다가 부부가 침실에서 누리는 사랑의 희열에 관한 이야기가 나왔다. 천국에서 그런 기쁨을 다른 사람과 함께 이야기하는 것은 자기

집에서 가꾸는 꽃 이야기를 하는 것처럼 자연스럽다. 그 꽃이 어떻게 예쁜지, 그 향기가 얼마나 진한지, 그 꽃에 고이는 꿀이 얼마나 달콤한지, 그런 이야기를 나누는 것과 같다. 그들의 사랑이 천국의 모습으로 지순하고, 그 이야기를 듣는 사람의 마음도 어린아이처럼 천진난만하기 때문이다.

또 천국에서 부부의 몸은 영체이기 때문에 흠과 티가 전혀 없이 온전히 아름답다. 달리 말하면, 눈부시게 아름다워 볼 때마다 감탄스럽다. 보고만 있어도 사랑의 기쁨이 솟는다. 눈과 마음을 사로잡고 새로운 기쁨을 계속 채워 준다. 그리고 그런 몸과 마음으로 나누는 사랑은 꽃보다 더 향기로운 천국의 사랑이다. 그래서 부부의 사랑 이야기는 그들이 곱게 키우는 꽃 이야기처럼 지극히 자연스러우면서도 즐겁다. 그리고 그런 이야기를 하는 사람에게서는 그 기쁨이 주변에 향기처럼 퍼져서 듣는 사람도 그 기쁨을 함께 실감하기 때문에 더욱 즐겁다.

과연 그런 이야기가 나오자, 좌중에 뭐라 말할 수 없이 향긋하고 달콤한 기운이 퍼지고 있었다. 그들 부부가 누리는 사랑의 기운일 것이다. 마치 아름다운 향로에서 향연(香煙)이 은은히 퍼지는 것처럼 그들에게서 뭐라 말할 수 없이 감미로운 느낌이 퍼지고 있었는데, 그것은 사랑하는 부부가 아늑한 침대에 누워 서로의 품 안에서 느끼는 그런 포근하고도 달콤한 느낌과 흡사했다. 아마도 침실에서 누리는 그 희열의 느낌이 그들의 가슴에서 다시 점화되어 향연처럼 풍기는 것이리라.

그런데 남편 곁에 단정히 앉아 있는 아내의 얼굴이 차츰 이상해졌다. 그녀의 아름다운 얼굴이 투명하게 보이는 홍조를 띠다가 은은한 빛을 발하기 시작하는 것이다. 그리고 맑은 색깔을 띤 광채가 얼굴 주변에 천천히 서리고 있었다. 그 광채가 점점 더 뚜렷해지면서 머리 위까지 퍼진다. 그러다가 화사한 무지개 색깔로 나타나 그녀의 얼굴과 머리 주변을 감싸며 얼굴이 움직이는 대로 같이 따라갔다. 연하다가 진한 빛으로 또 은은하다가 현란한 빛으로 끊임없이 변하면서 타오르고 있었다. 이제까지 보아왔던 천국의 여인들과는 또 다른 모습이었다.

　내 눈이 경이로움에 커다랗게 되어 그녀를 바라보자, 그녀는 그 기색을 알아차리고 설명해 주었다. 아내의 가슴에, 남편에 대한 사랑이 불꽃처럼 타오를 때, 아내의 얼굴 주변에는 그 사랑만큼 진한 광채가 나타나며, 그것은 남편도 마찬가지라는 것이다. 세상 남녀에게서도 진정 순수한 사랑에 영혼 깊이 감동할 때는 발그레한 홍조로 달아오른 얼굴에서 보이는 광채와 유사했다.

　세상 남녀에게서는 홍조 속에서 은은하게만 나타나는데 그녀에게서는 무지개보다 더 선명한 광채로 나타나고 있었다. 지금 그들 부부가 누리는 사랑의 기쁨과 그 이야기를 듣고 싶어 하는 나의 간절한 마음이, 그녀의 마음에 사랑의 불꽃을 살려놓아서 그것이 그런 광채로 타오르고 있다는 것이다. 그렇게 말하는 그녀의 후광에서는 무지개보다 더 선명한 색깔들이 일곱 개의 띠 안에서 섬세한 불꽃처럼 소용돌이치고 있었다.

　그런 그녀의 아름다움을 어떻게 표현할 수 있을까?

　그녀가 침실에서 남편의 품에 안겨 있을 때는 그녀의 얼굴뿐만 아니라 그녀의 아름다운 몸과 또 지순한 마음에서도 천국의 사랑이 무지개보다 더 현란한 빛으로 타오를 것이다.

　그런 아내를 품고 누리는 사랑의 기쁨은 어떤 것일까?

　그때 함께 누리는 희열은 어떤 감동일까?

　우리에게는 상상도 안 되는 무궁무진한 희열과 황홀히 넘칠 것이다. 그들에게는 우리가 상상할 수 없는 경이롭고 감동을 주는 일이 무수하겠지만, 그중에 또 하나가 지금 내 눈앞에 드러나고 있었다.

그런 분위기에서 남편이 차근차근 이야기를 시작했다.

　사람에게는 오감(五感)이라고 부르는 다섯 가지의 감각이 있습니다. 그러나 여섯 번째의 감각, 즉 육감(六感)이라는 것도 있습니다. 그것은 영의 감각이어서 육체의 감각 기관이 닿지 못하는 영적인 것까지 모두 느낍니다.

　사람도 처음에는 그런 감각 기능을 온전히 가지고 있었습니다. 그래서 눈앞에 드러나지 않는 사실들도 정확하게 인식할 수 있었습니다. 지금도 사람에게 그런 능력 일부분이 남아 있는 것이 그 증거입니다. 닥칠 일을 미리 느낀다든지(foreshadowing) 또는 멀어서 보지 못하는 것을 감지하는 것(telepathy) 같은 능력입니다.

　그 능력이 지금도 어떤 사람들에게서 조금씩 나타나는 경우가 있는데, 사람들이 초능력이라고 하는 것입니다. 언제부턴가 사람들이 오감의 한계 안에 갇혀 살게 되면서부터 그 감각은 대부분 마비되어 희미한 상태로만 남아 있습니다. 그러나 아예 죽은 것은 아닙니다. 그 감각이 불현듯 살아날 때가 있습니다. 문득 미래에 대한 어떤 예감이 스친다든지 어떤 불가사의한 일을 보거나 깨달을 때가 그런 경우입니다.

　그런 일을 겪어본 사람은 그 기이한 현상을 알고 있습니다. 사실, 그 감각 기능은 사람이 창조될 때부터 이미 주어진 것입니다. 그 기능으로 하늘과 소통하고, 하늘 위의 사실과 영적인 것들을 인지했던 것입니다. 그러나 사람들이 하늘을 등지고 살게 된 뒤부터 그 기능은 점점 마비되었습니다. 그러다가 지금은 거의 정지되고, 그 흔적만 겨우 남아 있습니다. 그래서 대부분의 사람은 그 기능을 망각한 채, 오감 안에서만 살고 있습니다.

오감만의 감각기관으로는 물질적이고 육체적인 것만 느낍니다. 그것도 일부분만 불완전하게 인식할 뿐입니다. 그 한계를 벗어나서 여섯 번째의 감각이 살아나는 만큼, 즉 영의 감각이 열리는 만큼, 영적인 것들을 깨달을 수 있습니다. 그 감각으로는 주님으로부터 비롯되는 영기의 유입을 뚜렷하게 인식하며 그 영기를 넘치게 받아서 영과 혼과 몸이 다 함께 감동할 때, 하늘의 사실들을 생생하게 깨닫게 됩니다. 그리고 또 그 영기로 부부들은 사랑의 희열을 온전하게 느낍니다.

우리의 몸은 영체여서 여섯 번째의 감각까지 완전합니다. 그 감각으로 주님에게서 발하는 영기, 거기에 포함된 사랑과 지혜를 남김없이 받아들입니다. 그래서 부부가 누리는 사랑의 희열도 더 바랄 수 없이 완전합니다. 부부가 서로의 품 안에서 사랑의 영기를 넘치게 받는 동안, 여섯 번째의 감각은 피부와 손바닥에서도 생생하게 살아납니다. 남편이 아내의 몸을 부드럽게 어루만질 때 또는 아내가 그 애무를 감동으로 받을 때 부부는 그 섬세하고 온전한 감각으로 피부의 감촉(甘觸)과 마음의 기쁨과 영의 희열을 함께 느낍니다. 그때 온몸과 마음으로 느껴지는 사랑의 희열이 어떠한지 세상 말로는 설명하지 못합니다.

물론, 그와 비슷한 기쁨은 세상의 부부들도 느낍니다. 특히, 지순한 사랑으로 맺어진 남녀가 첫날밤 서로의 품 안에서 느끼는 기쁨이 그와 비슷합니다. 그러나 그 깊이에 있어서는 비교가 안 됩니다. 마치 부드러운 속살을 두꺼운 옷 위로 만지는 것과 손으로 직접 느끼는 것과의 차이입니다.

그 즐거움도 여러 가지로 다양하지만, 귀가 여러 가지 소리를 정확하게 분별해서 듣거나 혀가 여러 가지 맛을 분별하는 것처럼 남편은 아내를 애무하면서 여러 가지 기쁨을 그렇게 느낍니다. 그것은 남편의 애무를 받는 아내도 마찬가지입니다. 남편의 모든 기쁨을 아내도 똑같이 느끼기 때문입니다.

아름다운 접시에 진미의 음식이 가득 담긴 것처럼, 그때 아내의 몸에는 혼인애의 다채로운 기쁨들이 넘치게 담겨 있습니다. 또 탐스럽게 익은 과일이나 활짝 피어난 꽃처럼 아내의 몸에서는 신선하고도 달콤한 향기가 진하게 풍깁니다. 그것은 그녀의 간절한 사랑이 가슴에서부터 온몸으로 퍼지면서 넘치게 풍겨 나오는 사랑의 향기입니다.

세상의 아내들도 잠자리에 들기 전 몸과 마음을 깨끗이 하고, 남편의 품에 안겨서 드디어 사랑받을 준비가 되었을 때 그런 향기를 풍깁니다. 그 향기는 그녀의 영혼에서 우러나와 마음에 넘치고, 마음에서 넘쳐 나와 몸으로 풍기면서, 남편의 사랑을 자극합니다. 그럴 때 남편에게는 그녀가 누구보다도 사랑스럽게 느껴지는 순간입니다. 그런 아내의 달콤한 품속에서 남편은 아내의 사랑과 그 아름다움을 마음껏 느끼고 싶어 합니다.

그러나 세상 부부의 사랑에는 아무래도 미흡한 것이 있습니다. 아내의 몸이 아무리 아름다워도 육신의 한계가 있어서, 남편의 갈망이 거기에 막혀 실망할 때도 있습니다. 아내가 그 향기를 제대로 풍기지 못할 때도 있고, 남편이 그 향기를 인식하지 못할 때도 있고, 또 세상일에 시달려서 그 향기가 흐려질 때도 있기 때문입니다. 그래서 세상 부부의 사랑은 아름다운 사랑을 갈망해도 안타까울 때가 많습니다.

그러나 천국 부부의 사랑에는 그 기쁨과 만족에 더 바랄 것이 없습니다. 무엇이든지 속에 있는 것이 넘치면 밖으로 풍겨 나옵니다. 잘 익은 과일에서 향기가 진동하는 것은 그 과일 속에 향기가 넘치기 때문입니다.

 아내의 몸과 마음에 오로지 향긋하고 달콤한 사랑만 넘칠 때, 그녀에게서 풍기는 것이 무엇이겠습니까?

 천국에서 아내와 남편이 바로 그렇습니다. 우리는 바로 그런 사랑을 서로 나눕니다. 세상 사람의 몸에는 노폐물도 생기고, 불순한 것도 묻고, 미흡한 것도 있지만, 우리의 몸은 영체이기 때문에 그런 것들은 전혀 없습니다. 백합꽃이 활짝 피어나 그 아름다움이 절정에 달했을 때 그 모습을 상상해 보십시오. 거기에는 불순한 것이나 미흡한 것이 전혀 없습니다. 온전히 아름다운 모습에서 꿀과 향기만 넘칩니다.

 천국에서의 아내 몸이 바로 그렇습니다. 흠과 티가 없이 눈부시게 아름다우며 꽃보다 더 아름다운 향기를 풍깁니다. 그리고 그 몸속에는 그녀가 품고 있는 사랑이 달콤한 꿀처럼 고여 있습니다. 그것이 남편을 위해서 맑은 샘처럼 솟아 나옵니다. 그래서 부부가 함께 누리는 사랑의 희열도 끝이 없습니다. 그런데 또 주님의 영기가 그 사랑을 끊임없이 부어줍니다. 신선한 공기처럼, 화창한 봄볕처럼, 부부의 마음속으로 끊임없이 유입되는 주님의 영기, 그것이 그 사랑과 희열의 근원입니다.

 여자의 몸은 여리고 섬세하지만, 그 몸속에 담고 있는 사랑은 깊이를 모릅니다. 그렇게 사랑을 넘치게 담은 몸으로 남자의 몸에서 쏟아지는 격정을 고스란히 받아 줄 수 있고, 남자의 억센 힘도 부드럽게 감싸 줄 수 있어 남자의 뜨거운 갈망을 남김없이 풀어 줍니다. 그렇게 남편이 아내의 몸속에 깊이 들어와 넘치는 사랑으로 희열과 감동에 잠길 때, 남편을 받아들이는 아내도 그 모든 기쁨을 함께합니다.

그 기쁨이 몸과 마음에 넘칠 때, 그 감동 속에서 우리는 어딘가를 향하여 계속 올라갑니다. 거기는 혼인애의 열정으로만 닿을 수 있는 곳, 사랑의 희열이 화사한 무지개처럼 떠 있는 곳, 천국에서도 가장 눈부시게 아름다운 비경입니다. 그 절정을 향하여 둘이 함께 오를 때, 그 느낌은 이제까지의 모든 의식과 감각을 초월합니다. 말 그대로 황홀경입니다. 세상에서 '꿈결 같다'라고 말하는 황홀의 극치에 닿는 느낌과도 차원이 다릅니다.

우리의 희열이 그렇게 떠오르다가 드디어 그 무지개 위에 안착합니다. 천국의 모든 풍요와 감동으로 누리는 사랑의 희열, 그 절정에 올라온 것입니다. 우리를 거기까지 날아오르게 만든 사랑의 감동이, 그치지 않는 불꽃처럼 계속 타오릅니다. 그러면서 천국에서 가장 아름다운 기쁨이 다채로운 꽃처럼 우리 주변에 무수하게 피어납니다. 하나가 된 우리의 몸과 마음에 천국 사랑의 희열이 그렇게 피어나는 것입니다.

그런데 희열의 불꽃은 사그라질 줄을 모릅니다. 우리는 생각도 의식도 다 벗어나서 그 불꽃 속에서만 잠겨 있습니다. 그 속에서 너와 내가 없어지고, 천국 사랑의 아름다움과 그 감동과 또 그 사랑의 근원인 주님만 보입니다. 사랑 안에서 하나 된 부부가 주님과도 온전히 하나 된 감격에 잠깁니다. 엄마의 젖가슴에 안겨 있는 어린아이가 모든 생각과 느낌을 다 벗어나서, 엄마와 온전히 하나가 된 것과 같습니다. 그런 감동이 언제까지나 계속될 것 같습니다. 엄마의 젖가슴에서 느끼는 포근함이 끝이 없는 것과 같습니다.

그런 감동이 얼마나 오래 계속되는지 모릅니다. 순간이 영원이고, 영원이 순간처럼, 그렇게 계속됩니다. 사랑의 감동 속에서 천국의 영원을 느끼는 것입니다. 그때 아내는 천국의 모든 아름다움을 자기의 몸속에 담아서 내 몸을 감싸 주고 있는데, 그때 아내의 느낌이 얼마나 황홀하고 사랑스러운지, 그것도 세상 말로는 표현 못 합니다. 그녀 속에 깊이 잠겨 있는 내 몸과 마음이 사랑의 감동으로 넘칠 뿐입니다. 그렇게 천국에서 누리는 사랑과 기쁨의 절정, 거기에 감동으로 함께 올라와서, 그냥 그대로 언제까지나 잠겨 있는 것입니다.

한참을 그렇게 있다가 아름다운 노을이 서서히 지듯 감동이 그렇게 가라앉습니다. 그러나 달콤한 여운은 아직도 진하게 남아 있습니다. 우리가 방금 올라갔던 무지개가 바로 저기에 아직 떠 있습니다. 언제든지 또 올라오라는 손짓처럼 화사한 빛을 계속 보내고 있습니다. 우리가 함께했던 희열과 감동이 아직 그런 모습으로 떠 있는 것입니다. 그래서 우리의 기쁨은 아직 끝난 것이 아닙니다. 그 여운이 아직도 생생합니다.

그렇게 희열의 여운에 꿈결처럼 잠겨 있을 때, 마음속으로 가득 밀려오는 것이 있습니다. 뭐라 말할 수 없는 천국의 평화로움입니다. 그 느낌에 둘이 함께 잠겨 있습니다. 천국의 사랑이 이렇게 아름답다고 그 사랑을 우리가 방금 누린 것이라고 새삼스럽게 다시 실감됩니다. 그 모든 것을 나와 함께 한 아내가 더 사랑스러워 보입니다. 그리고 주님께 감사가 넘칩니다. 주님이 그 모든 기쁨을 인도하신 것이기 때문입니다. 우리는 천국의 사랑을 이렇게 여섯 번째의 감각으로 느낍니다. 천국에서 부부는 이런 감각으로 혼인애의 기쁨을 누리며 삽니다.

남편이 이렇게 설명하고 있는 동안, 아내는 남편의 말을 한마디도 놓치지 않고 따라가는 얼굴로 남편을 바라보고 있었다. 남편의 극진한 사랑에 감사와 기쁨이 넘치는 얼굴이었다. 그런 아내의 얼굴과 머리 주변에는 무지개의 광채가 더욱 선명하게 타오르고 있었는데, 그것은 남편에 대한 사랑이 그런 불꽃으로 타오르는 천국 여인의 모습이었다.

저런 아내를 품고 저런 얼굴을 바라보며 함께 누리는 사랑의 희열이 어떻겠는가!

천국에서 누리는 혼인애의 기쁨이 얼마나 아름다운지, 우리는 다 알 수 없고 말로 형언할 수도 없다. 그들 부부가 선명하게 풍기는 천국 사랑의 현란함을 생생하게 들으면서도 나는 그 아름다움을 단지 인간의 인식 능력으로 이해하고 전할 뿐이다.

남편은 말을 계속했다.

우리가 여섯 번째의 감각으로 느끼는 사랑의 기쁨은 부부의 사랑과 지혜의 깊이에 따라서 부부마다 느낌이 다릅니다. 사람의 개성은 천차만별인데, 천사들도 그렇습니다. 그리고 그들이 누리는 사랑과 지혜도 그렇습니다. 그래서 천사들은 그들의 개성대로 그들이 품고 있는 사랑과 지혜의 분량대로 다채롭게 혼인애의 기쁨을 누립니다. 마치 집마다 식탁에 오르는 음식이 여러 가지로 다른 것과 같습니다.

그리고 천국의 부부가 사랑을 누릴 때, 그들은 갓난아이보다 더 순진무구한 모습이 됩니다. 꽃과 나비처럼 순수한 모습입니다. 꽃에서 향기가 진동하면, 나비는 그 향기를 따라 춤을 추며 다가오고, 꽃이 잎을 벌려 나비를 맞아들이면, 나비는 즐거운 날갯짓으로 들어오고, 그래서 꽃과 나비가 희희낙락 함께 즐거워하는데, 그 진솔하고 순수한 모습, 천국 부부가 바로 그렇습니다.

나비를 기다리는 꽃에서 향기가 진하게 풍기듯, 남편을 기다리는 아내에게서는 영기가 진하게 풍깁니다. 나비가 향기를 따라 꽃 속에 잠기듯, 남편은 영기를 따라 아내의 몸속에 잠깁니다. 아내에게서 사랑의 영기가 진하게 풍길 때 그녀의 몸은 말 그대로 커다란 꽃이 됩니다.

그 꽃에서 풍기는 향기는 그녀의 개성대로 품고 있는 사랑의 향기입니다. 사람마다 개성에 따라 품은 사랑의 모양도 다르고, 풍기는 향기도 다르듯 아내도 그렇습니다. 그녀만이 가지고 있는 사랑의 향기, 그것은 그녀가 남편을 처음 만났을 때 그를 강렬하게 사로잡았던 바로 그 향기입니다. 그래서 남편은 그 향기를 가장 기뻐합니다. 그러면 남편의 기쁨에 아내도 더욱 진한 향기로 화답합니다. 그녀가 남편을 끌어안는 손길에서 남편 품에 안긴 그녀의 숨결에서 그녀의 온몸 마디마디에서까지 그 향기가 넘치게 진동합니다.

남편이 그 향기에 취하여 그녀의 몸속으로 가없이 잠길 때, 그녀의 속살, 또 그녀의 온몸에서 느껴지는 희열은 한마디로 신비입니다. 주님께서 그녀를 창조하실 때 그녀에게 불어넣어 주신 것, 그것은 남자를 극진한 감동으로 사로잡는 여자의 아름다움입니다. 그때 그녀의 몸은 주님에게서 향기를 받은 화사한 꽃이 되어, 꿀과 향기로 넘칩니다. 그러면 남편에게는 그녀가 온 천국에서 가장 사랑스러운 여자로 느껴집니다. 어린아이에게는 엄마가 세상에서 제일 좋은 사람인 것과 같습니다.

그렇게 남편의 간절한 사랑을 받으면서 아내의 얼굴에는 광채가 더 진하게 타오릅니다. 얼굴뿐만 아니라 온몸에서도 광채가 어립니다. 그런 광채 속에서 빛나는 아내의 아름다움은 말 그대로 눈이 부십니다. 아내의 얼굴과 온몸이 눈부신 아름다움으로 남편의 마음을 황홀하게 만드는 것입니다. 그런 모습과 그런 감동으로 서로의 품에 안겨서 함께 누리는 사랑의 희열 바로 그것이 천국의 사랑이고,

또 천국에서 누리는 모든 기쁨의 바탕입니다. 천국의 모든 기쁨은 혼인애의 기쁨과 연결되어 있기 때문입니다. 세상에서도 금실(琴瑟)이 좋은 부부에게는 사랑의 기쁨이 모든 기쁨의 바탕이 되는 것과 같습니다.

그리고 무엇보다 더 귀한 사실이 있습니다. 부부가 넘치는 사랑으로 한 몸이 될 때, 그 무궁무진한 기쁨 속에서 그들은 주님과도 하나가 되는 것입니다. 주님은 부부들에게 사랑의 영기로 다가오시는데, 그때 그들은 그 영기를 가장 많이 받아서 온몸과 마음에 넘치기 때문입니다. 그래서 주님이 그 사랑의 근원이고, 또 그 사랑을 베풀어 주시는 분이라는 사실이 감격으로 실감되기 때문입니다. 그렇게 그들의 몸과 마음이 온전히 주님의 품 안에 있습니다.

누구나 주님에게 감사가 넘칠 때는 주님에게 두 손을 모으는 마음이 됩니다. 주님에게 진정 감사드리는 마음이 되는 것입니다. 그것은 바로 감사의 제사를 드리는 마음입니다. 천국의 부부가 사랑의 감동 속에서 그런 마음이 되면, 그들이 누워 있는 침대는 바로 그 제단이 됩니다. 거기에 부부의 아름다운 몸이 제물로 놓여 있고, 그들의 몸과 마음을 사랑과 감사의 불길로 태우며, 주님에게 감사의 번제를 드리는 것입니다.

그러면 그때 그들에게 유입되는 주님의 영기는 더욱 강렬해져서, 제물을 태우는 불꽃처럼 내려옵니다. 그렇게 내려오는 영기로 그들의 사랑은 새롭게 점화되어 더욱 아름답게 타오릅니다. 그들의 몸과 마음에 넘치는 사랑이, 향기로운 기름이 되고, 거기에 새로운 불이 댕겨진 것과 같습니다.

그렇게 부부가 드리는 감사의 번제에서 그들이 누리는 희열과 감동은 불꽃처럼 타올라 아름다운 향연(香煙)으로 피어오르게 됩니다.

그 향연이 어디까지 올라가겠습니까? 그 사랑이 비롯되는 곳, 사랑의 영기가 발원하는 곳, 바로 주님의 보좌에까지 올라갑니다. 그러면 주님은 그 향기를 기쁨으로 흠향(歆饗)하십니다. 부부가 사랑의 희열로 감동하는 순간은 그들의 몸과 마음에 주님의 영기를 넘치게 받는 순간이고, 그런 모습은 주님이 가장 기뻐하시기 때문입니다. 부부가 누리는 사랑의 희열이 자신들에게는 극진한 기쁨이 되지만, 주님에게는 또 향기로운 번제가 되는 것입니다.

이렇게 천국에서 부부가 사랑을 나누는 것은 그 사랑으로 인도하시는 주님에게 드리는 감사제의 모습입니다. 기쁨과 감사가 넘치는 마음으로 드리는 예배의 모습입니다. 사람과 주님이 함께 기뻐합니다. 이렇게 혼인애의 기쁨은 당사자인 부부들만이 아니라 주님과 사람이 함께 누리는 기쁨이요, 천국생활의 바탕이 되는 것입니다.

나는 계속 놀라면서 그의 말을 듣고 있었다.

천국 부부가 사랑을 나눌 때, 그들의 기쁨과 감동이 주님께서 기뻐하시는 번제가 된다니!

주님이 가장 기뻐하시는 것이 혼인애이기에 천국 부부가 사랑을 나눌 때 그들에게 주님의 영기가 넘쳐서 혼인애의 모습이 가장 아름답게 나타나는 것이니 주님이 기뻐하시는 것이 당연하다는 것을 깨달을 수 있었다.

그때 천국 부부는 주님의 사랑과 지혜로 넘쳐서 주님에 대한 감동과 감사도 넘치는 순간인데, 그것이 왜 아름답지 않겠는가?

부부가 그렇게 드리는 감사의 제사를 주님이 왜 기뻐하시지 않겠는가?

주님이 기쁨으로 흠향하시는 감사제, 천국에서 부부의 사랑이 바로 그런 번제가 된다는 것이다.

조금 쉬고 난 뒤 남편은 말을 계속했다.

그런데 천국 부부가 사랑을 나누는 모습은 세상 부부와 많이 다릅니다. 세상 부부의 경우에 두 몸을 깊이 결합시키고, 그 몸과 마음이 사랑의 열정으로 달아오르면서 희열을 느낍니다. 그리고 그 희열을 따라가려면 억센 힘이 필요합니다. 또 격정으로 그 힘을 다 쏟고 나면 쉽게 지칩니다. 그렇게 사랑의 기운이 금방 소진되어 늘 아쉬움이 남습니다.

그러나 천국 부부의 경우, 남편이 아내의 몸속에 깊이 잠겨서 한 몸이 되는 것은 세상 부부와 같지만, 그다음부터는 모든 것이 다릅니다. 부부가 마음에 넘치는 사랑에 감동되어 그것을 몸으로도 느끼고 싶을 때는 아내가 먼저 반응합니다. 사랑에 관해서는 여자가 더 민감하고 섬세하기 때문입니다. 또 남편을 받아들일 몸과 마음의 준비를 미리 해야 하기 때문입니다.

맨 먼저, 그녀의 마음에 타오르는 사랑이 그녀의 몸에서 진한 향기로 풍겨 나옵니다. 개성과 기질에 따라 그녀만이 가지고 있는 독특한 향기입니다. 그들이 처음 만났을 때, 그녀가 남편을 사로잡았던 바로 그 향기에 천국의 향기가 가미되어 더 진하고 향기롭습니다. 그 향기는 사랑과 함께 그녀의 가슴에 고여 있다가 몸으로 풍겨 나옵니다. 그녀의 몸에서 가장 섬세하고 부드러운 곳, 거기에서 맑은 향유처럼 진하게 풍겨 나오는 것입니다.

그러면 그녀의 몸은 달콤한 향기를 풍기는 커다란 꽃이 됩니다. 그 꽃에서는 향기만 풍기는 것이 아니라 꿀도 넘칩니다. 그 향기와 꿀로 남편을 취하게 만듭니다. 그렇게 취한 남편은 꽃 속으로 잠기는 나비처럼 즐거운 몸짓으로 아내의 몸속으로 잠깁니다.

그렇게 잠기는 아내의 몸속, 그 속에 넘치는 사랑의 희열은 깊이를 모릅니다. 아름답고 신비한 비경 속으로 한없이 빠져드는 느낌은 말로 표현할 수 없습니다. 그녀가 품고 있는 사랑, 그 속의 아름답고 황홀한 모든 것이 그녀의 몸 안에서 말 그대로 무궁무진하게 솟아나기 때문입니다. 거기에서 누리는 기쁨들도 낙원 동산의 기화요초들처럼 다채로워 그 희열을 따라 남편은 아내의 몸속으로 끝없이 잠기는데, 깊이 잠길수록 감동과 희열도 더 깊어집니다.

이럴 때, 세상 부부들은 숨이 막히도록 힘찬 몸놀림으로 그 희열에 빠집니다. 그러나 천국 부부는 서로의 몸속에서 깊이 하나가 된 채, 그대로 움직이지 않습니다. 사랑의 조상(彫像)처럼 둘이 한 몸으로 굳어 있습니다. 누구나 엄청난 감동의 순간에는 모든 동작을 멈춥니다. 온몸이 그 감동에만 사로잡혀서 그대로 굳어 버립니다. 사랑의 희열에 감동해 있을 때, 천국 부부가 바로 그렇습니다. 그 아름다운 감동 속에서 움직일 수가 없습니다. 심장과 폐장 사이에 뜨거운 피가 흐르듯 한 몸이 된 그들 사이에는 사랑의 감동과 희열만 말 그대로 황홀하게 흐르고 있습니다.

다른 점이 또 있습니다. 세상 부부들이 누리는 사랑의 희열은 마치 가파른 봉우리로 숨차게 올라가는 느낌입니다. 숨 막히는 격정 속에서 온 힘을 다해 오르려고 애를 씁니다. 절정에 가까이 오를수록 힘이 더 듭니다. 그리고 그렇게 애를 써서 절정에 오르면 그 기쁨이 잠깐은 대단하지만, 한순간뿐입니다. 애를 써서 절정에 올라왔는가 했는데, 자기도 모르게 도로 내려와 있고 감격은 이내 사라지고 맙니다. 사랑의 격정과 갈망에 비해 그 희열은 너무 짧아 아쉽고 안타깝습니다.

그러나 천국 부부의 희열은 그렇지 않습니다. 부부의 몸은 조용히 밀착되어 있지만, 그들의 마음은 환희의 비경을 날고 있습니다. 더 깊은 곳으로 나는 듯 끌려가고 있습니다. 점점 더 깊이 끌려가면서 진진한 희열이 계속 밀려옵니다.[12] 마치 낙원 동산의 무수한 꽃처럼, 거기에서 퍼지는 향기처럼 그리고 그 동산 숲에 명랑하게 퍼지는 새소리처럼 향기롭고 다채로운 희열이 끝없이 다가옵니다.

그 희열 속에서 부부의 마음은 하늬바람처럼 춤을 춥니다. 사랑의 희열과 감동이 견딜 수 없는 춤사위로 나타나는 것입니다. 그때 그들의 사랑과 기쁨을 축복하듯 화사한 채색 구름이 그들 주위로 몰려옵니다. 꽃향기에 끌려 나비들이 몰려오는 것과 같습니다. 실은 그 아름다운 순간에 주님의 영기가 그렇게 다가오는 모습입니다. 그 영기를 받아 그들의 희열은 더욱 현란하게 타오르고 그 희열에 작약(雀躍)하는 부부의 춤사위는 더욱 무르익어 갑니다.

그러면 더욱 진하게 모여든 채색 구름이 그들을 태우고 천천히 솟아오릅니다. 그들의 희열과 감동이 그런 모습으로 솟아오르는 것입니다. 점점 더 솟는 구름 위에서 넘치는 희열을 춤으로 나타내는 그들은 마치 구름 속에서 희희낙락 춤추며 노니는 백학 한 쌍과 같습니다. 주님이 베풀어 주시는 생명과 그 생명에서 풍기는 사랑의 희열을 환희의 무도(舞蹈)로 나타내는 것입니다. 세상에서도 어떤 일로 기쁨과 감동이 넘칠 때 그것을 흥겨운 춤사위로 나타낼 때가 있습니다. 지순하고 아름다운 천국 사랑의 희열을 그들은 그렇게 나타내는 것입니다.

그러면서 그들은 어느덧 하늘 높이 올라와 있습니다. 희열의 무도 속에서 천국의 하늘을 유유히 날고 있습니다. 천국의 부부들이 혼인

---

[12] 오쇼 라즈니쉬『사랑』참조

애 안에서만 올라갈 수 있는 눈부신 환희의 세계, 그 하늘을 꿈결처럼 비상하고 있는 것입니다. 그때 저 앞에 화사한 무지개 봉우리가 보입니다. 그들이 다가가고 있는 희열의 절정이 그 무지개의 정상에 눈부시게 보입니다.

그들은 계속 그리로 날고 있습니다. 그들의 희열이 거기에 닿으리라는 것이 손에 잡힐 듯 느껴집니다. 처음에는 유유히, 그러다가 상쾌하게 빨라집니다. 천국의 모든 아름다움과 기쁨을 눈 아래로 내려다보며, 천국의 상공에 아름다운 곡선을 그리며, 그들의 비상이 계속됩니다. 그러다가 드디어 넘치는 희열의 감격 속에, 그 무지개의 정상에 오릅니다. 세상에 있을 때는 먼 곳에 떠 있기만 하고, 잡힐 듯 잡히지 않아 안타깝게 바라보기만 하던 곳, 지금은 생생한 눈앞의 감동으로 그 정상에 오른 것입니다. 그때는 천국 사랑의 모든 아름다움과 기쁨들이 하나로 밀려오는 황홀한 느낌입니다.

그렇게 우리는 빈틈없는 한 몸 한마음이 되어 천국의 사랑과 기쁨의 절정에 와 있습니다. 우리의 모든 생각과 의식이 우리의 존재 자체도 서로의 몸속에서 다 녹아버리고, 오로지 사랑의 희열과 감동에만 잠겨 있습니다. 그 감동 속에 사랑의 영기가 우리 위에서 불꽃같이 타고 있는 것이 보입니다.

그런데 놀랍게도 그 위로 주님의 모습이 보입니다! 우리가 누리는 사랑의 감동 위에서 바로 주님의 모습이 눈부시게 나타나는 것입니다. 혼인애의 근원이 되시는 주님이 그렇게 나타나시는 모습, 그 장려함과 경이로움과 또 그 아름다움이 어떤 느낌인지 당신에게는 전할 수가 없습니다. 세상 말로 전해야 하는데, 해당하는 말이 없기 때문입니다. 따스한 봄날, 언덕에 앉아서 아지랑이처럼 퍼지는 햇볕을 즐기다가 문득 고개를 들었을 때, 하늘 높이에서 눈 부신 빛을 발하고 있는 태양, 그 모습에서 느껴지던 경이, 그것과 흡사하다고 이해하면 됩니다. 당신이 천국에 올라와서 영적 지각이 열리고, 천국의 인식과 언어와 사고가 주어질 때, 그 모든 것을 느끼고 표현할 수 있지요.

이런 것들이 우리가 혼인애를 누리는 모습입니다. 그 기쁨 뒤에 우리 마음에 넘치게 밀려오는 것이 있는데, 그것은 주님에 대한 감사와 감동입니다. 절로 감사가 넘치고 찬송이 사무칩니다. 아름다운 사랑의 희열, 그 마지막 결말이 주님에 대한 감사와 찬양으로 돌아갑니다. 주님에게서 시작된 사랑이, 우리 몸을 불꽃 같은 희열로 통과하고, 다시 주님에게로 돌아가는 것입니다. 천국에서는 모든 일이 그렇지만, 부부의 사랑도 이렇게 주님으로 시작해서 주님으로 끝납니다.

그 주님은 천국의 하늘에 언제나 화창한 태양으로 떠 있고, 또 그 영기는 태양 빛처럼 언제나 우리에게 흘러옵니다. 또 그것은 따사로운 기운을 타고 불어오는 봄바람과 같고, 맑은 기운을 타고 불어오는 가을바람과 같아서, 우리의 열린 마음으로 언제나 막힘없이 유입됩니다. 세상에서 따뜻한 햇볕을 받거나 맑은 공기를 호흡하는 것과 같습니다. 또 우리 앞에 유유히 흐르는 강물과 같아서, 우리가 원할 때면 언제나 뛰어들 수 있습니다. 천국 부부들은 주님의 영기 안에서 사랑의 희열을 이런 풍요로 누리며 삽니다. 세상의 부부들도 진정한 사랑 안에서는 이런 느낌을 조금은 알 수 있지요."

나는 그의 말을 환상처럼 듣고 있었다. 아무리 많은 설명을 들어도 천국 부부들이 누리는 사랑의 기쁨을 사람의 생각과 감관으로 이해한다는 것은 불가능하리라. 우리 생각과 언어의 한계 안에서 이해하는 수밖에 없을 것이다. 창밖으로 저만치, 백조 하나가 무화과나무 가지에 계속 앉아 있었는데, 그의 이야기가 끝나자 곧 날개를 펴고 날아갔다. 그것은 혼인애에 관한 이야기를 지금은 거기까지만 하라는 신호이며, 주님이 허락하시면 나중에 또 이야기를 나눌 기회가 있을 것이라고 남편이 말했다.

제12장

남녀의 순결

1. 혼인애 안에서만 순결이 가능

　혼인애 안에 있는 정숙함이 순결이다. 순결은 정절의 속 모습인데, 그것은 당연히 한 남편과 한 아내, 즉 일부일처의 경우에만 해당된다. 아내나 남편에게 소중하게 품고 있는 일편단심, 거기에만 순결한 사랑이 심어지고, 그 사랑이 혼인애로 자라면서 그 속에 정절이라는 보석이 결정(結晶)되는 것이다. 암석 깊은 곳에 수정(水晶)이라는 보석이 결정되는 것과 같다.

　부부가 함께 살면서 알뜰한 정성으로 가꾸는 사랑이 얼마나 소중한가를 깨달으면, 그들에게 불순이라는 것은 얼씬도 못 한다. 그런 기색이 조금이라도 보이면 단호하게 물리친다. 그들의 소중한 사랑을 불순으로 훼손시키고 싶지 않은 것이다. 고이 간직해 오는 진귀한 가보(家寶)를 흙탕물로 더럽히고 싶지 않은 것과 같다. 그렇게 부부의 순결을 가장 소중한 보물로 간직하고, 정성으로 지켜 나가는 사랑이 바로 혼인애이다. 그래서 부부가 혼인애를 지향하며 살 때, 불순이라는 것은 말로도, 생각으로도 얼씬하지 못한다. 순결을 지키는 온전한 방법도 실은 혼인애 안에 있는 것이다.

2. 경건한 마음으로 불순을 차단하는 것

사람은 악을 버리는 만큼 선해진다. 마찬가지로 음란을 버리는 만큼 순결해진다. 더러운 때를 씻어 버리는 만큼 깨끗해지는 것과 같다. 육신의 생각에는 이기적 욕망이나 음란한 생각 등, 불순한 것이 많이 섞여 있다. 그런 것들을 버리는 만큼 순결해지는데, 그것은 하나님에 대한 신심으로만 가능하다. 그 신심에서 나오는 경건(敬虔)이 모든 불순한 것을 차단시킨다.

전술한 대로, 혼인애는 모든 풍요가 넘치는 왕궁과 같다. 왕궁은 아무나 함부로 들어와서 어지럽히지 못하도록 경비병이 지킨다. 일반 사람이 들어가려면 반드시 허가를 받아야 한다. 혼인애라는 왕궁의 허가증은 하나님에 대한 경건이다. 경건한 마음으로만 혼인애를 손상시키는 불순한 것들을 멀리할 수 있고, 또 혼인애를 깨달을 수 있기 때문이다. 경건한 신심으로만, 어지럽게 날뛰는 욕망을 지양하고 혼인애를 추구하게 되는 것이다.

그 경건을 확인하는 방법이 있다. 진정한 사랑은 천국에서 온다는 것을 전술했다. 주님에게서 발원하는 영기를 받아서 사랑을 깨닫는 것이다. 그래서 사랑하는 남녀는 주님의 영기를 뚜렷이 느끼는데, 그 영기가 넘칠 때 그 속에서 또한 주님의 임재를 느낀다. 서로의 품에 안겨서 사랑의 감동 속에 있지만, 그들은 또 주님의 품 안에 있는 것이 느껴진다. 이점을 확인하는 것이다. 그래서 몸과 마음에는 진정한 사랑이 넘치지만, 그들은 그 사랑의 근원인 주님도 함께 느낀다. 그 근원인 주님을 함께 바라본다. 주님을 바라보면서, 주님의 영기를 받아들이면서, 그 영기가 이끄는 사랑으로 서로를 품어 줄 때, 사랑과 경건은 하나이다.

이런 사랑이 온전히 순결한 사랑이다. 그런 사랑 안에 있을 때 남녀는 어떤 행동을 하든지 주님과 함께한다. 남녀가 한 몸이 되어 사랑의 열정 속에 잠겨 있을 때, 그 뜨거운 희열 속에서도 그들의 마음은 경건을 붙들고 있다. 그리고 그들 내면에서는 끊임없이 유입되는 주님의 영기와 그 영기로 임재하시는 주님을 뚜렷이 실감한다. 부부의 사랑에서 그런 주님의 임재를 실감할 때, 그때에만 그들의 사랑은 온전히 순결하다.

그런 부부들에게 불순이란 얼씬도 못 한다. 깨끗하고 아늑한 부부의 침실, 창문을 꼭 닫고, 예쁜 커튼까지 드리워져 있을 때, 바람과 흙먼지가 접근하지 못하는 것과 같다. 간혹 세상의 불순한 바람이 세차게 몰려와도, 품고 있는 사랑과 신뢰가 서로에게 튼튼한 보호벽이 되어 준다. 세상에서 가장 소중한 사람, 나의 아내 또는 남편이 거친 바람에 시달리지 않도록 포근히 감싸 주고 싶은 것이다. 그들이 세상에서 가장 소중하게 가꾸는 보물, 그들의 사랑을 불순한 것들로 오염시키고 싶지 않기 때문이다.

그런 사랑을 품고 사는 부부는 서로의 아름다움에 감동할 때가 많다. 그 감동은 뜨거울 때도 있지만, 또 잔잔할 때도 있다. 그런 사랑의 감동 속에서 그들은 함께 천국의 평화로움을 느낀다. 그 평화로움이 바로 순결의 증거이다. 경건한 마음으로 하나님을 섬기며, 그 마음에 또 부부의 사랑을 귀하게 담고 있을 때, 그런 평화로움을 누린다.

3. 부부 사이에만 해당

순결이란 결혼한 부부 사이에만 있는 아름다움이다. 순결이란 부부가 품고 있는 일편단심의 정절로 결정(結晶)되는 보석이고, 그 보석으로 함께 빚어가는 사랑의 조상(彫像)이기 때문이다. 그래서 사랑을 알지 못하는 청소년들, 결혼 전의 젊은이들 또는 혼자 사는 사람에게는 해당되지 않는다.

흔히 이성(異性)을 전혀 모르는 처녀 총각들 또는 그들의 처녀성이나 동정(童貞), 이런 것을 순결로 생각하는데, 그런 것은 순결 이전의 상태이다.

　진정한 순결이란, 남녀가 결혼 서약을 한 뒤, 서로 약속한 정절을 아름답게 지키면서부터 생성된다. 남녀가 죽음이 둘을 갈라놓을 때까지 서로만 사랑하기로 약속하고, 그 약속을 소중하게 지켜가는 의리와 절개, 거기에서 순결이라는 보석이 결정되는 것이다. 그것은 부부가 함께 살면서, 끊임없이 밀려오는 불순한 것들을 사랑과 지혜로 차단시키고 정화시킬 때, 그렇게 정화된 마음에서만 결정되는 보석이다. 따라서 혼인관계에 있지 않은 사람들에게는 순결이 해당되지 않는다. 이성을 모르는 처녀 총각들에게도 마찬가지다.

4. 잃어버린 순결의 회복

　순결에 대해서 한 마디 덧붙인다면, 몸의 순결보다는 마음의 순결이 더 중요하다. 순결 여부는 마음에서 먼저 결정되기 때문이다. 마음이 순결하면 몸도 당연히 따라온다. 그러나 마음이 순결하지 않으면 몸의 순결도 없다. 마음의 순결이 먼저이고 더 중요하기 때문이다. 어쩌다 몸의 순결을 잃었다 해도 마음의 순결만은 간직하고 있다면, 순결 자체에는 문제 될 것이 없다. 또는 몸과 마음의 순결까지 다 잃었다 해도, 진심으로 뉘우친다면, 모든 것이 순결했던 처음 상태로 회복될 수 있다. 진심으로 뉘우칠 때, 그 진심은 순결하기 때문이다. 그리고 그렇게 순결로 회복된 마음에는 아름다운 사랑도 다시 담을 수 있다.

　우리가 알고 있는 성경에 나오는 막달라 마리아라는 여자의 이야기가 바로 그런 경우이다. 그녀에게는 귀신이 일곱이나 붙어 있었다.[1] 몸과 마

1　[눅 8:2] 참조.

음의 오염이 그만큼 심각했다는 뜻이다. 순결과는 거리가 한참 먼 여자였다. 그러나 그녀는 예수님을 만나고 완전히 달라졌다. 오염된 과거를 깨끗이 청산하고, 주님만 섬기는 새로운 삶으로 돌이켰다. 종교적으로 말하면 회개라는 것이다. 그렇게 진심으로 뉘우치면 순결은 다시 회복된다. 이전보다 더 아름답게 변할 수도 있다. 그 마음에 일편단심의 사랑을 담을 수 있기 때문이다.

그녀가 바로 그렇게 된 것이다. 그녀도 그렇게 정화된 마음에 자기의 가장 소중한 것을 담아서, 그것을 예수님에게 바치고 있었다. 그것은, 다시 순결해진 마음에 소중하게 담은 사랑이었다. 예수님에게 바치는 영적인 사랑이었겠지만, 그 사랑은 누구보다도 간절하고 아름다웠다. 그런 사랑으로 그녀는 예수님이 십자가에서 운명하시는 현장을 끝까지 지켰고, 운명하신 뒤에도 그의 시신을 위해 귀한 향품을 준비했고, 주님을 잊지 못하는 마음으로 매일 무덤을 찾아왔다. 그리고 거기에서 그녀는 누구보다도 먼저 부활하신 주님을 만난다.[2]

그렇게 그녀가 부활하신 주님을 만나는 장면은 한때 오염되었던 마음도 진심으로 돌이킬 때, 온전한 순결로 회복될 수 있다는 것을 극명하게 보여 준다. 그렇게 돌이킨 마음에 그녀는 주님에 대한 간절한 사랑을 담았고, 바로 그 사랑으로 그녀의 삶은 누구보다도 경건하게 변화되었기 때문이었다.

그 자세한 이야기는 이렇다. 사랑하는 주님이 십자가에서 돌아가시고 사흘이 지났다. 그러나 그녀에게는 그 사실이 아직도 믿어지지 않는다. 주님이 금방 곁에 나타나실 것 같고, 다정한 음성이 들릴 것 같다. 그러나 아무리 둘러봐도 주님의 모습은 보이지 않는다. 정말 돌아가셨다는 사실이 실감되면서, 새롭게 밀려오는 슬픔을 견딜 수가 없다. 보고 싶은 마음이

---

2 [막 16:9; 요 20:11] 참조.

눈물겹도록 간절하다. 그래서 그날 아침도 그녀는 주님의 무덤을 찾아간다. 이른 새벽부터 무덤을 찾는 마음은 주님에 대한 사랑과 그리움이 그만큼 간절했기 때문이다. 무덤 앞에서 주님의 시신 곁에라도 가까이 있고 싶기 때문이었다.

그렇게 홀로 주님의 무덤을 찾아와서 그녀는 주님을 잃은 슬픔과 또 보고 싶은 그리움에 하염없이 잠겨 있었다. 그런데 저만치 앞에 홀연히 나타나는 누군가를 목격한다. 처음에는 먼발치에서 누구인지 알아보지 못했다. 그저 무덤을 지키는 사람인가 생각했다.

그런데 그가 자기 이름을 부르는 것이 아닌가!

"마리아야!"

바로 주님의 음성이었다!

주님이 돌아가시기 전, 사흘 뒤에 다시 살아나리라는 약속은 들었지만, 긴가민가했다.

그런데 과연 그 약속대로 다시 살아나신 것이다!

저기에 서서 자기를 부르시는 분은 분명히 주님이 아닌가!

너무 놀라서 멍하다가, 기쁨이 넘쳐서 외친다.

"랍오니! (선생님)"

이때 우리는 성경에서 가장 기이하면서도 감동적인 장면을 본다. 이른 새벽, 아무도 없는 무덤가, 음산하고 적막하기만 한 그런 곳에서 주님과 그녀가 단둘이 마주 보면서, 기쁨과 반가움에 넘쳐 서로를 부르고 있다. 그 간절한 목소리는 무덤가의 적막한 새벽 공기 속에서 한층 더 기이하게 들린다.

주님께서 십자가에서 처형되자, 사랑하는 제자들도, 가까웠던 형제들도, 십자가 아래에서 눈물을 쏟던 사람들도, 행여 자기네들도 잡혀갈까 무서워 모두 숨어 있었다. 사흘 후에 부활하신다는 주님의 말씀은 다 잊은 것 같았다. 그러나 그녀는 일편단심 주님만 생각하는 마음으로 그날 새벽, 주님의 무덤 앞에 와 있었는데, 그녀의 간절한 마음을 주님은 다 알고 계셨다. 그래서 그녀의 모습을 보시고, 따뜻한 마음으로 그녀를 부르신 것이다.

그 시각, 그 장소에서 마주 선 채, 기쁨과 감동으로 서로를 바라보고 있는 두 사람, 겉으로 보기에는 기이하기 짝이 없지만, 그들에게서 뜨겁게 풍겨 나오는 생명과 사랑의 기운이 무덤가에 음산하게 서려 있는 죽음의 기운을 완전히 몰아내고 있었고, 두 사람 사이에는 부활의 기쁨과 사랑의 감동만 새벽 공기처럼 신선했다.

주님이 그녀를 부르고, 그 음성을 그녀가 기쁨으로 알아보는 순간, 주님의 마음과 그녀의 마음은 순식간에 하나가 된다. 기쁨이 넘치는 그녀의 마음과 그녀를 훈훈하게 품어 주시는 주님의 마음이 함께 감동한다. 때와 장소를 불문하고, 사람의 마음과 주님의 마음이 하나로 감동할 때, 세상에 그보다 더 아름다운 것은 없다. 주님과 하나가 된 그녀의 마음이 그렇게 된 것이다.

오염되었다가 순결로 회복된 그녀는 바로 그런 모습이었다.

그녀의 마음이 주님과 하나가 되었으니, 그보다 더 온전한 순결이 어디 있겠는가?

그녀는 그렇게 순결을 다시 회복했다. 그래서 그 마음에 담긴 사랑도 주님에게 갸륵하게 받아들여진 것이다.

그렇게 회복된 마음에 지순한 사랑을 담아서 주님에게 바쳤던 그녀는 부활하신 주님을 최초로 만나는 영광을 얻었고, 성경에 나오는 가장 아름다운 여인 중의 하나가 되었다. 진정으로 마음의 순결을 회복할 때, 누구나 그만큼 아름다워질 수도 있다는 것을, 그녀는 감동적으로 보여 주고 있다. 마음이 그렇게 순결해지면 몸도 그 마음을 따라가는 것은 당연하다.

5. 순결이 해당되지 않는 경우

순결이 해당되지 않는 경우도 있다. 외적인 이유만으로 음란을 억제하는 사람에게 순결은 해당되지 않는다. 단지 겉으로 불륜 행위를 삼가는 것이 순결이라고 생각하는 사람이 많다. 그러나 속마음도 순결하지 않으면 진정한 순결이 아니다. 순결 여부는 사람의 행동보다 그의 마음에서 먼저 결정되기 때문이다. 육체의 행위라는 것은 마음의 의도가 밖으로 나타나는 것일 뿐이다. 그래서 겉으로 드러나는 불륜 행위는 없었지만, 마음속에 불륜의 생각을 품었을 때는 이미 순결이 아니다.

주님께서도 이렇게 말씀하신다.

"여자를 보고 음욕을 품는 사람은 마음으로 이미 간음한 것이다."[3]

마음에 불순한 의도가 있으면 이미 순결하지 않다는 뜻이다. 사람은 법에 대한 두려움, 평판이나 불이익 또는 다른 외적인 이유 때문에 불륜을 억제하는 경우가 많다. 그러나 영적인 이유가 아니라면, 즉 경건한 신심에서 불륜을 삼가는 것이 아니라면, 비록 어떤 외적인 이유로 불륜을 멀리했다 하더라도 결코 순결한 것이 아니다.

남녀의 성적인 결합 자체가 불결한 것이라고 생각하는 사람에게도 순결은 해당되지 않는다. 이런 사람은 순결이란 오로지 독신생활로 이루어진다고 생각하는 사람들이다. 그러나 사람의 영과 육체는 본래 완전하고 순결하게 창조되었다. 그래서 육체의 결합도, 영혼의 결합처럼 순결하고 아름다웠다. 하나님께서 남자 혼자 사는 것을 좋지 않게 여기시고, 여자를

---

3 [마 5:28] 참조.

순수 만들어서 남자에게 주신 것은, 그들이 영과 마음과 몸을 하나로 결합시킨 부부가 되어, 서로 돕는 배필로 살라는 뜻이었다. 그것은 서로 사랑하지 않으면 불가능하며, 그 사랑은 성애가 시종(始終)이다.

 사랑하는 남녀가 성적인 결합을 통해서 오묘하고 아름다운 사랑의 의미를 깨닫고, 그 깨달음을 통해서 영적인 성숙을 추구하고, 또 자녀도 낳아 길러서, 인류의 생육과 번성을 이루는 것은 조물주의 뜻이다. 따라서 순결을 지향한다는 생각에 독신생활을 더 중요시하는 것은 사람이 남녀로 창조된 뜻 자체를 거스르는 생각이다.
 앞에서 수없이 언급한 대로 참된 사랑의 감정은 순수하다. 그것을 소중하게 지킬 때, 거기에서 나오는 사랑의 행위도 순수하다. 그 사랑의 마지막 단계가 성적 결합이다. 그것을 무조건 불결한 것으로 취급할 이유가 없는 것이다. 그런데도 그렇게 취급하는 사람들이 있는데, 그것은 그들의 마음과 의식이 오염되었기 때문이다. 의식이 불순의 안경을 끼고 있기 때문이다. 그런 의식으로는 순결을 이해하지 못한다.
 독신주의자에게도 순결은 해당되지 않는다. 그들은 부부애를 모르기 때문에 거기에서 수정처럼 빚어지는 정절도 모른다. 그리고 그들에게 순결을 방해하는 문제가 또 있다. 성적인 갈망은 타고난 것이기 때문에 그것이 지나치게 억제되면, 엉뚱하게 터져 나와서 마음을 어지럽히고, 나아가서 하나님에 대한 신심도 흔들어 놓는다. 그래서 자연스러운 욕망을 인위적으로 억제하면서 부자연스럽게 사는 독신주의자는 마음의 순결도 어렵고, 주님에게 진정으로 가까이 가기도 어렵다.
 주님을 더 잘 섬기기 위해서 독신을 택한 사람들이 있다. 수도생활을 하는 사람 또는 특별한 사명을 받들기 위해서 결혼을 포기한 사람의 경우이다. 매우 드물게는 그런 삶으로 주님을 더 깊이 섬기는 경우도 있다. 그럴 때 그들이 비록 독신으로 살지만, 혼인애의 아름다움과 그 안에 있는 성애의 순수함을 깨닫고 있다면, 그들은 순결하다. 그러나 성관계 자체를 불순한 것으로 보고, 그런 것을 멀리하는 것만이 하나님을 잘 섬기는 것이라고 생각하는 경우는 진정한 순결과 거리가 멀다. 성을 불순하게 보는 것은 성에 대한 의식 자체가 이미 오염되었기 때문이다.

남녀의 성관계란 어차피 육체의 욕망이 주도하는 것이어서 아무래도 불경스러운 것이고, 그래서 그런 것을 무조건 멀리하는 것만이 경건한 것이라 생각하는 사람, 특히 종교인이나 수도사 중에 그런 사람이 많다. 그래서 그들은 하나님을 섬기는 일에만 헌신하기 위해서 스스로 독신을 서약하는 경우도 있다.

그런 사람이 저세상에서 어떻게 받아들여지는지, 스베덴보리가 본 것은 이렇다. 그들이 만약, 독신생활을 지켜온 것만으로도 남보다 더 경건하다고 스스로 생각한다면, 그런 생각은 그들에게 매우 실망스러운 결과로 닥친다. 경건은 자기가 스스로 인정하는 것이 아니기 때문이다. 경건을 인정하고, 칭찬하고 상을 주시는 분은 주님뿐이다. 자기가 경건하다고 스스로 인정하는 것은 주님의 권위를 침범하는 주제넘은 일이다.[4] 그런 오만은 천국에서 결코 용납이 안 된다는 것이다.

독신을 선호해서 그렇게 산 사람 중에도 천국에 받아들여지는 사람은 물론 있다. 그렇지만 오랫동안 허전하고 쓸쓸한 삶으로 굳어버린 그들의 내면 상태가 또 문제가 된다. 천국의 공동체는 극히 외진 변두리를 제외하고는 모두가 화창한 봄날처럼 명랑하고 즐거운 분위기이다. 영원히 젊은 남녀들이 천국의 즐거움으로 함께 어울리는 밝고 화기애애한 분위기이다.

---

[4] [고후 10:18] 스스로 자신을 내세우는 사람이 아니라 주님께서 내세워 주시는 사람.
[약 1:26] 누구든지 자신이 경건하다고 스스로 생각하면 그것은 헛된 것이다.

그러나 독신생활로 내면 상태가 썰렁하게 굳어진 사람은 거기에서 느껴지는 이질감 때문에 결코 편하지 않다. 그래서 그들은 그런 분위기의 공동체에서는 어울리지 못하고, 쓸쓸한 상태에 익숙한 사람이 모여 사는 외진 변두리로 보내어진다. 그곳에서 자기와 유사한 사람들과 함께 있을 때 마음이 편해진다는 것이다. 이 세상에서 굳어진 내면 상태가 저세상에서 그들의 삶을 그렇게 결정한다.

저세상 이야기(5): 천사들의 순결

사랑하는 남녀가 부부로 맺어져서 알뜰한 사랑을 소중하게 가꾸며 오순도순 살아가는 모습은 참 아름답다. 그들의 사랑도, 사는 모습도 그렇게 아름답게 만들어 주는 것은 그들의 순결한 일편단심이다. 고운 비단에 고운 무늬가 새겨지듯 티 없이 순결한 마음 바탕에 아름다운 사랑이 새겨지는 것이다.

그렇다면 천국 부부의 순결은 어떻겠는가?

그 모습은 그동안 몇 번 만나 보았던 천국 부부들의 모습에서 이미 보고 감동한 바가 있다. 그러나 순결에 대해서 그들에게 직접 들어보고, 좀 더 자세한 이야기를 세상에 알리라는 분부와 함께 안내 천사가 나타났다. 그래서 우리는 함께 어떤 부부의 방문길에 나섰다.

얼마 안 가서 우리 앞에 평화롭게 보이는 언덕이 나타났다. 여기저기에 과일나무가 줄지어 서 있고, 예쁜 과일이 따스한 볕을 받으며 익어가고 있었다. 그 아래 넓은 들에는 양 떼가 풀을 뜯고 있었는데, 푸른 풀밭에 점점이 박힌 양들의 모습이 하얀 솜뭉치처럼 선명하게 보였다. 그렇게 평화로운 들판을 지나 언덕 위의 마을로 들어서서, 우리가 방문할 집으로 영접을 받았다.

집 안의 아늑하고 정갈한 분위기를 느끼며, 우리는 그들 부부와 마주 앉았다. 따뜻한 미소, 맑고 깨끗한 자태, 은은하게 비치는 고결함, 그 모든 것을 향기처럼 풍기는 천사 부부의 아름다움, 천국에서 부부들을 볼 때마다 그런 모습은 언제나 새로운 감탄을 자아내는데, 그들 부부도 역시 그랬다. 특히, 온화한 미소가 어리는 아내의 눈빛은 투명한 자수정에서 반짝이는 광채, 그처럼 아름다웠는데, 그녀의 마음에 품고 있는 맑은 사랑이 그렇게 반짝이는 것이리라. 부부가 서로에게서 그런 미소만 보고 살아도, 천국의 기쁨에서 더 바랄 것이 없겠다는 생각이 들었다.

그렇게 나란히 앉아 있는 부부의 모습은 깨끗한 정원에 신선하게 피어 있는 백합꽃, 바로 그런 모습이었다. 티 없이 순결한 모습으로 피어난 백합, 주위에 진하게 풍기는 것은 꽃향기만이 아니다. 하늘에서 받는 생명의 기운도, 그 생명에서 피어나는 순결한 아름다움도 함께 풍긴다. 그래서 그 모습에 감동할 때 우리 마음도 같이 순결해진다. 앞에 앉아 있는 부부의 모습이 바로 그랬다. 그들이 천국에서 누리는 사랑이 우리 앞에 순결한 모습으로 피어나서 부부의 순결이 무엇인가를 감동으로 보여 주고 있었다.

밝은 태양 빛 앞에서는 한 가닥의 어두움도 얼씬 못한다. 또 천진난만한 어린아이의 미소 앞에서는 어두운 생각이 금방 사라진다. 마찬가지로 그들의 순결한 미소 앞에, 불순이라는 것은 감히 얼씬도 못 할 것 같았다. 지순하고 고결한 천국의 사랑으로만 가득 채워진 그들 부부 사이에는 어떤 불순한 것도 들어갈 틈이 없어 보였다.

천국 부부의 순결에 대한 이야기가 시작되자 남편이 이렇게 말했다.

    우리는 몸은 둘이지만 영은 하나입니다. 마치 심장과 폐장이 몸 안에서 하나인 것과 같습니다(제11장. 심장과 폐장. 참조). 폐장은 산소를 공급해 우리의 피를 맑게 해 줍니다. 그래서 지혜를 뜻하지요. 심장은 그 피를 온몸으로 보내서 따뜻하게 해 줍니다. 그래서 사랑을 뜻하지요. 부부와 연결시켜 말하면 나는 폐장이고, 아내는 심장입니다. 남편의 지혜가 아내의 사랑속으로 들어가고, 아내의 사랑이 남편의 지혜를 받아들여서 사랑과 지혜가 하나가 됩니다. 지혜로운 사랑이 되고, 사랑스러운 지혜가 됩니다. 우리는 그렇게 하나로 결합되어 있어서 마음도 행동도 하나입니다. 그래서 한 몸, 한 사람으로 보이고, 또 그렇게 하나로 살지요. 우리의 순결이란 바로 그 하나 됨 안에 있어서 온전합니다.

나는 남편에게 이렇게 물었다.

당신은 아내 말고 다른 여자를 볼 때 어떤 마음으로 봅니까?

그는 대답했다.

천국에는 불순이라는 것이 없습니다. 우리 마음과 생각, 외적인 사물 모두 지극히 순수합니다. 그래서 무엇을 보아도 순수하게 봅니다. 또 아내의 모든 것도 나의 모든 것과 결합되어 있어서 아내의 순결도 나의 순결과 결합되어 있습니다. 그래서 내가 다른 여자를 바라볼 때는 아내의 순결한 마음과 나의 순결한 마음이 하나가 되어서, 그런 마음과 또 그런 눈으로 둘이 함께 봅니다.

우리가 어떤 대상을 볼 때, 눈으로만 보는 것이 아닙니다. 실은 마음이 먼저 봅니다. 즉, 마음에 어떤 것을 품고 있으면 눈앞의 대상도 그 모습으로 보입니다. 마음에 가득 차 있는 것을 눈의 시각이 따라가는 것입니다. 예를 들어 우리 마음에 즐거움이 가득하면 모든 것도 즐겁게 보이고, 우리 마음에 아름다움만 가득하면 보이는 대상도 그렇게 보입니다. 마찬가지로 마음에 순수한 것만 가득하면 모든 것이 순수하게 보입니다.

또 우리가 어떤 아름다움에 깊이 감동하면, 우리 마음도 그 모습을 따라갑니다. 그 아름다움이 우리 마음을 그렇게 변화시키는 것입니다. 청초하게 피어난 한 송이 꽃을 감탄으로 바라볼 때, 보는 이의 마음도 그렇게 맑아지는 것 아닙니까? 아내의 순결한 모습을 바라볼 때, 남편의 마음도 그렇게 됩니다. 이렇게 내 마음도 순수하고, 또 아내의 순수도 내 마음을 채워 줍니다. 그래서 천국의 밝은 빛 안에 지옥의 어두움이 없는 것처럼 부부의 지순한 사랑 안에 불순이란 있을 수가 없습니다.

그 말을 들을 때 그의 맑은 목소리에서도 순결이 느껴졌다. 천진난만한 어린애가 악을 전혀 의식하지 않고 오로지 순수한 생명력만 넘치게 풍기듯 그 부부들도 불순이란 것은 아예 의식도 안 하고 주님의 생명력만 영기로 받아서 지순한 사랑만 누리며 사는 것을 투명하게 볼 수 있었다. 내가 목격한 천국 부부들의 순결이란 이런 것이었다.

제2부 | 간통애

제1장

간통

1. 간통애의 정의

혼인애로 사는 부부는 상대방에게 늘 크고 작은 감동을 준다. 열정에 뜨겁게 타오를 때가 아니더라도, 사랑에서 나오는 따뜻한 배려로 서로를 품어 줄 때, 그들의 마음에는 늘 조용한 감동이 있다. 그것은 뜨거울 수도 있고 잔잔할 수도 있지만, 거기에서 느껴지는 사랑은 늘 새롭다. 그 감동이 서로의 사랑을 확인해 주고, 또 기쁨을 주는 것이다.

그렇게 사는 부부 사이에 간통이란 말은 접근조차 못 한다. 자기들이 가꾸는 혼인애가 얼마나 소중한지, 그 사랑이 주는 감동이 얼마나 아름다운지, 그런 것을 항상 느끼며 사는 부부에게 그런 추악한 것은 몸서리가 날 만큼 멀리하고 싶다. 아름답고 소중한 그들의 사랑이 손상될까 두려운 것이다.

그러나 그런 혼인애를 모르면 그만큼 간통애로 끌려가기가 쉽다. 순결의 소중함을 모르면 불결한 것에 물들기 쉽고 선과 진리를 모르면 악과 거짓에 물들기 쉬운 것과 같다. 사랑에 대한 무지와 오염 속에 남녀 관계의 사통과 간통이 어지럽게 섞여 있는 요즈음 진정한 혼인애가 무엇인지, 간통애의 실체가 무엇인지, 또 그 결과가 얼마나 무서운 것인지 정확하게 알 필요가 있다.

간통애는 혼인애와 상극이지만, 혼인애를 모르면 그 둘을 혼동하는 경우가 많다. 겉모습이나 육적인 느낌으로만 생각하면, 그 둘에는 서로 유사한 것이 있기 때문이다. 즉, 간통애의 쾌락은 진정한 사랑을 가장하게 된다. 불륜의 남녀가 정신없는 쾌락에 빠져있을 때 그것을 순수한 사랑으로 착각하거나 또는 그런 모습으로 위장하는 경우이다. 이런 착각에 빠지면 간통애와 정반대 쪽에 있는 혼인애는 알 수가 없다. 혼인애의 고결함을 깨달은 사람만이 간통애가 어떤 것인지, 사통과 간통이 어떻게 다른지 정확하게 파악한다. 골짜기 밑바닥에서는 산의 정상을 볼 수 없으나, 정상에서는 골짜기의 여러 모양을 볼 수 있는 것과 같다.

혼인애는 이제까지 여러 모양으로 설명했으므로 이제는 간통애(scortatory love)가 무엇인지 그 정의부터 내릴 필요가 있다. 혼외의 성관계에는 사통과 간통이 있다. 배우자가 없는 사람, 혼전의 남녀들이나 배우자가 사망한 뒤 홀로 남은 사람의 성관계는 사통(私通, fornication)이라 하고, 배우자가 있는 사람의 혼외 성관계를 간통이라 하는데, 간통은 추하고 불결한 면에서 사통과는 전혀 다르다. 간통이란 아무런 죄의식도 없이 오히려 즐거운 마음으로 음란하게 빠져드는 부정한 성관계를 말하고, 간통애란 그런 것에 대한 애착을 말한다. 즉, 간통애는 이기적인 욕망이 그 뿌리이다. 그 모습은 불결하거나 추악하고, 행동은 사악하거나 폭력적이며, 대상은 누구든지 가리지 않고, 오로지 바라는 것은 음란한 성적 쾌락이다.

간통은 엄밀히 말하면, 저지르는 사람의 마음 자세가 그 경중(輕重)을 결정한다. 부적절한 성관계에 어쩔 수 없이 빠져들지만, 마음에서는 후회하며 피하고 싶어 하는 경우는 증상이 가볍다. 그러나 그런 관계에 애착을 품고 기회만 되면 즐기는 경우, 그 증상은 무겁다. 그런 애착이 마음을 사로잡으면, 부적절한 성관계가 방자하고 음란하게 자행되는데, 간통이란 이런 것을 말한다.

성적인 본능은 누구에게나 다 있는 것이지만, 짐승의 경우는 그 본능을 오직 후손의 번식을 위해서 발산하기 때문에 그것이 사악하지는 않다. 그러나 사람의 경우는 후손의 번식과는 상관없이 수시로 솟는데, 그것이 간통으로 나타날 때는 자기의 쾌락을 위해 상대방을 속이고 유린하고 파괴하는 것도 마다하지 않는다. 그래서 간통은 사람을 짐승 이하의 수준으로 타락시킨다.

간통애는 그렇게 자기 영혼뿐만 아니라 상대방의 영혼까지 황폐시킨다. 불결한 쾌락이 질퍽거리는 욕망의 늪, 간통애가 빠지는 곳은 그런 곳이다. 거기에 빠져서 허우적거릴 때, 질퍽거리는 추한 것들이 여기저기 튀어 올라 사람의 영혼까지 오염시킨다. 진흙탕에 빠지면 온몸이 더러워지는 것과 같다.

그렇게 빠지는 간통의 쾌락이라는 것도 덧없이 끓어오르는 격정의 거품에 불과하다. 그 거품이 잠깐 동안은 대단해 보이지만, 한순간에 꺼진다. 그러면 잠깐 맹렬했던 겉모습과는 달리 허탈한 마음에 남는 것은 황량한 흔적뿐인데, 그 흔적들이 내면에 누적되고 굳어지면 영혼도 그만큼 황량한 모습이 된다. 그렇게 간통애에 중독이 된 경우, 내면에 굳어진 음란한 모습이 겉으로도 추악하게 나타나는 경우가 많다.

산에는 높이 솟은 봉우리도 있고 낮은 골짜기도 있지만, 숲속에 있으면 아무것도 보지 못한다. 가장 높은 봉우리에 올라가야만 산 전체를 볼 수 있는데, 남녀 관계도 마찬가지다. 거기에도 혼인애라는 높은 봉우리와 간통애라는 음침한 골짜기가 있고, 그사이에 다양한 수준의 참과 거짓 사랑이 있다. 그런 모든 것은 혼인애의 높은 수준에 올라가야만 구별된다.

2. 간통의 종류와 경중(輕重)

사람 속에 숨어 있는 욕망이 음란스러울 때 그것을 간음이라 하고, 그런 욕망이 행동으로 나타날 때 간통이라 한다. 간통을 종류별로 나눈다면, 그 상대에 따라 단순(單純), 이중(二重), 삼중(三重)의 간통이 있다. 단순 간통은 둘 중에 한쪽이 결혼한 경우이다. 이중 간통은 양쪽 다 결혼한 경우이다. 삼중 간통은 근친과의 불륜이다.

간통은 또 그 경중에 따라 네 단계가 있다.

- **1단계**: 간통은 무지 속에서 자행되는 것인데, 의식과 판단력이 정상이 아닐 때 행해지는 간통이다. 철모르는 청소년들이 무모하게 저지르는 경우, 지적장애나 정신이상인 상태에서 저지르는 경우, 만취 상태 등으로 제정신이 아닌 경우에 저지르는 것이다. 이런 경우의 간통은 그 질이 비교적 가볍다.
- **2단계**: 간통은 견디기 힘든 욕망으로 유혹에 끌리는 경우이다. 이 경우는 사람의 이성(理性)이 관여한다. 온전한 이성은 부정한 유혹이 닥칠 때 능히 물리칠 수 있는데, 이성이 나약하면 유혹을 저지하는 힘을 못 쓴다. 이럴 때 저지르는 간통이다. 이것은 달리 말하면 영과 육의 싸움이다. 사람의 내면에 양심이 정립되면, 어떤 유혹이 닥칠 때마다 그의 내면에서는 양심의 갈등이 생긴다. 영과 육의 싸움이 시작되는 것이다. 육이 더 강한 경우에 저지르는 것이 둘째 단계의 간통인데, 저지른 뒤에는 마음의 반응이 두 가지로 나뉜다. 마음이 계속 끌리느냐, 아니면 후회하고 싫어하느냐, 하는 것이다. 그 두 가지 반응에 따라 양상이 달라지는데, 육욕을 못 이겨 간통에 빠져든 경우, 마음에서

는 후회하고 싫어한다면, 언젠가는 돌이킬 수 있다. 그러나 욕망의 유혹에 마음이 끌려서 계속 빠져들게 되면, 간통의 추악한 모습에 차츰 익숙해진다. 간통을 대수롭지 않게 생각하게 되고 손쉽게 빠져들면서, 간통의 쾌락과 밀착되어서 헤어나기가 어렵게 된다. 이런 경우는 간통의 셋째 단계로 악화된다.

- **3단계**: 그것이 죄악이라는 인식도 없이 행하는 간통이다. 둘째 단계에서는 간통이 죄악이라는 이성의 분별이 있고 거부반응도 있다. 단지 유혹을 이기지 못하는 경우이다. 그러나 셋째 단계는 이성이 유혹에 설득당해서 그릇된 판단을 하는 경우이다. 그럴듯한 이유나 해괴한 구실을 붙여서 불륜의 쾌락을 정당화시키고 계속 빠져드는 간통이다.
- **4단계**: 그것이 옳은지 그른지 생각도 판단도 전혀 없이, 오로지 삶을 즐겁게 해 주는 쾌락의 방편으로 삼아 방자하고 음란하게 자행되는 간통이다. 이 단계에 빠져 있는 경우에 겉모습은 사람이지만, 행동은 짐승 수준이다. 어떤 때는 거친 폭력까지 나타나서 짐승보다 더 사악한 경우도 많다. 이 셋째와 넷째 단계의 간통은 사람의 내면을 음란하고 추악하게 빚어 놓아서 심지어 겉모습에서까지 그런 기색이 역겹게 풍기는 경우가 많다.

이 네 단계의 간통은 행동으로 드러난 것들이다. 그러나 드러나지 않는 다섯 번째가 또 있는데 그것은 마음속에서 자행되는 간음이다. 어떤 이성을 음란한 욕망의 대상으로 삼아서, 그 사람을 자기 마음속에 가두어 놓고, 상상 속에서 맘껏 유린하는 것이다. 그 욕망을 실제의 행동으로 옮기지는 않았지만, 상상 속에서는 이미 그런 행동에 빠져 있다. 그것은 겉으로 드러나지는 않았어도 드러난 간통 행위와 본질이 같다.

사람 속에는 여러 가지 생각이 가득 차 있는데 그것을 몸으로 나타낼 때 행동이 된다. 그 생각은 행동으로 나타낼 수도 있고, 나타내지 않을 수도 있다. 적절하지 못하거나 불이익이 예상되면 나타내지 않는다. 그러나 그런 경우에도 마음속에 그런 생각이 이미 있었다는 것, 그것도 문제가 된다.

　　간통도 같은 원칙이다. 어떤 이성에 대해 마음속에 음란한 욕망을 품고 있으면서도 그것을 행동으로 나타냈을 때의 불이익 때문에 억제할 수도 있다. 그러나 마음속에서 이미 그런 욕망을 품었다는 것도 문제가 된다. 마음이 이미 음란한 색깔로 물들어 있기 때문이다. 즉, 음욕을 품고 여자를 보는 것인데, 그것은 마음으로 이미 간음을 범한 것이다.[1]

　　순수한 마음으로 여자를 보는 것은 문제가 되지 않는다. 예쁜 여자도 보이고 상냥한 여자도 보인다. 그저 보이는 대로 감탄하거나 고마워하고 끝나면 마음은 깨끗하다. 또는 어떤 유혹의 생각이 스치더라도 거기에 매달리지 않고, 즉시 털어버리면 문제 되지 않는다. 그러나 마음에 불순한 욕망이 생길 때 그것을 몰아내지 않고 계속 품은 채 그런 욕망의 눈으로 여자를 보는 것이 문제가 된다. 그것이 '음욕을 품고 여자를 보는 것'이다. 이것도 분명히 간음으로 규정된다.

3. 애욕(愛欲)과 음욕(淫慾)

　　여기에서 한 가지 더 분명히 해야 할 것이 있다. 애욕(愛欲)과 음욕(淫慾)의 구별이다. 그 둘이 같은 것이라고 혼동하는 사람이 많다. 둘 다 마지막으로 바라는 것은 성적인 결합이기 때문이라는 것이다. 그러나 그 둘은 전혀 다르다. 아름다운 산봉우리와 음침한 골짜기가 같은 산에 있지만, 전혀

1　[마 5:28] 참조.

다른 것과 같다. 그 근원과 모습과 대상과 또 뒤에 남는 느낌까지 애욕과 음욕은 전혀 다르다. 사랑의 순수함을 제대로 깨달으려면 그 차이를 혼동하지 말고 분명히 구별할 필요가 있는데 자세히 살펴보면 다음과 같다.

먼저, 그 근원을 살펴보자. 애욕의 근원은 사랑이다. 사랑이 없으면 애욕도 생기지 않는다. 사랑하는 사람과 하나가 되고 싶은 갈망, 그것이 애욕이다(제8장. 사랑의 두 번째 특성 참조). 사랑하는 사람과 몸도 마음도 하나가 되어 마음으로 느끼는 사랑을 몸으로도 느끼며 사랑의 희열과 감동 속에 잠기고 싶은 진솔한 갈망, 그것이 애욕이다. 그것은 사랑하는 남녀에게 지극히 자연스럽고도 당연한 것이다.

그러나 음욕의 근원은 성적 탐욕이다. 사랑과는 전혀 상관없다. 바라는 것은 오로지 욕망의 배설을 위한 육체의 결합뿐이다. 그렇기 때문에 철저히 탐욕적이고 이기적이다. 상대방의 감정이나 기분은 전혀 개의치 않는다. 심지어 상대방이 받을 고통도, 상처도 아랑곳하지 않고 폭력을 휘두르는 경우도 많다. 그렇게 자기의 음란한 욕망을 채우기에만 급한 것이 음욕이다.

애욕과 음욕은 그 모습도 안팎으로 다르다. 사랑하는 남녀는 상대방에게서 자기에게 없는 아름다움을 본다. 거기에서 풍기는 매력은 볼수록 신기하다. 그 아름다움이 애정을 더욱 신선하게 하고 서로를 강렬하게 끌어당긴다. 그래서 연인들이 서로를 포옹할 때는, 세상에서 가장 아름다운 사람을 품고 있는 것이다. 그 사람이 내 품 안에 있다는 사실도 꿈만 같다. 그런 기쁨과 아름다운 감동으로 두 몸이 하나가 된다. 그래서 그런 남녀가 사랑을 나누는 모습은 안팎으로 다 같이 아름답다. 애욕은 그런 모습이다.

그러나 음욕은 음란한 자극에만 끌린다. 이성의 아름다움이나 매력을 제대로 보지 못한다. 매력을 다소 느낀다 해도 단지 욕망의 자극으로만 받아들인다. 그래서 그 아름다움도 매력도 욕망으로 짓밟으며 말초신경의 자극만 따르기에 급급한데, 인간 이하로 추악한 모습이다. 끓는 욕망을 어지럽게 배설한 뒤에 남는 것은 몸도 마음도 불결하게 흐트러진 모습뿐이다. 그것이 음욕의 본래 모습이다. 자기가 그런 모습으로 빠져드는 것도 개의치 않고, 욕망의 배설에만 급급하다 보니, 어떤 때는 짐승보다 더 추악한 모습이 되기도 한다.

애욕은 대상도 사랑하는 사람 하나뿐이다. 오직 그 사람 하나에게만 갈망이 쏠린다. 그 사람에 대한 그리움이 갈망으로 타오르는 것이다. 그 사람과 순수한 열정을 다 태우며 함께 누리는 사랑과 기쁨, 그것을 자기의 일편단심에 소중하게 담고 싶은 것이다. 그 간절한 마음에 다른 사람이 들어설 틈은 전혀 없다. 그러나 음욕은 누구라도 대상이 된다. 문란하고 난잡하다. 욕망을 쏟을 수만 있다면 어떤 사람이라도 상관없다. 그래서 사랑은커녕 경멸하고 미워하는 대상에 대해서도 음욕이 생긴다.

애욕의 발산 뒤에는 진하게 남는 것이 있다. 사랑의 감동이다. 진솔한 애욕으로 하나가 되었을 때, 함께 누린 사랑의 희열이 얼마나 아름다웠는지, 그런 사랑을 함께한 상대방이 얼마나 소중한지, 그런 것만 감동으로 느껴진다. 비가 막 그친 뒤 하늘에 뜨는 무지개처럼 바로 그런 경이의 모습이다. 그리고 서로의 마음에 포근하게 넘치는 것은 지순한 평화로움이다. 서로의 품속에서 그들의 사랑이 더욱 간절해지는 것을 사무치게 실감하는 것이다.

그러나 음욕의 발산 뒤에는 텅 빈 허탈만 남는다. 터질 것 같던 욕망을 다 쏟고 나면, 황량하고 허무한 것 외에 아무것도 남는 것이 없다. 팽팽하게 늘어난 풍선이 한순간에 터져버린 것과 같다. 특히, 남성들에게서 더 그런 모습을 볼 수 있다. 음욕이 급할 때는 허겁지겁 끌어안았던 상대방이 욕망을 다 쏟고 나면 거들떠보기도 싫어진다. 마음에는 공허만 남고 상대방에게는 혐오감만 남기 때문이다. 음욕의 뒤끝은 그렇다.

애욕과 음욕은 이렇게 다르다. 그 차이가 안팎으로 너무나 다르기 때문에 겉으로는 물론 마음에서도 뚜렷이 느껴진다.

상대방을 어떤 마음으로 품고 있는가?

사랑이 넘치는 마음인가, 아니면 성욕만 끓는 마음인가?

그 마음을 본인은 알고 있다. 애욕과 음욕은 본인의 양심에서 이미 전혀 다른 차이로 구별 된다.

사랑하는 남녀 사이에 그리움으로 타오르는 애욕은 사랑의 신선한 활력소이다. 그들의 사랑을 불꽃처럼 타오르게 만든다. 그리고 그 불꽃은 그들 사랑의 어떠함을 선명히 밝혀 준다. 그때 진솔한 사랑의 희열은 순수한 연인들만 누리는 특권이다. 그래서 순수한 사랑에 순수한 애욕이 따르는 것은 지극히 당연하다. 그것을 불결하고 사악한 음욕과 혼동하지 말아야 한다. 신선하고 향기로운 과일을 썩은 과일과 함께 취급하지 않는 것과 같다.

이렇게 겉모습도, 본질도, 느낌도, 전혀 다른 애욕과 음욕, 복잡 미묘하기 짝이 없는 남녀 관계에서 진솔하고 아름다운 남녀의 사랑을 제대로 깨달으려면, 그 둘은 분명히 구별해야 한다. 애욕으로 사랑하는 사람을 바라보는 것은 문제가 되지 않는다. 음욕을 품고, 그것을 쏟을 대상으로 상대방을 바라볼 때, 그 음란한 마음이 문제가 된다.

또 한 가지 밝혀야 하는 것이 있는데, 바로 성적인 환상이다. 그리운 사람에게 포근히 안기거나 아름다운 이성과 사랑을 나누는 달콤한 환상에 빠지는 경우이다. 사춘기가 지나면서 성숙한 애욕이 생기기 시작할 때 청소년들이 이런 환상에 빠지는 경우가 많다.

정상적인 사람에게는 본능적인 욕망이 있다. 거기에는 성욕도 포함된다. 성욕 자체가 나쁜 것은 아니다. 남녀를 불문하고 건강한 사람이 성욕을 느끼는 것은 자연스러운 것이다. 어린아이가 성년으로 자라면서, 점점 뚜렷해지는 성징(性徵)과 더불어 야릇하게 솟는 욕망을 느끼는데, 그것도 몸이 정상적으로 성숙해 가는 과정에서 생기는 지극히 자연스러운 현상이다.

청소년이 되면 그 욕망이 점점 더 강해져서 그것을 달래보려는 어떤 자위행위를 하기도 하는데, 그것을 나쁘게 생각하거나, 죄의식을 가질 필요는 없다. 그것은 가려운 곳을 긁는 것처럼 자연스러운 행동이기 때문이다. 그러나 가려운 곳을 너무 긁으면 피가 난다. 마찬가지로 그것이 너무 지나치면 심신의 건강에 문제가 된다.

이러한 청소년의 욕구는 애욕과 음욕이 구별되기 이전부터 점점 커지다가 성인이 되면서 차츰 구별된다. 함부로 뻗치는 음욕은 죄의식으로 꺼리게 되고, 사랑의 갈망은 자연스러운 애욕으로 자리 잡는다. 이성에게 사랑을 받고 싶어지고 애욕을 맘껏 풀고 싶어진다. 좋아하는 사람과 사랑을 주고받으며 몸과 마음으로 그 사랑을 뜨겁게 느끼고 싶은 갈망, 그것은 누구에게나 지극히 자연스러운 것이다.

그러나 그런 애욕은 당장 채워지지 못한다. 사랑을 나눌 사람과의 인연이 아직 오지 않았기 때문이다. 그래서 달콤한 환상에 빠지는 경우도 있다. 오매불망 그리워하는 사람을 끊임없이 생각하다가 그 사람에게 포근히 안기는 상상을 한다. 또는 꿈결 같은 사랑을 나누는 환상에 빠지는 것이다. 이것이 바로 성적인 환상이다.

이런 환상 속에서 애욕을 품고 그리운 사람을 간절히 생각하는 것은 '음욕을 품고 여자를 보는 것'과는 분명히 다르다. 그 달콤한 상상은 애욕에서 오는 것이고, 사랑하는 사람에 대한 그리움에서 오기 때문이다. 애욕과 음욕 또는 사랑과 간통의 차이를 분명히 알고 둘을 착각하지 말아야 한다.

몸과 마음이 건강하게 성인이 된 남녀가 아름다운 인연으로 만나서 사랑을 서약하고 부부가 되어 서로를 아낌없이 품어 주면서 소중하게 키워 가는 사랑, 그 사랑을 깨끗한 정절로 지켜나갈 때 그들의 마음에는 부부애가 자라고 그들의 가정에는 행복이 자란다. 그러면서 그들의 마음은 천국을 향하여 겸허하게 열리고 그렇게 열린 마음으로 사랑의 영기가 끊임없이 유입된다. 그 영기가 그들에게 천국의 기쁨과 평화를 주고, 그들의 사랑을 혼인애로 이끌어 간다. 그 사랑 안에서 그들은 이 세상에서도 천국의 기쁨을 누리며 천국에 합당한 모습으로 변화되어 간다. 우리가 바라는 이상적인 남녀의 사랑은 바로 이런 것이다.

그런 사랑은 영기의 유입을 통해서만 이루어지는데 그 유입을 간통이 차단시킨다. 그것은 마치 밝고 환하던 집안에 전기가 차단된 것과 같다. 환한 빛 아래에서 밝게 보이던 모든 것이 어둠 속에 사라진다. 그리고 단란한 집안에 흉악한 강도가 침입한 것과 같다. 부부가 함께 누리던 사랑의 즐거움을 일거에 파괴해 버리고, 아픈 상처만 남겨 놓는다. 간통의 무서움을 깨닫고 피해야 하는 이유가 바로 이것이다.

4. 불결한 욕망의 실체

불결한 욕망에 끌리는 사람들은 거기에서 얻는 쾌락을 탐하지만, 실은 그것이 고통과 혐오의 뿌리가 되는 것은 모른다. 순결이나 정절 같은 것을 우습게 알고 음란한 욕망의 통제를 상실한 사람들 엽색 행각의 수단에 능하여 상습적인 간통에 자기도 빠지고 남도 끌어들이는 사람들, 이런 사람은 자신의 내면을 그만큼 음란의 모습으로 새기고 있으며 그것이 되풀이되면 그 모습대로 굳어진다. 그렇게 굳어진 내면은 저세상에 가서도 변하지 않는다.

그러면 그 모습으로 가는 곳이 어디겠는가?

천국이나 지옥은 자기가 스스로 만들어서 가는 것이다. 불결한 욕망으로 빠져드는 것은 성적인 쾌락이지만, 또 거기에는 성에 대한 혐오가 뒤따른다. 한 사람과의 쾌락에 식상한 뒤에는 그 대상을 버리고 또 다른 대상을 찾는데 그렇게 문란한 행각 뒤에는 결국, 성에 대한 경멸과 혐오감이 굳어진다. 욕망이 끓어오를 때 극성을 떨지만, 그 욕망을 다 쏟고 나면 금방 냉랭해지고 곧 상대방에 대한 경멸과 혐오로 변하는 것이다.

추한 욕망으로 굳어진 사람들은 사후의 모습도 그 욕망의 모습으로 변한다. 허리는 없고 발목이 배에 달려 있는 괴물 같은 사람들, 시체처럼 핏기 하나 없는 음산한 얼굴로 굶주림에 울부짖는 사람들, 귀기 서린 눈으로 서로 잡아먹을 듯 으르렁거리는 흉악한 아귀들의 모습을 상상해 보라. 저 세상에 가면 그들은 허리가 없다. 허리는 부부애를 상징하는데, 그들에게는 부부애가 전혀 없었기 때문이다. 그들은 먹을 것이 없어서 생기도 핏기도 없다. 그곳의 음식은 사랑에서 누리는 기쁨인데 그들에게는 그것이 없기 때문이다. 그래서 그들은 오로지 증오와 굶주림 속에서 음산한 얼굴로 서로 잡아먹을 듯이 으르렁거리는 것이다.

사랑이란 남자에게는 일부분이지만, 여자에게는 전부이다. 남자는 여자의 사랑 이외에도 마음이 쏠리는 일이 많다. 사랑보다 더 중요하게 생각되는 일도 많아서 그런 일들을 위해 여자의 사랑을 포기하거나 또는 뒷전으로 두는 경우도 많다. 그러나 여자는 사랑이 전부이다. 한 남자에 대한 사랑이 그녀의 마음을 가득 채우면 거기에 다른 것은 들어갈 틈이 없다. 오로지 그 사랑만 그녀의 온 삶을 좌우한다.

여자의 가장 큰 소망은 오직 남편에 대한 사랑 하나만 가슴에 품고 그 사랑으로 온갖 정성을 다 쏟으며 남편을 감동시켜서 부부애를 혼인애로 변화시키고 결국은 남편과 함께 천국의 사랑을 이루는 것이다. 그것이 여자에게는 가장 큰 소망이요 보람이다.

그래서 순결한 처녀가 혼인을 하고 한 남자의 아내가 되는 것은 영적인 입장에서 보면 자기와 남편과 온 가족을 천국으로 이끌어 가는 숭고한 장도(長途)의 시작이다. 그 장도는 결혼생활로 시작되고, 평범한 일상으로 계속되는 것 같지만, 주님의 눈에는 그것이 가장 아름답고 신성한 여정이다.

그 장도는 여자가 한 남자를 남편으로 받아들여서 처녀성을 바치면서 시작된다. 그 뒤에 그녀의 사랑과 열정은 오직 남편만을 향해서 타오르며, 그 사랑이 점점 깊어지면서 그들 부부의 사랑을 혼인애로 이끌어 간다. 그렇게 그 사랑은 아내의 순결과 정절을 바탕으로 하기 때문에 남편에게 바치는 처녀성은 그 증표이다. 그래서 신혼 첫날 밤 신부가 신랑에게 바치는 처녀성은 부부의 순결과 거기에서 피어나는 혼인애의 약속이다. 그렇게 신랑에게 꽃 같은 처녀성을 바친 신부와 또 그것을 가장 소중하게 받아들인 신랑이 함께 혼인애를 가꾸어갈 때 그렇게 사는 모습은 세상에서 가장 아름답다.

그래서 불결한 욕망으로 처녀성을 짓밟는 행위는 그녀의 순결한 사랑과 또 신성한 여정을 망치는 잔인한 짓이다. 심지어 어떤 남자들은 그런 행위를 계속 저지르면서 그것을 자랑스럽게 생각하기도 한다. 이들이 얼마나 흉측한지는 말로 할 수가 없다. 그 흉한 모습이 그들의 내면에 굳어져서 저세상에서 그대로 드러날 때 그들에게 닥칠 결과가 어떠할지 생각해 보아야 한다.

불결한 욕망은 또 성의 방종을 초래한다. 남녀의 참된 사랑에 대해서는 캄캄하고 정절 따위는 우습게 생각하는 남자들이 그런 무도한 행위에 서슴없이 빠져드는데, 그런 인식 불능에서 오는 위험은 여자에게도 마찬가지다. 요즈음은 일부 처녀조차도 자기의 처녀성을 하찮게 여기는 경우가 많다. 철이 없어 그 소중함을 인식하지 못하거나 자유로운 쾌락 추구에 거추장스럽다는 생각 때문일 것이다. 그래서 처녀성의 소중함이 많이 허물어진 요즈음은 그것을 거론하는 말조차 케케묵은 넋두리로 취급되고 있다.

그러나 솔직한 눈으로 살펴보자.

남녀의 정절이나 순결을 케케묵은 헌신짝처럼 벗어던지고, 성의 자유를 구가(謳歌)하는 요즈음 과연 아름다운 사랑을 누리고 있는가?
육체의 욕망을 따라 마음 내키는 대로 주저 없이 욕구를 채우는 쾌락이 진정한 사랑인가?
자유가 넘쳐서 방종으로 치닫는 남녀 관계 거기에서 욕망을 내키는 대로 다 쏟는데, 그 뒤에 남는 것은 무엇인가?
자기 인격에 대한 자존심은 넝마처럼 흐트러지고, 쏟아진 욕망의 흔적으로 몸과 마음은 안팎으로 불결해지고, 허탈하고 황량한 후유증만 남는다. 성의 자유를 구가하면서 바라는 것이 결국 그런 것들인가?

순결이 하찮은 것으로 무시되고 성이 방종으로 치닫는 음란의 현장에 진정한 사랑은 없다. 그 사실은 남자보다 여자에게서 더 느낄 수 있다. 섬세하고 예쁜 꽃처럼 아름답게 피어나는 처녀의 몸, 그것은 거기에 그만큼 아름다운 사랑을 담고 또 누리라는 하늘의 선물이다. 그 섬세하고 예쁜 꽃이 더러운 발밑에 짓밟히는 모습을 상상해 보라. 꽃 같은 처녀의 몸이 불결하고 거친 욕망에 짓눌리는 것은 바로 그런 모습이다. 험하게 찢어지고 망가진다. 성의 방종은 그런 모습이다.

특히, 여자의 몸은 더 섬세하고, 그 기능도 남자보다 훨씬 더 중요하기 때문에 순결도 그만큼 더 소중하다. 여자의 몸은 섬세한 꽃과 같아서 남자의 몸보다 월등히 아름답지만, 상하기도 쉽다. 짓밟히고 찢어지면 더 이상 아름답지도 않고, 향기도 풍기지 못한다. 성에 대한 방종이 그렇게 만든다. 사랑이 아름답고 귀한 것이라면 순결 속에 담아야 한다. 향기로운 과일을 깨끗한 접시에 담는 것과 같다. 그리고 사랑이 남자에게도 똑같이 귀한 것이라면 남자도 똑같이 순결한 마음에 담아야 한다.

일편단심의 정절, 그 속에 간직된 남녀의 순결, 이것은 누가 뭐래도 아름다운 것이다. 장차 만나게 될 그 사람을 위해서 순수한 마음에 품고 있는 정절은 남자나 여자나 구별 없이 사랑의 의리이고 지조이다. 그것은 아름다운 것이라고 당신의 양심도 수긍하고 있을 것이다. 남녀 관계가 욕망의 물결에 방자하게 휩쓸리는 음란한 풍조에서만 그것을 하찮은 속박으로 생각한다.

성의 오염에서 오는 심각한 부작용 중의 하나이다. 사랑하는 사람과 아름다운 사랑의 장도를 함께 가려는 마음이라면 남녀의 순결을 똑같이 귀하게 인식하고 자신의 순결은 물론 상대방의 순결도 조심스레 지켜주는 것은 너무나 당연하다.

제2장

사통(私通, fornication)

1. 사통과 간통의 차이

간통이란 배우자가 있는 사람의 부적절한 성관계를 말한다. 그리고 사통이란 결혼 상태에 있지 않은 사람, 또는 미혼의 젊은이들이 빠져드는 성관계를 말한다. 이것은 그 정도와 마음 상태, 거기에 포함되어 있는 순수한 것과 순수하지 못한 것 등을 상세하게 구별하지 못하면 그 정체를 정확하게 파악하지 못한다. 즉, 간통에 그 정도와 질에 따라 과오의 경중(輕重)이 있는 것처럼 사통에도 마찬가지다. 거기에도 마음 상태에 따라 순수한 면과 불순한 면이 있다. 간통과 사통에서 그런 분별이 모호해지면 남녀 관계의 혼돈과 착각 속에서 헤어나지 못한다. 그래서 간통과 사통을, 그 질과 모양에 따라 정확하게 구별할 필요가 있다.

사통과 간통의 근본적인 차이는 다음과 같다.

첫째, 사랑의 유무이다.
간통에는 사랑이 없다. 이기적 욕망과 음란한 쾌락뿐이다. 겉으로는 좋아하는 감정을 꾸밀 수도 있지만, 그 본색은 철저히 이기적이고, 상대방에 대한 존중과 배려는 전혀 없다. 환심을 사기 위해서 처음에는 겉모습을 그럴듯하게 꾸며도 속내는 오로지 거칠고 이기적인 욕망뿐이다. 쌍방이 서로에 대해서 그런 태도이니 그들의 관계가 겉으로는 그럴듯해도 속으로는 황량하고 살벌할 수밖에 없다. 그렇게 이기와 탐욕과 위선뿐이어서 상대방에게는 경멸적이고 심지어 폭력적인 경우도 많다. 그런 혐오스러운 것들은 그들이 드디어 싫증이 나서 헤어질 때 서로 으르렁대는 모습에서 그대로 드러난다.

그러나 사통에는 순수한 사랑이 있을 수도 있다. 결혼이라는 절차와 의식(儀式)은 남녀 관계의 질서와 사회의 안녕을 위해서 만들어진 제도이지만, 남녀 관계가 그 제도를 따르지 못했을 때 사통이라고 말한다. 그러나 거기에도 순수한 사랑이 있을 수 있다. 남녀가 진정으로 사랑하면서도 현실의 벽 때문에 결혼으로 맺어지지 못하는 경우도 많은데, 그럴 때 그들의 관계는 사통이지만, 거기에는 진정한 사랑이 있을 수도 있고, 때 묻지 않은 순수함도 간직할 수 있다.

또 극히 드물기는 하지만, 남녀의 사랑에는 인간의 제도나 관습을 초월할 만큼 깊은 것도 있다. 심지어 죽음까지 초월하는 경우도 있다. 그런 남녀 관계도 결혼식이라는 절차를 밟지 못해서 사통이라고 규정되지만, 거기에는 간통의 불순한 욕망과는 전혀 다른 지순한 사랑도 가능하다. 이렇게 순수한 사랑의 유무로 간통과 사통의 차이가 뚜렷이 드러난다.

둘째, 정화 능력의 유무이다.

진정한 사랑에는 정화 능력이 있다는 것을 전술했다. 순수한 연인의 경우, 진솔한 사랑의 희열에 몰입하고 났을 때는 마음에 생긴 불순하고 이기적인 것이 깨끗이 사라진다. 그래서 그들은 함께 품은 사랑이 함께 나눌수록 더 깊어지는 것을 실감하는데 이것은 사랑의 정화 능력 때문이다(제11장. 정화요법. 참조).

사통에서도 순수한 사랑을 지향하는 마음이 있으면, 이런 정화 현상이 있다. 이것이 간통과 사통의 두 번째 구별이다. 비록 사회 규범이 인정하는 부부 사이는 아니지만, 남녀가 순수한 마음에 순수한 사랑을 담고 있다면 그 사랑으로 불순한 것들은 정화된다. 그렇게 해서 사랑의 순수를 지켜갈 수도 있다.

그러나 간통에는 이런 정화 현상이 없다. 쾌락을 위해서라면 오히려 불순한 생각이 더 기승을 부린다. 더 자극적인 쾌락을 위해서 성을 기괴하게 일그러트리거나 방자스럽게 다루기도 하는데, 여기에는 변태성욕자들의 온갖 어지러운 작태, 또는 사디즘(sadism)이나 마조히즘(masochism) 같은 것도 있다. 그런 음산하고 황량한 작태는 그들의 마음과 영혼까지 그런 모습으로 굳어지게 만든다. 사랑의 정화 현상과는 거리가 멀다.

셋째, 분별력의 유무이다.

간통애에 빠진 사람은 순수와 불순 또 애욕과 음욕의 차이를 분별하지 못한다. 성적인 관계란 어차피 욕망으로 얽히는 관계이고, 육체적 욕망의 발산에 불과하다는 생각으로 남녀 관계를 싸잡아 비하한다.

그러나 사통의 경우, 속으로 진정한 사랑을 갈망하는 사람에게는 순수와 불순, 사랑과 욕망, 애욕과 음욕의 분별력이 있다. 비록 육체는 어쩔 수 없는 욕망에 끌려도 마음에는 순수한 사랑을 품을 수 있고, 그 둘은 엄연히 다르다는 인식이 분명하다. 즉, 자기의 사통 행위에서 사랑과 욕망, 순수와 불순을 구별하여 불순한 부분을 솔직히 인정하고, 그것을 합리화시키거나 호도하지 않는다. 그리고 지향하는 것은 순수한 사랑이다. 그래서 탁한 욕망과 순수한 사랑을 분명히 구분하는 사통에서는 순결한 혼인애를 지향할 수도 있다.

오니(汚泥)가 섞인 진흙 더미, 그것이 간통의 모습이라면 사금(砂金)이 섞인 모래 더미, 그것이 사통의 모습이다. 같은 흙더미처럼 보이지만, 속에 있는 것은 다르다. 모래 속에 묻혀있어도 금싸라기는 귀한 것처럼, 욕망 속에 묻혀 있어도 순수한 사랑은 귀하다. 이렇게 사통에도 순수한 사랑, 혼인애에 대한 갈망을 간직할 수 있다. 그런 경우, 사통의 허물은 씻어진다. 남녀 관계에서 가장 고결한 것이 혼인애이기 때문에 사통의 와중(渦中)에서도 혼인애의 모습을 조금이라도 간직하고 있다면, 그것은 귀한 것이다.

그러나 사통이 과도하고 무질서한 경우, 순수한 사랑은 보이지 않는 경우, 그래서 욕망의 배설에만 급급한 경우, 혼인애와는 그만큼 멀어진다. 혼인애에 속한 순수한 것보다 간통애의 불결한 모습과 더 가까워지는 것이다. 고삐 풀린 망아지가 날뛰는 것처럼 난잡한 욕망에 빠져드는 사통은 사람을 역겹고 추하게 만든다. 신선한 젊은이들이나 순결한 부부들에게서 풍기는 청결함이나 꽃향기 같은 사랑의 아름다움과는 그만큼 멀어진다. 욕망을 조금도 절제하지 못하고 난잡하게 끌려가는 사통의 모습은 겉으로도 역겹게 나타난다. 이와 같은 무절제한 사통의 모습은 젊음의 활력을 고갈시킬 뿐만 아니라, 그의 내면도 오염시켜서 혼인애의 아름다움과 기쁨이 들어설 자리가 없어진다. 한창나이의 젊은이들이 그러한 방자스러운 사통에 빠지기 쉬우므로 이런 점도 깊이 생각해야 한다.

2. 동거(pellicacy)

사람에게는 반드시 채워져야 하는 두 가지 욕구가 있다. 하나는 육체의 욕구이고, 또 하나는 마음의 욕구이다. 육체의 욕구는 굶주림으로 나타나고, 마음의 욕구는 외로움으로 나타난다. 이 둘이 제대로 채워지지 않으면 개인적으로나 사회적으로 허다한 문제가 발생한다. 그 문제를 해결하는 가장 좋은 방법은 좋아하는 짝을 만나 함께 사는 것이다. 남녀가 부부가 되어 사랑으로 서로를 채워 줄 때, 그 두 가지 근본적인 욕구는 제대로 채워진다.

그러나 짝을 만나지 못하는 경우도 많고, 또 짝이 될 만한 사람을 만났다 해도 현실적인 난관 때문에 맺어지지 못하는 경우도 많다. 그래서 남녀가 오랜 세월 혼자 사는 경우가 많은데, 그때 마음의 외로움과 육체적 욕구는 억제하기가 어렵다. 그런 것이 과도하게 억제될 때 발생하는 정신적 육체적 부작용도 심각하다. 그래서 그런 것에서 벗어나기 위해 남녀가 결혼 절차는 밟지 못했어도 부부처럼 동거하는 경우가 있다. 그것은 정식 결혼이 아니라 사통이라는 편법이지만, 외로운 사람끼리 서로 품어 주면서 몸과 마음의 공허를 채워 줄 수 있다면 그것은 결코 나쁜 것이 아니다.

그러나 그것이 여러 사람과 난잡한 관계에 빠져드는 경우에는 문제가 된다. 문란한 남녀 관계는 삶을 더 황폐화시키기 때문이다. 그래서 그 대안으로 고려되는 것이 한 사람과의 동거(pellicacy)이다. 그것은 마음의 외로움과 육체적 욕구를 해소하기 위한 사통의 방법이지만, 한 사람만 대상으로 하는 것이다. 즉, 사통을 한 사람만으로 국한 시킨다면 거기에는 순수한 사랑도 있을 수 있고, 혼인애에 속한 아름다움도 보존될 수 있다. 그리고 이런 동거를 통해서 혼인애를 파괴하는 모든 종류의 악과 부작용을 막을 수도 있다. 그러나 욕망을 통제할 수 있는 사람, 곧 결혼할 여건에 있는 사람 그리고 순결을 사랑하는 사람에게 바치고 싶은 처녀 총각들은 이 편법을 따를 필요가 없다.

이런 편법의 필요성은 주로 남자에게 더 절박하다. 마음의 공허와 육체의 욕구는 어쩌면 여자보다 남자가 더 견디기 어려운 것인지도 모른다. 아직 남자를 모르는 여자의 경우, 성에 대한 욕구는 막연하고 모호하여, 그것이 견디지 못할 만큼 심한 경우는 남자보다 드물다. 그러나 남자의 경우 사춘기가 되면 성에 대해서는 아직 잘 모르면서도 욕망은 집요하게 뻗친다. 성년으로 자라면서 그것은 견디기가 점점 더 어려워진다.

그래서 동거의 편법은 남자의 경우가 더 급하다. 그 대상을 한 사람으로 하고, 또 혼인애에 속한 것과 사통에 속한 것을 엄연히 구별하는 자세가 있다면, 끊임없는 문제에 시달리는 것보다는 낫다. 그러나 여러 사람을 대상으로 하는 난잡한 경우를 피해야 하는 이유는 그것이 적어도 조금이나마 남아 있을 마음의 순수를 소멸시키기 때문이다.

그리고 처녀와 결혼한 여자를 상대해서는 안 된다. 여자의 처녀성이란 그녀가 평생 소중하게 가꾸어야 할 혼인애의 초석이기 때문에 그 처녀성을 빼앗는 것은 정숙한 아내가 되는 길을 파괴하는 것이다. 또 결혼한 여자와의 관계는 간통이 되기 때문이다. 즉, 페리카시의 사랑과 참된 부부애는 엄연히 다르기 때문에 그 둘을 동일시해서는 안 된다.

페리카시의 사랑은 아무래도 정숙함과는 거리가 있고, 영적인 사랑보다는 육체의 욕망에 더 가깝다. 그래서 진정한 부부애와는 엄연히 구별된다. 그래서 결혼을 기다리는 미혼의 남녀들은 순결한 사랑의 화촉을 결혼 첫날밤 자기 아내, 자기 남편과 함께 밝히는 것이 가장 바람직하다.

하여간 남자와 여자가 어떤 형태로 함께 살든지 그들이 마지막 목표로 추구하는 것은 혼인애 이어야 하고, 이것은 모든 남녀 관계의 기본 원칙이다. 가연을 맺고 떳떳하게 살거나, 여건이 여의치 못하여 펠리카시의 관계로 살거나 남녀 관계의 최종 목표는 혼인애이다. 비록 육체의 욕망을 사통으로 해결하며 살더라도 마음에서 지향하는 것은 혼인애여야 한다. 우리가 비록 진흙탕 길을 힘겹게 가고 있어도 우리 목적지는 깨끗하고 아늑한 고향 집인 것이다.

제3장

간통애의 귀결(歸結), 또는 전가(轉嫁, imputation)

사람이 한평생 사는 동안의 모든 행적은 세월이 지나면서 망각 속에 묻히는 것도 있고 아직 기억 속에 살아 있는 것도 있지만, 그것들은 소멸되지 않는다. 이 세상에서는 감춰졌거나 망각된 것들도 저세상에서는 필요한 경우, 낱낱이 드러난다. 어릴 때 찍어 두었던 동영상이 오랜 세월 지난 뒤에도 생생한 모습 그대로 드러나는 것과 같다. 말하자면, 사람의 내면에는 동영상 카메라 역할을 하는 어떤 것이 있어서 평생 그의 생각과 행동을 낱낱이 찍어 두는 것이다. 까마득한 옛날 일이 갑자기 또렷이 생각날 때가 있는데 그것이 바로 그 증거이다.

그 사실을 성경에서는 다음과 같이 말한다.

> 감추인 것이 드러나지 않을 것이 없고 숨긴 것이 알려지지 않을 것이 없나니 이러므로 너희가 어두운 데서 말한 모든 것이 광명한 데서 들리고 너희가 골방에서 귀에 대고 말한 것이 지붕 위에서 전파되리라 (눅 12:2-3).

이 말은 선한 일이나 악한 일이나, 알려졌거나 숨겨졌거나, 사람이 행한 모든 언행은 그렇게 드러나서 그 결과가 자신에게 돌아온다는 뜻이다. 악한 일을 감추고 시침을 뗀 채, 그 결과를 용케 피하고 사는 경우도 이 세상에는 많지만, 저세상에서는 결코 그런 일이 없다. 어떤 사람은 저세상에 와서도, 옛날 버릇대로 악한 일을 감추고 선한 척 가면을 쓰면서, 자기가 저지른 악의 결과를 피하려는 시도를 하는데, 그런 경우에는 그의 모든 행위가 그의 눈앞에 낱낱이 드러난다. 그렇게 그의 악한 정체가 밝혀지고, 그가 저지른 악의 결과도 피할 수 없게 된다.

그리고 또 아득한 옛날에 저질렀던 일들, 까맣게 잊어버리고 있던 일들도 그 결과가 낱낱이 돌아온다. 그래서 전혀 기억도 안 나는 일의 결과를 엉뚱하게 뒤집어쓰는 것같이 당혹스러운 상황을 겪기도 한다. 그래서 그 귀결을 전가(轉嫁)라고도 한다. 저세상에서의 심판이란 이런 것이다.

저세상에 가면 두려운 심판이 기다리고 있다는 것을 사람들은 본능적으로 느끼고 있다. 평생 쌓아온 잘잘못이 하나님의 심판대 앞에 낱낱이 드러나고 거기에 대한 응분의 상벌이 있을 것이라고 의식의 밑바닥에서는 누구나 그렇게 느끼고 있다. 그리고 그것이 아무래도 두려운 것은 누구나 잘못이 많기 때문이다. 평생 저질러온 크고 작은 잘못이 셀 수조차 없다. 그 결과를 다 당해야 한다면 두렵지 않을 수가 없다. 그래서 사악한 종교 지도자들은 그 두려움을 이용해서 어수룩한 신도들을 겁주고 갈취하는 경우도 비일비재하다.

그러나 사후의 심판은 우리가 상상하거나 종교인들이 겁주며 떠드는 그런 것들과는 전혀 다르다. 우리가 세상을 떠나면 하나님이 우리를 심판대에 세워 놓고, 우리의 잘잘못을 일점일획도 남김없이 따져서, 하나님의 법에 따라 엄격한 심판을 내리고, 그 판결에 따라 선한 사람은 기뻐하며 천국으로 올라가고, 악한 사람은 울며불며 발버둥 치며 무시무시한 지옥으로 떨어지는 것, 우리는 심판을 대강 이렇게 상상하고 있다.

또, 어설픈 종교 관념에 빠진 사람은 내가 비록 하나님 앞에서 의롭게 살지는 못했지만, 그래도 하나님을 믿고 살려고 나름대로 마음을 썼으니, 칭찬은 못 받더라도, 하나님의 무한한 은혜와 자비로 최소한 지옥에 던져지는 벌은 면하리라 이렇게 막연하게 생각하는 경우도 있을 것이다.

 그러나 저세상에서의 심판은 우리 생각과 그 기준부터 전혀 다르다. 세상의 선악 판단 기준은 사람의 겉모습이다. 겉으로 드러나는 말과 행동이다. 그 결과만 따져서 선악 여부의 판결이 내려진다. 그러나 저세상에서의 심판 기준은 사람의 속 모습이다. 속 모습이 선한가 악한가, 그것이 기준이 된다. 말과 행동에서도 겉으로 드러난 결과보다는 마음속에 품고 있는 동기를 먼저 살핀다.

 사람의 속 모습은 우리의 생각, 의도, 언행 등으로 빚어진다. 한마디로 우리가 매일 사는 모습대로 빚어진다. 광범위하게 말하자면 우리 앞에는 선과 악이 놓여 있다. 그래서 우리의 삶은 선과 악의 끊임없는 선택이다. 그 둘 사이에서 마음이 더 기울어지는 쪽을 선택하여 그대로 행동하고 사는데, 그것이 사람의 속 모습을 결정한다. 다른 말로, 선악 간에 선택된 행동 하나하나가 내면에 그 모습으로 새겨진다. 악한 말 한마디를 뱉어도 그 모습이 내면에 새겨진다. 검은색 한 번 칠한 것과 같다. 이웃에게 따뜻한 말 한마디를 건네더라도 그 모습이 새겨진다. 마음에 흰색을 한 번 칠한 것과 같다.

 그러면 선과 악이 무엇인지 정확하게 알 필요가 있는데, 간단히 말하면, 주님은 선이고, 나 자신은 악이다. 진정한 선은 주님에게만 있다. 나에게는 선과 악이 뒤섞여 있다. 간혹 선이 미미하게 나올 때도 있지만, 주로 악이 많이 나온다. 불순하고 위선이다.

 그래서 선악의 구별이란 주님과 나, 둘 중에 누구를 따르며 행동했는가, 주님을 따랐는가 아니면 내 멋대로 했는가에 따라 나누어진다.

 다른 말로 하면 사람이 한평생 어떤 생명으로 살았는가?

 주님의 생명을 받아, 거듭난 새 생명으로 살았는가? 아니면 나의 옛 생명대로 살았는가?

그것으로 선악이 구별되고, 그것이 내면에 새겨져서 내 속 모습이 되고, 그것이 심판의 기준이 된다. 주님께서 마지막 날 양과 염소를 구별하시듯 선한 사람과 악한 사람은 그렇게 구별된다.[1]

구체적인 예를 하나 보자. 부부는 세상을 뜨는 날까지 서로 사랑하면서 함께 살기로 주님 앞에서 약속한 남녀이다. 그래서 주님을 따르며 주님의 생명으로 산다. 그뿐만 아니라 한 쌍의 순한 양처럼 일편단심으로 서로를 품어 주며, 그들의 사랑을 아름답게 가꾸며, 천국의 혼인애를 지향한다. 그렇게 사는 것이 부부생활의 정도(正道)이다. 그렇게 살아온 부부는 그들의 내면도 그렇게 순한 양의 모습으로 빚어진다.

그러나 어떤 부부는 염소의 모습이다. 남편은 자기가 아내의 머리라 생각하고 무조건 복종을 강요한다. 성경에서 보는 대로 하나님이 그렇게 정하셨기 때문이라는 것이다. 또 그 아내는 그렇게 율법을 먼저 강요하는 것은 받아들이지 못하겠다고 고집을 부린다. 그래서 남편은 아내에게 늑대처럼 험악한 얼굴로 대하고 아내는 남편에게 뱀처럼 독을 풍기며 대든다.

종교생활에 열심인 부부 중에도 그런 경우가 꽤 있다. 예수를 믿는다고 입으로는 떠들지만, 실은 자기의 옛 생명으로 사는 모습이다. 이렇게 성경 지식이 아무리 많고 종교생활을 아무리 열심히 해도 옛 생명에서 벗어나지 못하면 염소의 모습이 된다. 좀 더 심하면 늑대의 모습이거나 여우의 모습일 때도 있다.

무서운 사실은 그렇게 사는 모습이 하나도 소멸되지 않고, 우리의 내면에 그대로 새겨진다는 것이다. 우리는 심판날이 아직 멀었다고 생각한다. 그러나 양과 염소의 모습은 우리 내면에서 지금도 새겨지고 있다. 지금 하고 있는 언행 하나하나가 그대로 새겨져서 굳어지고 있는 것이다. 그리고

---

1 [마 25:31] 참조.

저세상에 가면 그렇게 새겨진 모습에서 선악 여부가 판결된다. 달리 말하면, 심판은 지금 진행 중인 것이다.

저세상의 심판에서 또 다른 점은 개개인의 심판도 하나님이 내리는 것이 아니라 자기가 스스로 내린다는 것이다. 저세상에 갔을 때 적나라하게 드러난 자신의 내면, 그 모습을 보면, 그것이 천국이나 지옥 중 어느 쪽에 맞는지 스스로 안다. 맞는 곳으로 마음이 끌리고, 끌리는 곳으로 스스로 간다. 천국이나 지옥행은 그렇게 결정된다. 스스로 심판을 내린다는 것은 이런 뜻이다.

그래서 사람이 지옥에 가는 경우, 가기 싫어서 울며불며 매달리는 것을 하나님이 무서운 얼굴을 하고 강제로 내던지는 것이 아니다. 지옥이 자기 마음에 맞아서, 자기 스스로 뛰어드는 것이다. 마치 불나비가 불 속으로 스스로 뛰어드는 것과 같다. 그것이 저세상에서의 심판이다.

성경에서 그 심판의 장면을 다음과 같이 보여 준다. 자세히 살펴볼 필요가 있으리라.

> 또 내가 보니 죽은 자들이 큰 자나 작은 자나 그 보좌 앞에 서 있는데 책들이 펴 있고 또 다른 책이 펴졌으니 곧 생명책이라 죽은 자들이 자기 행위를 따라 책들에 기록된 대로 심판을 받으니 … 각 사람이 자기의 행위대로 심판을 받고 … 누구든지 생명책에 기록되지 못한 자는 불못에 던져지더라(계 20:12-15).

이것이 성경에서 말하는 심판의 모습이다. 사후 저세상에서 우리가 겪을 심판을 환상으로 보여 주는 이야기이다. 우리는 이 구절을 근거로 심판에 대해서 조금 더 분명하게 깨달을 필요가 있다.

우선, 거기에 두 종류의 책이 나오는데 그것부터 살펴보기로 하자. 하나는 사람의 행위가 기록된 책이고, 또 하나는 사람의 이름이 기록된 '생명책'이다.

사람의 행위가 기록된 책은 전술한 대로 종이로 만들어진 책이 아니라 사람의 내면이다. 거기에 일생 동안의 모든 생각과 언행이 낱낱이 기록되며 그것이 책처럼 펼쳐져서 심판의 근거가 된다는 것이다.

또 생명책은 천국에 갈 사람의 이름이 기록된 책이다. 그래서 사람의 천국행은 바로 생명책을 근거로 결정된다. 이 책에 이름이 없는 사람, 그런 사람은 천국행의 희망이 없다.

누구든지 생명책에 기록되지 못한 자는 불못에 던져지더라(요 20:15).

생명책에 기록되지 못한 사람, 즉 내면이 지옥과 맞는 사람들은 그리로 마음이 끌려서 스스로 뛰어든다. 그 모습이 겉으로 볼 때는 마치 '던져지는' 것처럼 보인다. 그래서 던져진다는 말이 있다.

그래서 사후 심판에서는 내 이름이 생명책에 기록되어 있는지 여부가 가장 큰 문제이다.

'나 같은 사람도 그 책에 이름이 올려 있을까? 살아오면서 잘못한 것이 하나둘이 아닌데, 아무래도 거기에 기록될 자격이 안 되는 것 같다.'

그래서 모두 심판이라는 것을 두려워한다. 그 두려움을 떨쳐버리기 위해서 어떤 사람들은 사후 심판 따위가 어디 있냐고 그것을 애써 부인하기도 한다. 그러나 사람이 인정하든지 부인하든지 간에 하나님께서 심판이 있다고 하시면 있는 것이다. 사람의 생각이 여하간에 하나님의 사실에는 변함이 없다.

그러나 하나님께서는 두려워할 것 없다고 말씀하신다. 세상의 모든 사람은 "누구든지" 그 생명책에 이미 기록되어 있기 때문이다.[2] 하나님은 사랑 자체이시고, 모든 사람을 사랑하신다. 그래서 모태에서 지으실 때부터 우리의 이름을 그 책에 이미 기록해 놓으셨다. 우리가 태어나기도 전에 미리 예정하시고, 기록해 놓으신 것이다.[3] 그래서 내 이름도 그 생명책에 이미 기록되어 있다.

그런데 문제는 그 중요한 기록을 어리석게도 사람이 스스로 지워 버리는 것이다.[4] '하나님 따위가 어디 있느냐?' 하며 불경한 태도로 하나님의 존재를 부인할 때, 하나님도 양심도 뒷전에 두고 악한 짓들을 즐겨할 때, 하나님을 거스르는 모든 언행을 할 때마다, 그의 이름은 그만큼 지워진다. 그렇게 빈번히 되풀이하면 그의 이름은 아예 말살되고 만다. 생명책에 이름이 없는 자는 이런 자들이다.

우리가 옳은 길을 버리고 악한 길로 빠질 때, 생명의 길을 버리고 사망의 길로 빠질 때, 우리는 생명책에서 자기 이름을 스스로 지우고 있는 것이다. 그렇게 되어 생명책에 이름이 없는 자, 즉 '생명책에 기록되지 못한 자'가 된다. '불 못'에 던져지는 것은 그렇게 자기 이름을 스스로 지워 버린 어리석은 사람에게만 해당된다.

지혜로운 사람은 그 책에서 자기 이름을 지우지 않으려고 조심한다. 최선을 다해 악을 멀리하고 선을 가까이한다. 주님의 생명으로 사는 삶, 주님을 따르는 삶으로 내면에 선한 기록을 더 많이 남겨서 내면을 선한 모습으로 빚는다. 그래서 이런 사람은 심판을 두려워할 필요가 없다.

2　[요 3:16] "누구든지 저를 믿으면 … ", [시 139:13-18] "주님께서 모태에서 나를 지으실 때 주님의 책에 다 기록이 되었나이다."
3　[엡 1:4] 참조.
4　[출 32:33] "누구든지 내게 범죄하면 내 책에서 그를 지워버리리라."
　　[시 69:28] "그들을 생명책에서 지우사 의인들과 함께 기록되지 말게 하소서"(하나님이 지우는 것처럼 묘사하고 있지만, 실은 본인 스스로가 자기 이름을 지우는 것임).

전술한 대로 우리의 삶이란 한평생, 선과 악의 끊임없는 선택이다. 우리 앞에는 언제나 선과 악이 놓여 있다. 성경에서 보는 대로 에덴동산에 있던 두 나무, 생명나무와 지식 나무가 지금도 우리 앞에 놓여 있다. 그것은 바로 하나님과 사탄이다. 우리 마음은 순간마다 한쪽을 선택하고, 그쪽으로 끌린다. 그리고 그렇게 끌리는 대로 생각하고, 행동하고 그런 모습으로 산다. 그래서 우리의 삶은 선이나 악의 모습을 띨 수밖에 없는데, 다른 말로 하면 하나님이나 사탄의 모습이고, 또 천국이나 지옥의 모습이다. 그 모습대로 우리의 내면에 새겨지고 빚어지는 것이다. 내면에 기록된다는 것은 바로 이런 것인데, 그렇게 기록된 모습대로 심판이 이루어지는 것이다.

사람의 생각과 행동이 내면에 기록되는 사실을 좀 더 자세히 살펴보면 이렇다. 사람이 평생 사는 동안 마음에 품고 집요하게 매달리는 생각들은 실행 여부와 관계없이 그의 내면에 새겨진다. 마음에 잠깐 스치는 생각은 해당이 안 된다. 또 마음에 두고 싶지 않아 털어 버린 생각도 해당이 안 된다. 그러나 마음속에 품고 계속 집착하는 생각들은 내면에 새겨진다. 그것을 행동으로 나타내면 더 뚜렷이 새겨지고, 그 행동을 반복하면 새겨진 대로 굳어진다. 기록된다는 것은 바로 그런 뜻이다. 그 기록은 그대로 굳어지기 때문에 없어지지 않는다.

그 사실은 이 세상에서도 충분히 알 수 있다. 세상에는 선한 마음으로 사는 사람도 있고, 악한 마음으로 사는 사람도 있다. 하나님을 섬기며 선하고 밝게 살려고 애를 쓰는 사람도 있고 또는 하나님은 관심 없이 악과 어둠 속에서 함부로 사는 사람도 있다. 평생을 그렇게 살아온 두 부류의 사람을 비교해 보면 그들은 얼굴 표정이나 겉모습 또는 행동이 아무래도 다르다. 아무리 감추려고 해도 그들의 언행을 살펴보면 평생 살아온 모습대로 선이나 악의 모습이 어쩔 수 없이 드러난다. 그것은 내면이 그렇게 굳어졌기 때문이다. 그로 인해 사람의 모든 언행은 선악 간에, 내면에 새겨져서 굳어진다는 사실을 깨달을 수 있을 것이다.

사후의 심판에서는 그렇게 굳어진 내면이 결정한다. 내면 상태가 심판의 기준이 되는 것이다. 그 기준으로 천국과 지옥행이 갈라지며 자기의 내면과 맞아서 끌리는 곳으로 가게 된다. 하나님이 강제로 보내는 것이 아니라 자기의 마음이 끌리는 곳으로 스스로 가는 것이다. 다른 말로 하면, 내면을 그렇게 굳어지게 만든 결과가 자기에게 돌아오는 것이다. 이런 귀결, 저세상의 심판이란 바로 이것이다.

여기에서 근본적 역할을 하는 것은 사람의 본심이다. 또는 그 본심에 품은 의도(意圖)이다. 거기에서 나온 행위만이 그의 내면을 빚기 때문이다. 사람의 행위는 속에 품은 의도와 다른 경우도 많다. 즉, 겉으로는 선한 행동에도 그 의도는 사악한 경우가 있고, 또 악하게 보이는 행동에도 그 의도는 선할 수 있다. 그래서 드러난 행위만으로는 선악 판단의 충분한 근거가 되지 못한다. 반드시 의도가 무엇인지 함께 봐야 한다. 의도가 오히려 더 중요한 근거가 된다. 사람이 무슨 의도로 그런 행동을 했는가를 살펴보면 그의 본심도 알 수 있는데, 그 본심의 선악 여부가 그의 내면에 새겨지는 것이다.

이렇게 사람의 내면은 그의 본심대로 새겨지는데, 그 본심을 다른 말로 하면 마음과 뜻이다. 성경에서도 하나님은 이렇게 말씀하신다.

> … 나는 사람의 뜻과 마음을 살피는 자인 줄 알지라 내가 너희 각 사람의 행위대로 갚아 주리라(계 2:23).

'마음과 뜻'은 바로 본심이다. 하나님은 사람의 본심을 살펴보신다는 뜻이고, 이 구절에서 '행위'란 그 본심에서 나온 행동들을 말한다. 본심과 다른 행위도 있는데, 그런 행위는 해당이 안 되고, 본심에서 나온 행위만 해당된다. 그런 행위가 내면에 새겨지고, 그렇게 새겨진 대로 갚아 주신다는 것이다. 그것이 심판의 원칙이고, 거기에 따른 귀결이 바로 심판이다. "행위대로 갚아 주리라"는 말씀은 바로 이런 뜻이다.

이렇게 사후의 심판은 각자의 삶의 모습대로 새겨진 내면 그것에 따라 내려지는데 이 세상에서처럼 기소와 재판과 선고가 있는 것이 아니고, 그의 내면이 스스로 자신을 심판한다. 즉, 그의 내면에 새겨지고 굳어진 모습이 천국과 동질이면 천국으로 마음이 끌려서 천국으로 올라간다. 내면이 지옥과 동질인 사람이 지옥으로 끌려가는 것도 같은 원칙이다. 사후 심판에서 사람들이 천국과 지옥으로 갈라지는 원칙은 이렇다.

간통에 대한 심판도 마찬가지다. 여기에서 간통은 사람들 앞에 드러난 것만이 아니라 숨기고 있던 것들, 마음속에 품고 있던 것들도 포함된다. 즉, 간통에 관한 '마음과 뜻'이 심판의 대상이 된다. 다른 말로 하면 간통에 대한 생각과 의지이다.

간통을 죄악으로 생각하는가, 아니면 인생의 즐거움으로 생각하는가?

이 대답이 간통에 대한 그의 생각을 나타낸다. 또, 몸과 마음이 간통을 달콤하게 원하는가, 아니면 몸은 유혹에 끌려도 양심에서는 싫어하는가?

이 대답이 그의 의지를 말해 준다. 이런 생각과 의지는 마음속에 감춰진 것도 있고, 행동으로 나타난 것도 있다. 생각으로만 사로잡혀 있었거나, 실제의 행동으로 나타났거나, 그것들은 내면에 새겨져서 그 결과가 자기에게 돌아온다.

세상에는 같은 범죄라도 그 동기는 악하지 않아서 정상을 참작하여 형벌을 가볍게 내릴 수도 있고, 또 그 동기가 정상 참작의 여지가 없이 악해서 형벌을 무겁게 내리는 경우도 있다. 이것은 범죄 행위의 결과뿐만 아니라 그 동기까지도 살펴보고, 좀 더 공평하게 판결을 내리는 사례이다. 사후의 심판은 더욱 이런 방식이다. 즉, 어떤 행위든지 그 동기, 즉 행위자의 본심, 성경에서 말하는 '마음과 뜻', 그것이 심판의 결과를 좌우한다. 겉으로 드러난 행위는 그것과 다를 수도 있기 때문에 그 동기와 본심까지 살펴보는 것이다.

이렇게 저세상에서는 모든 행동의 동기, 또는 그 본심이 선악 판결의 근거가 되는데, 간통도 마찬가지다. 그것이 사통이든, 페리카시이든, 축첩이든, 구제 불능의 간통이든, 그런 것들에 대한 본심, 또는 그 동기의 선악 여부가 그 모습대로 내면에 새겨지고 굳어지는데, 그 내면의 모습을 근거로 심판이 이루어지는 것이다.

한 가지 더 유념할 사실은 이 세상에서 일단 굳어진 내면의 모습은 저세상에서는 바뀌지 않는다는 것이다. 왜냐하면, 내면의 모습을 바꿀 기회는 세상에서 육신을 입고 사는 동안에만 있기 때문이다. 그래서 내면을 개선하여 선한 모습으로 빚는 것은 여기에서 사는 동안에만 가능하다. 즉, 회개하고 주님의 생명을 받아서 그 생명대로 살면서 내면을 천국에 맞도록 만드는 기회는 이 세상에 사는 동안에만 있다.[5] 천국행을 준비할 기회는 이 세상에 사는 동안에만 있는 것이다.

대부분의 사람은 오래 살기를 좋아하지만, 왜 오래 살아야 하는지도 생각해 보아야 한다. 세상의 즐거움을 더 누리기 위해서가 아니다. 사는 것이 힘들 때도 많다. 즐거움보다는 괴로움이 더 많은 세상이다. 요즈음은 백 세 시대라 하면서 장수를 구가하고 있지만, 실은 장수의 고통에 시달리는 사람도 많은 것 같다. 장수가 즐거움이 아니라 고통의 연장에 불과한 경우이다.

---

[5] [눅 16:19-31] 부자와 나사로 이야기 참조.

그래도 아직 살아 있는 것이 소중한 것은 나의 내면을 천국에 맞도록 빚을 기회가 세상에 사는 동안에만 있기 때문이다. 우리의 구원은 두렵고 떨리는 마음으로 이루어 가야 하는데[6] 그것은 이 세상에 사는 동안에만 가능하기 때문이다. 함부로 살면서 그 소중한 기회를 헛되게 보내는 사람들은 그 뒤의 결과를 깊이 생각해 볼 일이다.

---

6   [빌 2:12; 벧전 2:2] 참조.

끝내는 말

  천국에서 천사들이 누리는 혼인애, 그 아름답고 신비한 이야기를 세상 말로 전하는 것 그리고 그 이야기를 우리 이해력으로 받아들이는 것, 둘 다 불가능하다. 그래서 스베덴보리는 천국 혼인애 이야기를 이렇게 대충 전하는데, 그것을 우리의 이야기로 좀 더 친숙하게 희석시킨 것이 바로 이 책이다. 그 나머지의 모든 이야기는 우리가 천국에 올라가서 영적 지각이 온전히 열릴 때, 경이와 감동으로, 또 기쁨과 감사로 깨달을 것이다. 그리고 깨달은 만큼 누리며 살 것이다.

  스베덴보리는 그 혼인애 이야기를 다음과 같은 말로 끝낸다.

    천국에는 기쁨이 충만한 곳이고, 또 그 기쁨도 여러 차원과 여러 종류로 다채롭지만, 그 모든 기쁨의 바탕이 되는 것 그리고 가장 높은 차원에 있는 것이 바로 혼인애의 기쁨이다. 그 근원은 주님이고, 주님의 영기에 포함되어 있는 사랑과 지혜이다. 그래서 부부가 세상에 사는 동안 하늘을 향해 마음을 열고, 주님의 사랑과 지혜를 받아들여서, 혼인애를 아름답게 가꾸는 것은 바로 천국을 제대로 준비하는 일이며, 그들의 삶에서 가장 귀한 일이다. 세상에서도 천국의 기쁨을 누리게 해 줄 뿐만 아니라, 그들의 내면을 천국에 맞게 변화시켜서, 훌륭한 천국 백성으로 성숙시키고, 그렇게 해서 하나님의 천국 건설에 동참하기 때문이다.

    주님께서는 이런 혼인애의 깊은 뜻을 세상 사람들에게 알려서 결혼을 앞둔 젊은이들이나 이미 결혼생활을 하고 있는 부부들에게 올바른 지침을 주고, 또 세상에서 이루어졌든지 못 이루어졌든지 진정한 사랑을 동경하는 모든 사람에게 희망을 주고 싶어 하셨다. 그래서 주님께서는 나에게 천사들이 누리는 혼인애의 모습을 직접 보고 듣게 하시고, 그것을 낱낱이 기록해서 전하도록 명하셨다. 그 기록을 통해서 사람들이 혼인애를 깨닫고 아름답게 가꾸어서, 마침내는 훌륭한 천국 백성이 되는 것, 그런 뜻에서였다. 이런 주님의 뜻을 깊이 받들면서, 주님께서 보여 주시고 알려 주시는 대로 낱낱이 기록했다.

그러나 기록하면서도 내 마음은 몹시 슬펐다. 이 책에 나오는 천국의 사랑 이야기들이, 많은 사람에게 헛된 망상으로 취급되는 장면이 미리 보였기 때문이다. 성경 지식이 좀 있다는 어설픈 종교인들의 반발이 더 심했다. 이 책을 끝까지 읽어보지도 않고, 성경의 근거도 없는 허무맹랑한 이야기들이라고 매도하는 것이다.

심지어 그들 중에 어떤 사람은 이 책을 발로 짓밟아 뭉개버리거나, 박박 찢어 버리는 모습이 미리 보였다. 성경의 문자적 의미에만 매달리는 고지식, 성경 구절의 영적 의미에 대한 무지, 어설픈 성경 지식, 종교적 편견과 맹신, 그런 것들에 빠져 있는 사람들이 더욱 심했다. 그래서 나는 주님을 향해서 이렇게 탄식했다.

"주여, 어느 때까지입니까?"

주님께서는 이렇게 말씀하셨다.

"한때와 두 때와 반 때 동안이다."[1]

그동안이 얼마나 되는 기간인지, 얼마나 더 참고 기다려야 하는지, 우리는 모른다. 그러나 우리의 삶에서 주님의 사랑과 지혜가 아침 햇살처럼 퍼

---

1 [시 90:13; 단 12:7; 계 12:14] 참조.

지고, 주님의 선과 진리가 아름답게 하나 되는 날, 그래서 주님의 이름이 어디에서나 거룩하게 받들어지고, 이 땅에서도 주님의 나라가 세워지고, 마침내 주님의 뜻이 아름답게 이루어지는 날, 그날에는 이 책이 당하는 슬픔도 끝날 것이다. 그날에는 진정한 사랑을 갈망하는 모든 남녀가 이 책에서 보여 주는 대로 참사랑과 그 기쁨을 아름답게 누릴 것이다. 그들이 사랑의 고뇌로 흘렸던 눈물도 깨끗이 씻겨질 것이고, 그 눈물보다 더 많은 기쁨을 누릴 것이다. 그날이 언제인지, 얼마나 더 기다려야 하는지, 그것은 주님만이 아신다. 그러나 분명한 것은 주님께서 우리에게 새로운 희망으로 주시는 혼인애의 말씀을 경청하고, 그 사랑을 소중히 가꾸는 모든 사람에게는 이 세상에서도 그 사랑의 기쁨이 주어지는데, 그것은 세상에서 누리는 천국의 기쁨이다.

부록 | 천국의 연인들

1. 천국의 문턱에서

 # 1

옛날 옛적 우리 조상들은
에덴이라는 낙원에서
하나님을 잘 섬기며 이웃과 정답게 지내며
남녀들은 오손도손 사랑을 나누며
정말 착하게 살았다.
그래서 평화와 기쁨이 넘쳤고
하나님도 그런 모습에 흐뭇해하셨다.

그런데 거기에서 가장 궁금한 것 하나.
무구의 동산에서 지순하게 피어났을 남녀의 사랑
그것은 얼마나 아름다웠을까?
아마도 저 푸른 하늘처럼 순수하고
그 하늘의 노을처럼 아름답고
밤새 별처럼 속삭여도
다함 없는 사랑이었으리라.

그래서 그녀와 나
우리도 그렇게 사랑할 수 있다고 생각했다.
우리도 그렇게 순수했기 때문이다.
끊임없이 샘솟는 사랑, 또 따뜻한 향기가
그녀의 예쁜 가슴과 온몸에서 진동했기 때문이다.
그녀의 품속은 무궁무진한 희열의 바다였고
거기에서 우리는 예쁜 돌고래 한 쌍처럼 즐거웠다.

사랑의 격정을 마음껏 불태우다가,
그 희열이 평온하게 가라앉은 뒤에도
우리는 서로의 품 안에 아늑히 잠겨 있곤 했다.

그때 함께 느끼는 뭐라 말할 수 없는 평화로움
그럴 때 우리는 으레 이런 생각을 했다.
아마 천국의 기쁨도 이럴 거라고,
우리 사랑도 이대로 천국까지 이어질 거라고.

그래서 우리가 바란 것은 세상 사랑만이 아니었다.
눈부시게 아름답다는 천사들
그들이 나누는 천국의 사랑까지 알고 싶었다.
세상에서도 몸으로만 느껴지는 사랑이 아니라
영혼에서 더 깊이 느껴지는 사랑.
그 감동 속에서 천국까지 닿는
그런 사랑을 바라고 있었다.

그런데, 그런데 말이다.
그런 갈망으로 간절하게 타오르던 우리의 사랑이
어느 만큼 와서는 좀처럼 더 오르지 못하고
아쉽게도 그만 떨어지고 마는 것이다.
힘껏 솟아오르던 분수가 어느 높이에 와서는
그만 힘이 다해 떨어지는 것처럼
우리의 사랑도 그랬는데, 왜 그랬을까?

우리의 인연이 슬프게 끝났다는 것이 아니다.
우리의 열정이 식었다는 것도 아니다.
우리는 서로를 간절히 그리워했고,
오랫동안 함께 살았고
다정한 포옹과 뜨거운 희열도 나누었다.
그렇다. 우리는 분명히 서로를 사랑했고
사랑하는 부부로 함께 살았다.

그러면서 진정 아름답고 고결한 사랑.
무지개같이 피어나서 천국까지 닿는 사랑.
그런 사랑을 온 마음으로 갈망했었다.
마음의 깊이와 넓이와 높이만큼
정성을 가득 담아 힘껏 발돋움했었다.
그런데도 안타깝게 종내 거기에 닿지 못했는데
정말 왜 그랬을까?

우리의 영이 옷처럼 입고 있는 육.
그것은 얌전하게 영을 따라야 하는 것.
그런데 그것이 철없이 떼쓰는 아이처럼
자기가 앞서겠다고 고집을 부리면서
우리 앞에 매달릴 때가 종종 있었는데
우리가 더 높이 오르지 못한 것은
바로 그것 때문이었을까?

그래서 낙원의 입구를 지키던 불 칼이
육에 빠진 우리 조상을 가로막았던 것처럼[1]
우리를 그렇게 가로막았던 것일까?
육이 매달린 영으로는 더 올라오지 말고
탁한 육의 욕심으로는 천국도 넘보지 말고
육까지도 영을 따라 순수해질 때까지
아래에서 좀 더 기다리라는 것이었을까?

2

사랑은 가슴에서 솟지만, 그 근원은 하늘이다.
하늘의 영기(靈氣)가 영혼으로 스며들어
연인들의 가슴에서 사랑으로 솟아난다.

---

[1] [창 3:24] "불칼을 두어 - 지키게 하시니라."

연인들의 마음이 하늘을 향해서 열릴 때
그 마음으로 유입(流入)되는 사랑의 영기는
그들에게 천국의 사랑을 일깨워 주는데
진정한 사랑은 바로 그런 것이다.

연인들은 그 사랑을 소중하게 받아서 또 서로 나눈다.
그때 그들 앞에는 천국까지 닿는 무지개가 뜬다.
그 무지개를 함께 오르며 누리는 사랑의 기쁨.
그때는 마음도, 영도 하나가 되어 사랑에 감동한다.
그러면 우리의 육도 그 감동에 따라
고집 없이 얌전하게 영을 따른다.
영이 앞서고 육이 뒤따르며 그 둘도 하나가 된다.

그러나 육은 철없는 어린아이 같다.
영을 따라 얌전히 있다가도
철없는 욕심을 낼 때가 종종 있다.
앞에 있는 영을 밀쳐 버리고
제가 앞서겠다고 고집을 부린다.
그러면 영은 어이없이 물러나고, 사랑은 실망한다.
그래서 육을 입고 사는 연인들은 때로 슬프다.

그렇게 영이 물러서고 육이 앞서면
천국을 향해 열렸던 마음 문은 닫힌다
그리로 유입되던 사랑의 영기는 차단되고
그들 위에 떠 있던 무지개도 사라진다.
천국의 문턱까지 올라갔던 우리의 사랑,
마지막 한 걸음을 남기고 떨어진 것은
바로 그것 때문이었다.

2. 영과 육의 순서

#1

우리의 삶도 그렇지만, 사랑에서도
영이 앞서고 육은 뒤따르는 것.
영이 바로 우리 자신이고, 육은 도구이기 때문.
그런데 육이 영을 제치고 앞서겠다고
욕심을 연기처럼 풍길 때가 있다.
그러면 영의 문은 즉시 닫힌다.
매운 연기에 문을 급히 닫는 것과 같다.

그러면 나 자신도 내 영을 만날 수 없고
내 삶은 어쩔 수 없이 육에 끌려간다.
그렇게 되어 육에 휘둘리는 내 자아.
그것이 바로 나의 거짓 자아인데
그런 자아는 영도 하늘도 망각한다.
육의 감각이 주는 달콤한 것들에 빠져서
천국과 점점 멀어지는 것이다.

그런 육의 욕망과 유혹에 끌려서
옛날 우리 조상이 금단의 열매를 땄다가
낙원에서 추방되었는데
우리도 그 전철을 밟고 있는 것이다.
그렇게 되어서 그녀와 나도
가까스로 올라온 천국의 감동을 아쉽게 놓치고
천국의 문턱에서 속절없이 떨어진 것이다.

#2

영과 육의 순서가 무너질 때는
그 밖에도 온갖 어리석은 일들이 설치는데

그중에서 가장 무서운 것은,
하나님에 대한 불경이다.
사람이 저지르는 가장 큰 죄.
너무나 커서 하나님조차도 용서할 수 없는 죄.
하나님을 부인하는 죄[2]에 빠져드는 것이다.

그 죄는 탁한 육의 감각만 따르는 사람들.
그래서, 하나님도 자기 시각으로 보기 전에는
믿지 못한다고 억지를 부리는 사람들.
그런 사람들이 빠지는 어리석음이다.
그러나 육신의 눈은
봄바람이 오는 길도, 꽃이 피는 모습도 못 보고
영이신 하나님은 더구나 볼 수 없다.

사람의 양심, 마음속 가장 깊은 곳,
오염이 닿지 않는 마음의 지성소.
그 안에 있는 우리의 영은
육의 어리석음에 빠지지 않는다.
하늘을 향해 마음의 창을 열고
거기에 계시는 하나님을 바라본다.
그리고 하나님의 음성을 듣는다.

그러나 우리가 입고 있는 육은
욕심의 연기로 종종 그 창을 가리기도 하고
자기가 앞서겠다고 욕심을 부리며
영을 밀쳐내기도 한다.
그럴 때 영은 똑같이 다투지 않는다.
슬픔 속에 침묵하고 물러선다.

---

[2] [눅 12:10] "성령을 모독하는 자는 …" (성령을 모독하는 것은, 다른 말로 하나님을 모독 또는 부인하는 것).

어른이 철부지 어린애와 다투지 않는 것과 같다.

그러면 육은 자기가 주인인 양 설치면서
우리의 자아를 멋대로 끌고 다니는데
그렇게 끌고 가는 곳은 철저한 감각의 세계.
그 감각으로 빠지는 욕망의 세계이다.
그렇게 되면 자아는 육과 단짝이 되어
함부로 방자해지는 감각의 세계에 빠져서
하늘도 하나님도 망각하고 멀어지는 것이다.

3
육이 멋대로 설칠 때 닥치는 혼란은 또 있다.
온 우주에 단 하나뿐인 나.
나에게만 부여된 소중한 가치.
그 고유의 가치로 살아야 하는 나만의 삶.
그것을 보지 못하는 것이다.
남의 요란한 겉모습에 눈이 더 팔리고
그것이 나의 참모습보다 더 대단해 보인다.

내 자존(自尊)의 영은 구차한 육으로 막히고
내 삶은 속물들의 아우성에 휩쓸리면서
소중한 내 삶의 참모습은 보이지 않는다.
자신이 남보다 잘났다고 헛되게 오만하면서도
무엇이 어떻게 잘 났는지는 모르고
오히려 남의 이목을 따르느라 구차하게 바쁘다.
내 본연의 삶은 그렇게 유배되고 마는 것이다.

그래서 남들이 우르르 몰리면 덩달아 따라가고
남들이 급급해하는 것에 자기도 서두르고
그들이 하는 짓들을 뒤질세라 흉내 낸다.

그들이 보화라고 욕심내는 것을 긁어모으고
그들이 지식이라고 떠드는 것을 부지런히 주워 담고,
야심이라고 대견해하는 것을 선망하고
성공이라고 으스대는 것을 부러워한다.

그런 것 말고도 덩달아 하는 짓들이 또 있다.
남들이 쾌락이라고 하는 것에 함께 끌려가고
슬픔이라고 눈물짓는 것에 덩달아 울고
고통이라고 아파하는 것에 겁을 먹고
사랑이라고 착각하는 것에 빠져들고
이별이라고 매달리는 것에 아쉬워하고
한마디로, 남들이 인생이라고 하는 것을 덩달아 살고 있다.

그렇게 나만이 가지고 있는 가치와
나만이 이룰 수 있는 삶을 저버린 채
오로지 남들만 따르는 줏대 없는 삶이란
아무리 수선을 피워도 모방과 착각일 뿐
거기에 나의 진정한 삶은 없다.
내 고유의 삶을 꽃피우라는 명령을 저버리고
내 소중한 삶을 그렇게 낭비하고 마는 것이다.

3. 참 자아로 산 시간

#1

그렇게 육이 설치며 소중한 삶을 망치고 있을 때
그 육을 따르는 나, 그것은 거짓 자아이다.
영이 앞장서서 내 삶을 제대로 살려고 할 때
그 영을 따르는 나, 그것이 참 자아이다.
육과 하나 된 나, 그것은 거짓자아이고

영과 하나 된 나, 그것이 참 자아이다.
자아에는 이렇게 서로 다른 자아가 있다.

그러면 이제까지의 삶을 한번 계산해 보자.
출생과 사망, 삶의 시작과 끝.
그 둘 사이의 짧은 경간(徑間)에서,
모방도 아니고, 착오도 아닌
자신의 고유한 삶을 진솔하게 산 시간.
거짓 자아가 아니라 참 자아로 산 시간.
그런 시간은 얼마나 될까?

나의 참 자아, 나의 영.
그 모습으로 살려고 마음을 썼던 시간.
그리고 실제 그 모습대로 산 시간.
그런 시간은, 있었다 해도 극히 짧은 몇 순간.
모두 합친다 해도 겨우 한 줌의 시간.
이제까지 한평생을 분주하게 살았다 해도
우리 삶을 정산해 보면 그렇다.

그러나 그렇게 산 순간들이야말로
시간이라는 모래 더미 속의 금싸라기.
그때만이 내가 제대로 산 순간이기 때문.
하나님으로부터 주어진 내 생명을
그 가치대로 소중하게 산 것이고
내 고유의 의미로 산 것이기 때문.
그 순간들만이 내 삶의 가치를 매기는 자료가 된다.

그런 순간들이 소중한 이유가 또 있다.
바로 그때 천국의 삶이 준비되기 때문이다.
나의 내면을 천국에 맞도록 변화시키며

천국의 내 집을 짓는 자료들을 마련하며
내가 입을 아름다운 옷감을 짜며
향기로운 음식을 담을 그릇을 준비하며
천사의 얼굴로 변할 내 모습을 빚기 때문이다.

천국에서 다함 없이 누리게 될 사랑도
그런 순간에 가꾸어지는 것이며
천국에서 풍요하게 누릴 기쁨의 자료도
바로 그런 순간에 준비된다.
그런 순간이야말로 이 세상에서도
천국이 생생한 모습으로 보이며
거기에 계시는 주님도 보이는 순간이다.

2

그런데 그 소중한 순간들을
거짓 자아가 휩쓸어 망치고 있다.
부질없는 허상에만 집착하게 하여
귀한 순간을 수없이 놓치게 만드는 것이다.
그렇지 않아도 짤막한 일생.
그것마저 허상에 속아 그렇게 탕진되고 마는데
얼마나 어리석은 낭비인가?

영과 육의 위계(位階)를 무너트리고
하극상의 반란을 일으킨 육이
영을 양심 속에 유폐시키고
그 양심을 욕심으로 잠가 버리고
자기가 주인인 양 설칠 때
내 자아가 그 육을 따라가다 보면
소중한 삶은 그렇게 낭비되고 마는 것이다.

그러나 육이 설칠 때의 작태는 그것만이 아니다.
우리 삶에서 가장 소중하고 아름다운 것을
가장 처참하게 망쳐 놓는데
그렇게 망가지는 것이 바로 연인들의 사랑이다.
하나님을 놓치게 하여, 사랑도 놓치게 하고
결국은 우리 삶 자체를 망쳐 놓아서
종내는 허무와 절망에 빠지게 한다.

그래서 참 자아의 길을 벗어난 사람들
또 참 사랑의 길을 벗어난 연인들에게
가장 중요하고 급한 일은
영과 육의 질서를 바로잡는 것.
영이 앞서고 육은 뒤따르며
영과 육이 질서 있게 조화를 이루는 것.
그래서 참 자아를 회복하는 것이다.

참 자아가 회복될 때
내 고유의 삶도 소중한 가치로 회복되고
연인들이 갈망하는 지순한 사랑도
제 모습으로 회복된다.
천국으로 발돋움하던 사랑의 갈망이
마침내 천국의 문턱을 넘어서는
참사랑의 길이 열리는 것이다.

4. 자아의 죽음

#1

그런데 그 길은 죽음의 길이다.
그 길을 열기 위해서 반드시 해야 할 일은

내가 죽는 것이다.[3]
육과 단짝이 되어 욕망에 휩쓸리며
지금도 한참 어리석게 살고 있는 나.
귀한 삶을 그렇게 낭비로 몰아가는 나의 거짓자아,
그 자아가 죽어야 하는 것이다.

옛날에는 소나 양이 번제로 나 대신 죽었는데
지금은 아예 내가 죽어야 한다.
나의 거짓 자아는 적나라하게 발가벗겨져서
죽음의 제단 위에 놓여야 하고
호리도 남김없이 태워져야 한다.
그분이 십자가에서 인간의 육을 철저히 죽인 것처럼
우리의 자아도 그렇게 죽어야 하는 것이다.

그렇게 거짓 자아는 죽음으로 끝을 내고
부활하신 그분과 함께 가는 길.
그 길이 무아(無我)의 길, 참 자아의 길이다.
그 길에서만 영과 육의 질서가 회복되고
연인들의 사랑도 제대로 천국에 닿는다.
천국의 문턱에서 우리가 안타깝게 바란 것은
바로 그런 사랑이었다.

2

거짓 자아, 그 속에 추하고 이기적인 것들.
그런 것이 깨끗이 사라진 참 자아의 길.
그 길에서 연인들이 천국의 사랑을 가꿀 때
그들은 세상에서도 종종 천사의 모습을 띤다.

---

[3] [롬 6:6] 우리의 옛사람이 십자가에 못 박힌 것.
 [갈 2:20] 나는 그리스도와 함께 십자가에 못박혔습니다. 그러므로 이제는 더 이상 내가 사는 것이 아니라, 오직 그리스도께서 내 안에 사십니다.

서로에게서 그런 모습을 보며 감동한다.
그 감동들이 금싸라기처럼 소중하게 남아서
평생 마음의 보고에 쌓인다.

그런 감동으로 소중하게 남는 것.[4]
우리가 천국에 가져갈 것은 오직 그것뿐.
그 귀한 것들을 품고 천국에 가면
주님은 그것으로 우리를 칭찬하실 것이다.[5]
그것을 확장시켜서 다시 넘치게 채워 주실 것이다.
그것들을 자료로 써서
우리가 누릴 모든 풍요를 지어 주실 것이다.

우리는 부활하신 주님처럼 영화(靈化)된 몸으로,[6]
주님이 마련해 주신 천국의 우리 집에서
다함 없는 천국의 기쁨과
또 지순한 천국의 사랑을 누리며 살 것이다.
지금도 천국을 멀리 바라보며 고뇌하는 연인들.
그리고 그녀와 나도
세상 끝 날까지 한결같은 바람은 바로 그것이다.

5. 주님이 촉구하시는 것

#1

옛날 낙원에 있었다던 지순한 사랑.
아담과 이브가 주님의 품에 안겨서
천국의 기쁨으로 누렸다는 온전한 사랑.

---

4 [마 10:42] "결단코 상을 잃지 않을 것이다."
5 [마 25:23] "잘 하였다, 착하고 충성된 종아!"
6 [눅 24:43] 참조.

그것은 까마득한 옛날 일이지만,
그 추억은 우리 속에 별빛처럼 살아 있다.
그래서 연인들이 그 모습을 그리워할 때마다
그 별빛은 더욱 또렷이 살아난다.

육이 풍기는 탁한 연기 때문에
그 별빛이 가려질 때에도
그래서 안타깝고 아쉬울 때에도
우리는 낙원의 아름답고 순수했던 사랑,
그 사랑의 동경만은 집요하게 품고 있다.
그 사랑을 별빛처럼 보여 주시는 주님이
우리를 그리로 인도하시리라 간절히 기도하면서.

전에도 몰랐고, 앞으로도 알 수 없고
이 세상의 끝에 가서도 알 수 없고
심지어 천국에 가서도 다는 알 수 없다는 참사랑.
끊임없이 새로운 모습으로 피어나는 천국의 꽃처럼
천국의 기쁨 속에서 영원한 신비로 피어난다는 사랑.
주님의 영기로 끝없이 새롭게 채워진다는 천국의 사랑.
우리는 그 사랑을 왜 그토록 동경하는가?

그 사랑은 우리에게서 너무나 멀어 보이는데
마음에 품어도 손에 닿기는 아득한데
우리는 왜 그런 사랑을 끊임없이 동경하는가?
불완전한 세상, 불완전한 연인들.
그래서 아쉬움만 남는 세상의 사랑.
그 실망과 슬픔 속에서도
그 동경만은 왜 그렇게 집요한가?

그것은 주님이 우리를 그렇게 몰아가시기 때문.
반쪽으로 갈라져 불완전한 사람이
자기 짝을 만나서 온전한 사람이 되는 길은
오직 그 사랑뿐이기 때문.
그 사랑만이 '벌레 같은' 우리 인생을[7]
지혜롭고 고결한 삶으로 이끌어 가기 때문.
그 사랑만이 우리를 천국으로 인도하기 때문이다.

다른 것들은 우리가 따라잡기도 하고
또 추월해서 앞서기도 하지만
그 사랑만은 북극성처럼 우리를 영원히 앞서는데
그 사랑을 따라가려는 동경과 갈망을
주님이 우리 속에 계속 부어주시는 것은
연인들이 그 사랑을 보고 따라오기를
주님이 더 간절히 원하시기 때문이다.

2

창세 전부터 세워졌던 그분의 위대한 뜻,
그것은 한마디로, 하늘나라의 건설이다.[8]
그분은 왕이 되시고 우리는 백성이 되어
왕은 백성을 자식처럼 사랑하고
백성은 왕을 어버이처럼 존경하며
왕과 백성이 함께 즐겁게 사는 나라.
우리가 그렇게 가고 싶어 하는 천국이다.

창조의 마지막 목표, 천국이라는 나라.
그 나라는 오로지 사랑의 나라이기 때문에

---

7 [사 41:14] "버러지같은 너 야곱아 …."
8 [마 4:17] "회개하라 천국이 가까웠다", [마 25:34] "창세로부터 너희를 위하여 예비된 나라."

사랑을 깨달은 사람만 그 백성이 된다.
연인들이 세상에서부터 천국 사랑을 깨달으면
그들은 천국의 훌륭한 백성이 된다.
훌륭한 백성이 많을수록 훌륭한 나라가 된다.
주님이 우리를 몰아가시는 이유가 바로 그것이다.

그 나라는 광대무변하여 백성들도 많이 필요하다.
참사랑을 깨달은 남녀가 귀여운 자녀들을 낳아
또 그 사랑으로 키워놓으면
그 자녀들도 훌륭한 천국 백성이 된다.
그렇게 해서 세워지는 천국, 그것이 그분의 뜻이다.
그래서 그분은 우리를 집요하게 끌어당기신다.
천국의 사랑을 끊임없이 갈망하고 동경하도록.

6. 천국의 삶

#1

아름답고 자유롭고 평화로운 나라.
세상에서 괴로웠던 모든 눈물이 씻어지고[9]
슬퍼했던 연인들도 기쁨으로 만나는 곳.
한마디로 사랑의 기쁨만 넘치는 곳.
우리는 천국을 그렇게 알고 있는데 그것은 사실.
그러나 한 가지 더 알아야 한다.
천국의 기쁨은 세상의 기쁨과 차원이 다르다는 것이다.

세상에서는 나의 기쁨이 우선이다.
남의 기쁨은 나와 상관없다.

---

9 [계 21:4] "모든 눈물을 씻어 주실 것이요, 다시는 슬픔도 고통도 없을 것이라."

내가 기뻐야 실제로 기쁜 것이고
남의 기쁨은 소용이 없다.
좋아한다고 수선을 피는 남녀 사이에서도
내가 먼저 편하고 기뻐야 한다.
누구나 철저하게 이기적이기 때문이다.

그러나 천국에는 이기적인 자아가 없다.
천국에 들어올 때 육신과 함께 소멸된다.
겸허한 마음으로 주님에게 받아 소중하게 가꾼 사랑.
천국에 올 때는 그것만 가지고 온다.
그것은 무아의 사랑이기에 남부터 먼저 생각한다.
남을 먼저 기쁘게 해 주고, 남이 기뻐야 나도 기쁘다.
천국의 기쁨은 바로 그런 것이다.

천국에서는 또 시간과 공간의 제약이 없다.
그런 것에 묶여 있던 세상의 삶은 얼마나 피곤했던가!
그러나 천국에서는 그런 제약에서 자유롭다.
모든 것이 '지금 여기'에서 진행된다.
시간은 '지금' 속에 영원히 포함되고
공간은 '여기' 속에 무한히 포함된다.
그래서 천국에서는 모든 것을 '지금 여기'에서 누린다.

영원한 지금.
시간관념으로 생각하면 지루할지도 모른다.
그러나 천국에는 시간이라는 개념이 없다.
시작과 끝이 하나이기에 시간을 못 느낀다.
모든 것이 영원에서 영원으로 이어지는데,
그 상태가 점점 더 아름답게 성숙한다.
시간 대신 상태 안에서 온전을 지향해 가는 것이다.

그래서 천국의 영원은, 영원히 새롭다는 뜻이다.
작은 꽃 한 송이도 내일은 더 아름답게 피어나며
그런 모습으로 영원히 시들지도 않는다.
꽃의 아름다움만 그런 것이 아니다.
꽃처럼 아름다운 연인의 모습도 그렇고
함께 누리는 사랑의 기쁨도 그렇다.
천국에서는 모든 것이 성숙으로 진행되기 때문이다.

또 천국의 공간은 모두 '여기'에 포함되기 때문에
멀고 가까운 제약도 없다,
거리와 넓이가 바로 눈앞에서 의식되고
또 자로 잰 듯 정확하게 보인다.
그래서 멀리에 있는 사람도
보고 싶으면 즉시 그 앞에 있고
어디에 가고 싶으면 이미 거기에 와 있다.

세상에 있을 때도 상상 속에서는
아무리 먼 곳도 금방 갈 수 있었고
옛일이나 앞일도 금방 현재로 끌어올 수 있었다.
천국에서는 그것이 실제로 이루어진다.
시공을 초월한 영적 상태라는 것이다.[10]
그런 상태로 온전한 자유 속에서
천국의 기쁨과 보람을 맘껏 누리며 산다.

그러나 우리가 가는 천국은
할 일 없이 빈들거리는 한가한 곳이 아니다.
남의 수고로 편하게 지내는 불공평도 없다.
누구나 자신이 품은 사랑과 지혜의 분량에 따라
공평하고 흡족한 혜택을 받으며

---

10 [요 20:19] 문이 닫혀 있는 곳에 주님께서 들어오신 것은 공간을 이미 초월한 상태.

보람과 사명으로 즐겁게 받드는 일이 있고
또 아름다운 경쟁과 소중한 의욕도 있다.

지순하게 사랑하는 남녀 사이에도
순수한 열정과 두려울 만큼 깊은 신비와
또 지옥보다 더 낮은 겸허가 있다.
수정처럼 맑은 눈물도 있고
첫사랑 때보다 더 깊은 간절함도 있고
노을처럼 붉게 타는 그리움도 있으며
주님으로만 채울 수 있는 아쉬움도 있다.

들판에는 하얀 양 떼가 평화롭게 풀을 뜯는
넓은 초원도 있고
해 질 무렵, 언덕과 골짜기를 물들이는
아름다운 노을도 있고
사랑하는 연인들이 다정하게 거니는
아름다운 강둑과 언덕길도 있다.
세상에서 순수하게 남아 있던 것들은 거기에 다 있다.[11]

그러나 연인들은 결코 자기를 내세우지 않으며
아름다운 그녀의 눈을 들여다보고
"너는 내꺼야!"라고, 욕심스러운 말은 하지 않는다.
그녀의 아름다운 얼굴도, 천사 같은 마음도
주님이 그렇게 만들고 이끌어 주신 것이며
그들이 함께 누리는 천국의 사랑도
모두 주님에게서 비롯되는 것이기 때문이다.

---

11   [롬 9:27] "남은 자"(the remnant).

2

천국에서는 의식주를 위해서 일하지는 않는다.
천국에서 우리가 필요한 것들은
주님께서 아쉬움 없이 다 주신다.
그러나 천국에는
하는 일 없이 빈들거리는 정원이나
게으름 피우는 침대는 없다.
그런 것들이 편하다는 것은 세상의 속임수이다.

천국의 커다란 대장간에서는
금과 은으로 된 망치가 힘차게 울려서
무수한 별들을 돌리는 하늘의 축을 만들고
행성들의 운행을 인도하는 궤도를 놓고
하늘을 가르는 열두 궁도의 경계를 세우며
지극히 높으신 분이 거하시는 왕궁의 기둥들과
또 그분을 섬기는 성전의 서까래를 만든다.

천국의 어떤 섬세한 손들은
어머니와 어린아이의 마음을 잡아매는
그 보이지도 않고 끊어지지도 않는 실을 짜고
연인들이 누리는 사랑의 색깔에 따라
그들에게 저절로 입혀지는 옷감을 만들고
천국의 성전이나 거룩한 회당의 창문에 드리울
아름다운 휘장을 만든다.

또 어떤 곳에서는 거대한 용광로 앞에서
사람을 천사로 연단하는 불길을 태운다.
녹슬지 않는 천국의 무쇠들을 녹여서
하나님의 사람들을 보호하는 방패를 만들고
사탄의 공격을 이길 무기를 만들며

세상에서 천국으로 항해하는 길에 등대를 세우고
죽은 자와 산 자 사이의 심연에 다리를 놓는다.

이렇게 천국의 삶이란
우리가 세상에서 생각하는 것과는 많이 다르다.
그러나 우리가 세상에 살면서도
주님의 마음으로 천국을 바라며 산다면
천국에 오기 전에도 간간이 천국의 모습을 본다.
사랑하는 사람과 함께 그 신비한 모습에 감탄하며
천국의 기쁨도 함께 누린다.

7. 천국에서 만난 그녀

#1

그녀와 나도 그런 천국을 간절히 바라면서
짧지 않은 한평생을 같이 살다가
그녀가 먼저 세상을 떠나고
얼마 있다가 나도 뒤따라 세상을 떠났다.
그리고 그녀가 먼저 와 있는 천국에서 그녀를 만났다.
지금부터 하는 이야기는
내가 천국에서 그녀를 만나는 이야기이다.

내가 세상을 떠나 어리둥절한 채 처음 들어온 곳은
천국이 아니라 영계(靈界)였다.
거기에서 천국의 삶에 필요한 과정을 다 끝낸 뒤
드디어 천국에 들어와 마침내 그녀를 만났다.
천국에 들어오는 과정이 조금 힘들었던 것은
내가 세상에서 묻혀온 때가 많아서
그런 것들을 남김없이 정화시켜야 했기 때문이다.

천국에 들어오는 모든 사람에게는
주님이 손수 집을 지어 주신다.[12]
그들이 세상에서 가지고 온 자료들을
정화시키고 증대시켜서 주님이 직접 지어주신다.
그 자료는 미약하고 초라해도
삼십 배, 육십 배, 백 배로 확장되어
그만큼 훌륭하고 넉넉한 자료가 된다.

그런데 그 집을 짓는 자료는
그들이 세상에서 참 자아로 살면서
경건한 마음으로 가꾸고 익힌 사랑의 열매들이다.
마음에 담고 실천했던 주님사랑과 이웃사랑.
그 열매들이 모두 귀한 자료가 된다.
목마른 이웃에게 베풀었던 냉수 한 그릇도
훌륭한 자료가 된다.[13]

주님의 솜씨로 지은 집이니 얼마나 훌륭하겠는가!
크지도 않고 작지도 않고, 정말 맘에 드는 집.
그 집에 처음 들어섰을 때 얼마나 기쁘고 감사했던가!
나보다 한발 먼저 온 그녀는 더 그랬을 것이다.
바로 그 집에서 그녀가 나를 기다리고 있었고
눈부시게 아름다운 천사가 된 그녀를
경이와 감동으로 만났던 것이다.

#2
그녀를 만났을 때, 나를 맨 먼저 놀라게 한 것은
눈부실 만큼 아름답게 변한 그녀의 모습이었다.

---

12 [요 14:2-3] "내가 너희를 위하여 거처를 예비하러 가노니 … ."
13 [마 10:42] "냉수 한 그릇이라도 주는 자는 결단코 상을 잃지 아니하리라."

천사가 얼마나 아름다운지 세상에서는 잘 모른다.
그러나 추측해 볼 수는 있다.
갓 태어난 아이의 맑은 웃음과 천진한 모습이
일그러지지 않고 그대로 성숙한다면,
천사의 모습과 비슷할 것이다.

그런 모습에 천국의 아름다움이 입혀져서
천사의 모습은 그보다 훨씬 더 아름다운데
그녀가 바로 그렇게 된 것이다.
세상에 있을 때 그녀의 이목구비,
얼굴의 특징은 그대로 있었다.
그래서 첫눈에 알아볼 수 있었다.
그러나 또 달랐다.

이목구비의 특징에서 미흡한 것 모두가
완벽한 모습으로 다듬어져 있었고
몸 전체의 자태가 빈틈없이 우아했는데,
그것은 사랑으로 넘치는 그녀의 내면 모습이리라.
한마디로,
나무랄 데 없이 아름다워진 얼굴과 몸매에
천국의 아름다움이 덧입혀져 있었다.

거의 투명하리만큼 깨끗한 그녀의 얼굴.
거기에서 내 시선을 가장 먼저 끌어당기는 것은
수정보다 더 맑은 그녀의 눈이었다.
사람의 눈이 그렇게 맑을 수가 있을까?
부드러운 미소와 함께 드러나는 그윽한 눈빛.
천국에서 무구하게 정화된 그녀의 마음이
그 눈에 그대로 비치고 있었다.

눈은 마음의 창.
그 창이 맑으면
마음 깊이에 있는 것들도 다 들여다보인다.
그녀의 눈이 바로 그랬다.
그녀 마음에 넘치는 천국의 사랑이
나를 만나 더 영롱한 광채를 띠며
그녀의 눈에 그대로 비치고 있었던 것이다.

마음에 넘치는 사랑이 눈빛에서 그렇게 드러날 때
세상이나 천국에서도 그보다 더 아름다운 눈은 없다.
우리가 세상에 살 때에도
그녀의 눈빛이 그렇게 반짝이는 것을 본 적이 있었다.
지순한 사랑을 품고 그녀가 내 눈을 들여다볼 때
그녀의 눈빛이 그랬던 것을, 나는 똑똑히 기억한다.
지금 그 눈빛이 천국의 사랑을 담아 더 영롱한 것이다.

그녀를 바라보는 놀라움은 그것뿐이 아니었다.
그녀에게서 풍겨 나오는 신비한 향기.
그녀가 움직일 때마다 진하게 풍기는 향기가
그녀의 자태를 더 경이롭게 만들고 있었다.
세상에서도 그녀의 마음에 사랑이 넘칠 때
그녀의 예쁜 가슴에서 풍겨 나오던 바로 그 향기가
천국의 향기로 정화되어, 더 진하게 풍기고 있었다.

그 향기가 온 집안에 넘치고 있어서
우리 집은 향기로 진동하는 꽃동산 같았고
그 꽃동산에 온갖 나비가 날아들 듯
천국의 온갖 기쁨들이
춤추며 날아드는 것 같았는데
거기에서도 가장 아름다운 꽃.
바로 그런 꽃으로 그녀는 활짝 피어있었다.

풍기는 것이 꽃향기인지
그녀의 향기인지 구별이 안 가는데
그것은 그녀의 어디에서 오는 것일까?
그녀 가슴에 가득 품고 있는 천국의 사랑.
그 사랑이 그녀의 가슴에서 온몸으로 넘쳐서
그것이 그녀가 내쉬는 숨결처럼
진한 향기로 풍겨 나오는 것이리라.

그런 향기에 둘러싸인 그녀의 자태.
머리끝에서 발끝까지 감탄스럽지 않은 곳이 없었다.
눈으로 바라보고, 손으로 쓰다듬고, 마음으로 감동하며
끝없이 느껴지는 그녀의 아름다움.
그 사랑스러움은 말로 다할 수 없는데
한마디로 그녀는
아름다운 천사가 되어 있었던 것이다.

그렇게 변한 그녀의 모습에
내가 그렇게 계속 놀라고 있었는데
그녀도 나를 보고 똑같이 놀라고 있었다.
나와 그녀의 두 놀라움이 하나로 부딪쳐서
기쁨과 감동이 온 집안에 채워지고 있었다.
그녀가 아름다운 천사의 모습으로 변한 것처럼
나도 그렇게 변한 모양이었다.

3

그렇다.
천국에서는 누구나 그렇게 아름다운 천사가 된다.
노약했던 사람은 한창때의 젊음으로 돌아오고,
병약했던 사람은 한창때의 건강으로 돌아온다.
세상에서 서러움 받던 불구자도

온전하고 튼튼한 몸이 된다.
그리고 모두 눈부시게 아름다운 천사가 되는 것이다.

꽃다운 젊음과 넘치는 건강과
또 흠과 티가 없이 온전히 아름다운 몸.
그것이 원래 하나님이 창조하신 사람 모습이었다.
그 모습을 세상에서 잠깐 잃었다가
천국에 와서 다시 찾는다.
세상에 살 때 스스로 빚은 내면의 모습대로
고유의 아름다움을 갖춘 천사가 되는 것이다.

그래서 천사의 아름다운 모습은
천국에 와서 저절로 되는 것이 아니다.
반드시 그 씨앗을 가지고 와야 하는데,
그것은 사람이 세상에 사는 동안에만 마련된다.
쭉정이가 아니라 잘 여문 씨앗이 되도록
하루하루 정성과 경건으로 가꾸면
천국에 와서 그 모습대로 피어나는 것이다.

사람마다 속에 품고 있는 아름다움의 씨앗.
맑은 영 안에 깊이 품은 주님의 생명.
그 생명대로 살아서 나타나는 이웃 사랑의 모습들
착하고, 따뜻하고, 부드럽고, 너그러운 것들.
그렇게 사랑의 실천에서 깨달은 지혜.
이런 것들이 소중한 씨앗이 된다.
정성을 다할 때 그 씨앗이 알차게 여문다.

내가 살 집을 짓는 자료도 되고
내가 아름답게 변화될 바탕도 되는 씨앗.
한마디로, 주님과 이웃에 대한 사랑인데

그 사랑을 숨은 손으로 나타낼 때
그 씨앗은 더 아름답게 여문다.
세상을 떠날 때 다른 것은 다 버리고 가지만
그 씨앗만은 소중하게 품고 간다.

그것이 주님에게 칭찬으로 받아들여지고[14]
분에 넘치는 상이 주어지고
또 삼십 배, 육십 배, 백 배로 확장되어
우리가 살 집을 짓는 아름다운 자료가 되고
또 우리의 모습을 그만큼 아름답게 만드는데,
그렇게 해서 그녀도 눈부신 천사가 되어
지금 내 품 안에 있는 것이다.

4

지금도 기억이 새롭다.
천국의 우리 집에서
천사가 된 그녀를 처음 보았을 때
내가 얼마나 놀라고 기뻐했는지!
세상에 있을 때 천사의 모습을 상상해 보기도 했고,
그 눈부신 자태를 환상으로 그려보기도 했지만
그녀가 더 아름다운 천사가 되어 눈앞에 있었던 것이다.

우리가 세상에 있을 때도
그녀에게서 간혹 천사의 모습이 비쳤었다.
그녀가 마음에 넘치는 사랑으로 감동할 때
그녀는 으레 내 앞에 얼굴을 가까이하고
미소 띤 얼굴로 내 눈을 깊이 들여다보곤 했다.
마음에 넘치는 사랑이 그녀의 눈에 그대로 비칠 때,
그녀는 영락없는 천사의 모습이었다.

---

14 [마 25:23] "잘하였도다, 착하고 충성된 종아!"

특히 내가 그녀를 팔베개 해 주고 누워서
그녀의 몸을 부드럽게 애무할 때,
아름답고 향긋한 그녀의 몸에서는
사랑의 갈망이 맑은 꿀처럼 솟아 나왔었다.
그러면 그녀는 자기 몸속에 나를 깊이 품고
가없는 사랑의 희열로 이끌어 갔었다.
그때 그녀는 얼마나 사랑스러운 나의 천사였던가!

꿈결 같은 그녀의 품속에 잠겨서
빈틈없이 밀착된 몸과 마음으로
사랑의 희열을 함께 나누던 망아(忘我)의 순간들.
그때의 아름답고도 경이로운 감동은
죽을 때까지도 알 수 없었던 신비였는데
지금 천국에 와서 알고 보니
그것이 바로 미리 느껴본 천국의 희열이었다.

그 희열의 연속이 지금 천국생활이고
그 기쁨이 매 순간 우리의 호흡이다.
그러나 그 밖에도 천국에는
경이와 신비의 감동을 주는 것들이
하늘의 별처럼, 정원의 꽃처럼 무수한데
그런 천국에서 그녀를 만났을 때
그 반가움을 어떻게 말로 표현할 수 있으랴

8. 나의 천국 여정

#1

내가 세상을 떠나 천국을 향하던 이야기를 해야겠다.
세상에서도 우리는 천국의 문턱을 바라보며 안타까워했는데 세상을 떠난 뒤에도 나의 천국 여정은 순탄하지 않았다.
그녀가 나를 두고 먼저 떠났기 때문에 더 힘들었다.
먼저 간 그녀만 생각하며 남은 세월을 보내다가
나도 세상을 떠나 홀로 겪어야 했던 천국 여정.
파란이 꽤 많은 그 이야기를 지금부터 하려고 한다.

지상에서 살고 있을 때도 우리는
저세상에서 다시 만날 것을 굳게 믿었다.
내가 세상에서 가장 사랑하는 사람.
내 삶을 온통 사로잡고 있는 여자.
나보다 더 소중한 나의 분신.
저세상에서 그녀를 다시 만나지 못하면
나의 삶 자체가 텅 비어 버릴 것 같았다.

그래서 우리는 반드시 만나야 하고,
또 만난다고 굳게 믿었다.
우리가 천국을 향해서 좀 더 높이 오르려고
온 마음을 다해서 함께 가꾸어 온 사랑.
그 사랑이 무너지고, 그녀와 헤어진다는 것은
온 하늘이 무너지는 것처럼 두려운 일이었고
도저히 상상할 수조차 없었다.

그런데 그 하늘이 무너지듯
그녀가 먼저 세상을 떠나고 말았다!
그녀가 내 곁에 없다는 슬픔과 두려움.
그것을 무슨 말로 표현할 수 있으랴?
그녀는 나와 영원히 멀어진 것 같았고
나도 따라가기에 그녀의 무덤은 너무 깊어 보였고
나는 무서운 절망으로 죽은 듯이 쓰러져 있었다.

그녀와 함께 사는 동안
때로는 아쉽고 안타까운 순간도 있었지만
그래도 그녀의 사랑은 내 삶의 꽃이고 열매였다.
그녀의 순하고 맑은 미소, 부드러운 손길,
사랑에 넘치는 마음씨가 따뜻하게 느껴질 때마다
그녀는 말 그대로 천사처럼 보였고
그때 새겨진 사랑의 감동은 금싸라기처럼 남아 있었다.

그런데 그녀는 그것을 다 가지고 가 버렸는가?
그녀가 가지고 간 것은 실은 그 절반이었고
남은 절반은 내 속에 남아 있었지만,
그것은 엄청난 슬픔으로 덮여 버렸고
그녀가 곁에 없다는 공허만이 나를 휩싸고 있었다.
심장과 폐장의 연결처럼, 한 숨결로 살았던 그녀.
그녀와 떨어졌다는 것이 도저히 믿어지지 않았다.

사랑하는 그녀와 나를 이렇게 갈라놓은 죽음,
그것은 도대체 뭐란 말인가?
죽음이란 생명의 소멸이 아니라, 영과 육의 분리.
육신은 낡은 옷처럼 벗어버리고
영이 홀가분하게 저세상으로 가는 것,
그래서 실은, 세상에서 육신으로 시달리던
모든 고통과 속박을 벗어나는 자유로운 해방.

그래서 죽음이란
두렵고 고통스러운 것 같아도 실은 가짜 모습이고
이별은 슬퍼도 잠깐이란 것은 알고 있었지만
막상 죽음이 풍기는 슬픔과 가짜의 힘은
내 영혼의 골수까지 얼게 만들었다.
그 무서운 힘에 눌려서
나도 죽은 것처럼 무덤가에 팽개쳐져 있었다.

그래서 그녀의 무덤을 종일 내려다보며
하염없는 탄식이 매일 터져 나왔다.
"어떻게 우리가 이렇게 헤어질 수가 … ?"
불과 얼마 전만 해도 미소 지은 얼굴로 내 곁에 있었는데
이제는 나의 공허한 탄식만 울리고
그 탄식 속에 정신은 멍하고 육신은 지치고,
살아있다는 것은 겨우 숨만 쉬는 것뿐이었다.

그런 절망 속에서 우리가 매달릴 사람은 누구일까?
사람은 누구도 그 슬픔과 공허를 채워줄 수 없다.
우리가 매달릴 사람은 주님밖에 없다는 것을
그때 뼈저리게 깨달았다.
그때 그분은, 나를 휩싸고 있는 두려움보다
더 가까이 내 곁에 계셨고
나에게 따뜻한 손을 내밀어 주셨던 것이다.

2

그녀가 떠나고 나 홀로 세상에 남겨졌을 때
그 막막하고 쓸쓸한 심정은
사랑하는 아내를 먼저 보낸 사람만 안다.
나는 텅 빈 마음을 주님에게만 기대고
천국에 가서 그녀 만날 날만 기다리며 살았다.
그러다가 얼마 후, 나도 그녀를 따라 세상을 떠났다.
그리고 그녀를 찾아가는 나의 여정이 시작되었다.

그 이야기는 내가 숨을 멈추는 순간부터 시작된다.
세상에 사는 동안, 사람의 육신은 결코 편치 않다.
노쇠와 함께 끝없이 밀려오는 병고.
육신의 괴로움과 마음의 외로움.
그것들에서 벗어나는 날만 간절히 기다려졌다.

그 육신에서 영이 분리되는 과정, 그것이 죽음인데
신기하게도 그것은 전혀 고통스럽지 않았다.

노쇠와 병고 속에서도 기운이 다 할 때까지
집요하게 붙들고 있던 생명의 끈.
그것을 막 놓아버리는 순간
그 느낌은 뭐라 말할 수 없이 고요하고 평화로웠다.
세상의 모든 고통과 수고를 다 내려놓고
짓누르던 삶의 무게에서 속 시원히 벗어난 뒤
감미로운 휴식이 달콤하게 밀려오는 느낌이었다.

어둡고 두렵게 보였던 죽음이라는 것이
오히려 고요하고 평화롭게 진행되었는데,
이제까지 생각했던 것과는 전혀 달랐다.
세상의 모든 소리가 사라진 고요함 속에서
세상을 벗어나는 터널 같은 어둠 속을 통과했는데
그렇게 저세상으로 가는 여정은
어두움과 고요함과 평화로움 속에서 진행되었다.

그러나 그것은 세상에서 느끼던 것과는 전혀 다르다.
세상의 어두움은 빛이 시각에서 사라졌을 때 생긴다.
그러나 죽는 순간에 오는 어두움은
세상 빛이 물러가고 다른 빛이 오기 직전의 현상이다.
죽음의 고요함도, 이 세상의 소음이 물러가고
저세상의 맑은소리가 들려오는 순간이다.
그 뒤로 뭐라 말할 수 없는 평화로움이 따라온다.

그 평화로움에는
노고에서 벗어나는 휴식만 있는 것이 아니다.
오랫동안 타향에서 고달프게 지내다가

고향에 계시는 부모님 품으로 돌아가듯
영원한 고향, 주님 품으로 돌아가는 편안함도 있다.
이렇게 사람이 육신의 생을 마감할 때는
전혀 모르던 신성한 해방감과 평화로움이 있다.

그러다가 이 세상과 저세상의 경계인 듯
길고 어두운 통로를 한참 통과한 뒤
다시 환한 빛 속으로 나아간다.
그런데 그 빛은 세상의 빛과는 다르다.
더 밝으면서도 부드러워 눈이 아프지 않았다.
그 부드러운 빛 속에서
저세상의 의식이 내 안에 서서히 살아났다.

3
내가 저세상의 의식으로 깨어나던 순간을
좀 더 자세히 말해야겠다.
세상에서 나에게 주어진 시간이 다 끝나고
마지막 임종의 순간, 드디어 내 심장이 멈추자
즉시 어떤 새로운 감각이 서서히 살아났다.
희미하지만 차분하고, 또 달콤한 느낌이었다.
그 느낌은 안개처럼 뽀얗다가 차츰 선명해졌다.

그것은 내가 저세상에 들어와
거기의 영기(靈氣)를 새롭게 마시는 순간이었다.
지상에는 대기가 있고, 저세상에는 영기가 있다.
지상의 대기는 푸른 숲에서 나오지만
저세상의 영기는 주님에게서 나온다.
지상의 대기에는 산소와 질소가 있지만
저세상의 영기에는 사랑과 지혜가 있다.

그런 영기를 마시며 첫 호흡이 시작되자
나는 어떤 새로운 의식으로 깨어나기 시작했고
내 마음은 다가오는 새 삶의 기대로 기쁘고 설레었다.
그런데 그 느낌이 또 너무나 감미롭고 평화로워서
그 순간이 영원히 계속되었으면 했다.
그런 만족의 순간은 겪어보지 못했기 때문이었다.
그러나 그것은 영계의 안식이 막 열리는 시작이었다.

내가 영기를 마시며 그렇게 누워 있을 때
내 귀에는 뭔가 모를 즐거운 소리가 조용히 들렸는데
그 소리는 숲속에서 들리는 명랑한 새소리 같았고
자식을 집으로 부르는 어머니의 정든 목소리 같았고
또, 세상에서 나와 함께 주님을 섬겼던 사람들,
그들이 맑은 영으로 함께 부르던 찬송 소리 같았다.
그 모든 소리가 정화되어 울리는 듯했다.

세상에서 육신의 감각은 불완전하지만
저세상에서는 모든 감각이 완전해진다.
그렇게 완전한 감각을 영적 지각이라 한다.[15]
거기에서는 그것으로 모든 대상을
사실 그대로 완벽하고 정확하게 인식한다.
나에게도 그 지각이 서서히 열리면서
거기의 사물들이 선명하게 보이고 느껴졌다.

4

그렇게 해서 나는 저세상의 의식으로 깨어났다.
그런데 사지백체가 세상에 있을 때 그대로였다.
보고 듣고, 만지고 느끼는 모든 기능도

---

15 [요15:20] '영적인 깨달음' 참조.

세상에 있을 때와 같았다.
그러나 몸의 상태와 그 몸의 감각은
세상에 있을 때와는 비교도 안 되게 월등했다.
내 몸이 온전한 영적 상태로 깨어난 것이다.

온몸에서는 신선한 활기가 넘쳤으며
마음은 지극히 평온하고 경쾌했다.
지상에 있을 때는 좀처럼 느껴보지 못했던
완벽하고 상쾌한 건강 상태였다.
그것은 내 몸이 영체(靈體)로 깨어났기 때문이다.
세상에서는 육체로 살지만, 여기에서는 영체로 산다.[16]
육의 몸이 아니라 영의 몸으로 사는 것이다.

그런데 더욱 놀랍게도
주변에 보이는 사물들이 지상과 거의 같았다.
내가 죽음 건너편의 세상에 온 것이 아니라
지상의 어떤 깨끗한 나라에 여행을 온 것 같았다.
강과 산이 있었고, 숲과 골짜기가 있었고,
도시와 시골이 있었고, 마을과 집들이 있었다.
그리고 거기에 나와 같은 사람들이 보였다.

그리고 또 놀랄 만큼 밝아진 눈으로
멀리 있는 사물들도 눈앞처럼 선명하게 보였다.
그런 눈으로 주변을 바라보고 있는데
나를 도우려는 듯, 천사들이 미소를 지으며 다가왔다.
그들의 모습은 투명하리만큼 깨끗하고 또 상냥했는데
마치 천진난만한 아이들이 따뜻한 미소를 지으며
기쁘고 반갑게 다가오는 것 같았다.

---

[16] [고전 15:49] '하늘에 속한 형상을 갖게 될 것'

그중에 한 천사가 나에게 설명해 주었다.
여기는 천국이 아니고 낙원이라는 곳인데[17]
저세상, 즉 영계라고도 하며
여기 있는 사람을 영인(靈人)이라고 하며
세상을 떠난 사람은 누구나 일단 여기에 와서
얼마간 머무르며 세상의 때를 벗는 곳이라 했다.
그리고 내가 궁금해하는 것들을 더 설명해 주었다.

여기에 머무는 동안, 천국과 지옥행이 결정되는데,
그것은 사람이 한평생 품고 살았던 마음.
그 내면 상태의 선악에 따라서 결정된다는 것이다.
사람이 평생 생각하고 행동한 모든 것이
그의 내면에 선하거나 악한 모양으로 새겨지는데
그렇게 새겨진 모습에 따라
천국이든 지옥이든 맞는 곳으로 간다는 것이다.

세상에서 사람들은 겉과 속이 다르다.
겉은 선한 모습인데 속은 악한 사람이 있고
겉은 악한 모습인데 속은 선한 사람도 있다.
속을 고의로 감추거나, 또는 저절로 가려지기 때문이다.
그러나 영계에서는 겉과 속이 똑같다.
선악 간에 내면에 새겨진 모든 것이
가려지지 않고 그대로 드러나기 때문이다.

천국이나 지옥행은 그렇게 드러난 내면이 결정한다.
하나님이 심판하고 결정하고 집행하는 것이 아니라
하나님의 원칙에 따라 사람의 내면이 스스로 결정한다.
달리 말하면, 천국이든 지옥이든

---

[17] [눅 23:43] "오늘 네가 나와 함께 낙원에 있으리라."

드러난 내면과 맞는 곳으로 마음이 끌려서
자기 스스로 가게 되는데, 그것이 심판이라는 것이다.
세상에서 알던 심판과는 다르다.

그런데 내면이 선해서 천국에 맞는 사람도
세상에서 어쩔 수 없이 저질렀던 잘못이 많다.
육신이 약해서 알게 모르게 저지른 잘못들이다.
우리의 내면에는 그런 오점들이 많이 찍혀서
완전히 깨끗한 사람은 하나도 없다.
그런데 천국은 완전히 깨끗한 곳이기 때문에
오점은 일점일획이라도 용납이 안 된다.

그래서 천국에 들어갈 사람들은
내면의 불순한 것들을 완전히 정화시키는
정화 과정(vastation)을 통과하게 된다.
천국은 순결 무구한 나라이기 때문에
불순한 것들은 호리(毫釐)도 용납이 안 된다.
그런 것들이 남김없이 씻어진 뒤
온전히 정화되어야만 천국에 들어올 수 있다.

내면이 추악해서 지옥으로 끌리는 사람들은
구태여 이런 정화 과정이 필요 없다.
지옥은 어차피 불결한 곳이기 때문에
불결한 내면과 맞는 곳으로 직접 가는 것이다.
거기에 가는 것도, 강제로 던져지는 것이 아니라
자기의 내면이 지옥과 맞아서
마음이 끌려서 스스로 뛰어든다는 것이다.

이런 것이 천사의 설명이었는데,
한마디로, 천국과 지옥행을 결정하는 것은

그가 세상에 살 때 겉으로 드러난 선악이나
거기에서 얻었던 평판이 아니라
내면 상태의 선악이라는 것이다.
그래서 사람들이 천국과 지옥행으로 갈라질 때
겉모습에서 오는 평판과는 많이 다르다는 것이다.

그런 설명으로, 내가 몰랐던 사실들
여러 가지 닥칠 일들을 친절히 알려 주었는데
그러나 그런 것들도 중요하지만
나의 관심은 다른 데로 쏠렸다.
나보다 먼저 이곳으로 온 그녀,
지금 어디에 있을까?
그녀를 만날 생각만 간절했다.

#5

저 멀리 동쪽에 태양이 떠 있었다.
그 빛은 지상의 태양보다 훨씬 더 밝은데
그러면서도 부드러워 눈은 아프지 않았다.
태양에서 가득 쏟아지는 빛을 받고
주변의 사물들도 신선한 모습을 띠고 있었는데
그 태양은 바로 주님의 외관(外觀)이라는 것을
나는 영적인 지각으로 깨달을 수 있었다.

그 태양 아래 펼쳐진 맑은 풍경 속에
모든 사물이 사랑스럽고 청결했다.
모든 것이 밝고 따뜻하고 정답게 보여서
순수한 사랑의 모습으로 다가오는 것 같았다.
그리고 신기하게도, 나의 눈은 점점 더 밝아지고
사물을 꿰뚫어 보는 힘이 생겨서
아주 멀리 있는 것들도 정확하게 볼 수 있었다.

그렇게 밝아진 내 눈이 멀리 있는 산으로 끌렸다.
웅장하게 솟은 영산(靈山), 미려한 봉우리들.
그 아래로 잔잔하게 펼쳐진 산자락
한쪽 언덕에 예쁜 집들이 모여 있는 깨끗한 동네.
어쩐지 고향처럼 정답게 느껴지는데
거기 한옆에, 유달리 맘에 드는 하얀 집.
그 집 앞에서 나는, 그녀의 모습을 분명히 보았다!

그 집은 산 넘고 물 건너 아득하게 멀었지만
내 밝아진 눈으로 분명히 볼 수 있었다.
그녀의 눈도 나를 뚫어질 듯 마주 보고 있었다.
그러나 그녀와 나 사이는 너무 멀었다.
마치 세상 하나가 가로놓여 있는 것 같았는데
실은 그때 그녀는 천국에 있었고
나는 그 아래 영계에 있었기 때문이었다.

9. 그녀에게 가는 길

#1

멀리 있는 그녀를 안타깝게 바라보고 있는데
어떤 사람이 친절한 얼굴로 다가왔다.
처음에는 그가 낯선 사람으로 알았다.
그러나 좀 더 가까이 왔을 때 보니
내가 전에 잘 알던 사람 같았다.
거울 속의 내 모습처럼 친숙한 느낌이었다.
마치 형제처럼 가깝게 느껴졌다.

"저 산 아래 하얀 집, 그 앞에 서 있는 여자,
당신의 연인을 안타깝게 바라보고 있군요."

가까이 다가온 그가 그쪽을 가리키며 말했다.
나는 잠깐 의아스러웠다.
어떻게 내 속을 빤히 알고 있을까?
아마 여기에서는 사람의 속도, 품은 생각도
겉모습에서 정확하게 파악이 되는 모양이었다.

그는 그렇게 내 속을 다 알고 있다는 듯
내 곁에 있는 천사들은 아랑곳하지 않고
스스럼없이 더욱 친근한 어조로 말했다.
"나를 따라오세요. 내가 안내해 드리지요."
그의 친절한 말에 나는 마음이 솔깃해졌다.
조금도 서먹한 것 없이 친숙하게 느껴져서
그 사람의 안내를 따르고 싶은 마음이 들었다.

내가 그 사람에게 마음이 끌리는 것을 보고
내 곁에서 안내하던 천사들은 말없이 물러갔다.
영계에서는 누구나 마음이 끌리는 대로 행동한다.
사람을 만나도, 무슨 일을 해도, 어디를 가도
자기 마음에 끌리는 대로 할 수 있으며
그것이 남을 해치는 일이 아니라면
아무도 막지 않는다.

그래서 내 마음이 그에게 더 끌리는 것을 알아차리고
안내 천사들은 조용히 물러선 것이다.
그는 잘 되었다는 듯, 더 친밀한 태도로 말했다
"저 여자가 바로 당신이 찾는 여자이고
저 집도 당신의 집입니다.
당신의 소유로 주장하며 당당히 들어갈 수 있지요.
누가 뭐래도 저 여자와 저 집의 주인은 당신입니다."

그녀와 그 집도 다 내 소유이고,
그래서 내가 당당한 주인이라는 것인데,
세상에서 이런 말을 들으면 흐뭇할 것이다.
그러나 여기에서 듣기에 그 말이 어쩐지 거슬렸다.
물질세계가 아닌 여기, 영계나 또는 천국에서
소유는 없고 존재만 누리는 무욕의 세계에서[18]
주님 외에 누가 자기를 주인이라고 할 수 있을까?

그의 말이 아무래도 내 안에서 거부감으로 들렸는데
더구나 그의 태도에서는
좀 전의 안내 천사들에게서 느껴졌던
맑고 겸손한 느낌이 전혀 없었다.
그를 상대하고 있는 나 자신까지도
어쩐지 떳떳하지 못하다는 생각이 들어서
그의 안내가 조금 불안하게 느껴졌다.

그러나 이미 어스름이 퍼지기 시작했고
그녀가 나를 놓칠 것 같아서 불안했다.
그래서 나는 서둘러 그에게 물었다.
"어떤 길로 가야합니까?"
"내가 길을 보여 주려고 왔습니다.
자, 갑시다.
당신을 그녀에게 안내할 사람은 나밖에 없습니다."

그의 말이 맞는 것 같았다.
그녀에게 가야 한다는 생각이 다급했다.
그런데도 한 편, 내 속에서는
아무래도 뭔가 가로막는 것이 있었고,

---

[18] 에리히 프롬(Eric Fromme)의 『소유냐 존재냐』 참조.

좀 전의 불안한 생각이 다시 떠올랐다.
그러나 그는 나의 팔을 잡고 조금 다급하게 말했다.
"자, 서둘러야 합니다."

하는 수 없이 그를 따라나섰다.
그런데 그가 안내하는 길은 서쪽이었고
그녀가 있던 곳과는 반대쪽이었다.
더구나 그 길은 아래로 내려가고 있었다.
아무래도 길이 이상했다.
"이 길로 가는 게 맞나요?"
내가 불안하게 물었다.

"다른 길에는 절벽이 있습니다.
어둠 속에서 절벽 길은 위험합니다.
그러나 이 길은 절벽 아래로 돌아서 갑니다.
그래서 안전하지요. 걱정말고 날 믿으십시오.
당신을 도울 사람은 나밖에 없습니다."
나는 여전히 불안했지만, 그의 말은 설득력이 있었다.
그를 따라가는 수밖에 없었다.

가는 길 아래를 내려다보니
어스름 속에서 무슨 연기가 계속 피어나고
그 속에 뻘겋게 달아있는 불덩어리 같은 것이 보였다.
앞에서 갑자기 검고 커다란 새 한 마리가
놀란 듯 날개를 치며 어둠 속으로 사라졌다.
바위 사이로 제법 큰 도마뱀 하나가
슬금슬금 도망치는 것이 어스름 속에서 보였다.

그렇게 조금 음산하고 어둑한 길을
안내자를 따라 내려가고 있었는데

계속 피어나는 연기가 길을 더 어둡게 만들었다.
그 연기가 점점 더 짙게 타오르면서
나는 그 연기를 조금씩 마시게 되었는데
그 연기가 나를 취한 것처럼 만들었고
또렷했던 지각이 차츰 흐려지고 있었다.

그렇게 몽롱하게 취한 것 같은 의식 속에서
지나온 세상의 일들이 무심코 생각났다.
그중에는 옛날의 어두운 기억들도 있었고
떳떳하지 못한 일들도 있었다.
그런데 그런 것들이 어쩐지 즐겁게 느껴졌다.
어릴 때 아빠가 금하던 짓을 몰래 할 때 느끼던
그런 재미 같은 것이었다.

#2
그런 몽롱한 느낌에 빠져서 나는
그녀가 있는 산을 보려고 더 이상 애쓰지 않았다.
그리고 길옆에 솟고 있는 연기와 불길 속으로
나의 호기심이 점점 쏠렸다.
그것은 재미있는 유혹처럼 나의 시선을 끌어서
지금 내가 그녀를 찾아가는 중이라는 것도
그 연기에 취해서 거의 잊어버렸다.

그런데 그 연기와 불빛 속에 문득
어떤 여자의 얼굴이 보였다.
젊고 예쁘고 달콤해 보이는 여자
살짝 흐트러진 머리카락뿐만 아니라
옷깃도 몸매도 그렇게 흐트러진 자세로
나를 부르는 듯 빤히 쳐다보고 있었다.
불빛에 발그레한 얼굴이 매우 유혹적이었다.

자세히 보니 놀랍게도 그녀와 아주 닮았다.
좀 전에 먼 산자락의 집 앞에서 보았는데
그녀가 어느새 여기에 와 있는가?
그럴 리가 없다는 생각이 들었다.
더구나 저렇게 흐트러진 모습으로
저런 탁한 연기 속에 있을 리가 없다.
그런데도 그녀와 너무나 닮았다.

불빛 속의 여자는 그렇게 닮은 얼굴로
달콤하게 웃으면서 나에게 손짓을 했다.
그 모습을 보자 내 속은 강렬하게 끌렸다.
연기 속으로 내려가 저 여자를 내 것으로 만들고
그녀의 모든 것을 즐기고 싶은 욕망.
그런 욕망이 내 속에서 또 다른 연기로 타올랐는데
그 연기는 어둠 속에서 솟아나는 연기와 한데 섞였다.

실은 그때 나는 세상의 때를 다 벗지 못하여
육적인 욕망도 불 꺼진 뒤의 연기처럼 남아 있었고
그것은 어둠 속에 솟아나는 연기와 동질이었다.
그렇게 하나로 섞인 욕망의 연기가
나의 연인에 대한 그리움과 새로 인식되는 지각과
천국에 대한 갈망을 점점 마비시키고 있었는데
나는 연기에 취해서 그것을 알지 못했다.

그때 안내자가 귓가에 다가와서 은근하게 말했다.
"저 여자는 지금 당신을 기다리고 있습니다.
아까 하얀 집 앞에 나타났던 여자는
차가운 환영에 불과합니다.
그러나 저기에 뜨거운 속살과 달콤한 입술이
당신을 갈망하고 있습니다.
저 여자의 모든 것은 당신 것입니다.

저 여자를 소유하고 맘껏 즐길 때
당신에게 다른 천국은 없습니다.
저 여자를 품에 안을 때,
저 여자에게 당신 이외의 하나님은 없습니다.
자, 한 발만 더 다가가서 손을 내밀면
저 여자는 당신의 것이 됩니다."
안내자는 이렇게 나를 유혹했다.

3

불경의 눈으로 금단의 열매를 바라보며
사탄의 달콤한 유혹에 끌리던 이브에게
엄숙한 경고를 상기시켜 주셨던 주님.[19]
그때 나에게도 구원의 손을 내밀어 주셨다.
인류의 슬픈 어머니 이브는
욕심에 눈이 멀어 그 손을 잡지 못했지만
감사하게도 나는, 주님의 힘으로 그 손을 잡을 수 있었다.

그러자 주님은 유혹에 빠져드는 나를
힘찬 손으로 단번에 끌어올려 주셨다.
그 손길을 느끼면서 나는 분명히 깨달았다.
내가 지금 여기 영계에 와서도
내 속에는 아직 헛된 욕망의 연기가 남아 있고
내 연인으로 가장하고 나에게 손짓했던 여자는
그 욕망이 만들어 놓은 허상이었다는 것을.

그리고 또 깨달았다.
그런 허상이 출몰하는 심연의 가장자리.

---

[19] [창 3:3] "동산 중앙에 있는 과일은 먹지도 말고 만지지도 말아라, 그렇지 않으면 너희가 죽게 될 것이다."

영계와 지옥의 경계에서
나를 헛된 말로 달콤하게 유혹했던 그 안내자는,
사탄의 조종을 받는 나의 옛 자아라는 것을!
그래서 처음부터 그가 친밀하게 느껴졌던 것이다.
주님이 그 모든 것을 분명히 깨닫게 해 주셨다.

그래서 나는 그 안내자를 향해 눈을 똑바로 떴다.
그것은 분명히 친밀한 가면을 쓴 사탄이었다.
그에게 속아서 그를 따르다가
그가 꼬이는 유혹에 솔깃했던 나를 생각할 때
나의 어리석은 욕망이 혐오스러웠고
그에게 분노가 터져 나왔다.
그래서 나는 단호하게 말했다.

"나는 너를 따라가지 않겠다.
내가 잠깐 불안으로 주님을 놓치자마자
그 순간을 노리고 뱀처럼 다가와
나를 저주 속으로 끌고 가려는 너 사탄아!
너야말로 저주를 받아라!
주님의 이름으로 명한다.
물러가라, 사탄아!"

정체가 드러난 것을 알고 그는 태도가 돌변해서
나에게 으르렁거리며 덤벼들었다.
그의 손톱이 내 살을 파고들면서
그의 이빨이 내 목을 물어뜯었다.
우리는 뒤엉켜서 죽을 힘을 다해 싸웠다.
그러나 나는 더 이상 넘어가지 않았다.
주님을 단단히 붙들고 있었기 때문이었다.

옛 자아 속에 뱀처럼 숨어 있는 사탄.
우리는 그의 간교한 힘을 이길 수 없다.
그는 만능(萬能)의 힘을 가지고 있기 때문이다.
오직 전능(全能)의 힘으로만 이길 수 있는데
그 힘은 주님에게만 있다.
그 주님이 나를 붙들고 계시는 것을 느끼고
나도 주님을 단단히 붙들었다.

내가 젖을 빨던 갓난아이 때부터
주님의 사랑을 가슴 넘치게 담아서
나의 영혼 속에 뿌리 깊이 심어 주셨던 어머니!
그렇게 어릴 때 속 깊이 심어진 주님과 그 사랑은
어떤 일이 닥쳐도 평생 지워지지 않는데
바로 그 주님의 힘이 이때 막강하게 발휘되었다.
나를 그렇게 키워주신 어머니에게 축복이 있기를!

그렇게 내 속에 깊이 심어진 주님.
내가 그분을 단단히 붙들고 있을 때
그분의 전능은 만능의 사탄도 넉넉히 물리쳤고
또 그분의 든든한 손은
사탄이 다시는 얼씬 못하게 나를 붙들어 주셨다.
어머니를 통해서 내 속에 채워졌던 주님의 사랑,
그 사랑이 이렇게 해서 또 나를 구하신 것이다.

4

사탄은 연인을 소유하는 것이라고 설득한다.
그러나 소유를 주장하는 것은 자아의 탐욕일 뿐.
진정 사랑하는 연인은 소유하는 것이 아니다.
하나님이 주시는 가장 귀한 선물로 생각하고

감사하는 마음으로 소중하게 받드는 것이다.
그렇게 받들면서 나의 모든 것을 주고 싶은 것.
그런 경건의 마음에만 진정한 사랑이 담긴다.

그러나 나에게는 줄 것이 아무것도 없다.
알몸으로, 빈 그릇으로 태어났기 때문이다.
그래서 우리가 누구에게 사랑을 준다면
그것은 내게 있던 사랑이 아니다.
주님으로부터 사랑을 받아서
그 사랑을 다시 전해 주는 것이다.
그렇게 해서 연인들은 사랑을 주고받는다.

그러니 어떻게 사랑을 자기 것이라고,
연인을 자기 소유하고 주장할 수 있겠는가?
어떻게 사랑 앞에서 주인 노릇을 하겠는가?
연인 앞에서 내 소유는 아무것도 없다.
주님의 사랑을 받아서 전하고 싶은 마음
그 사랑으로 연인을 기쁘게 해 주고 싶은 마음
그것 외에는 내 것이 아니다.

또 주님이 그녀 안에 계시고 밖으로 나타나신다.
그래서 그녀의 아름다움은 주님의 화신(化身)이다.
그런 그녀를 내 소유로 생각하고 주인 노릇을 할 때
그것은 얼마나 주제넘은 불경인가?
사탄이 나에게 주인이 되라고 꼬드기면서
하나님 앞에서 주제넘기를 재촉할 때
그는 나를 이런 불경으로 끌고 가려 했었다.

내가 거짓 안내자를 만나서 겪었던 일은
그녀에게 가는 나의 여정에서 가장 큰 시험이었다.

어두운 골짜기의 수상한 불과 연기는
그때까지 내 속에 남아 있던 욕망의 표출이었고,
그 독소가 남아서 내 영의 지각을 마비시키고
그녀의 사랑도, 그 사랑을 인도하시는 주님도
잠깐 그렇게 망각하게 했던 것이다.

그 틈을 타서 가면 쓴 친절로 다가왔던 사탄은
에덴동산에서 이브를 꾀였던 바로 그 사탄이었다.
주제넘게 하나님과 같이 되어서
주인 노릇을 하라고, 같은 수법으로 꾀였었다.[20]
이런 잘못을 깨닫게 해 주신 주님.
사탄의 정체를 밝혀서, 시험을 이기게 해 주신 주님께,
다시 감사를 드린다.

10. 정화 과정

#1

사탄과의 싸움이 끝나자 주님은
돕는 천사를 통해서 나를 어디론가 이끌어 가셨는데
거기는 사람들이 천국에 들어갈 준비를 하는 곳이었다.
세상에서 선하게 살려고 애를 썼지만
어쩔 수 없는 잘못들로 내면에 때가 묻어있는
나 같은 사람들이 모여서
천국에 들어갈 마지막 관문, 정화 과정을 겪는 곳이었다.

천국은 온전히 순수하고 온전히 깨끗하기 때문에

---

20   [창 3:5] "너희가 그것을 먹으면 눈이 밝아져서 하나님과 같이 되어 … "

불순하거나 불결한 것은 털끝만큼도 용납이 안 된다.
우리가 세상에 살 때, 알게 모르게 저질렀던 잘못들.
우리의 내면에 어지럽게 새겨진 오점들.
그런 것들은 일점일획까지 남김없이 제거되고
천국에 맞도록 철저하게 정화되어야 한다.
그 정화 과정이 나를 기다리고 있었다.

세상에서 우리가 저지른 잘못은 하나둘이 아니다.
또 그 모양과 종류도 여러 가지이다.
그러나 그 모든 죄의 유형은 둘로 나뉜다.
방자하게 지은 죄와, 마지못해 지은 죄이다.
죄짓기를 즐긴 것과 후회한 것이다.
겉 행동은 같아도 뒤에 남는 느낌은 전혀 다르다
용서는 그중 한쪽에만 있다.

후회하는 마음은 추호도 없이
방자스럽게 함부로 빠져드는 죄.
하나님도, 최소한의 양심도 팽개치고
잘 잘못의 감각도 마비된 채
오히려 즐거운 마음으로 저지른 죄.
그래서 주변에 허다한 고통과 슬픔을 끼쳤던 죄.
그런 죄는 용서가 안 된다.

한마디로 하나님을 온전히 팽개치고
범죄 후에도 회개라는 것은 전혀 모르는 경우이다.
그런 죄는 그의 내면을 악하게 새겨 놓는데
그것이 되풀이되면 아예 그렇게 굳어진다.
그런 사람들은 용서도 없고 여기에 오지도 않는다.
그들의 내면은 지옥과 맞아서 그리로 끌리는데
그렇게 끌리는 대로, 이미 지옥으로 갔기 때문이다.

그러나, 어쩔 수 없어서
또는 육신이 약해서 잘못에 빠졌던 사람들,
잘못은 저질렀지만, 눈물로 후회했던 사람들,
사망의 골짜기에서도 주님은 잊지 않은 사람들,
겉에 묻은 죄가 내면에 굳어지지는 않아서
정화 과정으로 씻어낼 수 있는 사람들,
그런 사람들이 여기에 온다.

2

사람의 내면, 그의 마음 바탕.
거기에는 그가 평생 살아온 삶이 그대로 새겨진다.
매 순간의 생각과 말과 행동들이
선악 간에 하나하나 새겨져서 그의 됨됨이로 굳어진다.
그렇게 굳어진 됨됨이가 그 내면의 모습이다.
그 내면이 천국과 지옥 중 어디에 맞는가?
그것이 그의 사후를 결정한다.

그런데 말과 행동은
속 마음과 다른 경우도 많다.
겉과 속이 다르게 행동하는 경우이다.
그런 것들은 내면에 새겨지지 않는다.
그의 본심, 그의 진정한 의도에서 나온 것,
그런 것만 새겨진다.
그것이 굳어져서 사후의 상태가 결정되는 것이다.

그래서 악한 의도는 없이
모르고 지은 죄는 허물이 되지 않는다.
맹인의 실수가 허물이 되지 않는 것과 같다.
의도와 달리 어쩔 수 없이 지은 죄는 허물이 가볍다.

육신이 약해서 넘어진 것이기 때문이다.
그런 잘못들은 내면에 새겨지지 않는다.
그의 본심과 의도가 아니기 때문이다.

그러나 우리가 죄를 멀리하려고 애를 썼다 해도
그래서 우리의 내면은 천국으로 끌린다 해도
우리는 모두 한평생 살면서 저지른 잘못이 많다.
그런 것들도 더럽기는 마찬가지이고
우리의 내면에 그만큼 오점을 찍어 놓는다.
그런 것들이 여기에 와서
호리도 남김없이 씻어져야 한다.

우리가 살면서 끊임없이 저지르는 잘못들은
마치 흰옷에 쌓이는 먼지와 같다.
먼지를 얼른 털어내듯, 즉시 회개로 털어내야 한다.
먼지들을 털지 않고 계속 쌓이도록 놓아두면
옷에 아예 묻어버려서 더러운 때로 굳어지는 것처럼
잘못도 즉시 회개로 씻어 내지 않으면
내면에 굳어버려서 오점으로 남는다.

우리가 알게 모르게 저지르는 잘못들
그것이 평생 누적되어 오점이 두터워지면
그것을 씻어 내는 과정도 그만큼 어렵다.
흰옷에 두텁게 낀 때를 빨기가 어려운 것과 같다.
그런 경우 정화 과정에서 혹독한 고통을 겪기도 한다.
그 고통에서 나오는 비명이
'슬피 울며 이를 가는 것'이다.[21]

---

21 [마 25:30] "거기에서 통곡하며 이를 갈 것."

#3

내가 세상에서 저질렀던 온갖 크고 작은 잘못들이
정화 과정에서 내 눈앞에 낱낱이 드러났다.
아름다움을 보라는 눈으로는 남을 흘기고
사랑을 말하라는 입으로는 미움을 뱉고
선을 행하라는 손으로는 악을 행하고
좋은 소식을 전하라는 발로는 유혹으로 달려갔고
사랑의 도구로 쓰라는 몸은 종종 쾌락의 도구로 썼다.

그 추하고 혐오스러운 모습들이
마치 그때의 현장처럼 눈앞에 생생하게 드러났다.
내가 기억하지 못하는 것들도 무수히 떠올랐다.
내가 정말 저런 모습으로 살았던가?
몸서리쳐지는 후회와, 가슴 찢어지는 참회로
온몸이 뒤틀리고, 눈물이 비 오듯 쏟아졌다.
그러나 그것은 정화 과정의 시작이었다.

주변에서도 다른 사람들의 오열하는 소리가
처절한 비명으로 들려왔다.
추한 것들이 잘려 나가면서 나오는 비명이었다.
우리 내면에 붙어 있는 온갖 더러운 것들은
남김없이 잘라내야 한다.
커다랗고 단단하게 굳어진 오점들은
암 덩어리를 잘라내듯 도려내야 하는 것이다.

덩어리가 클수록 도려내는 아픔도 크고
묻은 때가 단단할수록 씻어 내는 고통도 크다.
주님의 진리는 불꽃처럼 밝고, 날 선 검처럼 예리하여[22]

---

22 [히 4:12] "주님의 진리는 혼과 영과 관절과 골수를 찔러 쪼개는 날 선 검."

우리의 잘못을 그 빛 아래 낱낱이 밝혀내고
예리한 날로 호리도 남김없이 잘라낸다.
우리 속에 숨어 있는 온갖 더러운 것들을
철저하게 밝혀내고, 남김없이 도려내는 것이다.

쏟아지는 눈물이 내면의 더러움을 씻는다면
많이 더러울수록 씻어 내는 눈물도 많아야 한다.
온몸의 때를 뜨거운 물로 씻어 내듯
우리 내면에 찌든 때는
뜨거운 눈물로 남김없이 씻어 내야 한다.
그렇게 씻어 내는 참회의 눈물이
내 눈에서 홍수처럼 쏟아지고 있었다.

엄청난 눈물과 처절한 회오의 시간이
얼마나 오랫동안, 어떻게 지났는지 모르겠다.
나의 내면을 더럽힌 얼룩들,
나의 영혼까지 일그러지게 했던 잘못들,
그런 것들이 잘리고 씻겨나가는 고통이
얼마나 컸는지도 모르겠다.
천국의 입구에서 정화 과정은 그렇게 진행되었다.

나는 내내 터져 나오는 통곡 속에서
가슴을 쥐어뜯으며 후회했고
슬픔과 고통으로 울부짖었고
사탄의 악랄한 수법에 이를 갈았고
거기에 넘어갔던 어리석음에 가슴을 쳤다.
그 분노와 슬픔과 후회는
세상에서 겪었던 것보다 더 많은 것 같았다.

그렇게 해서 나는
정화 과정이라는 것을 통과하고 있었다
세상에 있을 때는 주님의 말씀도 못 들은 척하거나
주님의 일, 또는 마땅히 해야 할 일도
편하고 싶어서 대충 넘어갈 때가 많았다.
그러나 여기서는 대충 넘어가는 법이 없다.
호리도 남김없이 철저히 밝히고 정화되어야 한다.

얼마나 오래 걸렸는지
얼마나 엄청난 일을 겪었는지, 잘 모르겠다.
옛날 내가 어렸을 때
밖에서 진흙투성이가 된 채 들어온 나를
목욕통 앞에 데려다가 깨끗이 씻어 주시던 어머니.
몸을 말끔히 닦아 주고 새 옷을 입혀 주시던 어머니.
그랬던 어머니의 손길이 간절하게 생각났다.

꼭 그 어머니 같은 천사가 앞에서 기다리고 있었다.
혹독한 정화의 소용돌이를 통과하느라
아직도 정신을 못 차리고 멍해 있는데
그 천사는 어머니 같은 손길로 나를 보살펴 주었다.
나는 정화 과정이 드디어 끝난 것을 알았다.
그 천사가 따뜻한 미소를 띠며 말해 주었다.
이제는 천국에 들어갈 준비가 다 된 것이라고.

11. 드디어 천국에

1

나는 부드러운 풀밭에 누워 있었다.
위로는 파아란 하늘이 보이고
산들바람으로 다가오는 맑은 공기에는
은은한 꽃향기가 풍겼다.
그리고 어디선가 아름다운 소리가 들려왔는데
내가 새소리를 듣는 것인지
마음속에서 노래를 하는 것인지 구별이 안 갔다.

내가 저 산들바람인 양,
또는 하늘에 유유히 떠가는 구름인 양,
내 존재에 대한 의식이 전혀 없었다.
내 속에 누적되었던 세상의 모든 기억,
그 부질없는 것들은 눈밭처럼 깨끗이 사라졌다.[23]
금방 태어난 아이가 엄마 품을 처음 느끼듯
나도 천국의 첫 순간을 그렇게 느끼고 있었다.

어린아이의 미소 같은, 티 없는 기쁨이
아까부터 내 속으로 스며들고 있었는데
그 새로운 기쁨으로 마음에 생기가 돌면서
나의 심장은 새로운 박동으로 뛰기 시작했다.
드디어 천국에 들어온 환희가 그렇게 뛰었고
두근거리는 가슴으로 새롭게 마시는 나의 호흡은
천국의 영기를 마시는 호흡이었다.

---

[23] [사 1:18] "너희 죄가 주홍 같을지라도, 눈과 같이 희게 되리라."

그 호흡과 함께 내 가슴 속으로
신선하게 밀려오는 것이 있었는데
그것은 공기처럼 유입되는 주님의 영기와
그 속에 충만한 사랑과 지혜였다.
엄마가 갓 태어난 어린아이에게 젖을 먹여 주듯,
주님은 천국에 갓 들어온 나에게
천국의 사랑과 지혜를 따뜻하게 채워 주고 있었다.

내 속에 가득 채워지는 주님의 사랑,
거기에서 함께 깨닫는 지혜,
그리고 거기에서 맑게 솟아나는 천국의 희열,
나는 그것 이외에 더 바랄 것이 없었다.
내 속은 천진난만한 즐거움으로만 가득했고
지극히 편안한 그 행복감 속에
나는 이미 천국에 와서 천사가 된 것을 알았다.

2
나는 조용히 주변을 둘러보았다.
맨 먼저 눈을 신선하게 해 주는 초록빛, 다채로운 꽃들,
그 위로 화창하게 쏟아지는 눈 부신 햇살,
나뭇가지마다 달콤한 수액이 흐르는 것이 보였고
잎에 맺힌 이슬방울들은 저마다 무지갯빛을 반짝이고
주변에 피어있는 꽃봉오리들 속에서는
요정같이 귀여운 얼굴들이 미소 짓고 있었다.

근처의 시냇물은 여울져 흐르며
시원한 합창 소리를 내고 있었고
수정보다 더 맑게 흐르는 물밑으로는
동그랗고 예쁜 조약돌들이 깨끗하게 보였다.

그리고 저편에 우람하게 서 있는 나무에서는
그 많은 잎 하나하나가 미풍에 나부끼며
햇빛의 비밀을 탐색하고 있었다.

저 멀리 언덕 아래 넓은 초원에서는
풀을 뜯는 하얀 양들이 평화를 전해 주고
넓은 들에는 건장한 말들이 힘차게 달리고 있었는데
내 생각이 그 초원에 다가가
그 순한 양들 곁에서 함께 노닐다가
또 건장한 말들과 함께 들판을 시원하게 달리다가
다시 돌아오는 것 같았다.

이런 것들이 내 눈에 보이는 천국의 외관들이었다.
내 마음속에서는
주변의 모든 사물에 대해 따뜻한 애정이 솟아나고,
내 머릿속에서는
바람처럼 시원스러운 생각이 거침없이 뻗어 나왔다.
세상에서는 알지 못했던 기쁨과 평화가 내 안에 넘쳤고
또 나의 주변에도 내 집 같은 편안함이 가득했다.

#3
그렇게 천국에 들어온 첫 느낌에 미소 짓다가
나는 귀를 쫑긋 세웠다.
눈에 보이는 평화롭고 아름다운 풍경 속에서
문득 어떤 조용한 목소리가 들렸기 때문이다.
그것은 분명 나를 부르는 그녀의 목소리였다!
멀리서 오는 소리였지만 아주 가깝게 들렸다.
그녀는 지금, 내가 천국에 온 것을 알고 있는 것이다!

그녀의 모습을 찾으려고 일어서서 두리번거렸다.
저만치 숲속 자그마한 공터에 시선이 쏠렸다.
거기에 환한 불꽃이 타오르면서
그 광채가 회오리바람처럼 돌고 있었다.
조금 놀라서 바라보고 있는데
그 속에서 눈부시게 흰옷을 입은 어떤 여인이
회전하는 광채에 둘러싸여서 천천히 날아오르고 있었다.

바로 그녀였다!
그녀는 숲을 벗어나서 높이 떠오른 채 유유히 날면서
나보고 따라오라는 손짓을 하는 것 같았다.
저만치 그녀가 향하고 있는 미려한 산봉우리,
그 산자락에 있는 마을, 어쩐지 낯이 익었다.
내가 처음 영계에 들어왔을 때, 멀리 보이던 영산
그때 보았던 하얀 집도 분명히 거기에 있었다.

나는 그 불꽃을 따라나섰다.
마치 성탄의 밤 동방 박사들을 인도하던 별빛처럼
그 불꽃은 내 앞을 천천히 날면서 나를 인도했다.
그녀가 지금 나를 그렇게 안내하고 있는 것이다!
그렇게 깨달아지자, 내 마음은 기쁨으로 넘쳤다.
저 불꽃 속에 보이는 그녀,
드디어 사랑하는 그녀를 만난다는 설렘이 벅차올랐다.

그러면서 한편 의아스러웠다.
그녀는 왜 넘치는 반가움으로 내 앞에 나타나지 않고
저만치 소용돌이치는 광채 속에 자신을 알렸을까?
천국에서 천사들이 느끼는 감정은
햇살처럼 신선하고 강렬하지만, 또 샛별처럼 차분해서
물불을 못 가리게 성급한 인간의 감정과는

표현의 차원이 다른 것일까?

천국에는 신비한 것들이 많겠고
나는 이제 천국에 막 들어왔으니
내가 아직 지각하지 못하는 것들이 많으리라.
앞으로 더 보고 들으면서 지각이 차츰 넓어지면
천국의 모든 것들을 속속들이 깨닫고 또 누리리라.
그렇게 생각하며, 그저 그녀를 만난다는 설렘으로
그 불꽃의 안내를 따라 걷기 시작했다.

조금 걷는 동안 나는 깨달을 수 있었다.
그녀는 천국에서 우리의 첫 만남이
우리의 영원한 집에서 이루어지기를 바란 것이다.
내가 천국에 들어온 것을 알고
나를 그 집으로 안내하기 위해서
숲속의 불꽃으로 나타난 것이다.
그렇게 깨닫자 그 집을 향한 마음이 더 간절해졌다.

그러나 천국에는 초조함이나 서두름이 없다.
꽃이 때가 되어 피어나듯 모든 일이 그렇게 진행된다.
그래서 나도 서두르지 않았다.
그녀를 마음에 품고 아름다운 주변을 바라보며
평화와 기쁨과 여유로움으로 걸었다.
내 속에서도 꽃잎이 열리듯
차분한 지혜가 열려서 내가 갈 길이 보였다.

간혹 나는 숲속에서 서성거리기도 했다.
그러면 어떤 힘이 내 손을 잡아주듯 이끌어 주었고
내 발은 넓은 공간도 단숨에 지나갔다.
낯선 곳을 방황하는 불안한 발걸음이 아니라

잘 아는 길을 즐겁게 가는 발걸음이었다.
내 마음속에 그리움으로 살아 있는
정든 고향길을 걷는 느낌이었다.

그래서 나에게는 길을 가는 고단함도
저물녘의 걱정스러운 서두름도 없었고
목적지에 무사히 도착하리라는 즐거운 확신뿐이었다.
저 위에서 그녀가 나와 함께 있었고
숲속에서 그녀의 불빛이 가려질 때에도
그녀의 속삭임이 내 길을 안내해 주는 것을
나는 천국의 지각으로 알 수 있었다.

그리고 또 그녀만 나를 안내하는 것이 아니다.
그녀는 공중에 떠 있지만
주님도 바로 곁에서 보이지 않는 손을 잡아주시기 때문이다.
그래서 내가 가는 길에는 약속의 무지개가 뜨고
꽃과 나뭇잎은 섬세한 손짓으로 은밀한 신호를 보내 준다.
숲속에 서려 있는 기운은 내 원기를 채워 주고
귀여운 나이팅게일 소리는 내가 오는 것을 환영한다.

거대한 폭포수는
요란한 소리로 나의 가는 길에 박수를 쳐주고
산골짜기의 안개는
길을 보여 주기 위해서 한쪽으로 비켜선다.
그리고 내 얼굴을 스치며 불어오는 미풍은
그녀가 보내는 사랑의 메시지를 전해 주고
낮에도 보이는 저 북극성은 그녀의 손짓을 담고 있다.

지상에는 시간과 사건의 경과가 진행되지만
천국에는 지혜와 사랑의 성숙만 진행된다.

천국에는 어제와 내일이 없는 오늘의 연속이고
즐거운 시간과 아름다운 계절이 계속되며
현재라는 컵에서 무한하게 샘솟는 기쁨을 마실 뿐이다.
주님과 그녀를 안내를 따라가는 나의 즐거운 길도
그런 천국의 축복 속에서 진행되고 있었다.

12. 그녀가 기다리는 집

#1

그녀와 내가 세상에 있을 때
우리는 바다가 시원스레 내려다보이는
어느 언덕에 올라간 적이 있었다.
언제 봐도 마음이 탁 트이는 드넓은 바다.
언덕의 풀밭에 나란히 앉아서
그 바다를 말없이 바라보고 있을 때
산들바람도 상쾌하게 이마를 스치고 있었다.

가까이에 있는 무성한 꽃 덤불에서는
진한 향기가 우리 주변까지 퍼지고
저 아래 배처럼 떠 있는 작은 섬.
그 해안에는 하얀 모래가 깔려 있었다.
그리로 밀려오는 물결은 흰 거품을 만들고
그 위로 유유히 떠 있는 뭉게구름은
백사장 위로 한가한 그림자를 덮고 있었다.

그렇게 조용하고 평화로운 바닷가 언덕에
우리는 말 없이 서로 기대고 앉아 있었다.
아득한 수평선 너머에서는
무언가 그리운 것이 손짓하는 것 같았는데

보일 듯 말 듯한 그 손짓은
어딘가 우리가 간절히 함께 가고 싶은 곳
거기에서 오는 아름다운 신호처럼 느껴졌다.

그녀는 내 어깨에 머리를 기대고 있다가,
그녀가 사랑과 행복이 넘칠 때에 늘 그러듯이
얼굴을 마주하고 미소를 띤 눈으로 내 눈을 들여다보았다.
그렇게 서로 눈을 마주 보다가, 우리는 키스를 했다.
그때 우리는 둘이 한마음으로 똑같이 상상했었다.
우리가 함께 가고 싶은 천국, 거기에 있는 우리 집도
이렇게 아름다운 언덕에 있을 거라고.

2
바로 그런 언덕.
여정 끝에 나는 드디어 그런 언덕에 와 있었다.
그림같이 예쁜 집들이 정답게 모여 있고
집들 사이로는 깨끗한 길이 나 있고
길 양쪽으로는 꽃들이 줄지어 서 있었다.
그 위로 햇살이 포근하게 비치고 있어서
그 마을을 더 정답게 만들고 있었다.

그때 갑자기 내 속에 어떤 섬광이 비쳤다.
그리고 타오르는 불꽃이 눈앞에 보였다.
그 불꽃 속에 경이롭게 나타나는
눈부시게 아름다운 여인의 자태.
순결한 사랑을 꽃처럼 달고 예식장에 들어서는 신부.
그보다 훨씬 더 아름다웠는데
그것은 분명 그녀의 모습이었다!

바로 그녀가 거기에서 보이자
나는 나의 여정이 끝난 것을 알았다.
주변에 따사롭게 서려 있는 그녀의 느낌과
거기에서 풍기는 아늑한 평화로움.
내가 살 천국은 바로 여기라는 것이 직감되었다.
오랜 방랑 끝에 돌아온 고향, 거기에서 느끼는
아늑하고 평화로운 느낌이 나를 감싸고 있었다.

번쩍이는 섬광은 그녀가 보낸 것이겠지만,
고향 같은 느낌은 주님께서 보내 주신 것이 분명했다.
앞으로도 그런 영기의 느낌으로
또 그런 손길로 계속 붙들어 주실 것이다.
바로 여기가 나의 고향.
세상살이 고달픔 속에서도 간절히 바라왔던
나의 집, 나의 천국이기 때문이다.

바로 여기가 내 삶의 중심이 되어
주님과 그녀와 또 착한 이웃들과
천국의 사랑에 둘러싸여 살 것이다.
온 천국을 다스리시는 주님에 대한 감사와
이웃들에 대한 사랑이 샘물처럼 솟아 나와
천국의 기쁨과 보람 속에
사랑하는 그녀와 영원히 살 것이다.

그런 생각으로 걷는데, 문득 저 앞에
바로 그 하얀 집이 나타났다.
내가 영계에 처음 들어와서 그녀의 모습을 찾다가
멀리 동쪽 언덕에서 아득하게 보았던 낯익은 집.
그녀가 나를 바라보며 서 있던 바로 그 집이었다.
세상에서부터 천국, 바로 여기까지

나의 길고도 고달팠던 여정이 드디어 끝난 것이다.

그런데 그 집은,
알 수 없는 정적에 싸여서 너무나 조용했다.
세상을 떠나 영계에 막 들어선 영혼이
새 의식으로 깨어나기 직전의 순간처럼
그렇게 조용했다.
전에 이미 보았던 집이라 낯익어 보이면서도
선뜻 다가가기가 조심스러웠다.

나는 집 쪽으로 가까이 가면서
조금 두려운 마음을 어쩔 수 없었다.
그런 마음을 알고 있는 듯
입구에 심어진 꽃들도 다소곳했고
현관에 놓여 있는 화분의 꽃들도
잠들어 있는 것처럼 조용해서
내 마음을 더 긴장하게 했다.

현관 앞에서 나는 멈추어 섰다.
조용히 닫혀 있는 문 앞에서 나는 좀 더 긴장했다.
어쨌든 이 문을 열어야 한다.
저 안에 있는 사람은 과연 누구인가?
이 문이 열려도 나를 맞아주는 사람이 없다면
나는 잘못 온 것이고
천국의 내 집으로 가는 길은 잃어버린 것이다.

그런데 집 안과 주변이 너무나 조용했다.
사람이 살지도 않는 것 같았다.
이제까지 불어오던 산들바람도 착 가라앉았고
나부끼던 나뭇잎들도 숨을 죽이고 있었다.

새들의 지저귀는 소리도 딱 그쳤고
그 숨 막히는 정적의 순간에는
나의 맥박도 뛰지 않았다.

조금 있으니
집 안에서 서두르는 발걸음 소리가 들렸다.
안에 분명히 누군가 있었다!
그 소리에 나의 호흡에는 다시 생기가 돌고
나의 혈관에는 새로운 피가 다시 돌았다.
그러자 비둘기 소리처럼 나지막한 소리가
집 안에서 부드럽게 들려왔다.

침실에서 신부의 새벽잠을 깨우는
신랑의 부드러운 속삭임처럼
나직한 바람 소리가 나뭇잎 사이를 지나갔다.
새들의 지저귀는 소리가 다시 시작되었고
오래 기다렸던 합창을 시작하듯
계단 옆의 꽃들이 일제히 입을 벌렸고
화분 속에 오므렸던 꽃들도 활짝 피어났다.

구름에 가려진 태양이 다시 나타나서
환한 빛으로 그늘을 몰아내듯
그 집이 새로운 광채로 밝아 보였는데
닫혀 있던 현관문이 그 광채 속에서 조용히 열리고
집안에서 은은히 퍼져 나오는 음악 소리와 함께
선명하게 드러나는 무지개처럼
그녀의 모습이 그렇게 나타났다!

그녀의 가슴에는
영롱한 초롱꽃들이 매달려 있었고

그녀의 반짝이는 머릿결에는
루비색의 꽃이 불타고 있었고
눈부시게 흰옷을 입은 그녀에게서는
신비한 향기가 풍겨 나왔는데
그것은 바로 천사에게서 풍기는 향기였다.

나를 응시하는 그녀의 눈에는
영원으로 통하는 미소가 반짝였고
그녀의 입가에는 금방 터질 듯 환성이 매달려 있었고
넘치는 기쁨으로 활짝 벌리는 그녀의 두 팔 안에서
나는, 나의 천국과
나의 영원한 집과
또 나의 사랑하는 연인을 찾았던 것이다.